旅游城市

每个城市都包括城市解读、旅游片区、旅游资讯三大板块。

旅游片区

每个城市划分为若干旅游片区，全面介绍，同时突出重要旅游点。

旅游景点

每个旅游景点包括介绍、攻略、链接等板块，力求景点收录全面。

旅游资讯

每个城市旅游资讯板块包括住宿、就餐、购物、娱乐等内容。

U0964118

如何使用本书

1 多角度呈现

全书从地理、历史、文化等多个角度呈现福建之美，发现不一样的福建。

分色标签 每个城市都有一个特定的检索色，便于翻阅。

2 专题知识

对于认识福建具有重要意义的关键词条，书中特设专题，图文并茂，让读者迅速读懂。

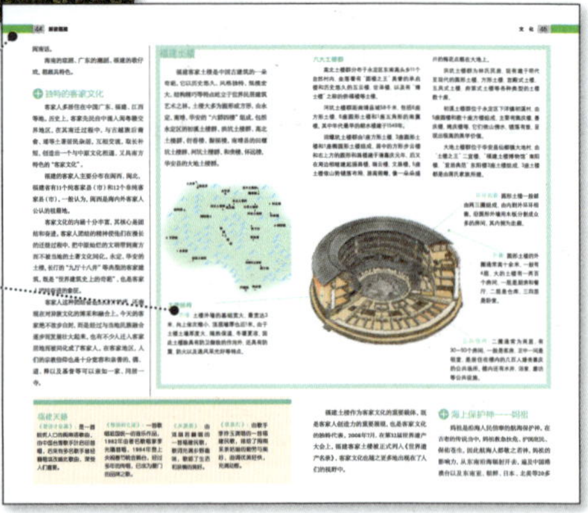

3 精华景点

三维立体图深度引导读者鉴赏必游景点。

4 攻略

大部分景点均配有地址、交通、门票、网络链接等丰富的实用攻略。

5 资讯

每个城市都包括交通、美食、住宿、购物、娱乐等资讯。

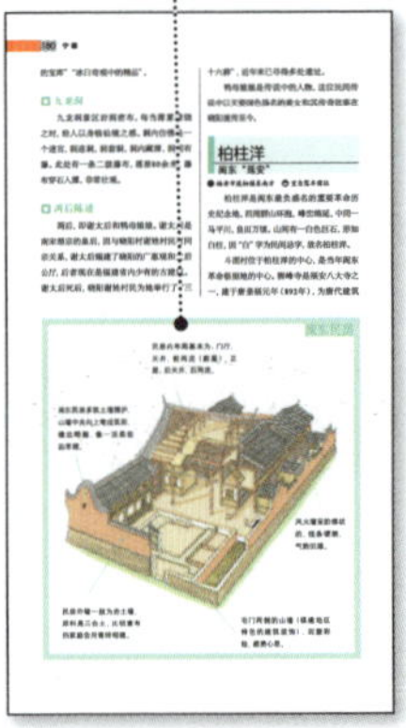

发现者旅行指南

福建（第3版）

北京·旅游教育出版社

目录
CONTENTS

地图目录

专题目录

最美
福 建

迷人仙境武夷山

去福建游玩而不上武夷山，必定会成为旅程的一大遗憾。这个被称为“碧水丹山”的福建第一名胜，是中国朱子理学的摇篮，拥有世界文化与自然双重遗产，绝对不会让前来此处的你失望。

邂逅闲暇时光

鼓浪屿因涨潮水涌，浪击礁石，声似擂鼓而得名。岛上完好地保留了中外各式风格的建筑物，这里民风淳朴，所呈现的慢生活和小清新文艺范吸引了不少中外游客前往。真正的鼓浪屿是一份心情，需要自己沉淀下来细细体会，希望来鼓浪屿的人都能找到这份难得的闲适情怀。

國泰民安

雕栏玉砌应犹在

闽南一带的民居称作“厝”，古厝门前的墙砖上刻有石浮雕，庄严厚重；窗棂上镌花刻鸟，装饰得巧妙华丽；匾额有书、卷、扇等，别具一格；随处可见的木雕、泥塑、砖雕及石雕工艺精美。古民居雕饰精美，可以算是闽南建筑的大观园。

神奇建筑福建土楼

福建土楼也称为客家土楼，有着悠久的历史、奇特的风格、巧妙的构筑、恢宏的规模，被誉为“世界民居建筑的明珠”。

闽浙要冲，鱼米之乡

霞浦是“中国海带之乡”“中国紫菜之乡”，素有“海滨邹鲁”的美誉，这里海岸线绵延曲折，大港口水深面阔，风光四时各有不同。霞浦最美的要属清晨与傍晚，滩涂上散布着潮水退去时留下的重重纹理，三三两两的渔民行走在滩涂上，就像散落在地上的米粒。

梦里梦外，云水一方

云水谣位于漳州市南靖县境内，是闽南闻名遐迩的一个秀美山村。那里山川秀美、民风淳朴。村中的古道、百年老榕、神奇土楼，还有那灵山碧水，无不给人以超然的感觉。漫步在古村落中，感受着一草一木、一砖一瓦所散发出的闲适气息，心情也变得平和宁静。

印象福建

文化符号

鼓浪屿

一座景色秀美的海岛，此岛还是音乐的沃土，有“海上花园”“钢琴之岛”之称。

土楼

土楼是客家文化的象征，是中国独有的大型民居形式，被称为“中国传统民居的瑰宝”。

武夷山

武夷山有典型的丹霞地貌，也是一座历史文化名山，分布着不少宫观、道院和庵堂。

南音

用泉州闽南语演唱的民族歌曲，是中国现存历史最悠久的古乐之一。

闽南话

汉语体系中闽语的一种，在闽南和台湾等地区的广大群众中被广泛使用。

海上丝路

古代中国与世界交流的海上通道，福建泉州是古海上丝绸之路的重要港口之一。

印象
福 建

福建风物

脱胎漆器

是具有独特民族风格和浓郁地方特色的汉族传统艺术珍品，被誉为“珍贵黑宝石”。

片仔癀

一味清热中成药，具有清热解毒、凉血化瘀、消肿止痛之功效。

佛跳墙

福州的名菜，其原料有海参、鲍鱼、鸡、鸭等几十种之多，让人回味无穷。

沙县小吃

以品种繁多、风味独特和经济实惠著称，遍布中国各地的大街小巷。

铁观音

中国十大名茶之一，产于福建安溪，其香气馥郁持久，有“七泡有余香”之说。

寿山石

寿山石的品种达百种之多，色彩缤纷，用途广泛，让很多印石收藏者爱不释手。

印象
福 建

福建的庙

涌泉寺

为闽刹之冠，有“进山不见寺，进寺不见山”的奇特建筑格局，历史久远。

西禅寺

唐代古寺，为福州五大禅林之一，寺内有两尊高大的玉雕佛像。

南普陀寺

以供奉观音为主，汇集了闽南源远流长的历史文化，佛教藏物众多。

泉州开元寺

福建最大的寺庙，寺庙建筑宏伟、风格别具，有镇国塔和仁寿塔两座宋代古塔。

雪峰崇圣寺

最早建于唐代，寺内大雄宝殿有来自缅甸的三世如来玉佛，为镇寺之宝。

漳州南山寺

南山寺规模宏大，寺内的缅甸玉佛等“南山寺五宝”闻名遐迩。

印象
福 建

福建的人

惠安女

生活在惠安县惠东半岛海边，以奇特的服饰、勤劳的精神闻名海内外。

畲族

中国南方游耕民族，居住在闽东、浙南、赣东等地山区，有自己独特的文化。

妈祖

据传是古代的一位渔家姑娘，是中国东南沿海等地区百姓信仰的海神。

朱熹

南宋著名的理学家、思想家，闽学派的代表人物，是弘扬儒学的大师。

郑成功

一生抗清驱荷，以赶走荷兰殖民主义者、收复祖国领土台湾的业绩而被载入史册。

陈嘉庚

著名的爱国华侨领袖、企业家，曾被毛泽东誉为“华侨旗帜、民族光辉”。

自驾福建

线路 1

闽北 碧水丹山环线之旅

太姥山风光

福州 茫荡山
南平 金湖
邵武 武夷山
周宁 鸳鸯溪
泰顺 泰顺廊桥
福鼎 太姥山景区
宁德 支提山

这条线路是深入闽北的大环线，驱车行驶在闽北的山水之间，各种美景纷至沓来，茫荡山的重峦叠嶂、武夷山的灵山秀水、鸳鸯溪的百鸟戏水、城村古城的神秘遗址以及太姥山的悠久文化都会让身心得到极大放松。

第一天 从福州市区出发，经 G70—G25 行驶至茫荡山游玩，之后前往南平市区住宿。

第二天 上午从南平市沿 G25—G70 行驶至玉华洞景区游览，之后沿 G70—S205 前往金湖游玩，游览完金湖沿 G70—S0311 到达邵武市，游览邵武古城，夜宿邵武市。

第三天 从邵武市沿 S0311—G1514 行驶至武夷山景区游览，夜宿景区。

第四天 从武夷山景区经 G1514 到达城村古汉城遗址参观，之后沿 G3—S302 前往周宁县，沿途参观鸳鸯溪景区，夜宿周宁县。

第五天 上午前往周宁县附近的九龙漈瀑布景区游览，然后驱车经 S301—S202—S52 抵达泰顺县参观泰顺廊桥，夜宿泰顺县。

第六天 从泰顺县沿 S98—X974 行驶至福鼎市，游玩太姥山景区，夜宿景区。

第七天 从太姥山景区沿 G15—S201—S303 行驶至宁德参观支提山，之后沿 G15—G1501 返回福州市。

福建土楼

线路 2

闽南土楼之旅

厦门 鼓浪屿

漳州 漳州文庙

南靖 田螺坑土楼群

永定 洪坑土楼群

龙岩 龙硿洞

这是一条福建土楼景观之旅，一路上会观赏到诸多福建土楼的代表作。当然，除了优美的土楼建筑，还有迷人的自然风光，龙硿洞、江山景区，这是一条内容丰富的旅程。

第一天 上午游览鼓浪屿，下午参观厦门大学。

第二天 从厦门市区出发，来到漳州文庙，观赏古建筑，祭拜孔子。随后去威镇阁，登临阁顶，方圆数十里风光尽收眼底。午后来到南山寺，烧香问佛，参观寺庙。夜宿漳州市区。

第三天 前往南靖县，参观河坑土楼群、田螺坑土楼群等经典建筑。

第四天 上午前往永定区，参观高北土楼群，中午在土楼里品尝客家美食。下午去洪坑土楼群，体会明清土楼的差异和统一。

第五天 早餐后前往龙岩市，先去龙硿洞赏溶洞奇观。下午去江山景区，领略“小武夷”风情。

厦门大学

自驾
福 建

武夷山景区

线路 3

厦门—漳州—东山岛之旅

漳州 漳州滨海火山地质公园

云霄 漳江口红树林

东山岛 文峰塔

铜山 关帝庙

厦门—漳州—东山岛是一条经典的漳州三日游线路。第一天以漳州的风景为主。第二天以云霄县的景点为主，主要看漳江口红树林，品茗天福茶。第三天的行程集中在东山县。

第一天 早起从厦门市区出发，先去漳州滨海火山地质公园，观看有“海上兵马俑”之称的牛头山古火山、世界罕见的林进屿火山喷气口群等。午餐后去赵家堡，随后去六鳌古城观看城中山上之巨石。

第二天 早餐后前往云霄县参观漳江口红树林，漫步在“海底森林”，看琳琅满目的树冠随潮水姿态万千。下午到天福茶博物院，在茶艺表演厅和溢香轩、品茗阁等品茗场所了解茶艺、茶文化。

第三天 前往东山岛，看文峰塔、文昌阁、渔翁石、东明寺等景点。随后去寡妇村，听一段历史原因造成的时代悲剧故事。午后去铜山关帝庙拜关帝爷，然后去东山岛看风动石。

东山岛

武夷山景区

线路 4

南平武夷山之旅

武夷山
邵武

下梅古村
武夷山

白水洋风景区
宁德

太姥山
福鼎

武夷山区赣东闽西的一块山水宝地，典型的丹霞地貌、萦回环绕的九曲溪，再加上神秘的古闽越族文化，使其拥有世界自然与文化双重遗产。第一天以游览武夷山景区为主，感受其秀丽风景。第二天主要游览古色古香的下梅古村和五夫古镇。之后两天游览白水洋和太姥山景区。

第一天 早餐后赴邵武市的武夷山景区，登天游峰观赏台，去山光倒、清涟漪的九曲溪，中午品尝当地美食岚谷熏鹅。下午来到大红袍茶园，品一杯地道的大红袍。夜宿武夷山景区。

第二天 早餐后去武夷山市的下梅古村，漫步在老街，品味村落中祠堂、古井、旧巷与民谣、山歌、龙舞、庙会交融出的独特魅力。下午到五夫古镇，逛兴贤古街，观兴贤书院、刘氏家祠、朱子社仓、朱子巷等。去紫阳楼，看朱熹书写《观书有感》的灵感触发地。

第三天 早上前往宁德白水洋风景区。屏南白水洋鸳鸯溪世界地质公园是全球唯一的鸳鸯、猕猴自然保护区。

第四天 从屏南前往福鼎市，游览太姥山。太姥山峰峦险峻，岩洞众多，为南方少有的花岗岩洞群景观。

解读福建

地理

东山岛

面积和区划

福建位于我国东南沿海，东隔台湾海峡与台湾地区相望。陆地平面形状似一斜长方形，东西最大距离约480千米，南北最大距离约530千米。全省大陆海岸线长达3751.5千米，居全国首位，全省土地总面积为12.4万平方千米，海域面积达13.6万平方千米。

福建省现辖福州、厦门、漳州、泉州、三明、莆田、南平、龙岩、宁德9个设区市和平潭综合实验区，下设11个县级市、31个市辖区和42个县（含金门县）。

人口和民族

截至2023年年末，福建省常住人口4183万人。

畲族是福建省的主要少数民族，全国有超过一半的畲族同胞散居于福建境内，畲族人口占福建少数民族人口的一半以上。

地形

福建省地势总体上西北高、东南低，横断面略呈马鞍形。西部和中部为斜贯全省的闽西大山带和闽中大山带。两大山带之间为互不贯通的河谷、盆地，东部沿海为丘陵、台地和滨海平原。

福建境内峰岭耸峙，丘陵连绵，河谷、盆地穿插其间，山地、丘陵占全省总面积的80%以上，素有“八山一水一分田”之称。主要山脉有武夷山脉、杉岭山脉、鹫峰山脉、太姥山脉、戴云山脉、玳瑁山脉、博平岭山脉。武夷山脉的黄岗山海拔2158

南靖塔下村

米，是福建最高峰。

福建水系密布，河流众多，主要河流有闽江、九龙江、晋江、交溪、汀江。闽江为全省最大河流，全长577千米，流域面积约占全省面积的一半。

福建的陆地海岸线长达3751.5千米，以侵蚀海岸为主，堆积海岸为次，海岸线十分曲折。福建港湾众多，自北向南有沙埕港、三都澳、罗源湾、湄洲湾、厦门港和东山湾六大深水港湾。岛屿星罗棋布，共有1500多个，平潭岛现为全省第一大岛，原有的厦门岛、东山岛等岛屿因与陆地相连而形成半岛。

气候

福建省靠近北回归线，属典型的亚热带海洋性季风气候。境内以福州—福清—永春—漳平—上杭为界，细分为中亚热带气候和南亚热带气候。年平均气温为17~21℃，由北向南递增。

福建降水量丰富，自北向南递增，且有80%以上的雨量集中在3月至10月，雨热同期。需要注意的是，福建气象灾害频繁，洪涝、干旱、风灾、寒灾历年可见。主要气象灾害是台风和暴雨型洪涝，每年6月至10月是台风的高发时段。

乌山

东南胜境武夷山

连绵的武夷山脉位于福建省西北部的武夷山市境内，处在福建与江西的交界处，北接仙霞岭，南连广东九连山。武夷山脉呈东北至西南走向，长约500千米，武夷山既是东南沿海丘陵与江南丘陵的分界线，也是福建省闽江水系、汀江水系和江西鄱阳湖水系的天然分水岭。

武夷山丰富的地貌类型是地质构造、流水侵蚀、风化剥蚀、重力崩塌等综合作用的结果。武夷山地区主要分布了前震旦系和震

福建的港口

福州港位于台湾海峡西岸，北起罗源湾，南至兴化湾北岸，东到平潭岛，海岸线总长1137千米，由河口港与海港组成，为沿海主要外贸的重要港口。

宁德港位于福建省东北部，分为三都澳港区、赛江港区、三沙港区、沙埕港区共计4个港区，16个作业区。

莆田港历史悠久，在南北朝时期便已成为沿海港口，现主要包括秀屿港区、东吴港区、三江口港区、枫亭港区及其他的众多小港口。

泉州港北至湄洲湾内澳，南至围头湾厦门市同安区莲河段，海岸线总长541千米，历史上曾以“三湾十二港”著称，现又开发了世界少有的不冻不淤的湄洲湾肖厝深水良港。

厦门港为我国东南地区重要港口，入闽之门户，具有港阔、水深、不冻、少雾、少淤、避风条件好等优点，是中国东南沿海的一个天然良港，分为内港和外港两部分。

旦系的变质岩系，中生代的火山岩、花岗岩和碎屑岩。中生代的地壳运动奠定了武夷山地貌的基本骨架。

武夷山地势北高南低。北段地势均在海拔1000米以上，尤以武夷山市、光泽县地势最高，平均海拔在1200米以上，而武夷山市境内的黄岗山是武夷山脉最高峰，海拔达2160.8米；南段海拔多在千米以下。此外，武夷山脉的高山深谷地貌在北段表现得尤为突出，谷深一般为200~300米，最深可达500米。

武夷山属中亚热带季风气候区，区内重峦叠嶂，高低悬殊，海拔相差1700米，良好的生态环境和特殊的地理位置，使其成为地理演变过程中许多动植物的“天然避难所”，所以这里的物种资源极其丰富。武夷山西部是世界生物多样性保护的关键地区，分布着世界同纬度带现存最完整、最典型、面积最大的中亚热带原生性森林生态系统；东部山与水完美结合，人文景观与自然景观有机相融，以秀水、奇峰、幽谷、险壑等诸多美景、悠久的历史文化和众多的文物古迹而享有盛誉；中部是联系东西部并涵养九曲溪水源、保持良好生态环境的重要区域。

1999年12月，武夷山被联合国教科文组织列入世界遗产名录，成为世界自然与文化双重遗产。

福建的母亲河——闽江

闽江是福建省最大河流，发源于武夷山脉杉岭南麓，由建溪、富屯溪、沙溪三大主要支流在南平市附近汇合而成。闽江穿过沿海山脉至福州市南台岛，后分南北两支，至罗星塔复合为一，折向东北琅歧岛后注入东海。闽江干流长500多千米，流域面积6万余平方千米，约占福建全省面积的一半，是中国东南沿海流域面积最大的河流。闽江流域水量丰富，年径流量600多亿立方米。

闽江上游有“绿色金库”之称，由于生态环境优越，林木生长迅速，树木种类繁多，仅木本植物就有1200多种，其中用材树种有400多种，尤其是杉木，为全国最多。闽

闽江夕照

江中游也称剑溪或剑江，这里新构造运动强烈，河流下切作用明显，故河谷主要为河曲形的峡谷，两岸峭壁挺拔，奇峰对峙。闽江下游坡降变小，江面开阔，河水流速减缓，沉积作用显著，最终注入台湾海峡。

闽江是一条既秀丽又雄浑的河流，两岸青山如黛，风景宜人，尤其福州至闽江入海处，江面宽阔，水流平缓。沿江有金山寺、江心公园、罗星塔、金刚腿、青芝百洞山等名胜古迹。闽江水力资源丰富，而且水量变化较小，即使在枯水期也有较多的水量。

福建的海岛

福建拥有广阔的海域，是我国海上岛屿最多的省份，在绵延3700多米的陆地海岸线外，散落着1500多个大大小小的岛屿，它们如珍珠般撒在东南沿海，共同守护着美丽的闽越大地。福建较大的海岛有平潭岛、东山岛、南日岛、厦门岛等，其中东山岛、厦门岛等岛屿已与陆地相连而形成半岛。

平潭岛

平潭岛亦称海坛岛，是中国第六大岛、福建省第一大岛。岛东面与台湾地区新竹港相距仅68海里。平潭岛南北长29千米，东西宽19千米，面积为267.13平方千米。平潭岛上海蚀地貌十分典型，有罕见的花岗岩海蚀柱、风动石和球状风化花岗岩等，被誉为“海蚀地貌博物馆”。整个岛地势低平，中部略高，地貌以丘陵、平原为主，最高点君山海拔434.6米。

东山岛

东山岛因形似蝴蝶所以亦称蝶岛，位于中国福建省南部沿海，隶属于福建漳州市东山县，是福建省第二大岛。东山岛是福建著名的风景名胜区之一，这里海域辽阔、沙滩平缓、绿树成荫、胜景众多，极具南国滨海风光特色。

南日岛

南日岛位于福建莆田市东南部，是南日群岛的主岛，福建省第三大岛，与湄洲岛并称姐妹岛。南日岛地理位置独特，是对外贸易的窗口，历来也是军事重地，南日水道更是海上交通要道。著名的旅游景点有尖山远眺、龙头山烈女祠、南日岛烈士纪念碑

东山岛

等，南日岛出产南日鲍鱼，为中国鲍鱼主产区之一。

厦门岛

厦门岛也称鹭岛，是厦门市的主体，南北长13.7千米，东西宽12.5千米，是福建省第四大岛屿。厦门岛最初为一个独立的海岛，后来修建集美海堤和杏林海堤后，与陆地相连，成为一个半岛。厦门岛港区内群山环抱，港阔水深，终年不冻，是一个条件优越的海峡型天然良港。

南靖土楼

历史

闽越合流，坐断东南

早在四五千年前，闽地就有了辉煌灿烂的具有明显海洋特征的文明。周朝初期，闽地被纳入周朝的版图。公元前334年，越王勾践的第六世孙无疆被楚威王打败，越国濒临灭亡，于是，越国的皇族就分散到了江南各地，各自为王。其中的一支则往南迁入闽地，并带去了中原和吴越文化，和当地的闽族人融合，形成"闽越族"。

到了勾践的第十三世孙无诸时，闽越族已经得到了一定程度的发展，无诸便自立为闽越王。此时，秦始皇统一了六国，公元前221年，秦王朝将闽越族纳入秦朝统治，并在闽越地区设置了闽中郡，废去了无诸的王位，只封他为郡长。

公元前209年，陈胜吴广揭竿而起，全国纷纷响应。王位被撤的无诸也乘机率领闽越兵反秦。在帮助诸侯打败秦朝后，项羽仍然没有封无诸为王。不久，楚汉之争爆发，愤怒的无诸便率兵协助刘邦打败了项羽。汉高祖五年（公元前202年），刘邦"复立无诸为闽越王，王闽中故地，都东冶"。闽越立国之后，无诸在福州修建冶城，并大兴冶炼业，推广铁器具，提高了闽地的生产力，国势日强。

无诸逝后，其子郢即位。闽越国因试图吞并东瓯、南越等邻国，与当朝发生摩擦。汉武帝建元六年（公元前135年），闽越国攻打南越。汉武帝派严助领军平乱，而郢的弟弟余善乘机杀了郢降汉。接着，汉武帝废掉闽越王封号，改封繇君丑为越繇王，又封余善为东越王。

公元前112年，南越国反汉。余善请旨援助汉将杨仆平乱，但兵到揭阳时，却滞留不前。汉武帝见其反复无常，便认定余善与南越密通。杨仆灭了南越国后，武帝命其驻军闽越边界。余善见状，决定先发制人，于公元前111年秋击杀汉军三校尉。

历史大事记

远古时期	先秦时期
晋江深沪湾旧石器遗址表明，旧石器时代已经有古人类活动于福建海岸地区。 在晋江流域的各县出土了大量新石器时代的文化遗址，其中福州昙石山文化遗址具有海洋文明独特而鲜明的特征。	青铜器时代，闽族隶属于商周，向周朝朝贡，进入了奴隶制社会。 公元前334年，越王勾践的第六世孙被楚威王打败，一部分越国人逃到了福建，和当地的闽族人融合成了"闽越族"。

不久，余善便刻制玉玺，自称东越武帝。汉武帝大为震怒，派朱买臣率大军进攻闽越，最终杀掉余善。

经过这些事件后，汉廷认为闽越国反复无常，遂把大批闽越族人（主要是贵族、官僚和军队）迁往江淮一带，从而结束了闽越国长达92年的历史。

海上丝绸之路的起点

海上丝绸之路是指古代中国与世界其他地区进行经济文化交流的海上通道，是由当时东西海洋间一系列港口网点组成的国际贸易网。

联合国教科文组织所承认的海上丝绸之路的起点便是福建泉州。在绵延千年的海外交流史上，泉州港、福州港、漳州港在不同历史时期都对海上丝绸之路发挥了重要作用。

秦汉时期是海上贸易向远洋发展的重要时期。到西汉，汉武帝平闽越后，即派使者沿着闽越民间开辟的航线远航南海和印度洋。汉武帝时期开辟的航线，标志着海上丝绸之路的开启。

至唐宋时期，指南针和水密封舱等航海技术的发明，加上阿拉伯世界对海洋贸易的看重，使得海上丝绸之路达到空前繁盛。1087年，宋朝在泉州设立市舶司，泉州正式开港后，迅速超越明州港（宁波），并在南宋晚期超过广州港，成为“东方第一大港”。

戚继光画像

在泉州港的带动下，福建的海上贸易空前繁荣。明代前期，郑和从福州远航七下西洋；明代中后期，漳州月港是当时中国最大的对外贸易港口。近代中国五口通商中，福州、厦门占了其中之二。这种独具特色的历史传承，是福建21世纪海上丝绸之路建设的一个突出优势。

2013年10月，中国提出了与海上丝绸之路沿线国家共同建设21世纪海上丝绸之路的倡议。这一跨越时空的宏伟构想，赋予了古老的海上丝绸之路崭新的时代内涵，使其焕发了生机。

戚继光福建抗倭

14世纪初叶，日本进入南北朝分裂时期，封建诸侯割据，互相攻战，争权夺利。在日本国内战争中失败了的一些南朝封建主，就组织武士、商人和浪人到中国沿海地区进行武装走私和抢劫烧杀的海盗活动。从明初开始，他们对中国沿海不断进行侵扰，至嘉靖年间时，更加猖獗，并与中国海盗相勾结，

秦汉时期

公元前220年，秦始皇废弃闽越王，在福建省一带设立了闽中郡。

公元前202年，汉朝复立被秦始皇降为郡长的无诸为闽越王，福州为闽越郡的首府。

公元前112年，闽越叛乱，汉武帝率军平息叛乱，并迁闽越人到江淮流域。

三国时，福建为吴国所征服，福建造船业和航海技术发达，成为孙吴政权的水军基地和对外通商口岸。

隋唐时期

557年，陈武帝为羁縻陈宝应而设立“闽州”，这是福建历史上第一个省级建制。

733年，唐设福建经略使，福建因此而得名。

878年，黄巢率领农民起义军入闽，占领福州，大肆毁城。

福建博物馆

给闽浙一带沿海地区的百姓造成了极大的伤害。

戚继光是抗倭斗争中涌现出来的著名爱国将领。1555年，戚继光奉命抗倭后，立即改革军制，招募流亡农民和矿工，精选3000人组建新部队。这些士兵多受过倭祸之害，战斗意志高昂。他还摒弃旧式“看武艺”的训练法，采取了“鸳鸯阵”等新战术，并建立了队、哨、营等新编制。此外，戚继光还注重研究葡萄牙和日本的新式火器，仿制出鸟铳和“佛朗机”炮，从而使明军进入了冷热兵器混用的阶段。

此后，抗倭形势很快改观。戚继光率军主动出击，在台州九战九捷。大感惊恐的日本海盗转而窜扰福建等地，戚家军也随之南调。1562年，戚继光受命入闽剿倭，先后荡平横屿、牛田、林墩三大倭巢，随后回浙江补充兵员。戚继光离开后，倭寇活动又猖獗起来，攻占兴化府（现福建莆田）城，随后又据平海卫为巢。1563年，戚继光重抵福建，于平海卫大败倭寇，随后率军解仙游之围。

当时在福建有一个叫吴平的人，他与倭寇勾结，招纳海盗1万多人，盘踞在梅岭一带。1565年，戚继光攻占梅岭，吴平率部南逃，占据闽广交界的南澳岛。同年10月，戚继光与俞大猷合力进讨，吴平惨遭失败，仅率800余人乘船逃脱。1566年，戚继光和俞大猷进剿吴平残部，吴平投海自杀。从此，福建沿海基本安定。

红色的土地

闽西一带是全国著名的革命老区，也是原中央苏区的重要组成部分。这里是一块红色的土地，是全国赢得“红旗不倒”光荣赞誉仅有的两个地方之一。在这里，留下

进士牌坊

隋唐时期

933年，“闽王”王审知之子王延钧称帝，国号“大闽”，后为唐所灭。

宋元时期

1087年，朝廷在泉州设置福建市舶司，泉州港成为东方第一大港。

南宋末年，元兵进逼南方，大量“客家人”南迁到福建境内。

1276年，元军攻破宋都临安，后陆秀夫等拥立赵昰在福州即位，定福州为行都。

福建华侨

位于我国东南沿海的福建是我国著名的侨乡之一，早在唐朝初年，福建泉州沿海一带就有人前往菲律宾谋生。宋元时期，泉州对外交往频繁，成为中国主要对外贸易商港。一些人出海经商后定居菲律宾、马来西亚和印度尼西亚等地，成为福建早期华侨，开启了福建跨越千年的华侨史。1840年鸦片战争后，大量福建人开始到海外谋生，他们在国外的土地上发奋进取，艰苦创业，成为一支不可小视的力量。

福建华侨分布

2015年年初的统计数据显示，福建省有闽籍华侨、华人1500多万人，分布在世界上180多个国家和地区，尤以东南亚各国最多，这里的闽籍华侨占华侨总数的78%，约有1200万人。闽籍华侨、华人分布前五位的国家是马来西亚、印度尼西亚、菲律宾、新加坡和美国。此外，祖籍福建的港澳同胞有124万人，归侨侨眷及港澳出国人员的眷属有653万人，改革开放以后出国定居的新华侨、华人有110万人。

华侨与抗战

1937年“七七事变”后，新加坡华侨成立“南侨总会”，公推陈嘉庚为主席。从抗战爆发到1940年年底，300多万名福建华侨捐款将近1亿元，捐献飞机217架、坦克27辆、救护车上千辆。此外，还有不少华侨青年毅然放弃学业，辞去工作，告别亲人，跋山涉水，回到祖国，奔赴战火纷飞的战场。

雄厚的实力

闽籍海外侨胞实力雄厚、人才辈出。闽籍侨胞中有许多“四有人士”，即政治上有地位、经济上有实力、学术上有造诣、社会上有影响的人士，尤其在东南亚国家他们的地位和作用更是举足轻重。目前海外闽籍社团有1900多个，社团活动已由传统的联谊、互助转向商贸、科技、教育和文化等领域，影响力越来越大，闽籍华侨、华人成为驻外使领馆在西方主要国家的重要依托力量。陈嘉庚是闽籍华侨的杰出代表，1940年3月，陈嘉庚率领“南洋华侨回国慰劳视察团”回国慰劳抗日将士，到达延安时受到热烈欢迎。

20世纪30年代在美国的华人

陈嘉庚塑像

明清时期

1560年，戚继光率领“戚家军”捣毁倭寇在横屿（今宁德东北）的老巢，后又进攻平海卫（兴化城东），铲除了福建倭患。

1645年，清兵入关，唐王朱聿键在福州即位，称福州为天兴府，作为行都。

1650年，郑成功驻兵厦门与清军对抗；1661年，郑成功挥师东渡收复台湾。

清朝，福建人持续向海外移民，海外福建籍华人人口剧增。

了毛泽东、周恩来、刘少奇、朱德、陈毅等老一辈无产阶级革命家从事伟大革命实践的深刻印记。

1929年3月11日，毛泽东、朱德、陈毅率领中国工农红军第四军从赣南到达长汀四都，并成功解放了汀州城，成立中央苏区第一个红色县级政权——长汀县革命委员会；同年5月15日，毛泽东率领红四军第二次入闽；同年12月，红四军在上杭县古田镇溪背村的廖氏宗祠召开第九次党代表大会，史称“古田会议”，讨论并通过了《中国共产党红军第四军第九次代表大会决议案》。

1930年6月，红四军进入闽西，毛泽东在上杭县南阳乡主持召开了红四军前委和闽西特委联席会议，即“南阳会议”，讨论和通过了《富农问题》《流氓问题》两个决议案。从红四军首次入闽以来，经过一年多的斗争，创建了人口近百万人的革命根据地。

1933年11月，国民党军队向闽西、赣南进攻，对中央革命根据地实行“围剿”。由于王明“左”倾路线的错误领导，导致红军第五次反“围剿”失败。1934年10月，主力红军从福建的长汀、宁化和江西的瑞金、于都等地出发，开始了艰苦的二万五千里长征。

福建历史名人

柳永（987—1053）：崇安（今福建武夷山）人，北宋著名词人，也是婉约派最具代表性的人物。他以毕生精力作词，其词多描绘城市风光和歌伎生活，尤长于抒写羁旅行役之情，对宋词的发展有重大影响。

朱熹（1130—1200）：生于三明市尤溪县，是南宋著名的理学家、思想家、哲学家、教育家、诗人，也是闽学派的代表人物。他继承了北宋程颢、程颐的理学，完成了客观唯心主义体系的建立。

郑成功（1624—1662）：福建南安市石井镇人，明末清初军事家，民族英雄。郑成

武夷宫柳永纪念馆

近现代时期

1842年，清政府在鸦片战争战败后和英国签订《南京条约》，福州和厦门成为通商口岸。

1866年，左宗棠开办福州船政学堂，该学堂成为近代中国海军的摇篮。

从1927年开始，红军在闽西一带建立了多处中央苏区，并于1929年在古田镇召开了著名的“古田会议”。

1934年10月，主力红军从福建的长汀、宁化，江西的瑞金等地出发开始长征。

古田会议旧址

功抗清驱荷，以赶走荷兰殖民主义者、收复祖国领土台湾的业绩载入史册。

林则徐（1785—1850）：祖籍福建侯官（今福州），清朝后期政治家、思想家和诗人，是近代中国“开眼看世界的第一人”，更是中华民族抵御侵略过程中的伟大民族英雄，其主要功绩是虎门销烟。

严复（1854—1921）：福建侯官（今属福州）人，中国近代翻译史上学贯中西、具有划时代意义的翻译家，也是我国首创完整翻译标准的先驱者。译有赫胥黎的《天演论》、亚当·斯密的《原富》等。

林语堂（1895—1976）：福建龙溪（今漳州市平和县坂仔镇）人，是中国当代著名学者、文学家、语言学家，一生著述颇丰，代表作有《京华烟云》《吾国与吾民》《老子的智慧》《苏东坡传》等。

冰心（1900—1999）：原名谢婉莹，福建长乐人，现代作家、翻译家、儿童文学家，代表作品有《繁星》《春水》《寄小读者》等。

陈景润（1933—1996）：福建福州人，中国著名的数学家。1966年，陈景润发表《表达偶数为一个素数及一个不超过两个素数的乘积之和》（简称“1+2”），成为哥德巴赫猜想研究上的里程碑，而他所发表的成果也被称为“陈氏定理”。

近现代时期

1980年5月，厦门成为经济特区。
2014年12月12日起，国务院决定设立福建自贸试验区，含福州片区、厦门和平潭片区。

厦门

文 化

湄洲岛妈祖庙

异彩纷呈的闽南文化

闽南文化是源远流长的中华文化的一个支系，其分布范围为福建的泉州、厦门、漳州及台湾地区等地，主要包含闽南的建筑文化、民俗文化、宗教文化、方言等。

秦始皇统一中国后，在福建设置闽中郡，正式开启了中原文化与闽南土著文化的交流与融合。汉晋时期，大批中原汉民迁入泉州地区，推动了闽南文化的形成。宋元时期，泉州成为“海上丝绸之路”的起点和东方大港，阿拉伯人与波斯人到泉州经商，带来了伊斯兰文化，闽南文化得到丰富。明清时期，欧洲商人和传教士来闽，传入了西方文化。闽南文化进一步吸收采纳了阿拉伯文化、南洋文化、西方文化等外来文化的特质和合理因素，具有鲜明的地方特色、独特和丰富的内涵，是中华文化的瑰宝。

闽南建筑是闽南文化的重要代表。红砖大厝是闽南的传统建筑，如果说福建民居中最奇特的是土楼，那么闽南红砖大厝则是最绚丽的了。由于闽南传统民居建筑广泛使用红砖作为建材，这就构成闽南大厝的最大特点——红砖红瓦，绚丽而张扬。番仔楼是近代以来涌现出来的充满异域风情的小洋楼，是闽人衣锦还乡的标志，在拼花、雕饰等方面融入了东西方元素，别具一格。

在宗教信仰方面，闽南人除信奉道教、佛教、伊斯兰教等传统教派外，还信奉保生大帝（吴夲）、妈祖（林默）、广泽尊王（圣王公）、清水祖师等。宗族文化也是闽南文化的重要组成部分，重视宗族亲情、重视编修族谱和重视宗祠建筑是其标志。

闽南方言主要分布在闽南地区、广东潮汕地区等地，但这些方言彼此在语音腔调上又有些差异，大体上可分为以文昌话为代表的海南话、以汕头话为代表的潮汕话，以及以厦门话为

福建卷轴

《迷失·鼓浪屿》：本书通过作者的镜头和细腻的文字带领读者徜徉在鼓浪屿的小巷、街口，浏览鼓浪屿的万国建筑，游弋在琴声悠扬的海滩，探寻古老院落，感受鼓浪屿之美。

《福建土楼建筑》：系统地介绍了福建土楼的分类、形式与建筑特色，从单体建筑到群体聚落，从平面布局到空间构成，从建造技术到细部装饰，从防卫性能到民间风俗，都做了较详尽的分析。

《闽都别记》：是一部福建人所写的福建地方文学作品，以章回小说形式描写了福州地区的社会生活，记录了大量的民间传说、历史故事、地方掌故、风俗习惯、方言土语等。

《戚继光》：张笑天所著的历史小说，描写了民族英雄戚继光纵横闽浙粤十数年，最终驱逐了劫掠东南沿海近两个世纪的倭寇的英勇事迹。

福船

福船亦称“大福船”，为中国古代著名的海船船型。福船是一种尖底海船，以行驶于南洋和远海著称，是福建、浙江一带沿海尖底海船的通称，早在宋代，福船便以“海舟以福建为上”而著称于世。福船具有结构坚固、容量大、稳定性好、抗风力、吃水深等适于远洋的优越性能，是我国古代航行于“海上丝绸之路”的最优秀的木质帆船。在中国历史上，郑和下西洋、戚继光抗倭等使用的均为福船。

1974年8月，泉州后渚出土了一艘南宋末年海船，残长24.2米，残宽9.15米，残深1.98米，船内有12道隔舱板，将船分成13舱，是迄今为止规模最大、保存最完整的中国古代沉船遗存。

福船以纵帆作为推进装置，在横风甚至逆风下也可以航行，还可以根据风力大小卷放帆面，即使帆面有破洞，仍能维持良好的收风效果。

福船特有的双舵设计使得其操纵性能良好，在浅海和深海都能进退自如。

作为战船的福船，全船分四层，下层装土石压舱，二层住士兵，三层为主要操作场所，上层是作战场所。

福船的结构

福船船体高大，首部尖，尾部宽，首尾高昂。它的两舷向外拱，两侧有护板，甲板平坦，龙骨厚实，采用的水密隔舱技术提高了船舶的安全性。

福建影像

《天后》（1975年）：根据妈祖的传说改编的一部神话电影，讲述了诞生于福建莆田的妈祖曲折而又辉煌的一生，最终成为渔民庇护神的故事。

《小城春秋》（1981年）：讲述了抗战前夕，厦门抗日救亡运动如火如荼，共产党带领抗日群众与敌人斗争的故事。

《云水谣》（2006年）：一部拍摄于福建漳州的爱情片，讲述了一段跨越海峡、历经60年大时代动荡背景下至死不渝的坚贞爱情故事。

《土楼里的女人》（2014年）：一部爱情电视剧，以闽西风土人情为背景，展现了客家女子阿凤充满磨难的一生。

代表的闽南话。

海南的琼剧、广东的潮剧、福建的歌仔戏，都颇具特色。

独特的客家文化

客家人多居住在中国广东、福建、江西等地。历史上，客家先民自中原涌入闽粤赣交界地区，在其南迁过程中，与古越族后裔畲、瑶等土著居民杂居，互相交流，取长补短，创造出一个与中原文化相通、又具南方特色的“客家文化”。

福建的客家人主要分布在闽西、闽北，福建省有11个纯客家县（市）和12个非纯客家县（市）。一般认为，闽西是海内外客家人公认的祖籍地。

客家文化的内涵十分丰富，其核心是团结和奋进。客家人团结的精神使他们在漫长的迁徙过程中，把中原灿烂的文明带到南方而不被当地的土著文化同化。永定、华安的土楼，长汀的“九厅十八井”等典型的客家建筑，既是“世界建筑史上的奇葩”，也是客家人团结奋进的象征。

客家人这种团结奋进的精神特质，还表现在对异族文化的博采和融合上。今天的客家绝不故步自封，而是经过与当地民族融合而逐步发展壮大了起来，也有不少人迁入客家居地而被同化成了客家人。在客家地区，人们的宗教信仰也是十分宽容和亲善的，儒、道、释及基督教等可以亲如一家、同居一寺。

福建土楼

福建客家土楼是中国古建筑的一朵奇葩，它以历史悠久、风格独特、规模宏大、结构精巧等特点屹立于世界民居建筑艺术之林。土楼大多为圆形或方形，由永定、南靖、华安的“六群四楼”组成，包括永定区的初溪土楼群、洪坑土楼群、高北土楼群、衍香楼、振福楼，南靖县的田螺坑土楼群、河坑土楼群、和贵楼、怀远楼，华安县的大地土楼群。

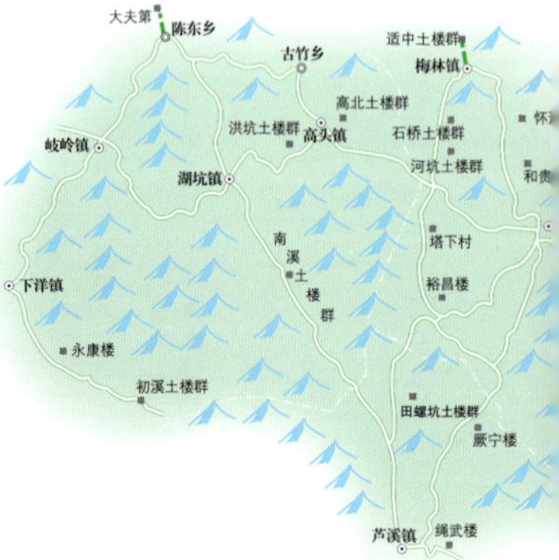

土楼结构

外墙：土楼外墙的基础宽大，最宽达3米，向上依次缩小，顶层墙厚也近1米。由于土楼土墙厚度大，隔热保温，冬暖夏凉，因此土楼除具有防卫御敌的作用外，还具有防震、防火以及通风、采光好等特点。

福建天籁

《爱拼才会赢》：一首脍炙人口的闽南语歌曲，由中国台湾歌手叶启田首唱，后来有多名歌手曾经翻唱或改编此歌曲，深受人们喜爱。

《鼓浪屿之波》：一首歌唱祖国统一的音乐作品，1982年由著名歌唱家李光曦首唱，1984年登上央视春节晚会舞台，经过多年的传唱，已成为厦门的品牌之歌。

《天黑黑》：由邓丽君翻唱的一首福建民歌，歌词充满乡野趣味，歌颂了生活和亲情的美好。

《采茶灯》：由歌手李玲玉演唱的一首福建民歌，描绘了闽南采茶姑娘的勤劳与美好，曲调优美轻快，充满动感。

六大土楼群

高北土楼群分布于永定区东南高头乡11个自然村内，坐落着有“圆楼之王”美誉的承启楼和历史悠久的五云楼、世泽楼，以及有“博士楼”之称的侨福楼等土楼。

河坑土楼群距南靖县城58千米，包括6座方形土楼、6座圆形土楼和1座五角形的南薰楼。其中年代最早的朝水楼建于1549年。

田螺坑土楼群由1座方形土楼、3座圆形土楼和1座椭圆形土楼组成，居中的方形步云楼和右上方的圆形和昌楼建于清嘉庆元年，后又在周边相继建起振昌楼、瑞云楼、文昌楼。5座土楼依山势错落布局，居高俯瞰，像一朵朵盛开的梅花点缀在大地上。

洪坑土楼群为林氏民居，现有建于明代至现代的圆形土楼、方形土楼、宫殿式土楼、五凤式土楼、府第式土楼等各种类型的土楼数十座。

初溪土楼群位于永定区下洋镇初溪村，由5座圆楼和数十座方楼组成，主要有集庆楼、善庆楼、绳庆楼等，它们依山傍水、错落有致，呈现出极高的美学价值。

大地土楼群位于华安县仙都镇大地村，由“土楼之王”二宜楼、“福建土楼博物馆”南阳楼、“宜居典范”东阳楼3座土楼组成，这3座土楼都是由蒋氏家族所建。

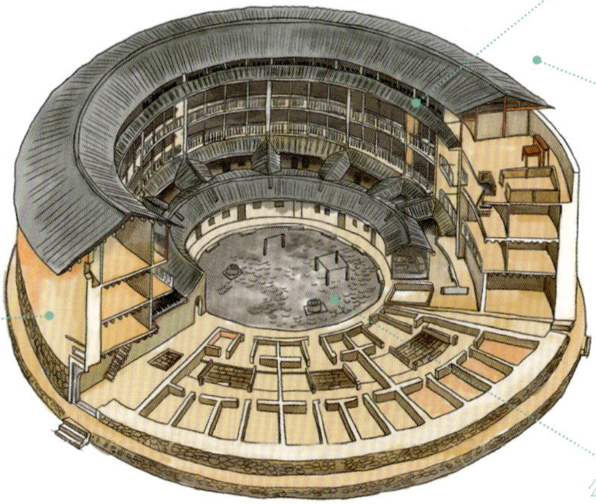

环环相套：圆形土楼一般都由两三圈组成，由内到外环环相套。沿圆形外墙用木板分割成众多的房间，其内侧为走廊。

外圈：圆形土楼的外圈通常高十余米，一般有4层，大的土楼有一两百个房间，一层是厨房和餐厅，二层是仓库，三四层是卧室。

公共空间：二圈通常为两层，有30~50个房间，一般是客房，正中一间是祖堂，是居住在楼内的几百人婚丧喜庆的公共场所。楼内还有水井、浴室、磨坊等公共设施。

福建土楼作为客家文化的重要载体，既是客家人创造力的重要展现，也是客家文化的独特代表。2008年7月，在第32届世界遗产大会上，福建客家土楼被正式列入《世界遗产名录》，客家文化也随之更多地出现在了人们的视野中。

海上保护神——妈祖

妈祖是沿海人民信奉的航海保护神。在古老的传说当中，妈祖救急扶危、护国庇民、保佑苍生，因此航海人都敬之若神。妈祖的影响力从东南沿海辐射开去，遍及中国港澳台以及东南亚、朝鲜、日本、北美等20多个国家和地区。

妈祖文化始于宋，成于元，兴于明，盛于清，繁荣于近现代，是海洋文化的代表。妈祖是人们对“海上女神”的尊称，历代皇帝对妈祖进行了30多次的褒封，其爵位从“夫人”“妃”直至“天妃”“天后”，并被人们尊称为“天上圣母”。

福建莆田的湄洲岛是妈祖的故乡，也是妈祖文化的发源地。湄洲天后宫是世界20多个国家和地区1500多座妈祖庙的祖庙。湄洲岛也因此成为全世界近2亿名妈祖信众顶礼膜拜的圣地，被誉为“东方麦加”。

经过千年的流传，妈祖文化已成为华夏文明的重要组成部分。值得一提的是，每年有超过10万名台胞赶赴湄洲朝圣，妈祖文化成为台胞共同的文化信仰。

2009年，妈祖信俗被列入《人类非物质文化遗产代表作名录》，成了中国首个信俗类的世界遗产。

山珍海味，尽在闽菜

闽菜是中国八大菜系之一，是汉族文化和当地古越族文化融合的产物，是以福州菜为基础，又融合闽东、闽南、闽西、闽北、莆仙地方风味菜后形成的菜系。

湄洲岛妈祖庆典

福建依山傍海，地理条件优越，盛产稻米、蔬菜、瓜果，山林溪涧有闻名全国的茶叶、香菇、竹笋、莲子以及鹿、雉、鹧鸪、河鳗、石鳞等美味；沿海地区的鱼、虾、螺、蚌等海产佳品丰富，常年不绝。种类繁多的山珍海味，为闽菜系提供了得天独厚的烹饪原料。

闽菜刀工巧妙，寓趣于味，素有“刳花如荔、切丝如发、片薄如纸”的美誉。在味道上，闽菜的调味偏于甜、酸、淡，这一特征的形成与烹调原料多取自山珍海味有关。闽菜善用甜去腥膻，用醋爽口，用淡保持原汁原味，从而以甜而不腻、淡而不薄享有盛名。闽菜还善用红糟、虾油、沙茶、辣椒酱等调味，口味独特。

闽菜烹调细腻，雅致大方，以炒、蒸、煨技术最为突出。食用器皿别具一格，多采用小巧玲珑、古朴大方的大、中、小盖碗，体现了雅洁、轻便、秀丽的特点。

福州菜是闽菜的主流，除盛行于福州外，也在闽东、闽中、闽北一带广泛流传。其菜肴特点是清爽、鲜嫩、淡雅，偏于酸甜，汤菜居多。它善用红糟为调料，尤其讲究调汤，代表名菜有佛跳墙、煎糟鳗鱼、淡糟鲜竹蛏、鸡丝燕窝等。

悠久的茶文化

福建是乌龙茶的故乡，有1000多年的茶文化历史。有关福建产茶最早的文献记载见诸南安县丰州的莲花峰摩崖石刻，比《茶经》一书还要早300多年。福建人对茶情有独钟，福建闽南一带更有着“宁可百日无肉，不可一日无茶”的传统饮食习惯，在福建很多地方，人们都已形成了早上和晚上饮茶的习惯，对于茶的依赖到了“痴迷”程度。

唐代时，福建已成为产茶大省，建茶、斗茶则在宋、元两朝蔚然成风。宋、元两朝，福建出现了以“龙凤盛世”“茗战成风”为特征的宫廷茶文化与文人茶文化的鼎盛时期，九曲溪孕育而成的中国皇家茶园——御茶园，不仅代表了武夷茶的历史辉煌，而且象征着闽茶在中国的特殊地位。

武夷茶文化有1000多年的悠久历史，元代始成为皇室贡品，茶文化遗址遍布武夷山中。

明清时期，福建人开创了乌龙制茶工艺，茶叶贸易渐盛，武夷山的茶山、茶水更加点缀了福建茶的文化底蕴。

明末清初，福建出产的乌龙茶受到人们的喜爱，并出现了适合乌龙茶的独特品饮方式。福建乌龙茶中的名品铁观音，其原产地是泉州的安溪县，这里受亚热带季风气候影响，因此有“四季有花常见雨，严冬无雪有雷声”的气象特征。而这一带绵延着的带有酸性红壤土的群山，土层深厚，阳崖阴林，是最适于优质茶树生长的环境。

茶在福建形成了独特的自然生态特征，以及相应的茶文化。民间茶俗、茶情、茶艺绚丽多姿，支提山、鼓山的“普茶”，闽东畲族的“宝塔茶”“新娘茶”“凤凰茶”，将乐的“擂茶”，古榕的茉莉，福建的工夫茶，不胜枚举；茶歌、茶谣、茶舞、茶剧遍及全省，源远流长。

厦门城市风光

行走福建

带什么

自助旅行

来福建旅游，要想把一些著名景点全部游览完是需要好几天时间的。虽然福建的景点大多开发得比较完善，并不需要特别带很多东西，但如果要到比较特殊的地方，还是需要做好充分准备。

常规必带

服装、背包、鞋袜

福建省靠近北回归线，属于典型的亚热带海洋性季风气候。需要注意的是，福建气象灾害频繁，主要是台风和暴雨型洪涝，每年6月至10月是台风的高发时段。前去游玩须加防范，要带雨伞或雨衣。

在周边的山上徒步旅行，一双结实耐用的运动鞋是必不可少的。袜子方面，选择弹性较好、排汗良好的运动袜即可。

药品、食品

常规旅游准备一些感冒药、胃肠药和祛热止痛药就可以了，如感冒片剂、感冒冲剂、泻痢停、复方阿司匹林、氯苯那敏、抗生素等。

在市区旅游，各大景区都有商店或小卖部，都有常规药品和食品出售，不用担心。在郊区或较为偏远的地方，可以准备纯净水、红牛等饮料，随时补充能量。

洗漱用品

毛巾、牙膏、牙刷、香皂、护肤霜、洗发水、梳子、剃须刀、手纸、湿纸巾等。

鼓浪屿

防护用品

有一双始终保持双手干爽的手套可大大加强旅行的安全性。去厦门等海滨区旅游，使用防晒霜可以削弱紫外线的影响，避免被晒伤；一副太阳镜和一顶边沿帽子也可防晒。

特殊选带

药品、食品

如果是户外游，要备以下物品。

常备药物：牛黄解毒片、小檗碱、牙周宁、息斯敏、乘晕宁。

外用药：云南白药、万花油、创可贴、清凉油、风油精、伤湿止痛膏、眼药水、药棉、纱布、绷带、白胶布。

维生素类：金施尔康、善存片。

驱蚊药水：厦门等地比较潮湿，夏天蚊虫较多，应自备驱蚊药水。

食物方面：首选巧克力、牛肉干、水果糖、榨菜、饼干等。

帐篷、睡袋、旅行水壶、指南针

若打算在野外露营，需要携带防雨帐篷和睡袋。户外探险随身带个水壶对于饮水来说十分方便；万一迷了路，指南针能够给你指引正确的方向。

摄影器材

旅游和摄影向来是不分家的。前往景点众多的福建也是如此，相机是一件必不可少的装备。普通旅游，有拍照功能的手机基本可以满足需要；若是想拍摄高质量的自然美景和少数民族的风土人情，带上一个广角镜头和一个中焦变焦镜头就可以基本满足需要，带一个轻便的三脚架也十分有必要。多带几节电池和几张容量大点儿的SD卡是明智之选，此外，偏振镜、UV镜、清洁套装、防尘塑料袋也十分有用。

半边楼

何时去

福建属于亚热带海洋性季风气候，是地球同纬度线上生态保存最完好的地区，年平均气温为17~21℃，温和舒适，一年四季皆可旅游。

秋、冬季节是去福建旅游的最佳季节。秋季到福建可以品上好的喷香茶，尝爽口的薄饼，尽情享受福建秋天的温情。冬天仍然是去福建旅游的好季节，在中国北方绝大多数城市进入严寒的冬季时，福建的气候依旧温和，尤其是厦门，此季节可以选择去泉寺、永泰青云山等景点。

需要注意的是，夏季的福建天气相当炎热，如果夏天去福建旅游，可以选择去武夷山景区之类的避暑胜地。

福建夏季风光

▼ 福建旅游月历

月份	节日
1月	扯烛桥（农历正月十四）
2月	元宵节
3月	建宁花朝（农历二月）
4月	南平夏道踩街民俗（农历三月初三）
5月	武夷山旅游节
6月	漳州关帝文化旅游节（农历五月十三）
7月	樟湖蛇节（农历七月初七）
8月	三明客家放河灯（农历七月十五前后）
9月	冠豸山旅游文化节（7月、9月或11月）
10月	漳州和平蜜柚节
11月	盂兰盆盛会（农历十月十五）
12月	沙县小吃文化节（12月8日）

厦门城市风光

吃什么

以福州菜肴和闽南菜肴为代表的闽菜，是中国的八大菜系之一，素以选料精细、刀工好、口味清鲜著称，尤以善制山珍、巧烹海鲜见长。

佛跳墙

佛跳墙

原名“福寿全”，福州名菜，迄今有100多年历史，原料有鲍鱼、海参、鱼翅、水发冬菇等18种之多。

鱼丸

用鲤鱼或淡水鱼剁蓉加甘薯粉制皮，包以猪瘦肉或虾、鲟肉等馅心而制成的丸状食物。

酿豆腐

酿豆腐即“有肉馅的豆腐”之意，鲜嫩滑香、营养丰富。

土笋冻

土笋冻的主要原料是一种蠕虫，形似蚯蚓。做法是将其腹部压破，再将肚内泥浆洗涤干净，经过熬煮，虫体所含胶质溶入水中，凝成块状，加入调料食用，是厦门独有的美味。

烧肉粽

烧肉粽历史悠久，具有鲜香嫩滑、油润不腻等特点。

南普陀素菜

这里的拿手菜有40多种，主要原料是米面、豆制品、蔬菜、蘑菇、木耳等。

茄汁鸡肉

茄汁鸡肉是南平的代表名菜，鸡肉的肉质细嫩，滋味鲜美，有滋补养身的作用。

盐焗鸡

盐焗鸡是久负盛名的客家菜肴，皮软肉嫩、香浓味美。

土笋冻

住哪儿

福建省住宿种类繁多，各种档次的住宿都有。有全国连锁的各种高档酒店，富有中式古典风格的特色酒店，海景房，以及实惠的快捷酒店和青年旅舍等，能够满足不同消费层次人群的住宿需求。可根据自己的消费能力、酒店的地理位置、交通情况来选择。

厦门酒店

星级酒店

福建的星级酒店数量不少，主要分布在福州、厦门等热门旅游城市。酒店档次、服务质量普遍较高，且价格实惠，常会有折扣。游客可以放心入住，旅游旺季最好提前预订。

快捷连锁酒店

福建省各市县均有如家、汉庭、7天等快捷酒店分布，尤以福州、厦门、武夷山等热点旅游地居多。酒店价格、设施、服务相差不大，可以提前预订。

普通宾馆及客栈

福建的宾馆遍布全省各市，各种类型的都有，丰俭由人，服务也十分周到，可以满足各类游客的需求。

特色海景房

在厦门等海滨旅游区可以住在视野开阔、景色优美的海景房，体验当地人的生活方式。海景房住宿价格较高，可适当选择。

野外露营

厦门海滨、武夷山等风景区都是露营的好地方，相比较而言，这些地方野营的条件还是有保障的。

厦门客栈

怎么走

福建高铁

福建是东南沿海重要的交通枢纽，已形成了陆、海、空综合交通运输网，拥有众多主要干线铁路和干线公路。福州、厦门、泉州、武夷山等城市都已开通民航航线。

福建省目前开通航班的机场主要有福州长乐国际机场、厦门高崎国际机场、泉州晋江国际机场、南平武夷山机场、龙岩冠豸山机场等，可以满足旅游出行需要。

福建的铁路比较发达，已建有峰福铁路、鹰厦铁路、梅坎铁路、漳泉铁路、温福高速铁路、福厦铁路、龙厦铁路、厦深铁路等，基本形成了铁路网，有通往全国各省主要城市的车次。

福建公路运输四通八达，现有福厦、厦汕、厦漳、泉厦等高速公路。

福州机场

厦门高崎机场

有用信息

旅游通信

通信

福建手机信号覆盖全面，从信号强度上来说，三家运营商的信号均表现良好，偏远地区则是中国移动最强，中国电信次之，中国联通最弱。

出行

全国各主要城市都有前往福建福州、厦门、泉州、龙岩等大城市的飞机、高铁等便捷交通。有些旅行者也喜欢自驾出游到福建，尤其是福建周边省市的游客。当然，也有抵达当地后再租车旅行的。现在通过旅行社或者网络在线都可以方便、快捷地办理租车业务。

节约技巧

选择入住品牌连锁酒店时，除订房网站外，不妨到团购网站和酒店官网看看，往往有更多惊喜，这些网站经常会有折扣。

要善于利用淘宝网、大众点评网及各种团购应用App，不仅能吃到美味，还能得到众多优惠。

合理安排行程，不仅可节省时间，又能减少交通费。

在福州、厦门等地游玩，尽量选择公共交通，前往较为偏远的地区可选择拼车同行。

不选择门票昂贵的景区，不重复游览同类景点，如厦门的众多海滨浴场。

淡季出行是省钱的利器。淡季不仅门票价格减半，避开了众多的游人，还可以欣赏到别样的风光。淡季的厦门海滨景色优美，且住宿、饮食价格普遍较低。

购买旅行纪念品大可不必去商业街区的各种店铺。在当地

福建土楼

人开的店铺或是从村民手中，不仅能买到理想的纪念品，还可以对当地人的生活有实际的帮助。

语言和礼节

福建省历来以方言复杂著称。全国汉语方言有七大方言区，福建境内就占其五：闽方言、客家方言、赣方言、吴方言和北方方言。其中闽方言又包含福州方言、建瓯方言以及闽南方言。福州及周边当然是讲福州方言，而厦门、泉州、漳州则是讲闽南方言，龙岩则多讲客家方言。

突发状况

旅途中总是会出现一些突发情况，但只要做到"事前认真准备，事后冷静处理"，一切都会迎刃而解的。

汽车抛锚：开车自驾游前应当掌握一些简单基本的维修技术，若是途中出现汽车抛锚，先依据经验，判断是否可以自己解决。无法判断或不能解决，则要打电话给保险公司解决。

财物丢失：保管好财物在旅途中是一件十分重要的事，若财物丢失，总会给美好的旅行蒙上一层阴影。为避免财物损失，应以预防为主。最好做到少携带现金，或把现金放到贴身衣物中，只把零钱放在包里。银行卡不要与身份证放在一起。

水土不服、食物中毒或生病：因为水土不服、食物不洁或者天气因素，生病也是常会发生的事。特别是一个人出行，更需要时刻注意。因此，旅途中应带足相关药品（如感冒类、胃肠类药品等），出行时要保护自己，不随便吃东西，避免在太阳下暴晒、少在雨里行走等。

呵护福建的环境：福建景点众多，文化内涵深厚，游客在获得旅行带来快乐的同时，也有义务保护生态环境。每个人都应做到不随便破坏当地的动植物资源，旅途中尽量减少垃圾的产生，更不能乱丢垃圾，尤其是在偏远地区，应将垃圾带回城市中进行回收处理。在带走美好回忆的同时，也应该带走垃圾。

发现者
旅行指南

福州

概览

亮点

■ 三坊七巷

坊巷纵横，石板铺地；白墙瓦屋，匠艺奇巧。集中体现了福州古城的民居特色，被建筑界誉为“明清古建筑博物馆”。

■ 鼓山

景区以云雾、奇峰、峡谷、瀑布、古建筑、摩崖石刻等自然、人文景观著称，涌泉寺是鼓山最重要的景点。

■ 海坛岛

为我国第五大岛，福建第一大岛，以海滨沙滩和海蚀地貌而闻名，有半洋石帆、海坛天神等景区。

■ 十八重溪

因有18条主要溪流而得名，景区散布着由火山熔岩构成的峰、岩、崖、谷、洞，山水交融，有峡谷瀑布、奇峰怪石等胜景。

西禅寺

■ 西禅寺

名列福州五大禅寺之一。此地盛产良种荔枝，寺内宋明时期栽种的荔枝至今还在开花结果。

■ 必逛街道

八一七路是福州最古老的购物街，位于城区历史文化中轴线，横街商圈、茶亭街、冠亚广场等中高档大型商业综合体都在此街区。

线路

■ 福州市区经典二日游

第一天可以按照福州西湖公园—三坊七巷—林则徐纪念馆—乌山的线路游览福州市城区景点。傍晚时建议在乌山或者滨江公园游览。晚上可去榕城路美食街品尝福州美味，还可去附近的剧院看福州本土的闽剧。

第二天上午去山幽庙深的鼓山，鼓山景区是散心冥想的好去处。下午去马尾参观船政文化景区，既可踏浪观潮，又可寻胜访古。

■ 福州近郊一日游

这条一日游线路包括姬岩、宏琳厝和七叠温泉。姬岩重峦叠嶂，游客宛若置身仙境，到此可以览山观水，寻访动人的传说。而后参观宏琳厝古老的广宅深院，观其别具一格的建筑风采。之后前往七叠温泉，体验福建海拔最高的温泉。

为何去

西禅寺

福州有着2000多年的悠久历史，具有典型的古城风貌，闽江穿市而过，市内有三山（乌山、于山、屏山），是“山在城中，城在山中”的独特城市。

福州风光秀丽、名胜众多，三坊七巷的经典格局和满街遍植的大榕树是这座港口城市的特色，福州也因此有了“榕城”的别称。福州有很多寺庙和温泉，为这个城市增添了宁静的底蕴和温暖的氛围。

何时去

西湖公园

福州濒临东海，气候温暖，雨量充沛。到此旅游的最佳季节是秋冬季，阳光明媚，树木常青，一派南国风光，还有诱人的温泉，尤其适合北方的游客。春季是福州一年中阴雨天最多的季节，冷暖气温变化很大；夏季以晴好天气为主，部分地区在7~8月会出现极端高温，另外，此时也是台风多发季节。台风时要尽量避免外出，最好待在房间里，直到台风警报解除。

福州火车站

区域解读

区号：0591

面积：约1.15万km^2

人口：约844万人

地理 GEOGRAPHY

区划

福州下辖6个区（鼓楼区、台江区、仓山区、晋安区、马尾区、长乐区）、1个县级市（福清）、6个县（闽侯县、连江县、罗源县、闽清县、永泰县、平潭县）。

地形

福州位于福建东部的闽江口地区，西枕鹫峰，东临大海，地势自西向东倾斜。市区所在地属于典型的河口盆地，东有鼓山，西有旗山，南有五虎山，北有莲花峰。闽江自西北向东南横切山脉，至福州盆地形成福建最大的福州平原，另在鳌江和龙江下游以及山区盆地也有较多小平原。此外，福州海岸线漫长曲折，海域宽阔，多港湾、多岛屿。

气候

福州属亚热带海洋性季风气候，温度适中，气候宜人。这里春季阴雨绵绵，气温变化较大；夏季以晴好天气为主，部分地区七八月会出现极端高温天气，且此时台风也较频繁；秋季天高云淡，是旅游的黄金季节，只需穿单衣或薄毛衣；冬季气温相对较低，但仍旧阳光明媚，穿稍厚的毛衣和外套即可。

历史 HISTORY

历史大事记

●先秦时期

新石器时代晚期，福州已有人类在此定居。

夏代（约公元前2070年—公元前1600年），福建一带的氏族已经和中原地区的部落有了联系。

商周时期，这里与中原的联系更加紧密，不仅向周朝朝贡，而且进入了奴隶制社会。

战国时期，越王勾践的第六世孙被楚威王打败，越国崩溃，王室往南迁逃，其中一部分越国人就逃到了福建，和当地的氏族融合成了闽越氏族。

越王勾践像

平潭岛

●秦汉时期

公元前221年，秦始皇统一六国后开始征服闽越地区。公元前220年，始皇废弃闽越王，在今福建省一带设立了闽中郡。

秦朝末年，无诸先领导闽越族对抗秦朝，然后帮助刘邦攻打项羽。公元前202年，汉朝复立无诸为闽越王，福州成为闽越郡的首府。无诸依冶山建城，因此称为“冶城”，此为福州城垣之始，福州在历史上第一次成为闽地的首府。此后闽越社会经济文化迅速发展。

●唐宋时期

725年，唐朝建福州都督府，此地从此得名“福州”。

唐末五代十国时期，河南光州固始县的王审知和兄长带领军队南下，占领了福建，建立了闽县，并以福州为首府。901年，王审知在子城外建大城，设八城门、九便门、三水门，称“罗城”，全部用雕有“钱纹”图案的石砖砌城。城内还让百姓在规定的地段建造住宅，并分段围以高墙，称为“坊”，这就是如今“三坊七巷”的雏形。

南宋时期，金兵南犯，中原战乱，福州却成为世外桃源，逃难者纷纷来到这里，福州一带盛极一时。1276年，益王赵昰在福州登基，升福州为福安府，作为首府。1278年，又设立行中书省于泉州，三年后又迁返福州。

●明清时期

1371年，当地在唐朝夹城和宋朝外城的基础上建造了石城，用以抵御倭寇的侵袭，这便是福州的府城。

明朝末年，清兵入关，唐王朱聿键在福州即位，称福州为天兴府，当时也称福京，作为行都。

清朝时期，福州为福建行省的都府。

●近现代

1842年，第一次鸦片战争后，中英签订《南京条约》，福州成为五个通商口岸之一。其后，城区日益扩大，城内、南台和仓山连成一片，上杭、下杭、中亭和台江商贾云集，仓山也成为外国领事馆区。

1866年，闽浙总督左宗棠创办福州船政局，福州成为中国近代最重要的军舰生产基地。后在继任船政大臣沈葆桢的苦心经营下，船政局成为当时远东最大的造船厂。

福州海上渡船

1933年，第十九路军发动“闽变”，在福州成立了“中华共和国人民革命政府”。

1949年，中华人民共和国成立后，设立福州市为福建省省会。

名单 福州历史名人

秦汉时期的闽越王无诸

五代十国时期的闽王王审知

宋代第一个状元许将

宋朝爱国词人张元干

南宋著名诗人萧德藻

清朝脱胎漆器创始人沈绍安

中国近代“开眼看世界的第一人”林则徐

清末戊戌六君子之一林旭

近代启蒙思想家严复

近代文学家、翻译家林纾

近代黄花岗七十二烈士林觉民、林文、方声洞

近代化学工业奠基人侯德榜

近代著名文学家、翻译家郑振铎

文学大师冰心

著名数学家陈景润

依水而生的城市——福州

福州是一座水边的城市。

公元前202年，福州刚建城的时候，才方圆几里。人们相互往来，多数要划船。这善于使船的基因，也为千年后辉煌的海上丝绸之路埋下伏笔。如今福州城内的小山，是过去的海岛，城区大部分地方在当年被水覆盖。

五代十国时期，闽王王审知建城，跟随其入闽的大量百姓一次次地扩大城池，这里变得越来越繁华。每天都有大量的大船载着货物从海上驶入闽江，之后货物被卸到小船里，小船在城中的内河穿梭，将货物送到城市的每个角落。与之同时兴起的是这个城市的市民文化。

河畔灯红酒绿，商人们逐渐聚居起来，形成了如今的三坊七巷。

到了明代，这里进一步繁荣。因为海阔江宽水深，福州人又有造船的天赋，于是郑和就从此地出发，开启了中国远程航海的新纪元。1866年，洋务运动的代表人物之一左宗棠和他的学生亦在此创办了福州船政学堂。

福州城中的温泉千年不衰，细水长流，伴随着福州人悠闲平淡的日子，走过一段段岁月。

文化 CULTURE

中华瑰宝寿山石

寿山石因色彩斑斓、晶莹剔透素有“国之瑰宝”的美誉，具有极高的收藏价值，作为上等的雕刻彩石，是中国传统“四大印章石”之一。在2008年北京奥运会上，福州出产的寿山石被指定为国家礼品。

寿山石因产地位于福州市以北约40千米的寿山而得名，主要分布在福州市北郊晋安区、连江县、罗源县交界处的“金三角”地带。若以矿脉走向，又可分为高山、旗山、月

镇海楼

洋三系。因为寿山矿区开采得早，旧说的“田坑、水坑、山坑”，就是指在此矿区的田底、水涧、山洞。

寿山石在千百年的发展历程中形成了独具特色的文化。具备“细、结、润、腻、温、凝”六性的寿山石更是为历朝历代文人雅士所喜爱。其中，田黄石更是石中极品，素有“石中之王”的美誉，有“福寿田丰”之意，所以有了“一两田黄三两金”的说法。

寿山石雕也是福州传统工艺的“三宝”之一，讲求相石取巧、因材施艺，具有深厚的历史文化底蕴和浓郁的福州地方特色。寿山石雕始见于南朝。元末开始用寿山石刻印，因此有寿山石印纽艺术的产生，而收藏寿山石印材和寿山石印纽，成为当时文人雅士的专利，并一直影响到现在。明代寿山石中的田黄石被御定为宫廷之印玺。到了清代，皇帝更是喜爱田黄石。

海洋文明史上的绚烂篇章——福船

福船因在福建沿海建造而得名，并以适合远洋航行而著称，是中国古代“四大名船”之一，为世界著名的海船船型。福船首创了“中国水密隔舱制造技艺”，采用榫接等技艺，使舱与舱之间互相独立，形成密封不透水的结构，是世界造船技术的一大创造。

早在三国时期，吴国的航海活动就十分活跃。到了唐代，福州和泉州成为南方主要的造船基地。明朝时期，福建的造船业有官营、民营和官召商营三种形式。但是，由于明代实行海禁政策，福建帆船告别了驰骋了5个世纪之久的海洋，仅剩下一些走私商船艰难维生。到了明末清初，鸦片战争中，闽、粤、江、浙水师不敌外敌的坚船利炮而战败。此后，西方殖民者的入侵，加上清廷的政策限制，导致福船开始慢慢退出航海舞台。

作为海上丝绸之路上的主要运输工具，作为郑和七下西洋所用的“宝船”，福船曾引领了中国乃至世界的风帆时代。问世于1720年前后、现藏于日本松浦博物馆的珍贵文物“唐船之图”，共描绘了12幅船图，其中就有3幅船图标有“福州船”或“福州造”等说明，生动地见证着福州在中国乃至世界海洋文明史上的辉煌成就。

寿山石雕

景点推荐 福州市区景点

三坊七巷 AAAAA

坊巷格局的老街区

福州市鼓楼区三坊七巷区域

乘坐地铁4号线至东街口站、地铁2号线至南门兜站均可到达

景区全天开放，里面大部分的小景点开放时间为8:30~21:00

0591-87675791

在福州这座具有2200多年历史的城市中心，坐落着闻名遐迩的三坊七巷历史文化街区。其占地面积约0.4平方千米，由三个坊、七条巷和一条中轴街市组成，分别是衣锦坊、文儒坊、光禄坊，杨桥巷、郎官巷、塔巷、黄巷、安民巷、宫巷、吉庇巷和南后街，因此自古就被称为“三坊七巷”。

三坊七巷起于晋，完善于唐五代，至明清鼎盛，古老的坊巷格局至今基本保存完整，在这个街区内，坊巷纵横，石板铺地，白墙瓦屋，曲线山墙，布局严谨，匠艺奇巧，不少还缀以亭、台、楼、阁、花草、假山，融人文、自然景观为一体。许多民居的门窗雕花采用镂空精雕，榫接而成，并以丰富的图案雕饰。精巧的石刻台阶、门框、花座、柱杆随处可见，集中体现了福州古城的民居技艺和特色，被建筑界誉为规模庞大的“明清古建筑博物馆”，是中国都市仅存的一块“里坊制度活化石”。

三坊七巷因地灵而人杰，一直是“闽都名人的聚居地”。林则徐、沈葆桢、严复、陈宝琛、林觉民、林旭、冰心、林纾等大量对当时社会乃至中国近现代进程有着重要影响的人物皆出自于此，使得这片热土充满了特殊的人文价值和灵性，成为福州的骄傲。

玩家 行程

1.名人故居游：南后街石牌坊—风雨廊—杨桥巷—林觉民、冰心故居—二梅书屋—南后街（刻字出版雕塑）—南后街（永和鱼丸、同利肉燕制作展示）—衣锦坊—水榭戏台—南后街（裱褙雕塑）—叶氏民居（福建非遗展示）—南后街（花灯雕塑）—林聪彝故居—文儒坊乡约碑—南后街（民国当铺雕塑）—蓝建枢故居—林则徐纪念馆。

2.明清坊巷游：南后街北口进—郎官巷—二梅书屋—塔巷—黄巷—衣锦坊—水榭戏台—闽山巷—文儒坊（乡约碑）—宫巷—安民巷—南后街（裱褙雕塑）—南后街（花灯雕塑）。

玩家 解说

俗语中，人们习惯先说三坊后讲七巷，其实，从建筑位置来分析，应该是先有七巷后有三坊。唐代的先民们先是沿着城市的轴线——南街建起了一组排列工整的“新村”，然后再隔一条南后街，向西发展，建起一组坊巷，成为以南后街为中轴线的“非”字形结构的街区。经过千百年的风雨变迁，大多于宋代定下坊巷之名，在明清时期形成现今的建筑格局。

衣锦坊

衣锦坊是三坊的第一坊，因为它是三坊七巷街区最靠近西湖的坊巷，古时被河泽包围着，故名通潮巷，宋淳熙年间，进士王益详退归故里后，改为衣锦坊。此后，坊里还出了明代都御史林廷玉、进士郑鹏程等，他们荣归故里，而衣锦坊的坊名也一直沿用了下来，人们取其“衣锦还乡”之意。

衣锦坊保存了许多明清古建筑的精品，有造型别致的水榭戏台、雕刻精美的欧阳氏花厅、别具风格的郑家花园、保存完好的清代汪氏宗祠等。

水榭戏台

衣锦坊16号是清嘉庆进士郑鹏程居宅的水榭戏台，是衣锦坊最具特色的景点。这是一个木构单层平台，四柱单开间，下建清水池塘，中隔天井，正面为阁楼。在这儿观看戏剧

三坊七巷

文儒坊

演出，水清、风清、音清，具有声学原理和美学价值，是福州市唯一现存的水榭戏台。

欧阳氏民居

衣锦坊31号的欧阳氏民居始建于清乾隆十五年（1750年），是三坊七巷中现存较完好的建筑之一，由一位来自闽清的盐商斥资兴建，清光绪十六年（1890年）被药铺老板欧阳琛购得并重修。欧阳氏民居建筑坐南朝北，土木结构，四面有风火墙，总面积2350平方米，由正座两进和隔院前后花厅组成。

玩家 解说

坐落在首进院落西侧的花厅是整座欧阳氏宅院的精华，它就是人们常称的“欧阳花厅”，大、奇、精、巧。花厅面阔12.5米，进深32米，面积约400平方米，占整个宅院总面积的2/5，是目前福州古建筑中较大的一座花厅。

文儒坊

文儒坊与衣锦坊紧邻且平行，北侧有闽山巷与衣锦坊相通，南侧有三官堂与光禄坊的早题巷相接，长460多米，是现在三坊七巷中最长的一条坊。

文儒坊旧名山阴巷，初名儒林坊，宋代祭酒郑穆居于此，改为文儒坊，后因历代文儒辈出而被称道。明代抗倭名将张经、清代台湾总兵甘国宝、清代“世进士”之家（五代都中进士）陈承裘、近代诗人陈衍等的故居皆在坊内。陈衍曾自吟一联：“谁知五柳孤松客，却住三坊七巷间。”

陈承裘故居

清末陈承裘的故居，位于文儒坊西口62号，占地面积2100平方米，是文儒坊中保存最好的故居，也是福州城内三大古宅之一，在我国南方古建筑中颇有代表性。其坐南朝北，临街六扇门，门额上高悬“六子科甲”横匾。陈承裘在咸丰二年（1852年）中进士，其六子皆中举，其中四个进士、三个翰林，长子陈宝琛还成了末代皇帝溥仪的老师。

尤氏民居

尤氏民居位于文儒坊东段南侧17号，始建于明代，清末民国时为尤贤模住宅，清光绪年间及民国初期历次重修，建筑面积2633平方米。民居有3座，花厅于20世纪60年代改建为双层楼房。唯余一座假山。假山坪上有一神龛（祀照天君），还有一青石香炉，正面刻双龙戏珠，侧面刻祥云瑞草，两侧炉脚刻龙纹。

光禄坊

光禄坊原名玉尺山，又名闽山，是福州“三山藏”之一。宋时，坊内有一座法祥院，俗称“闽山保福寺”。曾任光禄卿的福州郡守程师孟时常到此吟诗游览，僧人就镌刻“光禄吟台”四字于石上。光禄坊的名字由此而来。

坊中建有纪念宋代理学家杨时的“道南祠”，又有清代画家许友的读书处“米友堂”，康熙年间内阁中书林佶的读书处“朴学斋”。坊内机房为明代织造遗址。坊西“花仓前”是福州工艺名品——纸花的产地。西侧小巷“早题巷”是辛亥黄花岗起义烈士林觉民家人的避难栖身之地。

光禄坊还有明末古朴木构房的黄任故居、石板铺设的老佛亭桥等明清建筑，清代大木构造的刘家大院。

光禄吟台

光禄吟台位于光禄坊东北口，宋代法祥院遗址，是光禄坊内最为有名的名胜。此楼为苏联专家建造，融池、台、亭、石、花、木为一体，保留了清代曲池、石桥、小亭等景观，并有宋至民国十余段摩崖石刻。光禄吟台西荔枝树下，原有石刻“鹤磴”，是林则徐晚年放鹤处。另外，这里还有建于1951年的光禄吟台青砖楼，现为周哲文艺术馆。

刘家大院

光禄坊中段有4座一字排开的宅第，门牌号顺序为34、32、30、28（旧10至13号），这就是有名的刘家大院。刘家大院东起道南祠（今鼓三小），西至早题巷，南临光禄坊，北与大光里何振岱故居相邻，是三坊七巷中最大的单姓宅第，号称“刘半街”。

刘家大院坐北朝南，由自东向西相连的4座清式建筑组成。现存的大院是清道光、咸丰年间刘齐衢、刘齐衔兄弟大规模改建后的清式构筑。院内构造基本上遵循当时的典型格局：两道石框门后是石材铺地、三面环廊的天井。4座大院间共墙相邻、小门相通，临街处则各建大门，每院落既可独立，又能相互通连。

杨桥巷

杨桥巷

杨桥巷是七巷中最北面的一条巷，古名登俊坊，因西通杨桥而改名，现扩建为杨桥路。在杨桥路与南后街交叉处是林觉民、冰心故居。巷中还有福州脱胎漆器的发明者沈绍安的居所等明、清时期的深宅大院。

链接

杨桥巷的繁盛与扩建

清代到民国，杨桥巷一直是繁华的商业区。这里的房屋多是前店后宅，主要经营手工业，包括福州著名的马总铺和万福来皮箱店、鼎日有肉松店、脱胎漆器店、家具店等。民国时期因为有福建省银行等多家银行在这里营业，曾一度被称为银行区。古时的南后街灯市，也以杨桥巷尾最盛，曾有诗描绘其景色云：“黄楼月色杨桥水，照遍钟山万点春”。

民国时期，因为这里商业发达，人员拥挤，道路狭窄不堪，1936年，福建省政府决定拓宽杨桥巷，修筑马路。杨桥巷扩建后即称为杨桥路。1973年、1989年，杨桥路又经历了两次扩建。

双抛桥

双抛桥位于杨桥巷南，规模不大但传奇不少。一是此桥所处内河沟道，是东西两水“合潮”的地方，在此可感受“万里潮来一呼吸”的内河奇观。二是双抛桥边两岸相向而长的一对榕树，在空中竟枝叶连理，相拥成荫，仿佛一对热恋中的青年男女。

林觉民、冰心故居

1990年扩建杨桥路时，林觉民故居保留了后半部分，修复后辟为福州辛亥革命纪念馆，1991年对外开放，现改为“林觉民、冰心故居”。故居大门原面向南后街，现改在杨桥东路17号，占地面积614平方米，主建筑二进，坐西朝东，四面风火墙。原建筑第一进和第二进之间有一条长廊。第二进大厅两旁各有前后厢房。天井两旁还有自成院落的附属建筑——南、北院。

玩家 解说

林觉民被捕后，林氏家族逃离此宅，房屋卖给著名作家冰心的祖父谢銮恩。冰心小时候在这里居住过，她在《我的故乡》中对这里有生动的描述。宅院隔墙外南侧的紫藤书屋花厅，是当年冰心祖父设塾授徒之所，这里培养出不少当时社会的中坚人物。

更有意思的是，这座宅院不仅是林觉民、冰心的故居，同时也是1919年在国内报刊上率先披露《巴黎和约》的内容，从而引燃五四运动导火线的林长民及其女儿林徽因的祖居，因为林长民与林觉民是同曾祖父的堂兄弟，他们的祖辈已在此处居住了几代。

□ 郎官巷

郎官巷在杨桥巷南、南后街的东侧，巷的东头通福州市内的八一七路。郎官巷也是宋代就有的坊埠，旧名延福里，后因刘涛（也叫刘文济）住在这里，他的子孙数世皆做郎官，故得名。巷西头巷口立有牌坊，坊柱上有副对联：“译著辉煌，今日犹传严复宅；门庭鼎盛，后人远溯刘涛居。”

三坊七巷中其他六条巷都是笔直的，只有郎官巷是弯曲的，据说当年它的长度列七巷之首。但郎官巷现在的长度却最短，只剩100余米。巷中主要景点有宋代诗人陈烈、清代名人严复的故居以及二梅书屋和天后宫等。

严复故居

严复故居位于郎官巷西段，共有两个宅院，保留有鲜明的清代风格，占地面积625平方米，分为主院与花厅。花厅是民国时期建的，是当时严复居住的地方，花厅楼上是卧室，楼下为书房、客厅。

郎官巷

这里只是严复晚年的住处，他的老家在福州郊外的阳岐村。严复的孙女严停云就出生在郎官巷，她是中国台湾当代著名作家，笔名华严，曾在《吾祖严复》《郎官巷里的童年》等散文中记述了这所宅院。

二梅书屋

二梅书屋位于郎官巷南侧25号，后门在塔巷北侧26号，一屋通二巷。宅院坐南朝北，占地面积2126平方米，单层木构，穿斗式木架构，四面风火墙，前后左右共五进。

二梅书屋始建于明末，曾是清代翰林林星章的住宅，书屋前有屋主人林星章手植的两株老梅树，二梅书屋因此得名。郎官巷内现在尚有十多座明清年代的深宅大院，二梅书屋是目前巷内保存最好的古屋之一，可与严复故居相媲美，也是福州最著名的古书屋之一。

玩家 解说

二梅书屋西面与同样横跨两巷的王麒故居仅一墙之隔，并通过拱门相互往来。其实旧时的深宅大院为了共同抵御火灾水患等自然灾害，在建造之初，多会与邻里达成共识，彼此为对方保留一扇逃生避祸的门洞，如此一来，同一条街巷的宅院都是贯通的，最终形成一个完整而统一的坊巷格局。

塔巷

塔巷在郎官巷以南，西通南后街，原名修文巷，宋代改称兴文巷、文兴巷，以闽国时建育王塔于巷北而改今名。此大塔位于巷北，并有塔院，被视为福州文运兴盛的象征。南宋淳熙九年（1182年）塔还在，以后未见记载。清代在巷内砌造半片的小塔，作为古迹纪念。20世纪50年代，小塔移至巷口坊门之上。

黄巷

黄巷在塔巷的南面，隔着南后街，与衣锦坊东西相连。晋永嘉年间中原黄姓人家避乱入闽，落户于此，故称黄巷。唐代黄璞隐居于此。黄巢攻入福州，因闻黄璞的大名，命令兵士“灭炬而过”。巷内历代多住儒林学士，人文荟萃。清代知府林文英、榜眼林枝春、巡抚梁章钜、进士陈寿祺、赵新等都曾居巷内。

黄巷保存明清大木架古典建筑多座，如梁章钜故居内雕刻精美的藏书楼、陈寿祺故居内造型别致的六角阁楼等，另有最具福州古园林特色的小黄楼。

小黄楼

小黄楼是黄巷的标志性建筑，位于黄巷26号，现存建筑系清道光年间所建，由梁章钜修葺，具有鲜明的福州地方建筑风格，是福州市目前最秀美且小巧玲珑的古式花厅园林。唐代崇文阁校书郎黄璞、清江苏巡抚梁章钜、琉球册封使赵新、闽剧表演艺术家郑奕奏等均曾为黄楼的主人。相传黄璞少时攻读的祖屋，就在小黄楼附近。

郭阶三故居

郭阶三故居位于福州市黄巷东段北侧，俗称“五子登科宅第”，始建于明末，面积2130平方米。

故居主建筑共三进，坐北朝南，内有仪厅、门房、轿班房、大厅、厢房等。四面围墙，穿斗式木架构，双坡顶。临街有古朴厚重的大门6扇，两侧有马头墙。门头房共计5间。其中，三进为书房，见证了五兄弟笔耕夜读的过去，至今仿佛依旧散发着翰墨书画的芬芳。

黄巷

链接

五子登科

郭阶三系清朝嘉庆年间的福州名士，举人出身，曾任连城、同安县教谕。

他共有五个儿子：大儿子郭柏心，清举人，曾在广东任知县，其元孙郭化若是中国人民解放军将军、杰出的军事家；二儿子郭柏荫，道光十二年（1832年）进士，授翰林院庶吉士、编修，累官至湖北巡抚，署湖广总督，光绪元年辞归福州，主鳌峰书院，倡修火灾后的孔庙，著有《天开图画楼文稿》《嘐嘐言》《续嘐嘐言》等；三儿子郭伯蔚为道光年间举人；四子郭柏苍，道光二十年（1840年）举人，后成为清代著名的学者，他一生著作等身，流传下来的有《竹间十日话》《闽产录异》《乌石山志》《福州历代浚湖事略》等；五儿子郭柏芗，系咸丰年间举人。

安民巷

安民巷位于黄巷以南，西通文儒坊，旧名锡类巷。宋代因刘藻以孝闻，朝廷诏赐粟帛旌奖，因号“锡类”。后太宰余深居此，改名“元台育德”。元代福建省都事贾讷居此，其母贞节，改名贞节坊。巷之今名由来是相传黄巢大军入城至此出示安民，故称。巷内主要景点有鄢家花厅、新四军办事处、程家小院、曾半街，以及观我颐糕饼商故居、谢万丰糕饼商宅院等。

鄢家花厅

鄢家宅院位于安民巷47号至48号，约建于清乾隆年间，光绪和民国年间均有修缮，保留至今。宅院占地面积约2000平方米，坐南朝北，两座相邻，东主宅，西花厅。48号的主座现存一进。

安民巷

新四军办事处

新四军办事处位于安民巷53号，与程家小院仅一墙之隔，为清代建筑，曾是林则徐之子林聪彝的房产。宅院为土木结构，单进单层，临街平墙，两侧风火山墙。大厅面阔三间，进深五柱，穿斗式木构架，双坡顶，大厅保留一对镏金灯杠托。

玩家 解说

抗日战争时期国共合作，中共为开展福建的统战工作，于民国二十六年（1937年）派新四军副军长兼参谋长张云逸来福建与国民党福建省主席陈仪谈判，联合抗日，为便于工作，租借了安民巷内民宅设立办事处。民国二十七年（1938年）2月，新四军参议兼闽东特委宣传部长、统战部长王助和闽东特委书记范式人出任办事处负责人，新四军驻福州办事处在此正式挂牌成立，组织开展抗日救亡工作。1938年5月，日军侵占闽江口，办事处迁往南平。

宫巷

宫巷呈东西走向，东接八一七中路，西接南后街，旧名仙居，以巷中紫极宫得名，是现今福州保护最完整的古巷坊。巷内现存明代建筑6幢，清代建筑13幢。其中面积在1000平方米以上的深宅大院有10幢之多，林则徐女婿沈葆桢、刘齐衔和次子林聪彝、好友诗人杨庆琛的住宅，以及民国时期海军总长刘冠雄故居、连城张氏试馆都在此。

巷东口的坊门墙至今尚存。门墙为砖砌拱券形门，背面正中上方嵌有“古仙宫里”牌匾。

沈葆桢故居

沈葆桢故居位于宫巷26号，始建于明代天启年间，数次易主。清同治年间，沈葆桢购置这座大房屋，加以修葺后居住。现为沈家后裔的住宅，建筑基本保存完整，是清代福

宫巷

州典型的官宦人家大院。沈葆桢故居占地面积2747平方米，坐北朝南，依次为门头房、厅堂、内堂、藏书楼，周围风火墙。门前两侧有高耸马头墙。

链接

沈葆桢

沈葆桢（1820—1879），原名振宗，字翰宇，又字幼丹，侯官县（今福州市区）人，是林则徐的次女婿，清道光二十七年（1847年）进士，官至福建船政大臣、两江总督兼南洋通商大臣。

林聪彝故居

林聪彝是林则徐次子，其故居位于宫巷24号，始建于明代。清顺治二年（1645年），清兵攻占南京，明朝皇族、唐王朱聿键入闽，在福州称帝，年号隆武，改福州为天兴府，号福京，之后把大理寺设在此处。林聪彝做官后购入并居住于此。

故居占地面积近3000平方米，是明、清时期福州最大的豪宅之一。坐北朝南，四面风火墙，门头房在正座东侧，临街10扇大门。大门进去便是轿房，轿房墙面顶上有精美的泥塑雕像。

刘冠雄故居

刘冠雄（1858—1927），民国的第一位海军上将，其故居位于宫巷11号，始建于清乾隆年间，光绪年间及民国时期曾有大修，占地面积1875平方米。

吉庇巷

吉庇巷俗称“急避巷”，旧名魁辅里，是“七巷”中最南侧的巷。吉庇巷长300米，福州著名的安泰楼酒楼就位于吉庇巷口。

据清林枫《榕城考古略》记载：“吉庇巷，俗称‘急避’，宋郑性之故里，今放吉庇。”郑性之，嘉定元年进士第一，官终观文殿学士，热心梓里公益，曾重修闽安镇迴龙桥。郑宅北侧有“拱极楼”三字，字径三尺，立碑楼下，清代楼毁，碑仍存郑氏祠右。民国海军总司令兰建枢曾居此。

谢家祠

谢家祠位于吉庇巷的北侧60号，坐北朝南，始建于明代，系谢姓家祠，作为祠堂主要是供奉本族的祖先，也还奉祀一些本族的先贤。谢家祠是近代史上具有革命纪念意义的场所。1919年“五四运动”爆发，福州青年学生于5月7日集会游行，后在巷内谢家祠开会，成立“福建学生联合会”。1990年年末，巷内除部分古建筑外，已大量改建。

蓝建枢故居

蓝建枢故居位于吉庇巷94号，是一座清代建筑，临街门厅朝南，石框大门，入门厅往西，进第二道石框门为第一进厅堂，穿斗式木构架，双坡顶，前后天井，左右厢房。第二进东跨院为花厅，第三进通南后街。这在吉庇巷中可算是大户人家。

链接

蓝建枢

蓝建枢，字季北，清同治十三年（1874年）毕业于福建船政学堂第三届驾驶班，曾赴美留学。回国后，先后任“肇永”“镇南”号炮舰，“威云”“通济”号练习舰，“海镇”号巡洋舰管带。宣统二年（1910年）任海军部参谋、管理部部长。民国元年（1912年），任北京政府海军参谋部高级副官，同年4月升海军左司令，12月改称第一舰队司令，第二年7月任海军部参谋，民国三年任海军部参谋处处长，1920年3月28日升任海军总司令。1921年7月获授“澄威将军”，同年8月12日辞去总司令职务回到福州。

南后街

福州三坊七巷不仅仅是三条“坊”和七条“巷”，还有一条闻名遐迩的南后街。南后街西起杨桥路口，南至吉庇路，全长1000米左右，是福州城内“三坊七巷”的中轴。它的

南后街

三坊七巷名人故居一览表

名人名居	位置	名人简介	备注
欧阳氏民居	衣锦坊31号	欧阳瑸为屈臣氏西药房老板	
汪氏宗祠	衣锦坊61号	明兵部左侍郎汪道昆家族	
刘家宅院	衣锦坊洗银营3号	据传为刘齐衔次子刘学恂产业	
洪家宅院	衣锦坊闽山巷2号		原为尤氏产业
梁鸣谦故居	衣锦坊闽山巷9号	近代西洋机器汉语定名先驱者	
尤氏民居	文儒坊17号	尤贤模曾是福州商业界巨富	
陈季良故居	文儒坊19号	民国唯一五次授勋海军将领	
蔡赓良故居	文儒坊34号	清开封知府	
张经故居	文儒坊42号	清浙江嘉兴知县	
孙翼谋故居	文儒坊43号	清进士，官至代理安徽巡抚	
甘氏祠堂	文儒坊51号	清代将领甘国宝	
叶观国故居	文儒坊52号	清翰林院庶吉士	
陈衍故居	文儒坊大光里8号	诗坛“同光体”闽派代表人物	
何振岱故居	文儒坊大光里21号	著有《觉庐诗草》等	
陈元凯故居	文儒坊大光里23号	林觉民妻陈意映之父	
刘齐衢故居	光禄坊34号、32号、30号、28号	“一胞两进士”之一	也称刘家大院
黄任故居	光禄坊早题巷4号	清初诗人、收藏家	
林觉民、冰心故居	杨桥东路17号	林觉民为黄花岗七十二烈士之一 冰心为我国著名文学家	

东侧有七巷，西侧有三坊，是从福州三坊七巷兴起至民国期间主要的商业街，由北到南路商贾云集。

叶氏民居

叶氏民居为叶在琦故居，位于南后街176号至177号，坐落在南后街西侧，始建于明代，清至民国屡有修葺。其集明、清、民国三

名人名居	位置	名人简介	备注
严复故居	郎官巷西段	近代翻译家和教育家	
王麒故居	塔巷西段	民国陆军第十一混成旅旅长	
二梅书屋	郎官巷25号	清翰林林星章居	
蓝氏宗祠	郎官巷30号		
王有龄故居	塔巷49号	清浙江巡抚	
萨氏祖居	黄巷46号	萨镇冰、萨本栋故居	
葛家大院	黄巷中段北侧		
李馥故居	黄巷69号	清代著名藏书家、收藏家	
郭阶三故居	黄巷东段北侧	“五子登科”之父	又称郭柏荫故居
陈寿祺故居	黄巷	清代经学名家	
观我颐糕饼商故居	安民巷34号	以猪油糕闻名	
刘齐衔故居	宫巷14号	“一胞两进士”之一	
刘冠雄故居	宫巷11号	民国的第一位海军上将	
杨庆琛故居	宫巷22号	杨庆琛为清进士，官至二品	
林聪彝故居	宫巷24号	林则徐次子	
沈葆桢故居	宫巷26号	福建船政大臣、两江总督兼南洋通商大臣	
谢家祠	吉庇巷60号		
蓝建枢故居	吉庇巷94号	民国海军总司令	
董执谊故居	南后街162号	修订刊行《闽都别记》	
叶在琦故居	南后街176号至177号	“全闽大学堂”校长	也称叶氏民居

个时代的建筑风格于一身，是南后街保存相对完好的典型古民居。民国时故居的部分房产出售给一位姓郑名宜康的大律师。宅院大门朝东，外墙为民国时改建的青砖墙体。整体建筑由东面正座及西面两个侧院组成，建筑面积2321平方米。

米家船裱褙店

“米家船”是南后街一家字画裱褙店的店名，创建于清代同治四年（1865年），百年历史传承四代，是福州裱褙业的知名品牌。米家船的店名招牌曾是清末民国初福州著名文化人何振岱书写的，可惜后来损毁。

玩家解说

“米家船”的店名典出北宋著名的父子画家米芾和米友仁。米芾祖居襄阳，后定居江苏镇江，被宋徽宗封为书画学博士，算是宫廷画家。他能诗文、擅书画，行、草书笔力豪放，继承王献之之风，与蔡襄、苏轼、黄庭坚合称北宋四大家。他水墨点染的山水画自成一格，世人称奇。他的儿子米友仁继承了他的“墨戏”之法，画史上称之为“米家山”“米派”。

米氏父子经常携带文房四宝游览名山大川，进行采风写生创作。古时交通不便，他们均以船为家，居船中沿江河览山川。米友仁曾经从江西入闽，乘舟船沿闽江南下，一见美景便泊舟挥毫，故民间有“米家书画满江滩”的说法。米家船的店名便由此而来。

林则徐纪念馆

为纪念林则徐而修建

福州市鼓楼区澳门路16号

乘坐地铁4号线至东街口站、地铁2号线至南门兜站均可到达

夏季：9:00～17:30，冬季：8:30～17:00

0591-87568854，0591-87622782

林则徐祠堂建于清光绪三十一年（1905年），是为纪念清代民族英雄林则徐而建，占地面积约3000平方米，1982年按原样重修，并辟为林则徐纪念馆。全馆为古典式园林建筑，现如今堂、厅、楼均辟为林则徐生平展室，分为林则徐生平事略、林则徐与鸦片战争、林则徐与救灾水利、“开眼看世界的第一人”、林则徐手迹等部分。展品中有林则徐亲笔书写的对联、条屏、立幅、扇面、信札、文稿、笔记等120多件，还有他使用过的印章、残墨、印盒等遗物。其中，林则徐的手定诗稿和他父亲林宾日手书的《析产书》最为珍贵。

华林寺

江南最古老的木构建筑

福州市鼓楼区华林路78号

乘坐地铁1号线在屏山站下车即到

2元　0591-87822672

华林寺始建于北宋乾德二年（964年），至今已有1000多年的历史。大殿为抬梁式构架，单檐九脊顶，高15.5米，有18根木柱，柱子以上全由斗拱支撑，不用一根铁钉。其建造手法在全国唐宋木构建筑中独具一格，是长江以南最为古老的木构建筑。

西禅寺

1000多年历史的古寺

福州市鼓楼区工业路455号

乘14、27、33、38等路公交车在西禅寺站下车可达

20元

西禅寺原为修道的场地，到了唐代咸通八年（867年）改建佛寺，先后易名为清禅寺、延寿寺、长庆寺，立寺距今已有1130余年的历史了，名列福州五大禅寺之一。寺内主要建筑有天王殿、大雄宝殿、罗汉阁、法堂、藏经阁以及明远阁、祖堂、念佛堂、崇德堂、禅堂等，布局匀称，规模雄伟，风格古雅。

玩家解说

西禅寺大雄宝殿后右侧有一株荔枝树，标名“宋荔古迹”；对峙在左的有一株唐代慧棱禅师手植的荔枝，俗名“天洗碗”，几年前已枯毁。寺内明远阁是历代名家应邀啖荔吟唱的场所，其中清代朱彝尊、吴震、查慎行等《咏荔》

华林寺大殿

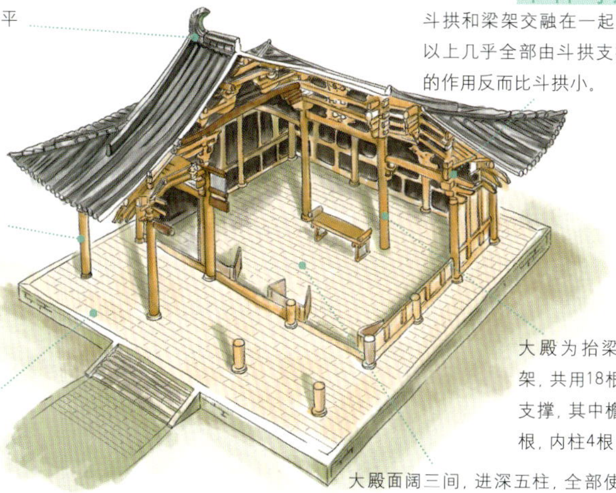

联吟和黄莘田的“荔枝风点佛龛灯”均为传世佳作。20世纪30年代，作家郁达夫的《西禅啖荔》以“陈紫方红供大嚼，此行真为荔枝来”名句轰动一时，西禅寺的荔枝诗会也因此远近驰名。

于山风景区 AAAA

自然景观和人文景观结合

- 福州市鼓楼区于山顶1号
- 乘坐地铁1号线在南门兜站下车即可
- 全天

于山又名九仙山，因传战国时古民族“于越氏”的一支居此而得名。全山面积0.1平方千米，山高58.6米。整座山形状如巨鳌，有六鳌胜迹：揽鳌亭、倚鳌轩、应鳌石、接鳌门、步鳌坡、耸鳌峰。

山上名胜古迹众多，有九日台、狮子岩、集仙岩、小华峰等24景，还有纪念明代抗倭名将戚继光的戚公祠、平远台、醉石、蓬莱阁，严复读书处法雨堂，以及万象亭、吸翠亭、补山精舍等小巧玲珑的亭榭。其中，尤以大士殿、定光塔、戚公祠以及摩崖石刻最为知名。

玩家 解说

于山有着为数众多的摩崖石刻。现存宋、元、明、清及近代的摩崖石刻113段，其中宋刻35段，明、清占大半。这些石刻大部分分布在鳌顶峰、金粟台、戚公祠、蓬莱峰等处。鳌顶峰上的北宋淳化元年（990年）吕文仲的题名石刻，是福州宋代最早的摩崖石刻。山南的《南校场演武厅铭》219字，字径20厘米，全段高3.3米，宽4.55米，是福州面积最大的摩崖石刻。宋太守元绛手书的“金粟台”3个篆字，明万历年间闽县张炜所书的“平远台”行书，以及宋代音乐家陈旸命名、高僧鸿份手书的“廓然台”，为风格各异的三幅书法，是福州著名的石刻。

白塔及白塔寺

白塔原名报恩定光多宝塔，是闽王王审知为其父母祈福于唐天祐元年（904年）建造的。传说在辟基时，发现一颗光芒四射的宝珠，故取名定光塔。初建时塔内砌砖轴，外环木质楼阁，是一座高66.7米的七层砖心木塔。每层的斗拱、云楣、栋梁、栏杆都经过精雕细刻，塔壁和门扉还绘有佛像。

白塔寺即定光塔寺，位于白塔之下，为宫殿式建筑。唐天祐二年（905年）创建，两年

于山风景区

后，为祝贺朱温即位，改名为“万岁寺”（俗名塔寺）。现存寺庙是清道光年间重建的。寺分三大殿：天王殿、大雄宝殿和法雨堂。

戚公祠

戚公祠是民国七年（1918年）为纪念戚继光在明嘉靖四十一年（1562年）抗倭而建，也是全国仅次于山东蓬莱戚公祠的第二大纪念戚继光的祠堂。戚公祠建在石岗之上，占地面积4100平方米。附近有平远台、蓬莱阁、醉石亭、三山阁、吸翠亭、补山精舍等。五老岗、榕寿岩、宋塔以及古今摩崖石刻等胜迹隐存在千年榕树、古荔、龙眼等花木之中。

乌山历史风貌区
历史与新辟景点兼有

福州市鼓楼区

乘坐地铁1号线从南门兜站下车即到

乌山历史风貌区景区面积约0.15平方千米，分为乌塔景区、天皇岭古建筑景区、石文化景区、休闲林景区四大景区。景区有道山亭、先薯亭、黎公亭、望耕亭、长廊亭5座古亭以及东壁亭、鸦浴池和胡也频故居、澹庐古民居、高爷庙古迹等历史古迹。还有石天景区、海阔天空景区，以及其间峭壁上架起的长约46米的木栈道等。另外，景区还建成了冰壶景区、南入口广场、吴清源围棋会馆展览大厅。

道山亭下的崖壁上镌刻了福建省著名书法家张潜华书写的宋代曾巩的《道山亭记》；先薯亭前的《先薯亭记》碑文由市文联主席陈章汉撰文并书写。

乌山

乌山又称乌石山、射乌山、道山，因传汉代何氏九仙曾在此地登高射乌鸦，故名。其为福州三山之一，与于山、屏山鼎足而立，素有“蓬莱仙境”之称。唐天宝八年（749年），唐玄宗赐名“闽山”。宋代熙宁年间，郡守程师孟又以此山可与道家蓬莱、方丈、瀛洲相比，便改其名为“道山”。后程师孟请福州前任太守兼福建路兵马领辖、“唐宋八大家”之一的曾巩作《道山亭记》，这里从此声名远播。乌山东麓在天皇岭处称第一山，西南麓在城外的部分称豹头山，亦作豹屏山。

玩家解说

乌山的摩崖石刻计有200多段。宋代的石刻较多，最著名的要数华严岩侧的李阳冰《般若台铭》篆书石刻，是闽中最早的摩崖石刻。石刻高5米，宽2米，共24字，字径43厘米。李阳冰的篆字与秦代李斯齐名，被称为“大小李”，这块石刻与浙江丽水《射驿记》、缙云《城隍庙记》、丽水《忘归台铭》合称为天下四绝。

乌塔

乌塔位于乌山东麓，与于山白塔遥遥相对，全名“崇妙保圣坚牢塔”，因塔身纯用石料砌造，外表黑色，俗称乌塔。乌塔高35米，平面呈八角形，七级，用花岗石砌造，塔基为须弥座，每层塔壁都有浮雕佛像，共有46尊。转角设倚柱，每层檐角雕有石佛。塔内有曲尺形阶梯供攀登。塔身外有回廊，周环栏板，塔顶饰葫芦刹，造型雄伟端庄。

福州孔庙
福州最大的孔庙

福州市鼓楼区圣庙路10号

乘坐地铁1号线到南门兜站下车即到

8:30~17:00　旺季90元，淡季80元

福州孔庙又称“先师庙”，俗称“圣人殿”。现有建筑重修于清咸丰二年（1852年），占地面积7552平方米，坐北朝南，按中轴线自南至北依次为外门埕、棂星门、泮池、仪门厅、大成殿；中轴线上的建筑依次为棂星门、仪门、大成殿；两侧则是官厅、乡贤祠等。大成殿面阔7间，进深4间，重檐歇山顶，高19.6米，殿内4根石柱硕大，为文庙建筑所罕见，殿后檐间有“仰之弥高”匾额。

殿内的儒家青石群雕造像在表现技法上注重质感和比例，形神兼备，雕刻精美洗练。雄伟壮观的儒家青石群雕造像实属精品。殿内悬挂重新复制的自康熙至道光共计5位皇帝书写的6面大匾额，以及康熙皇帝、乾隆皇帝书写的楹联。

西湖公园

保留完整的古典园林

福州市鼓楼区湖滨路71号

乘坐地铁1号线从屏山站下车即可

全天开放 免费

西湖为晋太康三年（282年）郡守严高所凿，唐末就已经是游览胜地，距今已有1700多年的历史。这里是福州迄今保存最完整的一座古典园林，被人称为“福建园林明珠”，名列全国36个西湖前茅，1914年辟为西湖公园。

西湖公园现在总面积约0.45平方千米，水域面积约0.3平方千米，共有三座小岛——开化屿、谢坪屿和窑角屿，分别由柳堤桥、飞虹桥、步云桥、北闸桥连接，主要景观有仙桥柳色、湖心春雨、古堞斜阳、湖天竞渡等。明谢肇淛《西湖晚泛》赞曰：“十里柳如丝，湖光晚更奇。”辛弃疾游览福州西湖也曾写下“烟雨偏宜晴更好，约略西施未嫁”的优美词句。

开化屿

开化屿始建于1914年，岛上广植紫薇，

西湖公园

中央是开化寺，为公园最古老的建筑物，据传建于北宋景祐四年（1037年），现有建筑为清康熙四十四年（1705年）重建，中为正殿，后为禅堂，两翼系钟鼓楼，又左为客厅，右为方丈室。寺内昔有“十八娘”荔枝，颇负盛名。宋蔡襄《荔枝谱》云：“俚传闽王王氏有女第十八，好啖此品，因此得名。”今寺前尚有一株古荔。

福建博物院

福建博物院位于福州西湖湖畔，是融历史、文物考古、自然标本研究为一体的省级综合性博物院。馆藏文物、自然标本等近17万件，其中国家级珍贵文物3万余件。“福建戏曲大观”系该院最具特色的八个常设陈列之一。

博物院由主馆、综合馆、自然馆、博园等建筑以及古堞斜阳、金鳞小苑等景观组成，目前拥有15个固定或临时展厅，面积达1.2万平方米，已推出了《福建古代文明之光》《工艺藏珍》《福建戏曲大观》《馆藏中国历代书画展》等陈列。

左海公园

内有水族馆、奇石馆

福州市鼓楼区铜盘路29号

乘坐地铁1号线从屏山站下车即可

海底世界90元 8:30~17:00

左海公园是福州市区面积最大的公园，东与西湖公园相邻，总体设计以“五洲风光”为主题。内辟广场，正中有象征世界五大洲的雕塑，另建有中国长城模型、西游记艺术宫，海底世界内有全省最大的中华鲟标本。

公园还有“福建省爱国碑林”，由正碑一块、副碑一块、浮雕一组以及50块各具特形的石碑组成。正碑高3.2米，由福建籍杨成武将军题写碑名。浮雕有“郑成功收复台湾”“林则徐虎门销烟”“中法马江海战”“陈嘉庚捐资抗日”4组画面，为福建省最大的浮雕之一。

福道

钢架镂空设计的森林步道

福州市鼓楼区梁厝路南

市内乘坐113路、158路、207路公交车至福道五号口站下车即到

福道，全长19千米，东北端连接左海环湖栈道，西南端连通闽江，横贯象山、后县山、梅峰山、金牛山等山脊，是福州市首条城市山水生态休闲健身走廊。在此，游人可尽享福州的自然美景与人文韵味。

福道采用了全国首创的钢架镂空设计，主体由空心钢管桁架组成，桥面选用格栅板，缝隙控制在1.5厘米以内，既确保了结构的安全性，又满足了行人舒适度的需求。漫步福道，可欣赏如画风景，呼吸清新空气，聆听鸟鸣歌声。

福道串联起左海公园、梅峰山地公园、金牛山体育公园、国光公园和金牛山公园等五大公园。每个公园各具特色，无论是欣赏花海、观赏湖泊，还是体验户外运动，都能让人感受到福州的生态之美。

福道设有10个入口，无论从哪个入口踏入，都能尽享这条城市森林步道的魅力。步道各段呈现不同风景与感受，可依据个人喜好选择路线，或快或慢，或长或短，尽享个性化旅程。

更多福州市区景点

开元寺：内有许多珍贵文物，寺门口的“开元寺”牌匾据说为唐代大书法家欧阳询所书；在开元寺铁佛殿内有一尊铁铸的阿弥陀佛坐像，螺髻敞胸，两耳垂肩，叠掌合坐在莲花台上，法相庄严肃穆，体现唐代风格。

福州市鼓楼区经院巷

福州中山纪念堂：前身为明清贡院，清道光七年（1827年）重建，称为“至公堂”。后为纪念孙中山先生1912年的到来，于1932年改名为“中山堂”。中山堂呈方形，坐北朝南，局部二层，内有过厅、中央大堂、大小配房近20间。8根楠木立柱、梁榫和顶棚的油绘花案、罗马式浮拱都按照原先风貌予以复制保留。福建省全体民革党员捐资浇铸的两尊孙中山先生铜像也分别安放在堂内外供群众瞻仰。电视剧《不要和陌生人说话》《船政风云》和校园电影《沙漏》都曾在此取景。

福州市鼓楼区中山路23号

金山寺：建于宋代，因为它的形状像石印浮于水面，有如江南镇江的金山，故曰“小金山”。现在，这里仍可寻见古时的金山寺八景：“洪塘古渡”“石仓秋烟”“妙高钟声”“半洲渔火”“云程石塔”“巴山风帆”“环峰夜月”“旗麓斜阳”。福州最长的公路大桥——洪塘大桥就从金山寺不远处跨江而过。

福州市仓山区洪塘村

金山寺

景点推荐

福州近郊景点

鼓山 AAAA

"全闽二绝"之一

- 福州市晋安区鼓山镇鼓山风景区
- 可乘69、29、36、70等路公交车在鼓山总站下车
- 鼓山是全天开放的，达摩洞十八景8:00~18:00，涌泉寺6:30~17:30
- 涌泉寺40元，十八景10元
- 0591-88055770

鼓山面积为49.7平方千米，东南至磨溪；东北包括南洋、东岭；北面包括牛道山、半岭、北垄；西北面包括牛蹄湾、鳝溪，与东山苗圃为界；西至山麓，包括廨院；南至魁岐、龙门。因传山上有巨石如鼓，每当风雨大作，便有鼓声传出，故名。自宋朝至今皆为游览胜地，是福建省"十佳"风景区之一，古有"右旗(山)左鼓(山)，全闽二绝"之誉。

景区以云雾、奇峰、峡谷、洞府、石景、溪流、瀑布、古建筑、摩崖石刻等自然、人文景观著称，有石鼓景区、磨溪景区、凤池—白云洞景区、长田—鳝溪景区、南洋—安溪景区、鼓岭景区六大景区。

玩家攻略

游览鼓山有三条路线可供选择：一是从福州市区乘公交旅游专线车直达主景区，全程16.5千米；二是乘车至鼓山下院站下车，从山脚沿长约3.5千米的石阶古道蜿蜒登山游览；三是从山脚乘坐总长1172米的索道缆车凌空而上直达观景台，可望福州全景。

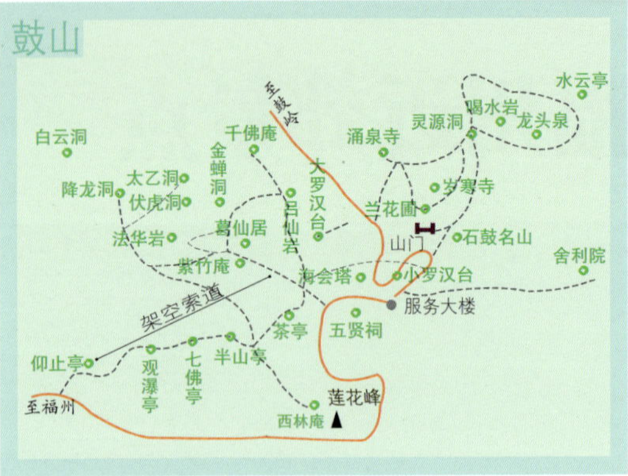

体，依着山势层层上升，构成完整的古代建筑组群。寺门上的泥金匾额《涌泉寺》是康熙皇帝于康熙二十八年（1689年）手书。明、清两代是全国佛学著作的主要出版场所。

链接

涌泉寺的历史

相传涌泉寺因寺前有罗汉泉涌出地面而得名。

传说中，涌泉寺所在地原是一个深水龙潭，有毒龙占据，时常出来危害百姓。唐建中四年（783年），太守裴胄请灵峤禅师入山来诵《华严经》降龙，并在龙潭边建一个小寺，名为华严寺，唐武宗灭佛时，华严寺被毁。

五代后梁开平二年（908年），闽王王审知大兴土木填潭建寺，并到闽侯雪峰寺邀请神晏法师来涌泉寺任住持，取名“国师馆”。915年，其改名为鼓山白云峰涌泉禅院。宋朝时，宋真宗赐额“涌泉禅院”。明永乐五年（1407年），明成祖赐名“涌泉寺”。

之后，涌泉寺分别于明永乐六年（1408年）及明嘉靖二十一年（1542年）两度毁于大火，明崇祯七年（1634年）重建，到清代又几次修建，1983年重修至今。

玩家解说

鼓山历来是福州的佛教圣地，半山腰的涌泉寺是鼓山最重要的景点。从石阶古道步行而上，蜿蜒1800余米，穿过七亭后进山门就可直达涌泉寺了。寺里香火旺盛，建筑也规模雄伟，寺中千年铁树、鸡丝木供桌及血经书合称为镇山“三宝”。

石鼓景区

遍布名胜古迹

福州市晋安区鼓山镇鼓山风景区

石鼓景区包括登山古道、达摩洞十八景、涌泉寺、闽山天景、莲花峰、芙蓉溪等景群，著名的鼓山摩崖石刻就主要分布在这一区域内，是整个鼓山景区的中心景区。

景区以涌泉寺为中心，周围景点有160多处。寺东有灵源洞、喝水岩、白云亭等20余景，岩石嵯峨，摩崖密集；寺西有伏虎洞等18洞景，苍松复荫，曲径通幽；寺北有明月楼等40余景；寺南有回龙阁、罗汉台等50多景，还有长3.5千米的登山石板道，石阶2500余级，沿途古松夹道，每隔0.5千米建有一亭。

涌泉寺

涌泉寺建在海拔455米的山腰处，面临香炉峰，背枕白云峰，有大小殿堂25座，基本上保持了明清两代的建筑风格和布局。整座佛寺以天王殿、大雄宝殿、法堂三大殿堂为主

喝水岩

喝水岩在涌泉寺山门东边，有一石砌拱门，上书“灵源深处”。傍崖而下石阶60余级，中裂一涧，宽约3米，深约10米，似石洞，故名“灵源洞”。因为有“喝水岩”石刻，这一带又统称“喝水岩”。

石鼓景区

龙头泉

龙头泉就在喝水岩的旁边，始于元朝延祐二年（1315年）。据有关资料记载，此泉千百年来久旱不竭，水质纯净，类似杭州虎跑泉，属优质矿泉水。由于水的表面比重大，表面张力强，所以小硬币放置水面也不下沉。用这里的泉水沏鼓山出产的“半岩茶”，茶水味道甘洌清香，沁人心脾。

玩家 解说

传说喝水岩泉水改道后从这里的石壁中喷出，后人把这股水引入石制的龙头嘴，龙头之下装上一台轮机并挂一个小钟，龙头吐水，这股水冲向轮机使之转动，并带动钟鸣，由此形成了现在的龙头泉。

达摩十八景

涌泉寺西有狮子峰，形如狮子，沿狮子峰西下行数里，即到达摩洞。洞内有一尊2米左右的达摩面壁坐像；洞外一巨石，石壁如斧削，上刻有清朝道光年间诗人魏杰根据这里的自然景物和民间传说整理编写成的十八景，这就是达摩十八景。

摩崖石刻

鼓山刻石，上起北宋，下至当代，前后延续近千年，内容丰富，字体隶、行、草、楷俱全，是福建古代石刻最多、最集中的地点，堪称福州碑林。摩崖石刻始刻于宋庆历六年（1046年），现存摩崖石刻562段，遗有2400多人的笔迹。

风池—白云洞景区

户外活动好去处

福州市晋安区鼓山镇鼓山风景区

风池—白云洞景区位于鼓山西北风池山西侧，距涌泉寺约7千米，主要观赏奇异山石和洞穴，包括白云洞、绝顶峰等景点。因在海拔700多米处，常是“白云混入、咫尺莫辨”，故称“白云洞”。

鼓岭景区

避暑胜地

福州市晋安区鼓山镇鼓山风景区

鼓岭景区位于风池—白云洞景区的西边，1886年由西方传教士开辟，主要以休闲

鼓岭景区

度假、民俗风情为主，包括鼓岭山庄、大厝狩猎区、嘉湖和柯坪发展用地等，是继江西牯岭、浙江莫干山、河南鸡公山之外又一处上佳的避暑地。

磨溪景区
户外攀岩好去处

福州市晋安区鼓山镇鼓山风景区

磨溪景区位于鼓山东侧快安村，是以欣赏溪涧潭瀑和峭壁山色为主的景区，现已成为福建省最成熟的户外自然岩壁攀岩场，有三片岩壁、多条线路。磨溪原名龙溪，全长12.5千米，发源于鼓山，因水源丰富，清道光年间沿溪设有多处磨坊，故名“磨溪”。

福州国家森林公园 AAAA
有2000多种珍贵树种

福州市晋安区新店上赤桥

乘坐87路公交车到森林公园南门站下车即到

全天 0591-83921184

福州国家森林公园原名福州树木园，又名福州植物园，是福建省首家国家级森林公园，创建于1960年2月。园内共分六大区：竹类观赏园、树木观赏区、人文景观区和以自然景观为主的龙潭风景区、福建森林博物馆、鸟语林。公园内有2500多种国内外珍贵树种，还有宋古驿道、清刘冰心墓、正心寺等人文景观。

福州国家森林公园

这里的一类保护珍稀植物有“活化石”水杉，誉满全球的“中国鸽子树”珙桐，“林中巨人”望天树，“万木之王”秃杉，以及1960年才发现的“茶族皇后”金茶花和人称“古森林遗迹”的桫椤等。此外，福建森林博物馆是我国第一个以森林为主题的专类博物馆，鸟语林是福建省唯一的一家鸟类生态旅游景点。

马尾船政文化景区 AAAA
全国最大的船政文化基地

福州市马尾区港口路

乘73、116、180等路公交车到港口路站下可到

中国船政文化博物馆、马江海战纪念馆、罗星塔公园免费开放 0591-87306366

马尾船政文化景区是全国较为少见的城郊型人文景区，被誉为“中国近代史上的活化石”，这里有世界唯一性的船政建筑群，是一处以自然山林为依托、船政文化为内涵的人文游览胜地。景区由“两园两馆一船坞”组成，包括中国船政文化博物馆、马江海战纪念馆、马限山公园、罗星塔公园、船政天后宫和马尾造船厂等多处文化景点，风光旖旎，名胜古迹极多。

罗星塔

福州市马尾区港口路83号罗星塔公园

乘73、116、180等路公交车到罗星塔站下即可

8:00~17:30 0591-87306366

罗星塔也称“磨心塔”，是国际公认的航标，是闽江门户标志，有“中国塔”之誉。世界邮政地名称为“塔锚地”，过去几百年中从世界各地邮到马尾的信，只要写上“中国塔”就可寄达。

船政格致园

福州市马尾区江滨东大道139号

乘201、58路公交车到船政站下

7:00~17:00 0591-87306366

马尾造船厂创建于1866年，时称福建船政，是中国近代第一家专业造船厂，为当时远东地区最大的造船厂。现在厂内还遗留众多

人文景观，有全国重点文物保护单位——船政建筑群的轮机车间、法式钟楼、船政会事院、青州船坞、英国领事分馆、梅园监狱等，比邻的是全国重点文物保护单位——中法马江海战纪念馆、中国近代海军博物馆。

中国船政文化博物馆

福州市马尾区近郊昭忠路7号

乘73、116、180等路公交车到港口路站下

8:00~7:30　0591-87306366

中国船政文化博物馆为中国第一个以船政为主题的博物馆。该馆为5层建筑，依山而建，建筑面积4100平方米，正面造型如两艘乘风破浪的战舰，是一座颇具现代建筑风格的博物馆。馆内陈列分为序厅、船政概览厅、船政教育厅、船政工业厅、海军根基厅、船政名人堂。

琅岐岛

福建第四大岛

福州市马尾区琅岐镇

坐522路、180路公交车直达琅岐岛

琅岐岛素称闽江口的明珠，靠山临海，风景优美，滩涂面积37平方千米，海岸线长30千米，为福建省第四大岛。琅岐岛上现有古刹四座（白云寺、天竺寺、天安寺、南山寺），有古庙宇、古宗祠、古炮台、名人古墓、基督教堂、摩崖石刻等。每当农历八月十五的涨潮，很多游客慕名而来，“海堤观潮”也由此成为一景。

旗山湖公园

福州最大的绿色生态景观湖公园

福州市闽侯县明德路和广兴路交叉口西南角

市内乘坐48路、198路、326路公交车至大学城体育中心站下车即到

公园位于福州市区南部，是福州最大的绿色生态景观湖公园。公园设有环湖园路及步道，漫步其间，可尽享溪源江与轮船港绿带的优美景致。湖心四座古建筑为旗山湖公园的一大特色亮点，与周边绿化带相映成趣，仿佛展现出一幅清新优美的山水画卷。

十八重溪

奇特的火山岩地貌

福州市闽侯县南通乡境内

乘138路公交车到罗洲村下车，转乘当地汽车可到

8:00~18:00　35元　22248092

十八重溪因有十八条支流而得名，景区以发育在火山岩基础上的自然景观为主体，以峡谷瀑布、奇峰怪石为主要景观，主要景点有西溪瀑布、乌龙戏珠、大帽山、文笔峰、宝塔峰、三仙洞等。奇特的火山岩地貌、典型的季节河、成群的野生猕猴为该景区的三大特色。

景点推荐

海坛风景区

福州市平潭县境内，闽江口南侧

在福州客运站乘坐前往平潭县的巴士，后转乘当地汽车前往

海坛岛为平潭海岛群主岛，面积约267平方千米，为福建第一大岛、全国第五大岛。与中国台湾新竹港相距仅68海里，是祖国大陆距台湾最近处，也是我国东南沿海对台经贸和人文交往的重要窗口。海坛风景区以优质的海滨沙滩和奇特的海蚀地貌而闻名，被专家誉为“海蚀地貌博物馆”。

玩家解说

海蚀地貌是指海水运动对沿岸陆地侵蚀破坏后形成的地貌。波浪对岸坡进行机械性撞击和冲刷，岩缝中的空气被海浪压缩而对岩石产生巨大的压力，波浪挟带的碎屑物质对岩岸进行研磨以及海水对岩石的溶蚀作用等，统称海蚀作用。海蚀多发生在基岩海岸。海蚀的程度与当地波浪的强度，海岸原始地形，组成海岸的岩石特性及地质构造特征有关。海蚀地貌有海蚀崖、海蚀台、海蚀穴、海蚀拱桥、海蚀柱等。

海坛天神

球状风化造型世所罕见

福州市平潭县南海乡塘屿南中村

可在福州汽车南站或到连江路的双阪车场搭乘高速快运前往平潭岛

海坛天神位于海坛岛的南面——南海乡塘屿南端海边，为一巨型灰白色花岗岩，是天然的象形石人，与半洋石帆并称平潭岛奇石“双绝”。天神头枕沙滩，足伸南海。躺长330米，胸宽150米。周身均为花岗岩球状

君山远眺

君山

极具蓬莱仙境风韵

海坛岛北部

君山位于海坛岛北部，主峰插云峰海拔434.6米，为全县最高点。插云峰云绕雾缠，恍如自大海中拔地而起直插云霄，因而得名。“君山插云”被列入平潭旧时十景之中。此峰东面尚有观日台、锣鼓响石等景点,山上有摩崖石刻等古迹，山腰的跃龙岗有“跃龙夺珠”胜景。“罂山晓岚”是君山著名的景点之一。

石牌洋

世界最大的球状风化海蚀柱

福州市平潭岛西北看澳村

石牌洋又称为“半洋石帆”和“双帆石”,是一个圆风化造型，如此巨大的球状风化造型实属罕见。

石牌洋

三十六脚湖

天然淡水湖泊

福州市平潭县北厝镇平潭岛

全天开放

平潭岛的三十六脚湖是福建省最大的天然淡水湖泊，平潭岛上居民生活用水都来源于此。三十六脚湖同时也是一个旅游胜地，湖、海、山、林交相辉映，岩、礁、碑、屿穿插交错，湖光山色，风景秀丽，被称为海岛明珠。此外，福建省帆船队将此地作为训练基地。清代诗人俞廷萱在此留下了美丽的诗句：“波光如画碧如油，日落风清好泛舟。三十六湖烟波阔，不知领得几多秋。”

盘状的大礁石，托着一高一低的两块碑形海蚀柱。礁石底部是一组平坦完整的岩石。两个石柱均由粗粒灰白色的花岗岩组成，据地质学家考证，这是世界上最大的花岗岩球状风化海蚀柱。

东海仙境

仙人井、仙人洞颇为奇特

福州市平潭县王爷山南麓

先坐车到平潭闽运汽车站，然后到流水车站坐车

东海仙境有一直径近50米、深40多米的天然海蚀竖井，人称"仙人井"，井壁陡直，井底有三小洞与海洋相通。"仙人井"旁有似山中间裂开的大峡谷，人称"仙人谷"。谷外为浩渺的大海，一侧有小洞与仙人井相通。潮水未涨之时，游人可沿岩壁进入井中。井底遍布浑圆的鹅卵石，系海水侵蚀自然形成。

南寨石景

堪称"岩石动物园"

福州市平潭岛南部的北厝镇

乘坐福州到北厝镇的中巴可到达

方圆0.6平方千米的低丘陵遍布着风化花岗岩体，体积硕大、形态各异，其中奇特的象形山石景观有40余处。典型景观有骆驼岩、鸳鸯理翅、花豹巡山、神龟石等，堪称"岩石动物园"。

龙凤头海滨浴场

全国大规模海滨浴场之一

平潭县西大道龙凤头海滨公园北250米

乘坐平潭6路公交车至平潭海关站下可到

龙凤头海滨浴场海滩宽500米，连绵9.5千米，坡度仅2.2度，是全国规模较大的海滨浴场之一。浴场沙粒晶莹洁白，星罗棋布的岛礁后有茂密的森林。沙滩上可以行车走马，海中可以畅游娱乐，是喜欢游泳的游客不可不去的一处胜地。

将军山

百余将军曾聚此山

福州市平潭县敖东镇青观顶村

乘坐31路公交即到

0591-38080508

将军山原名老虎山。1996年初春三军联合演习期间，军委副主席张万年率128位将军在此山检阅，100多名将军登山观战，为纪念此盛况，故改名将军山。将军山以丘陵石景、岬角海湾、寺庙建筑为主要景观特色，山上有一线天、恐怖谷、将军塔等景点。山顶的纪念塔高10层，是一观景佳处，可俯瞰海湾美景。

平潭海岛森林公园

自然风韵独树一帜

福州市平潭县龙凤路与森林公园路交叉口

乘平潭6路公交车至平潭海关站下可到

6:00～22:00

平潭海岛森林公园由近岸丘陵台地和沿岸海滨沙滩组成，东侧与著名的龙凤头沙滩相连。公园内森林繁茂苍郁，山峦苍翠耸立，浴场沙滩细软宽阔，海水清澈湛蓝。得天独厚的龙凤头海滨浴场位于公园东南侧，浴场沙滩广阔平缓，可同时容纳10万人之多。浴场背靠青翠的森林，面临蔚蓝的大海。公园以其"森林与海"的大自然风韵独树一帜，是盛夏避暑、休养、游乐的绝佳地。

平潭海岛森林公园

景点推荐

福州北部景点

青芝山

奇峰异洞，怪石流泉

福州市连江县琯头镇青芝山景区

从福州市区仁德公交站乘36路到东岐站下车后转农村客运前往 7:00～17:00

青芝山因相传古时山上有青紫色灵芝而得名；因山上有很多岩洞，青芝山又称百洞山。青芝山景区由奇峰、异洞、怪石、流泉等组成，主要有五峰、十洞、十六岩、一湖、三泉等，此外青芝山景区还有青芝寺、梅花楼、啸余庐、林森藏骨塔等建筑。

青芝寺原建在八仙岩北，寺宇小巧玲珑，别具一格，近年重新修饰，焕然一新。寺旁有狮子岩、三鱼石、五曲洞、一线天等景致。梅花楼位于青芝寺庙左侧，原建于明朝天启年间（1621—1627），在山下梅屿村。当年明工部侍郎董应举不攀附宦官魏忠贤，被弹劾落职，回家乡修此读书处，以寒梅傲雪自喻风骨。民国八年（1919年），乡人重修青芝风景，移董家旧楼于寺左，并环植梅树于楼外。

福州贵安新天地休闲旅游度假区 AAAA

“福州后花园，天然大氧吧”

福州市连江县贵安新天地

市内乘坐贵安旅游8号专线公交车至贵安贵尊苑站下车即到 0591-38096666

度假区占地3000多亩，为中国东南地区最大的综合性生态旅游度假区。区内人文底蕴丰厚，原生态景观资源丰富，被誉为“福州后花园，天然大氧吧”。

度假区设施完备，主题多样，适宜全年龄段人群全天候游玩。区内的贵安水世界被誉为“海西福地·戏水天堂”，提供丰富的水上娱乐项目，无论刺激的滑道还是悠闲的漂流，都能使您尽享清凉。贵安欢乐世界是一座大型主题公园，拥有各类游乐设施，成为孩子们的首选之地。贵安奇趣家儿童职业体验中心则让孩子们的职业梦想成真，增长见识。

五虎礁

入海口有形似五虎的礁石

福州市连江县葫芦岛，闽江的入海口处

在闽江的入海口处有5块巨大的礁石，像5只猛虎蹲在波涛汹涌的江口，它们并排而立，面对着浩瀚的大海，这就是有名的“五虎守门”。五虎礁基部相连，靠东北端一虎，呈灰白色，人们称为“白虎”；中间第三虎，翘首回望青芝山虎洞，似在眷恋山上的巢穴，人称“回头虎”。观赏五虎礁，要找合适的角度。从五虎礁侧面150米左右的地方观赏会越看越像，十分有趣。

黄岐半岛

商业繁华

福州市连江县黄岐半岛

乘坐往黄岐镇的巴士于黄岐客运站下

黄岐半岛位于福建省东部海岸，面积135平方千米。黄岐镇是黄岐半岛上重要的旅游城市，主要的旅游景点为望乡亭、观音阁、鸡母坛和仙人招手岩等。

黄岐半岛是祖国大陆距离中国台湾马祖岛最近的地方，最近处仅8000米。黄岐半岛历来是商贸繁华的渔区，海域辽阔，山水相依，风光宜人。

五虎礁

壶江岛

此岛历史典故颇多

福州市连江县南部闽江入海处

福州南站或北站乘往连江的车至壶江码头

壶江岛是一个面积为0.57平方千米的小岛，形似壶而得名，这里有着很多历史典故：从元朝天历皇帝“沉立庄，浮壶江”的传说，到九龙沐壶、友谊牌坊、三蛙坛、连体榕、《壶山赋》雕刻等人文景观，都展示了壶江的风土人情和壶江人民的勤劳与智慧。

中国畲山水景区

畲山称奇，畲水叫绝

福州市罗源县近郊霍口畲族乡冈尾村

¥ 40元　8:00~16:00

0591-88086666

中国畲山水景区依山傍水，青山、碧水、绿树景观浑然天成，为福建人文奇观、福州生态标杆、罗源旅游新畲风情。

玩家 解说

畲山称奇：畲山水以山称奇，由南龙北凤构成景区的沟壑峡谷地形。龙山凤山起伏连绵不断，沿着漫步道顺山而上，可看到林中若隐若现的溪水，可听到瀑布拍打石头的哗哗声，在初冬季节还可欣赏到被染红了的百年红枫林。

畲水叫绝：畲山水以水叫绝，素以“纯净水世界”而著称。溯溪而上，溪水清澈见底，水质甘甜，令人赞叹不绝。景区一路上或有溪谷泳池，或有戏水平台，或有天然山泉浴池，或有浅滩深潭，或有瀑布飞泉令人流连忘返。

畲寨风情：畲山水景区以畲族民俗风情

为基调，以畲族木制建筑体、装饰品、工艺品以及穿戴畲族传统服饰的畲族村民为特色，并有畲风表演广场、畲乡对歌台等民俗文化展示。

禾山

民族风情令人流连忘返

福州市罗源县白塔乡七步自然村

禾山风景区山上怪石嶙峋，栩栩如生；山中花岗岩洞穴众多，堪称一绝，共有“道人祝凡”“蝙蝠群洞”“蟠桃庆瑞”等50多个景点；山下人文景观多姿多彩，畲家寨民风古朴，情侣盘歌、畲家婚礼等民族风情令人流连忘返。

禾山风景区有两个全省之最：一是蝙蝠洞为全省最大的花岗岩平面切开洞；二是山上弥勒岩为全省最大的象形弥勒佛。风景区内的千年古迹隐峰禅寺，始建于唐朝，历史悠久，气势恢宏，香客如云，融佛教文化艺术和旅游观光为一体。

罗源湾海洋世界 AAAA

海洋生物丰富多样

福州市罗源县罗源湾开发区江滨南路13号

乘坐1路公交车至建行环岛，转7路公交车至罗源湾滨海新城下车即可

9:00～17:00　170元

罗源湾海洋世界位于罗源湾滨海新城东南面，设有70余个海洋生物展示设施，展示的海洋物种达300余种。

海洋世界分为浅海珊瑚礁区、儿童互动区、海洋科普区、梦幻水母宫区、大洋区、热带雨林区、两栖动物区、海洋表演剧场八大主题区域。

玩家 解说

福州罗源湾海洋世界包括海上搏斗、游艇俱乐部、豪艇餐厅、海上钓鱼台、大型海上音乐喷泉水幕电影等海上娱乐项目。其中，海上搏斗是世纪金源集团打造的国内首个大型水上高空竞技表演，引进了好莱坞前沿设计理念，营造了独具特色的“大海啸”景观。

景点推荐

福州南部景点

石竹山风景区 AAAA

以石奇竹秀而得名

福清市宏路镇东张水库之畔

乘坐福清801路公交车至石竹山站下即可

8:00~21:00

免费　0591-85368288

石竹山位于石竹畔，原名石所山，是当地出名的道教名山，与福清市最大的人工湖——石竹湖两相依偎，主峰状元峰海拔534米。这里夏无酷暑，冬少严寒，年均气温为19.7℃。石竹山“石能留影常来鹤，竹欲摩空尽作龙”，以石奇竹秀而得名，有“雅胜鼓山”之誉。

石竹山南麓半山腰悬崖峭壁上构筑着橙瓦红墙、精美绝伦的一组古建筑群——石竹寺。该寺是石竹山风景区主要景点之一，始建于唐大中年间，初名灵宝观，是一座以道教为主，兼有儒、释的道院，在宋乾道九年（1173年）时改为现名。石竹寺主要由九仙阁（仙君楼）、玉皇阁（天君殿）、舍利塔、玉皇行宫、大悲殿等组成，供奉的是汉代何氏九仙君，其中九仙阁香火最盛，常有香客在此祈梦。

玩家解说

春季到石竹寺祈梦，即为“春祈石竹梦”，届时还有各种各样的宗教节日与活动，如立春日接春、禳太岁保平安、财神诞、玉皇诞、上元节、土地诞等；夏季会有蓝光与海市蜃楼的奇妙景观；秋季石竹山风光最好，且九九重阳是石竹山主神九仙君的诞辰，道院会有隆重的道场；石

石竹山风景区

竹山的冬季并不寒冷，冬日的早晨是观赏日出的最好时机。

玩家 解说

石竹山景区有一线天、二塔（舍利塔、火化塔）、三岩（普陀岩、虎迹岩、石竹岩）、四泉（濯缨泉、仙泉、无尽泉、洗耳泉）、五仙（仙桥、仙井、仙床、仙坪、仙棋盘）、六洞（明洞、通天洞、青龙洞、牛胶洞、紫云洞、桃源洞）、七峰（天子峰、玉女峰、状元峰、探花峰、象王峰、紫帽峰、狮子峰）、十二石（鸳鸯石、纱帽石、出米石、龟蛇石、朝斗石、鹤影石、双鲤石、伏虎石、宝所石、仙桃石、醉石、猪石）等胜景，均为奇岩怪石、天然石景。

龙潭山水风景区

丰茂的南亚热带雨林和常绿阔叶林

福州市福清市园美同心路

市内乘坐福清10路、福清708B路公交车至黄檗寺站下车即到

7:30~18:30

龙潭山水风景区位于灵石山森林公园的核心区域，被誉为“绿色宝库”。这里植被茂密，植物种类繁多。杪椤、银杏、金钱松、三尖杉、福建柏、香樟树等，品种丰富。这些枝繁叶茂的古名树，树龄均在数百年以上。在这里，你可以感受大自然的神奇魅力，沐浴在绿色的海洋中，体验心旷神怡的感觉。

龙潭山水风景区由龙潭坑与戏龙潭两大核心区域组成。龙潭坑以怪石和清幽的潭水为特色，这里的石头千奇百怪，潭水清澈见底，给人一种宁静致远的感觉。而戏龙潭则以瀑布和险峻的山势为特点，瀑布从山涧倾泻而下，如丝如缕，仿佛是一条条舞动的银龙，在山谷间演绎着一场壮观的大戏。

景区的两条叮咚的溪水如同风景的灵魂，穿山越岭，汇成一条条清澈的河流。在这里，流泉飞瀑、峋嶙怪石、清冽深潭交相辉映，形成了一幅美不胜收的画卷。景区内还点缀着各种山花奇草，它们在南亚热带雨林和常绿阔叶林的映衬下，更显生机勃勃。

龙潭山水风景区

福清融港海水温泉

可同时容纳2000人共享“海汤”乐趣

福清市新厝镇棉亭村天生农庄内

福清西门—桥尾线公交车、福清南门—莆田线大巴车都能到达

69元

9:00~17:00

福清融港海水温泉经福建地质工程研究院取样检测，海水温泉中氟离子的含量已达到医疗价值及命名浓度标准。海水温泉中含有的氟元素，对人体有预防改善甲状腺机能、保持骨骼发育正常的功效。春日洗浴，升日固脱；夏日浴泉，暑温可祛；秋日泡泉，润肺蠕肠；冬日洗池，丹田温灼。天生农庄海水温泉置汤池于美景中，引原脉海汤入池，可同时容纳2000人共享“海汤”乐趣。

南少林寺风景区

深山藏古寺

福清市东张镇西部

南少林寺风景区坐落在戴云山九山环绕、状似莲花的山坳盆地之中。景区大部分覆盖着原始次森林，有天柱峰、五老峰等峰峦22座，此外还有寺庙、古桥、古墓、古窑、摩崖石刻等，与日出、佛光及云海、松涛等组成一幅瑰丽奇特的立体画卷。

少林寺遗址北山面溪，朝东偏南。寺东面的五老峰与河南嵩山的五乳峰惟妙惟肖，少林溪的流向亦与北少林寺旁的少阳溪相同。现在的南少林寺为1994年所建，有牌坊、山门、天王殿、大雄宝殿、达摩祖师殿。

南少林寺风景区

链接

南少林之谜

南少林是少林寺最重要的分院，大量的资料显示其的确存在过，但在清朝时因参与反清复明活动被清廷镇压了——是彻底焚毁还是改名换姓，至今仍被研究者争论。但可以确定的是：其的确存在；南少林在福建；它留下了不同于北少林的丰富武学。

在南少林的争论中，拥有最多赞同者的论据是福建有3座古寺：莆田少林寺、泉州少林寺、福清少林寺（至今为止，福建出现6座少林寺——仙游的九座寺、东山的古来寺、诏安的长林寺、福清少林寺、泉州东禅少林寺以及莆田林泉院）。

究竟哪一座才是传说中的“南少林”呢？在福建沿海的历史长河中，由于朝代的更替，战乱不断，倭乱不止，地域名称和管辖范围的变动，致使南少林遗址始终无法确认。当然，也可以有另一种解释，那座神秘的“南少林”，应是福建多座寺院的化身。

董奉山森林公园

汇集了名人、名山、名水、名树、名果

长乐市古槐镇境内

从福州城南车站乘汽车可到

董奉山原名福山，后人为纪念董奉而将其易名。其主峰海拔577米，气势雄伟，森林茂密、沟壑纵横，是长乐境内的主要山峰，也是福州不可替代的御风屏障。董奉山森林公园由董奉山中心景区、竹田岩景区和腊溪源景区组成，真山水、原生态、纯文化的公园内汇集了名人（董奉）、名山（福山）、名水（腊溪）、名树（千年骑岩红榕）、名果（青山龙眼），是一个具有独特文化魅力的综合性景区。

冰心公园和冰心文学馆

收集研究冰心作品的场所

长乐市爱心路193号 免费

9:00~17:00，周一、周二闭馆

冰心公园原名爱心公园，因公园主体部

分为冰心文学馆，于2007年更名。冰心文学馆由中国著名建筑师、东南大学齐康教授设计，整个建筑错落有致、典雅大方，富有闽中建筑风格，是福建重要的文化标志性建筑。整个馆舍采用铅白色的基调，十分典雅尊贵。馆内设有展览厅、陈列室、研究中心。

玩家 解说

冰心，原名谢婉莹，长乐人，1900年生，被称为“世纪同龄人”，现代著名的散文家、小说家、儿童文学作家、诗人。1982年出版有《冰心文集》5卷，被称为“中国文坛祖母”。

显应宫

始建于宋朝

长乐市漳港镇仙岐村

长乐市乘旅游专线2路公交车可以到达

25元　8:00~17:00　0591-28611668

显应宫始建于宋绍兴八年（1138年），距今已有800多年历史。几百年间，显应宫数度重修。据出土的碑文记载，最后一次重修是在清道光二十一年（1841年）。现有的显应宫景点分为地面新宫和地下古宫两个部分。现有的地下宫除前后墙、神台及塑像保留出土时的原样外，地面、柱子、屋顶等都是新建的。

龙泉寺

闽中三大名寺之一

长乐市鹤上镇沙京村莲花山

显应宫

龙泉寺原名“西山寺”，始建于萧梁承圣三年（554年），道远禅师开山。相传当时有二龙嬉戏于寺井中，唐懿宗时，赐名“龙泉禅寺”，沿用至今。其与鼓山涌泉、福清黄檗并称闽中三大名寺。

玩家 解说

龙泉寺系千年古刹，虽屡经兴废，尚存许多有价值的文物，如大殿的16根大石柱系百丈祖师时代的遗物，高6米，围3米，重约4.5吨，石柱底座上刻有施者姓名；当年的龙井，至今犹存，泉水清冽，依然可以饮用；还有“出米佛”一尊，在大殿后面，相传当时石佛脐部每天流出白米，可供全寺食用。有人希望多出米，凿大佛脐，自此不复出米。

龙泉寺周围峰峦起伏的5座山峰分别是卧牛峰、贵品峰、莲花峰、仙冠峰和云梯峰。“五峰岚横”自古就是“长乐十二景”之一。

金刚腿

“闽江七景”之一

长乐市航城镇的石龙山峭壁之下

乘坐614路公交车至金刚腿站下可到

金刚腿又称龙脚石，是闽江胜景，传说因金刚在此洗脚而得名。历来有大水都不会淹过金刚腿的脚踝，故有“大水淹不过金刚腿”之说，它因而被人们视为洪水峰高水位和闽江航行的天然标志。岩上有1921年福建省省长李厚基所书“金刚腿”和著名海军宿将萨镇冰题的“金刚濯足”等刻字。其与闽江口的五虎礁、南北龟、皇帝井等同列为“闽江七景”。

琴江满族村

福建省唯一的满族聚居村

长乐市航城街道琴江满族村

在鳌峰客运站坐大巴到长乐，然后乘619路公交车到达

闽江流经琴江村的这一段宛如一把古琴，故名琴江。琴江原是清“福州三江口水师旗营”的驻地，这是当时全国沿海四大水师旗营之一。琴江村民每人都会三种语言：

普通话、福州话和满族“旗下话”。村里有一种名叫“台阁”的民间文娱活动，由旗人祖先从北方带来，已有200多年的历史。琴江还是郑和七下西洋船队出太平港口转舵出海之处，村附近有郑和修建的云门寺和妈祖庙。

玩家 解说

村里有许多古遗存是中国或我国南方的“唯一”：我国至今唯一家家户户保存有“六离门”（以示“永不投降”）的村庄；我国唯一的270多年间村民参加过中国所有跨海作战的村庄；我国东南唯一保存完整的满族村，而且至今仍沿用满洲话，成为八闽唯一的“北方语言孤岛”；我国东南唯一保存着东北土炕的村子；我国东南唯一保存着北方戏台的乡村。

琴江满族村

更多福州南部景点

弥勒岩：别名瑞岩山，古称“瑞岩丹洞”，景区主要有前岩的弥勒佛石造像、瑞岩寺和后岩的摩崖石刻三大景观，尤以弥勒佛石造像闻名全国，是全国最大的立体弥勒佛石造像。除此，山上尽是千奇百怪的象形石，并形成许多相互连通的石壁岩洞，如玉虚洞、香山洞、观音洞、桃花洞等，故有“三十六洞天七十二景观”之说。

福清市海口镇牛宅村

黄檗寺：又名万福寺，始建于唐，盛于明，延至清初，一代高僧隐元禅师任万福寺住持，僧众数千，一度成为东南沿海名刹和福建的佛教文化中心。清顺治十二年（1655年），隐元禅师东渡日本，留下了中日文化交流的一段佳话。现寺中文物尚遗石槽三口，其中宋代一口有“僧淳生为四恩三有舍，庆历五年己酉七月造，住持沙门复其”的题刻。

福清市渔溪镇联华村

大化山：因其山高、林深、路险而鲜为人知，至今仍保持着原始的自然风貌。这里的红豆杉、银杏、楠木、油杉、香樟等珍稀物种随处可见，更有珍禽异兽出没其间。大化山以兀立山间的奇峰怪岩和平整得令人咂舌的河床为“双奇”，以落差悬殊的瀑布群和攀崖而上的怪藤为“双绝”。

福清市镜洋镇，与闽侯县交界的地区

郑和公园：原名南山公园，始建于北宋元祐三年（1088年）。明永乐十年（1412年）郑和第四次出使西洋前在太平港候风时，为酬谢“海神天妃保佑”，奏请明成祖恩准建造一座雄伟壮观的“天妃宫”，是为船队官员祈福和谢神之处。郑和公园由南山、三台案山和体育场组成，内有三峰塔，是当年郑和登塔俯瞰其停泊太平港庞大船队的瞭望塔，也是郑和下西洋船队出入太平港的航标塔。

长乐市河下街

大鹤海滨森林公园：属沿海台地，有4000米长的海滩及植物、山石、水体、动物、人文景观等资源，尤其海滨风光旖旎，具有湾长、沙白、水碧、林幽、石奇的特点。石景山为公园制高点，居高临下，可将公园胜景尽收眼底。

长乐市北部东海之滨

法王寺：明代建筑风格，坐北朝南，依山而建，逐层升高，殿宇层叠。沿中轴线依次有山门、放生池、天王殿、十八罗汉、青石卧佛等。法王寺最大的看点就是十八罗汉与青石卧佛这两处独特的石雕艺术珍品。雕刻着十八罗汉的天然青石岩有19米长、6米高，顶上写着“净居山”三字，下面是微雕艺术大师、书画家戈壁手书的“佛”字。

长乐市潭头镇边兰村

景点推荐

福州西部景点

昙石山遗址

史前古人类文化遗址

福州市闽侯县甘蔗街道昙石村330号

福州乘坐33、517、601等路公交车在昙石站下可到

0591–22073555

昙石山遗址距今四五千年，是中国目前保存最完整、实物最多的史前古人类文化遗址。自1954年发现以来，先后进行了8次考古挖掘，出土了被誉为“中华第一灯”的陶灯等一批重要文物。1996年在原址上建立昙山石遗址博物馆。

玩家解说

在125号墓葬中，墓主人头顶放着一个造型十分奇特的陶器——陶灯。陶灯为泥质灰陶，下半部为壶形，上半部为圆锥形柄。柄与壶交接处有一个椭圆形孔，手握柄部灯可自由挪动，灯孔朝里可挡住一面的风，灯油倒入浅盘可自动熄灭，设计非常合理。四五千年前的昙石山人就已经使用如此精美的陶灯，堪称“中华第一灯”。

三叠井森林公园

拥有大量珍稀动植物

福州市闽侯县荆溪镇仁洲村

¥27元 0591–22615918

三叠井森林公园内景点众多，有深潭飞瀑、怪石峻岩、奇树古藤、异草香花，尤其是拥有大量的珍稀动植物。其中雷霆万钧的象鼻瀑布、鸳鸯瀑布，神秘莫测的仙字潭、天书岩，惟妙惟肖的万寿龟、金蛤蟆，古朴幽奇的奇树园、百藤湾，沁人心脾的林间空气，无不令人流连忘返。

金水湖景区

波光粼粼，水天一色

福州市闽侯县竹岐乡竹西村316国道旁

从市内乘坐707路、707路支线、716路公交车至全岸蓝湖站下车即到

金水湖景区犹如一幅天然画卷，展现着山水一色的壮美景致，让人领略到大自然的神奇魅力。清晨，阳光洒在湖面上，激起粼粼波光，宛如无数闪耀的钻石。日落时分，夕阳斜照，使金水湖更加妩媚动人。斜晖柔美，映照在湖面上，形成一条金色的丝带。

在金水湖，游客不仅可以欣赏到美景，还可参与各类活动。此地适宜与家人朋友举办烧烤聚会，尽享美食之乐。湖边亦提供船只供游客划船游览，体验湖上风光。在这片绿意盎然的怀抱中，人们可以尽情放松，暂时忘却生活琐事，享受宁静的休闲时光。

雪峰寺

南方第一刹

福州市闽侯县大湖乡雪峰村

雪峰寺位于福建省闽侯县雪峰山，又称"雪峰崇圣禅寺"，由高僧义存禅师于唐咸通十一年（870年）创建，唐乾符三年（876年）赐名"应天雪峰禅院"。后重建，宋太平兴国三年（978年）改今名。雪峰寺为福州五大禅寺之一，现存殿宇多为清朝光绪年间重建，有天王殿、大雄宝殿等主要建筑。

雪峰寺

宏琳厝

全国最大古民居

福州市闽清县坂东镇新壶村

8:00~17:00　50元

宏琳厝又称新壶里，建于1795年，建造者为六都巨富黄宏琳。建筑分为前后直进三座正厝，中间设两道横街，左右各两列横厝，规模之大，世间少有。房屋的装饰甚为精美，如屋顶的燕尾脊、风火墙的墙头造型优美，装饰考究；女儿墙造型奇特，绘饰华丽；垂花、斗拱、门窗花格雕饰精致；厅、廊上方雕梁画栋，造型生动。据载，宏琳厝偌大的民居建筑为一次性设计、一次性施工，工期长达28年。

玩家解说

宏琳厝设计建造上特别突出的是它的防卫功能。全宅由外到内设有厚墙重门、城槛暗室、兔耳、下马间、炮房、冲击门、墙脚攻击眼和抛掷台等多道防卫设施，全厝仿佛是一座固若金汤的城池。宏琳厝内有许多名人题匾。虎头门的"宏琳厝"匾为原福建省委书记项南所题。1939年，项南带领的抗日宣传工作队住在宏琳厝足足两个月，在附近地区开展了轰轰烈烈的抗日宣传活动。"庄敬日强"匾为现代文豪郭沫若所题，"圣旨"匾是清朝咸丰皇帝为了嘉奖本厝子弟而赐。

四乐轩

书香门第古民居

福州市闽清县坂东镇坂中路

四乐轩建于清朝乾隆十九年（1754年），其建造者刘士杰，字贻豪。该民居原占地面积2.45万平方米，直进四座，每进七柱八扇风火墙，还建有横厝。因四乐轩规模宏大，故古有"四乐厝，鸟儿飞不过"的说法。今虽有部分横厝改建新房，但其正厝仍保留完整。四乐轩为闻名遐迩的书香门第，历史上有"书灯田"等奖学机制，全厝读书风气浓厚，人才辈出。厅上原有各类匾额、执事牌54块，其后裔因此被称为"牌匾下的子孙"。

瓷天下海丝谷

千载瓷天下，多彩海丝谷

福州市闽清县东桥镇高速出口500米处

从市内乘坐闽清-下祝的班车至海丝谷下车即到

景区以海丝源头文化为魂，以文化创意方式，生动展现了跨越亚非欧、里程达两万里的海丝瓷路文化风貌，被誉为“中国版的海丝迪士尼”，使游客在游览过程中得以寓教于乐，亲身体验。此外，瓷天下海丝谷亦传承了闽清双非遗项目“闽清龙窑柴烧技艺”与“闽清‘鼠船’交通习俗”。

青云山 AAAA

山峰平地拔起，矗立青云

福州市永泰县岭路乡

从市区乘坐永泰9路青云山云顶旅游专线往返

青云山因山峰平地拔起，矗立青云而得名。景区面积47平方千米，海拔在1000米以上的山峰有7座。山高林茂，云雾缥缈，岩奇、洞怪、泉碧。景区动植物资源丰富，有珍稀植物桫椤和珍稀动物羚羊、猕猴等。主要旅游景点有云天石廊、火烟瀑布、十八重溪石林、藤山草场、天池和状元洞、红军洞等。

玩家 解说

景区主要分为青龙瀑布景区，福建最高的石走廊——云天石廊景区，东南第一大峡谷——白马峡谷瀑布景区，亚洲第一阶梯瀑布——九天瀑布水帘宫景区，八闽第一原始植物园——桫椤神谷景区5个分景区，主要景点有云天石廊、火焰瀑布、十八重溪石林、藤山草场、天池和状元洞、红军洞等。

云天石廊

云天石廊在青云峰近山顶处，又称“登天廊”，因软硬岩层受风化程度的差异，形成一层层长条形通道。石廊共4层，累计长度约300米，人行其中，惊而不险。

青龙瀑布

火烟瀑布即青龙瀑布，落差80多米，岩壁经掏蚀呈半圆凹槽，上小下大，如倒漏斗形。瀑布分三部分，上部分水流顺峭壁滑落；中间部分越过悬崖飞泻而下，形成水帘，水珠四散，水雾弥漫；下部分有一岩坎，瀑布打在上面，再沿崖壁分流滑落，最后汇入底部的青龙潭。

青云山风景区

红军洞

红军洞是一个人工改造的天然岩洞，也是当年闽中游击队的活动场所之一。洞呈半圆形，高25米，宽24.5米，洞口有碎石砌成的围墙。洞深约30米，内有碎石砌成的4层平台。

更多福州西部景点

林祥谦烈士陵园：为纪念我国早期的工人运动领袖林祥谦烈士而建的陵园。陵园内设有烈士陵墓、纪念堂、展览馆、管理所等。园内的瞻仰厅正中立有林祥谦烈士的铜像，铜像背后墙和两旁的墙壁上有党和国家领导人毛泽东、邓小平、江泽民、李鹏的题词。

福州市闽侯县祥谦镇枕峰山

黄乃裳纪念馆：馆区占地总面积4800平方米，整个建筑具有古建风格，树木花草种类达50余种，兼具园林特色。纪念馆大前门门匾上有“彪炳千秋”的题词，从大前门向主楼仰望，气势磅礴，雄伟壮观，通往主楼的台阶有125级。

福州市闽清县梅城镇台山路

岐庐古寨堡：与全国最大单体古民居宏琳厝、全国最大书香门第古民居四乐轩，并列为闽清县坂东镇古民居的“三宝”。岐庐动工于清咸丰三年（1853年），完工于咸丰八年（1858年），距今100多年，系清代道光乙未科进士张公鸣岐所建。岐庐寨门建十扇九间火墙厝，厝内雕梁画栋，木刻花鸟人物栩栩如生，正厅的木屏风上刻有《三国演义》故事人物60幅。

福州市闽清县坂东镇溪峰村

水口电站：主要有华东第一大坝、机房、水库湖区以及发电厂房、船闸、升船机等景点。其中大坝全长870米，高101米，坝身上有12道泄洪闸门，每个闸门相当于一幢七八层楼房大小。下闸蓄水时，几乎滴水不漏，令人惊叹它的严密无缝。此外，这里的水库湖区面积达94平方千米，是福建全省之最。

福州市闽清县境内的闽江干流

攻略资讯

- 交通
- 住宿
- 美食
- 购物
- 娱乐

福州城市风光

交通

飞机

福州长乐国际机场简称福州机场，位于市区东南方向长乐市漳港镇，距市中心55千米。福州机场已与国内40个城市通航，飞往北京、成都、上海、广州、杭州、深圳等地，每日都有航班往返，并开通了飞往中国台湾、香港、澳门及飞往新加坡、吉隆坡、日本的国内及国际航班。

机场大巴： 机场与市区之间有机场巴士往返，市区可停靠地点众多，有万象九宜城、三坊七巷专线、怡山梅园等，车程约40分钟。

火车

福州站： 始建于1958年，位于市区最北端，列车每日始发至北京、上海、沈阳、深圳、合肥、成都、南京等多个城市。

福州市晋安区沁园路

乘坐地铁1号线到福州站下车即可

福州南站： 位于福州市的南端，距离市中心较远。主要有至上海、深圳、杭州、宁波、温州等，以及福建省内主要城市的列车。

福州市仓山区城门镇胪雷村站前路1号

乘坐地铁1号、5号线到福州站下车即可

汽车

全市拥有三级及以上道路客运站11个，客运车辆2519辆，每天有多个班次的长途汽车开往温州、广州、深圳、香港和省内外各地。

汽车北站： 也称为闽运汽车北站，位于福州市晋安区华林路371号，与福州火车站相距100米。是旅客北出福建和前往全省各地及南下两广等地、实现公铁运输对接的首选之站。

0591-87580118

市内交通

福州地铁目前开通运营的线路共有5条，分别为1号线、2号线、4号线首通段（凤凰池站—帝封江站）、5号线及6号线，运营

鼓山大桥

里程139千米。在建线路有4号线后通段（半洲站—金牛山站）、滨海快线，2号线东延线及6号线东调段，在建线路总长约87.45千米。

福州共有公交运营线路322条，公交车4729辆。

福州有出租车企业20家，巡游车6345辆。网约车平台公司34家，持证网约车17086辆。

住宿

福州的旅馆业十分发达，服务良好，设施齐全。五四路、五一路周边是宾馆酒店的集中区，温泉公园周边也有多家性价比较高的酒店。如果想在市中心购物、逛街，五一广场到东街口一带无疑是较好的选择。淡季在福州住宾馆，一般均可享受折扣。

●福州香格里拉大酒店

在五一广场旁边，去三坊七巷打车10分钟左右，交通、游玩、购物都非常方便。

福州市鼓楼区新权南路9号

0591-87988888

●福州悦华酒店

酒店位置优越，在西湖旁边，酒店设施舒适典雅，配有游泳池和小型温泉池。周边有西湖公园、左海公园、华林寺等景点。

福州市鼓楼区华林路11号

0591-86323333

●福州美伦大饭店

距离福州火车站较近，交通便捷。酒店内有健身房、游泳池等。周边景点有福州博物馆、三坊七巷、镇海楼、屏山公园等。

福州市鼓楼区北环西118号

0591-87883999

●福州万达威斯汀酒店

酒店位于闽江江畔，景色优美。万达等商场在酒店附近，购物方便。房间干净整洁，设施齐全，交通便利。到三坊七巷打车10分钟左右，周边还有鳌峰公园、多欢国际儿童益智乐园、南江滨堤外公园等。

福州市台江区江滨中大道366号金融街8号

0591-88111111

●福州中庚喜来登酒店

距离闽江和鼓山较近，环境清雅，风景秀丽。酒店设施完善，距离火车站和机场较近。周边有鼓山、南江滨堤外公园、摩崖石刻等景点。

福建省福州市仓山区浦下洲路23号

0591-88556666

●美硕酒店

酒店位置优越，临近地铁口、闽江，烟台山公园、师大学生街和海峡会展中心，周边热闹繁华，交通便捷。

客房装修风格雅致，房内均采用进口“慕思”床垫。同时，酒店内有茶缘居棋牌室、皮肤管理中心、美辰餐厅及空中花园，配套设施齐全，致力为繁忙的都市生活商旅打造具有地域特色的理想舒逸美居。

福州仓山区观海路66号

0591-88037777

美食

福州风光

福州菜属于闽菜的一个分支，以选料精细、色泽美观、调味清鲜而闻名。福州名菜有佛跳墙、荔枝肉、红糟醉香鸡、鸡蓉鱼唇、琵琶虾、荷包鱼翅等。福州的传统特色小吃有鱼丸、太平燕、芋泥、锅边糊等。

三坊七巷街区汇集了琳琅满目的传统小吃，达明路是接地气的消夜一条街，300米的榕城美食街荟萃了1500多种榕城乃至福建全省、全国及东南亚各国的风味美食。此外，城中热闹的餐饮美食街还有南后街、五四路、台江步行街、温泉夜市、仓山万达美食街、东二环泰禾广场美食街等。

●佛跳墙

佛跳墙是福州的首席名菜，已有100多年历史，由聚春园菜馆老板郑春发所研创。将各种山珍海味汇聚一堂，由鱼翅、海参、干贝、香菇、鲍鱼等20多种原料煨制而成，荤香浓郁，汤浓且鲜美。

佛跳墙

●荔枝肉

福州家喻户晓的传统名菜，至今已经有超过200年的历史。以猪瘦肉仿荔枝形烧制而成，用刀在猪肉上刻上十字形，经过油炸后猪肉会自然卷缩，以香醋、白糖、酱油等调料调制。形似荔枝，其口感也和荔枝有共同之处，酸甜可口，也常用番茄沙司调味。

荔枝肉

●鸡蓉鱼唇

以海产中的珍品鱼唇去腥后加绍兴酒腌制，用刀背将鸡脯肉剁为蓉状，烧成鸡蓉汤；放入鱼唇，撒上火腿末即成。此菜色泽雪白，鱼唇软糯，富有胶质，鸡蓉香醇，味鲜爽口，是高级宴席上必备的大菜。

●鱼丸

将鳗鱼等食材剁成极小细末，加入甘薯粉搅拌均匀，再拌入猪瘦肉或虾等制成丸状。煮过后的鱼丸Q弹，色泽洁白晶亮，吃起来爽口而不腻，久煮不老。

鱼丸

●肉燕

又称“太平燕”，有“太平”“平安”的含义。选用猪后腿的精肉，加入番薯粉经过严格精细的工序手工打制而成。其圆头散尾，形同飞燕，口感韧而有劲，味道鲜美。

肉燕

●芋泥

芋泥是款甜食，作为宴席上的常菜，一般以“压轴”形式上桌。做法是将芋头蒸熟后压制成泥状，以碎红枣、瓜子仁、樱桃、冬瓜糖等作为辅料。成品虽不冒热气，但尝起来却烫口，味道香郁甜润。

芋泥

购物

福州的市果福橘在全国柑橘评比中名列前茅，福州软木画在国内外独一无二，寿山石雕是福州的千年工艺珍品，脱胎漆器曾荣获国际大奖。此外，福州玉雕、牙雕、角梳、肉松、福果等亦久负盛名，都是合适的旅游纪念品。

●角梳

角梳为福州三宝之一，采用中国南方水牛角和北方的绵羊角为原料，从原料制成产品，需经过25道工序，使每只角梳都色泽莹亮。现又增加了新技法，在制成的角梳上运用传统漆画工艺精心绘制虎、豹、狮、象等十多种飞禽走兽和南国花草的图案花样，十分精致。

●福橘

福橘是福州市市果，上市期在农历春节前后，由于色泽艳红、果美汁甜，又与“福、吉”谐音，备受群众喜爱。福橘产地多分布于闽江下游两岸。深秋初冬时节，闽江两岸绿树枝头缀满红果，色彩斑斓绚丽，人们誉之为“闽江橘子红”。

●脱胎漆器

福州三宝之一，质地轻巧坚牢，造型古朴大方，产品有磨漆画、屏风、花瓶、茶具、文具等，色彩瑰丽，光亮如镜。独特技艺同玉雕、石雕、木雕等相结合，使漆器的品种更加琳琅满目。

●福州软木画

福州软木画品种繁多，有雄伟壮观的屏风、挂屏、大摆件、小摆件以及旅游纪念品等，达二三百种规格，四五百个花色，行销全国各地及国外市场。

●福州纸伞

福州纸伞品种繁多，主要有花伞、明油伞、丝绵纸伞、双层花伞和绢印彩画花伞等。伞骨采用闽北5年以上的青山老竹，韧

福州纸伞

性大，弹力强，能防霉、防烂、防蛀。伞面用的是本省特有的精制棉纸，拉力强，刷上柿油、桐油，绘上花鸟、人物、山水等图案，俗称"花伞"。

●龙眼木雕

龙眼木雕是福建木雕中最具代表性的工艺品，以福建盛产的龙眼木为雕刻材料。龙眼木雕的表现题材多为寿星、弥勒、达摩和仙女等。

购物场所

东街口：是福州最著名的商业街区之一，广义的东街口包括八一七路、津泰路、东街、杨桥东路等；狭义的东街口即东街—八一七路口，整条大街长不过300米，有各类商店300余家，被誉为"八闽商界的璀璨明珠"的福建东百集团就落户于此。

中亭街：东亚第一室内步行街，是一条富有传奇色彩的商业古街。现已形成服装、家居、家电和针织内衣批发等四大系列市场，成为融旅游观光、购物休闲为一体的多元化商业街。

娱乐

作为现代化的南方都市，福州的娱乐业十分发达，遍布全市的繁华街区。福州丰富的民间娱乐活动更是不能错过，其中以福州评话最为精彩。传统戏剧至今盛行不衰，在城内各大剧院经常有巡回演出。

●福州评话

福州评话是流行于福州方言区和闽东、闽北、台湾地区及东南亚华侨聚居地的精彩曲艺曲种。有数以千计的传统书目，基本唱腔有序头、吟句、诉牌3种。以铙钹、竹箸、扳指、折扇、醒木为道具，演出方式简便灵活。有单口评话和对口评话之分。

●闽剧

闽剧传统剧目丰富，题材广泛，主要唱腔有引人入胜的四大调：逗腔、洋歌、江湖和小调。因用福州方言演唱，又称"福州戏"。流行于闽中、闽东、闽北地区，并传播到东南亚各地。明代末年，弋阳腔传入闽中，与当地的方言小调逐渐融合，形成江湖调，随后出现了演唱江湖调的江湖班及以江湖调和歌为主要唱腔的平讲班。清末，平讲班和演唱昆腔、徽戏等外来声腔的唠唠班及福州演唱儒林戏的儒林班合流，最终形成闽剧。

●温泉

福州温泉甲东南，所以福州也被称为"温泉之城"。在福州市城区的东北部，有一条北起树兜南至王庄，西起五一路东至六一路的温泉带，在这里温泉浴池比比皆是。

福州金汤温泉度假村是目前福州最大的景观温泉度假村，度假村内有温泉泡汤、泉水疗、游泳池、器械健身房（全天教练免费指导）、影视休息厅等。一楼为室内温泉池及小鱼池（另付费）；二楼为巴厘岛风格的半露天温泉池。

福州市内北环中路　13178118495

节日和重大活动

节日	地点	时间
普度节	福州郊县	12月9日
拗九节	福州	农历正月二十九
做夏	福州	农历入夏第一天
冬节搓丸	福州	农历冬至

福州大剧院

发现者旅行指南

龙岩

概览

亮点

永定客家土楼

建筑历史悠久，风格独特，被称为世界上独一无二的神奇的山区民居建筑，是我国古建筑的瑰宝，也是世界文化遗产之一。

古田会议纪念馆

1929年年底，红四军曾在此召开第九次党代会。会址左边有荷花池，右边有红军检阅台。原为廖家祠堂，现辟为纪念馆。

长汀红色旧址群

长汀拥有“省苏维埃”旧址、“省委”旧址、辛耕别墅、福音医院、瞿秋白纪念园、红军长征第一村等数十处全国红色旅游经典景区。

冠豸山

冠豸山

与武夷同属丹霞地貌，融山、水、岩、洞、泉、寺、园为一体，被誉为“北夷南豸，丹霞双绝”。

必逛街道

中山路步行街是龙岩商业网点最集中、最繁华的街道，是到龙岩的必去之地，街上有服装、鞋帽、珠宝、土特产等具有浓郁地方特色的各式商店。

线路

龙岩市区一日游

先去龙硿洞，赏溶洞奇观。然后去江山景区，游览石山园度假区、石佛公朝拜圣地、村关水库水上乐园等景点，领略“小武夷”风情。

永定土楼经典一日游

早餐后去高北土楼群，可参观建于明代的无石基的五云楼、雅致的侨福楼、“圆楼之王”承启楼等。中午可在土楼里品尝客家美食。下午去洪坑土楼群，随后参观振福楼，从依山傍水的环境，到雕梁画栋的内门，随处可见“土楼公主”的典雅精致。

龙岩周边两日游

第一天先去参观古田会议纪念馆，回顾历史。随后去冠豸山，看耸立的丹崖、幽深的峡谷、苍翠的植被等原生态的景观。

第二天上午去长汀红色旧址群旅游区参观，午后到长汀古城，参观年代久远的唐代城楼三元阁以及写满历史的古城门，品尝客家小吃。

为何去

龙岩是客家人的大本营，客家文化丰富，土楼众多。龙岩还是历史悠久的革命老城，革命遗迹众多。

洪坑土楼群

龙岩旅游资源丰富，丹霞景色称奇的连城冠豸山、景观壮丽的梅花山、国家级历史名城长汀、全国重点文物保护单位古田会址、世界独一无二的永定土楼、新罗龙硿洞、汀江客家母亲河等旅游区和风景名胜，形成独具特色的“一楼一山一洞一址一城一区一江”的“七个一”旅游网络。

何时去

龙岩属于亚热带海洋性季风气候，气候温暖，由于地势海拔的不同，各地的气温有一定的差异。温暖湿润的气候特别适合建兰和山茶花的生长。建兰和山茶花是龙岩市的市花。春季，是山茶花开放的季节；夏季，建兰又争相开放。这两个季节前往龙岩旅游，会另有一番收获。

龙岩山茶花

永定客家土楼

区域解读

龙岩市区号：0597
面积：$19028km^2$
人口：271.6万人

地理 GEOGRAPHY

区划

龙岩下辖2个区（新罗区、永定区） 1个县级市（漳平市）、 4个县（长、汀县、连城县、上杭县、武平县）。

地形

龙岩市地势东高西低，北高南低。境内武夷山脉南段、玳瑁山、博平岭等山岭沿东北至西南走向，大体呈平行分布。全市平均海拔652米，千米以上山峰571座。最高峰为玳瑁山区的狗子脑主峰，海拔1811米；最低点位于永定区峰市镇芦下坝永定河口，海拔69米。境内河流众多，分别属于汀江、九龙江北溪、闽江沙溪、梅江水系等。

九龙湖风景区

气候

龙岩市属亚热带海洋性季风气候，气候温和，雨量充沛，夏无酷暑，冬无严寒。年平均气温为18~20℃，最冷气温出现在1月，最高气温出现在7月。降水主要集中在七八月，夏季会受热带风暴和台风影响，出行时要随时关注天气。

历史 HISTORY

历史大事记

●先秦时期

公元前195年，原闽越国的南武侯织被汉高祖册封为南海王，建立南海国，封地在今龙岩市武平县一带。

●秦至清朝

西晋太康三年（282年），置新罗县，这是闽西地区有史可查的最早设置的县，属晋安郡所辖。

唐开元二十四年（736年），设汀州，辖有长汀、新罗（后改为龙岩）、宁化三县，从此闽西开始大步迈向汉化的进程。

●近代

1927年9月，周恩来、朱德、贺龙、叶挺、恽代英等率领南昌起义部队南下途经闽

洪坑土楼群

西，帮助恢复了闽西部分党组织，上杭、龙岩（今新罗区）、永定、平和等县相继成立了县委。

1928年4月，邓子恢等领导了龙岩后田暴动，提出“烧田契、不交租、分田地”的战斗口号，打响了福建土地革命的第一枪。

1929年3月11日，毛泽东、朱德、陈毅率领中国工农红军第四军从赣南到达长汀四都，并成功解放了汀州城，成立中央苏区第一个红色县级政权——长汀县革命委员会；同年12月，红四军在上杭县古田镇溪背村的廖氏宗祠召开第九次党代表大会，史称“古田会议”，讨论并通过了《中国共产党红军第四军第九次代表大会决议案》。

1933年11月，国民党军队向闽西、赣南疯狂进攻，对中央革命根据地实行“围剿”。由于王明“左”倾路线的错误领导，导致红军第五次反“围剿”失败。

1934年10月，主力红军从福建的长汀、宁化，江西的瑞金、于都等地出发，进行了艰苦的二万五千里长征。

神秘南海国，遗都古龙岩

南海国是《汉书》中提到的汉初刘邦分封的东南方诸侯王国之一，其国土大致在今广东、福建、江西交界之处。因历史记载简略，知者甚少，所以几乎成为一段历史之谜。但经过地方史专家多年研究、梳理，仍可隐约看出其中的端倪。

南海国的国王名叫织，为百越族人，原是闽越国的南武侯。公元前195年，被汉高祖册封为南海王。这一段历史见于班固《汉书·高帝纪》中的记载：“诏曰，南武侯织亦粤之世也，立以为南海王。”这说明同属越王勾践后裔的织与兄弟无诸、摇一样，因有功于汉室，所以在公元前195年3月，受汉高祖刘邦封为王。而《汉书·严助传》又有记载，淮南王刘安上书文帝称：“前时，南海王反，陛下先臣（指淮南王刘长）使将军间忌将兵击之，以其军降，处之上淦。”说明南海王因反叛汉廷，受汉军攻击而降，被迁徙安置到上淦（今江西清江县一带）。

考古调查组近年来在武平境内发现了

汀州古城

春秋战国时期的佩剑1把、战国至西汉时期编钟1只、秦汉遗址10处，在汉代古遗址上采集到各种陶片561片，其中“弦纹、蕉叶纹、细方格纹”等陶片都是典型的战国—西汉时期文物。目前，一些学者认为，武平县万安刘屋后背山遗址很可能就是南海国的都城遗址。

文化 CULTURE

茶韵飘香，欢歌起舞

龙岩采茶灯，又名采茶扑蝶舞，在明代起源于龙岩赤尾山（今龙岩市新罗区苏坂乡美山村）。

采茶灯的舞步轻盈、细碎，身体挺拔，以穿插变队形为主，一般有几十种花式。采茶灯的音乐则采用宫廷流落民间的古典乐和当地的民间小调，曲调节奏明快、旋律优美并配以戏文和民间故事为内容的唱词，边舞边唱。队伍组成人员有茶公（穿汉衣、扎腰巾，执大蒲扇）、茶婆（梳银宝头，穿蓝色宽锦边襟衣和罗裙，腰扎绸带，系花围裙，执麦秆扇）和采茶姑8人（额佩凤珠翠屏，头梳燕尾髻，穿大红采莲衣，细腰扎绸带，一手执折扇、一手提花篮灯）、武小生、男小丑（一手执黑折扇，一手提灯笼或马灯），他们边舞边演，穿插道白或演唱。

盂兰盆盛会，共享丰收喜悦

新罗适中乡盂兰盆盛会源于1444年，距今有500多年历史。适中乡的盂兰盆盛会于每年的下元（上元为元宵节，中元为七月十五，下元为十月十五）举行，为期半个月，乡俗又称“十月半”。因为在这个季节，农事活动刚结束，人们祈盼的“风调雨顺，国泰民安”已经实现，广大乡民经过一年的劳作换来丰收，便用“自我出资，自我娱乐，自我参与”的习俗来表达喜悦之情。

由全乡陈、林、赖、谢四大姓家族推荐的有资深名望的7个户头主持盛会事务，称“七团”理事，负责筹备每10年一届的盂兰盆盛会活动。此项盛会历来盛况空前，车水马龙，人山人海，热闹非凡。

盂兰盆盛会

景点推荐 永定客家土楼 AAAAA

龙岩市湖坑镇洪坑村 从龙岩市区乘坐汽车到永定区转乘当地大巴可到 洪坑土楼群景区90元；高北土楼群景区50元；初溪土楼群景区65元

8:00~17:00

永定土楼是中国古建筑的瑰宝，其历史悠久、风格独特，规模宏大、结构精巧。土楼分方形和圆形两种。龙岩地区共有著名的圆楼360座，著名的方楼4000多座。土楼的建筑模型与北京天坛作为中国南北圆形建筑代表曾参加美国洛杉矶世界建筑模型展览会，引起了轰动，被誉为“东方建筑明珠”。永定土楼由初溪土楼群、洪坑土楼群、高北土楼群等组合而成，内有振成楼、承启楼、永隆昌楼等建筑景点。

玩家 解说

永定土楼是客家人自卫防御的坚固楼堡。圆楼都由两三圈组成，由内到外，环环相套，圈内厨房、餐厅、仓库、卧室、客房、祖堂、婚丧场所一应俱全，有理有序地分布着。楼内还有水井、浴室、磨坊等设施。

土楼采用当地生土夯筑，不需钢筋水泥，但牢固如石。土楼的大门用10厘米厚的杂木制成，外钉铁板，有的楼门上还装有防火水槽。墙的基础宽达3米，具有防震、防火、防御等多种功能，通风和采光良好，冬暖夏凉。

洪坑土楼群

拥有福建最壮观的土楼

龙岩市永定区湖坑镇洪坑村

从龙岩市区乘坐汽车到永定区转乘当地大巴可到

90元 7:00～19:00

洪坑土楼群有土楼40多座，距今已有几百多年历史，是目前开发最成熟的土楼景区，主要有振成楼、如升楼、奎聚楼、福裕楼等。

玩家 解说

现存明代建造规模较大的土楼有峰盛楼、永源楼等13座，清代建造规模较大的土楼有福裕楼、奎聚楼、阳临楼、五凤楼、中柱楼等33座。土楼造型主要有正方形、长方形、圆形、半月形及其变异形式。此外还有以生土建造的天后宫、日新学堂、林氏宗祠、关帝庙等。奎聚楼、福裕楼、如升楼、振成楼为该土楼群的杰出代表。

振成楼

振成楼建于1912年，是客家土楼的精品，被称为“土楼王子”。楼体占地面积5000平方米，悬山顶抬梁式构架，分内外两圈，外圈4层，每层48间，按八卦形设计，每卦6间，一楼梯为一个单元。卦与卦之间筑防火墙，以拱门相通。振成楼的祖堂是一个舞台，台前立有四根周长近2米、高近7米的大石柱，舞台两侧上下两层30间房圈成一个内圈，二层廊道精致的铸铁花格栏杆是从上海运到此楼嵌制的。

如升楼

如升楼是永定众多土楼中比较小巧玲

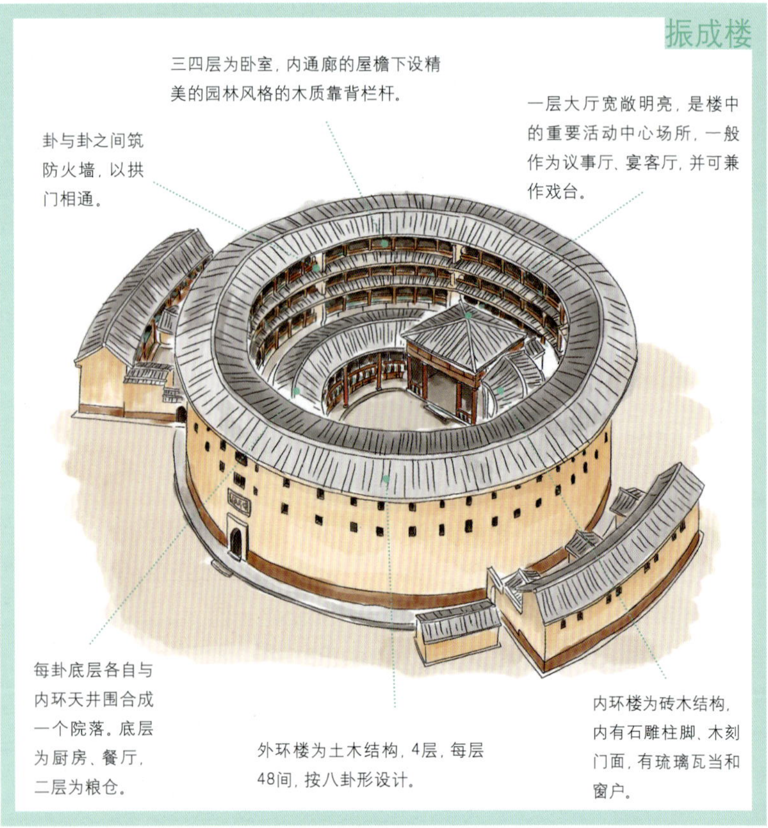

珑的土圆楼，建于1901年，距今100余年，俗称“米升楼”。如升楼是单圈结构，楼底直径仅有8米，屋内天井圆形，屋顶瓦面内侧边缘为八卦形，外侧边缘为圆形。

玩家 解说

据说如升楼楼主林高林原先缺少住房，后得一梦境：一轮红日下落此地。他认为此地建房好，便千方百计筹措资金，自己出工挑土用了3年时间才建成这座洪坑最小的圆楼。因楼小，像客家人昔时用竹筒做成的量米“米升”，所以许多游客称之为“袖珍土楼”。

奎聚楼

奎聚楼建于1834年，用了近5年时间建成，已有180多年历史。奎聚楼的建筑特点是中厅高、两厢低，经180多年风雨，岿然如山。从高处看，楼宇与背后的山脊连成一体，如猛虎下山，奎聚楼即是“虎头”；楼前围墙上有两窗，似虎眼，建筑时便是根据虎形地理特点而设计的。

玩家 解说

奎聚楼正如大门对联所言：“奎星朗照文明盛，聚族于斯气象新。”180多年里，楼里考取进士和官至七品以上的有4人，大学生有20多人，海外华侨有40多人。

福裕楼

福裕楼于1880年开始兴建，经历3年时间才建成，是永定府第式土楼的杰出代表。该楼由楼主三兄弟（林仲山、林仁山、林德山）的朋友汀州知府张星炳设计，其结构特点是在主楼的中轴线上的屋子前低后高，主次分明。楼前有3个大门，在主楼和横屋之间有小门相隔，外观连成一体，内则分为三大单元；围墙用当地鹅卵石铺砌，做工十分精细，与大自然环境浑然一体，十分和谐。富裕楼外形像三座山，隐含楼主三兄弟“三山”之意。楼名也是张星炳题写。

光裕楼

光裕楼是洪坑村最早、最完整的正方形土楼，旧称城内，建于1775年，距今200多年。楼内石门、石窗精雕细刻，尽显昔日辉煌。清初时，林氏十六世祖林福成经营烟刀，家资万贯，遂建光裕楼及书斋（萃豫斋）。

玩家 解说

由于重视教育，迁进光裕楼的住户人丁兴旺，人才辈出，功名显达。清朝期间，出了大夫9人、进士4人、秀才40人、武秀才2人。

高北土楼群

规模宏大的土楼

龙岩市永定区高头镇高北村　乘坐从龙岩汽车站（老站）到土楼的直达车，车程约1小时40分钟　50元　7:00～9:00

高北村全村几十座土楼，依山傍水，高低错落。建于明代的无石基的五云楼仿佛在诉说着土楼悠久的历史，雅致的侨福楼展示了旅居海外拳拳赤子爱国爱乡的诚挚情怀。村内的“圆楼之王”——承启楼是最著名的土楼。2008年7月在加拿大魁北克举行的第32届世界遗产大会上，“福建土楼”被列入《世界遗产名录》，高北土楼群是其中之一。

玩家 解说

承启楼是高头江姓第十五世祖江集成（1635—1719）所建，花了3年时间，于清康熙四十七年（1708年）建成。这3年间，在建楼夯墙时，天公作美，都是理想的好天气，为感谢老天帮忙，当地人又把它叫作“天助楼”。“高四层，楼四圈，上上下下四百间；圆中圆，圈套圈，历经沧桑三百年”是对该楼的生动写照。

世泽楼为方形土楼，紧挨承启楼。两楼之间顶檐相接，一方一圆，特色明显。

五云楼为历史最悠久的土楼之一，现已不能居住。

初溪土楼群
土楼数量最多的土楼群

龙岩市永定区下洋镇初溪村　乘坐从龙岩汽车站（老站）到土楼的直达车，车程约1小时40分钟

65元　9:00~18:00

初溪土楼群是永定区境内最原始、最具客家人文色彩土楼群，被誉为“中国最美丽的土楼群”。现建有中国规模最大的客家土楼民俗珍品博物馆。楼群由5座圆楼和数十座方楼组成。土楼依山傍水，错落有致，呈现出极高的美学艺术价值。

玩家解说

集庆楼建于明永乐十七年（1419年），距今已有近600年的历史，是客家土楼中年代久远的土圆楼之一，其结构十分独特，楼里有72部楼梯，一户一梯，设计非常合理，令人称奇。

绳庆楼为方形土楼，面对村口。

善庆楼是初溪最年轻的土楼，走廊及天井全部由同一规格的方形花岗岩铺就，通风、透光性能极佳。

玩家攻略

靠近初溪土楼群的下洋镇上比较热闹，镇上有温泉，沿河的温泉街一条路上都是温泉入户的旅店，设施简单，价格合理，有大浴缸。温泉水呈一点儿淡淡的绿色，温度刚好，十分舒适。其中也有免费的公共温泉浴室。

客家土楼内景

振福楼

振福楼，圆形土楼，坐落在永定区湖坑镇，建于1913年。振福楼依山傍水、典雅精致，是最秀丽的土楼，被称为“土楼公主”。振福楼不仅按传统的《易经》八卦原理布局，石刻楹联众多，而且受近代西方建筑风格的影响，文化内涵十分丰富，是生土建筑

初溪土楼群

艺术的杰出代表。

振福楼大门的两边镌刻楹联“振衣千仞，福履万年”，横批“景星庆云”。进入门厅两侧砖砌拱门的门楣上分别书“出孝”“入悌”。进入内环的门俗称内门，也是雕梁画栋，琉璃瓦面，在其石质门框上镌刻楹联“振兴有庆瞻轮焕，福履同绥颂炽昌”，横批“云蒸霞蔚”。

衍香楼

衍香楼是一座圆形土楼，主楼也按八卦构建，建于1880年。该楼最大的特色是楼的内厅仿府第式建筑，有后堂、中堂、前堂，厅左右侧有厢房，厅内及楼外围墙、左右小门等雕刻精巧，墙壁上书画精美，龙飞凤舞，整体布局协调、统一、美观而实用。

玩家解说

衍香楼建于1880年，创建人是苏谷香（谷香公）。苏谷香少年时期家境清贫，中年后在家乡以及上海等地经营条丝烟生意，生意兴隆，发家致富，于是建了这座楼。

环极楼

环极楼是一座土木结构、气势壮观的大圆寨楼，建于清康熙三十二年（1693年）。该楼特色是久震不倒、回音响亮、楼中心无祠堂。300年来历经多次地震，由于圆楼的向心力和架构的牵引作用，地震过后裂缝竟奇迹般地慢慢合拢，仅留下一条细长的裂痕，而整个楼体安然无恙、巍然屹立。在环极楼的中心点上，用力跺脚或放声呼唤、歌唱，可以听到十分明显的回声，好像北京天坛的回音壁。

玩家解说

楼主取名为“环极楼”，有一种说法是：北极星又称北辰星，居子位向午方，常居其位而不见移，为天体众星之主。有人作诗说：“有水必趋东，无星不拱北”，意思是众星拱绕北极而旋转。这座楼坐北壬子向丙午之位，所以取名“环极楼”；还有一种说法是：环即圆，“圆（环）”乃吉词，“环极”，即愿其吉祥（圆好）至极。

环极楼

永康楼

建筑极其精巧华丽

龙岩市永定区下洋镇下洋霞村，距县城38千米

这是一座建筑极其精巧华丽的圆土楼，建于1938年，为新加坡华侨胡来兴先生所建，其家族遵循客家人崇文重教的理念，堪称书香门第。族中有一女曾在联合国工作。

永康楼外圆内方，直径36米，高3层，每层26个房间，含1个大门、1口水井、1个后厅、4架楼梯。外环底层大墙厚96厘米，顶层厚75厘米，分隔房间的子墙厚36厘米。在使用分配上，第一层设厨房，第二层设粮仓，第三层设住房。

深远楼

龙岩最大的圆楼

龙岩市永定区古竹乡井头村

深远楼是客家土楼中最大的一座，直径达80米之巨，置身其中宛如在一座城堡之中，令人叹为观止。该楼楼里3圈，外圈4

层，房屋260间；中圈两层，房屋60间；里圈1层，房屋8间。深远楼共有房328间，住着80户500人。

五凤楼
“大夫第式”土楼居民

龙岩市永定区抚市乡

五凤楼为王氏十九代祖先所建，建于清道光八年（1828年），至道光十四年（1834年）建成。该楼是明显的上、中、下三堂沿中心轴线纵深排列的三堂制。下堂为出入口，放在最前面；中堂是全家团聚的中心；上堂供奉祖先牌位，居于最后，是最深藏、最安全、最崇高的地方。由于这种形式端庄方正、主次分明、高低错落，很富有宫殿情趣，当地人称之为五凤楼。又由于大门口匾书“大夫第”三字，建筑界多称其为“大夫第式”土楼。

馥馨楼
永定最古老土楼

龙岩市永定区湖雷镇下寨村

馥馨楼是永定客家土楼群中最古老的一座，建于769年，至今已有1200多年历史。该楼占地面积1275.76平方米，高4层，墙身通体以生土夯成。楼四周有4米宽的护楼壕沟，门前设有吊桥通行，其底墙生土掺拌有石灰、红糖，坚固无比，堪称“中原古代建筑文化的活化石”。馥馨楼没有石基，这是沿袭了中原先祖的建筑技术和建筑形式，充分说明了永定土楼与黄河流域传统民居的渊源。

遗经楼
方形土楼中最为庞大者

龙岩市永定区高陂镇上洋村

遗经楼为方形土楼，建于清咸丰元年（1851年），其外墙东西宽136米，南北长76米，占地面积10336平方米。其后座主楼高17米，5层，是永定现有土楼中最高的楼房。主楼左右两端分别垂直连着一座4层的楼房，并与主楼平行的4层前楼紧紧相接，围成一个巨大的方楼，中间为祖堂。前楼左右各建有一所学堂，楼内子女可以在楼内就读。学堂中间是个石坪，前建有大门楼，大门高6米宽4米。在主楼后面有1座花园、1口鱼塘以及牛棚。遗经楼共有280间房屋，51个大小厅堂，整个建筑布局规整，井然有序。

玩家 解说

当地人形容遗经楼之大：一个人从太阳升起即开始开窗，开到中午下楼吃饭，然后上楼关窗，直到太阳下山才关完最后一扇窗。

裕隆楼
堪称“仙山楼阁”

龙岩市永定区高陂镇富岭村

裕隆楼建于清道光八年（1828年），历时6年建成，距今有180多年历史，是典型的府等式土楼。全楼共计有25个厅、118间房屋；门楼外有30米宽半圆形的鱼塘；中厅、前厅木雕屏风，屏柱免漆，高低错落巨大的出檐封以九脊瓦为顶。整个建筑群在院落重叠、屋宇参差中显得和谐统一，堪称“仙山楼阁”。

裕隆楼

王寿山森林公园

闽粤赣边界名山胜景

龙岩市永定区洪山乡柘林村

在龙岩市区汽车站乘坐至永定区的班车，下车后乘坐出租车前往各个景区

王寿山由多座山峰连接而成，素有“九峰十八景”的美誉，自古被誉为闽粤赣边界中的名山胜景。王寿山森林公园属花岗岩地貌，山势雄奇，峰高壑深，形成了“王寿山云海”“仙人湖烟波”等气象万千、变幻多彩的气象景观。有闻名闽粤的祥光寺，有东华山寺、关帝庙、林观庙、圆梦轩、观舍及鲤鱼浮塔等文化古迹。这里植被景观资源丰富，以南亚热带常绿阔叶原始林为主，景象壮美。

玩家解说

高山湖泊：王寿山的水资源十分丰富，在半山腰有一处面积为5.4万平方米的天然湖泊，远远望去像悬在半空中的天湖。

高山林海：王寿山连绵20多平方千米，终年覆盖着茂密的阔叶林，郁郁葱葱，林海翻滚，面积之大，景色之美，实属罕见。

5月杨梅：王寿山各种野生动植物资源异常丰富，其中5月杨梅堪称一绝。一到5月，山上的杨梅漫山遍野挂满枝头，又大又红的杨梅酸中带甜，风味独特。

高山飞雪：王寿山由于海拔高，加之森林茂密，在严寒的冬季，山顶常雪花飞舞、银装素裹，形成了南方人难得一见的美丽雪景。

湖光山色：王寿山山脚下的永定区千岛湖，碧波万顷，波光粼粼，像一块碧绿的翡翠镶嵌在崇山峻岭之中，与王寿山交相辉映，湖光山色美不胜收。

龙湖

湖中分布数十个小岛

龙岩市永定区仙师镇恩全村　可乘坐出租车或面的前往景区，有简易公路抵达山脚

8:00～18:00

龙湖为青山所环抱，湖中有数十个小岛，与湖边巍峨的王寿山交相辉映成为一大

龙湖

旅游景观。龙湖湖水蜿蜒在峡谷山峦间，形如腾飞的巨龙，阳持笔、冈甲湖、棋盘石、半天炉、真武殿、隆武岩、风髻石、仙人迹为山中八景，“登高望八景，景景醉游人”，更有各类奇形异石和古人的题刻。

永定天子温泉旅游度假区 AAAA

东南亚风情池区园林

龙岩市永定区城郊乡东溪村

从市内乘坐812、813、815等路公交车至天子温泉站下车即到　8:00～18:00

¥ 138元　0597-3350888

永定天子温泉旅游度假区是集温泉养生、休闲度假、商务会议、餐饮购物和生态观光于一体的国家AAAA级旅游景区，被1000公顷原生态森林所覆盖，游客身处其中，可尽享宁静与大自然的能量，感受心灵的同频。

度假区内拥有90多个风格独特的温泉泡池，与连绵的浅山相映成趣，温泉池区尤其注重嬉戏娱乐功能。温泉养生中心融合传统与现代养生文化，展现亲山亲水的理念，让游客在山林绿野中颐养健康，于温泉水中恢复体能，尽享健康之乐。

景点推荐 长汀红色旅游区 AAAA

长汀红色旧址群

红色小上海

龙岩市长汀县

从龙岩市区乘坐至长汀的班车即到

长汀是全国21个革命老区之一，被称为“红军的故乡、红色土地和红旗不倒”“三红”之地；是第二次国内革命战争时期中央苏区的经济文化中心，被誉为“红色小上海”；是距长征落脚点最远的一个长征出发地。

玩家 解说

毛泽东、周恩来、朱德、刘少奇等老一辈无产阶级革命家在长汀从事过伟大的革命实践，党的早期领导人瞿秋白、中共一大代表何叔衡均在长汀英勇就义。这里有“省苏维埃政府”旧址、“省委”旧址、辛耕别墅、福音医院、瞿秋白纪念园、红军长征第一村等数十处全国红色旅游经典景点。

链接

长汀简介

长汀是福建省西部重镇，自盛唐到清末均为州、郡、路、府的治所。作为唐宋古城，悠久的历史给这块神奇的土地留下了古城墙、古城楼、汀州试院、汀州府文庙、汀州天后宫、唐宋古井“双阴塔”等古迹，以及成片保留下来的唐宋古街区和民居。

长汀还是海外闻名的客家之乡。悠久的历史给长汀留下独具魅力的客家文化——客家民俗文化、客

长汀红色旧址群

家服饰文化、客家建筑文化、客家饮食文化。长汀的客家美食中外闻名，是“中国客家菜之乡”“福建省美食名城”，素有“食在长汀”的美誉。

汀州古城墙

龙岩市长汀县汀州镇

汀州古城墙始建于唐大历四年，至明清时期，城墙总长为5000多米，设有12个城门，“枕山临溪为城”，形成“山中有城，城中有水”及“佛挂珠”的独特格局。高超的建筑技艺和不朽的艺术价值，充分体现了古代汉族劳动人民的勤劳智慧和卓越才能。现在保存完好的城墙近3000米，将各个城门连接在一起。

朝斗岩

“长汀八景”之一

龙岩市长汀县城南1.5千米山麓 从龙岩市区乘坐至长汀的班车，再乘坐出租车前往

7:00～18:00

朝斗岩因山上有一巨石面朝北斗而得

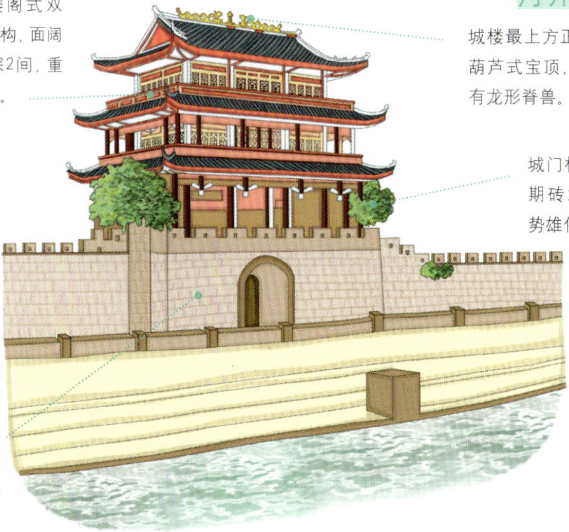

朝斗岩

名。岩上古木参天，环境幽静，奇石异洞，飞阁临空，朝斗烟霞是“长汀八景”之一。建于明代的水云庵位于山岗的最高处，殿内有一反坐菩萨，有联曰：“问菩萨为何反坐，笑世人不肯回头。”殿右数十步处有驭风亭。殿后有一石洞，可容纳十数人，内供有石雕弥勒佛，洞顶水珠终年滴在石佛身上，故又俗称“雨漏佛”。

玩家 解说

1933年，福建省委在朝斗岩佛殿内召开了第四次反“围剿”紧急会议。朝斗岩下南寨广场是1929年3月红四军首次入闽召开万人大会的广场；翌年红第三军、第四军、第十二军即在此进行“南寨整编”。

卧龙山
“长汀八景”之首

- 龙岩市长汀县城北
- 可由城区乘坐出租车前往
- 免费 8:00~18:00

卧龙山自宋以来即为汀州名胜，曾被称为“长汀八景”之首。山上有北极楼、金沙寺、千松亭、风香亭、新乐亭等名胜，建于宋代的金沙寺较完整地体现了我国名山风景区的寺观建筑艺术。登上金沙寺俯览长汀城内，名胜古迹尽收眼底。

玩家 解说

北极楼又名玄武楼，始建于明代，清康熙三十年（1691年）重建。该楼坐北朝南，土木结构，由门楼、经楼、正殿组成，正殿面阔3间，进深3间，单檐2层楼阁，抬梁式木构架，楼下左侧墙上嵌有清康熙三十年重建北极楼碑记一方。

卧龙山

景点推荐

龙岩及周边景点

龙岩国家森林公园

植物、动物资源十分丰富

龙岩市新罗区

龙岩国家森林公园地处南亚热带中低山区，是一个以森林植物多样性、喀斯特溶洞为主，以风景林、大型溶洞及茂林修竹为主要特色，融生态旅游、科普教育、探险览胜和度假休闲为一体的综合性国家级森林公园。

园内植被茂密，自然景观资源具有“林茂、物丰、洞幽、水秀、峡深，山奇”等特点，植物和野生动物资源十分丰富。这里有睡美人之珍、龙硿洞之奇、石山园之险、富溪之野、云顶山之雄、紫金山之秀、梅花湖之幽、白沙河之清，集天然之灵秀，采人文之精华，诚为天然之画图，美不胜收。

玩家解说

该园有两个旅游特色。一是红色旅游——新罗（龙岩）是全国著名的革命老区，毛泽东、朱德等老一辈革命家都在这里战斗生活过，留下了一大批宝贵的历史文物；二是绿色旅游——世界级自然保护区梅花山的大部区域位于新罗区，这里珍稀动植物种类多，植物种类2800多种，珍稀动物20多种。

公园12处风景区为：一洞（龙硿洞），一溪（九十九溪）、一泉（浮蔡温泉）、一漂（白沙河）、一湖（梅花湖）、三园（东肖森林公园、瑞华大观园、小池云顶茶园）、四山（天宫山、江山、莲花山、紫金山）。其中江山“睡美人”是举世罕见的奇妙山景。

公园五大功能区为：龙硿洞、江山、九十九

曲溪生态环境旅游区；富溪漂流、白沙漂流、梅花湖水上娱乐区；天宫山、莲台山宗教文化旅游区；云顶高优农业观光旅游区；浮蔡温泉、东肖森林度假村旅游休闲娱乐区。

龙硿洞 AAAA

堪称“华东第一洞”

龙岩市新罗区雁石镇龙康村，距市区48千米

市区每天有10余班直达的旅游专线车可到，乘车地点在龙岩市新罗区九一南路公交公司

50元　9:00～17:00　0597-2665608

龙硿洞是中国现已探明的特大溶洞之一，据考证，此洞形成于三亿年前的古生代，属喀斯特地貌。此洞分为上中下三层，由三仙门进入主洞后便可看到石床、石象、古猴等景观。其中最大的是观音洞，观音洞内有一尊钟乳石观音，在右侧有太上老君，左侧是一匹白马。龙硿洞内除了主洞，还分布着布帆洞、钟洞、龙伞洞等十几处分洞。此外，洞外还有龙井、龙蛋石、龙须瀑等景观。

玩家 行程

由景区入口出发，可走森林游步道，也可乘电瓶车到岩洞入口。洞内最好请导游讲解，这样便不会错过值得一看的地方。

走过三仙门，开始洞内的游览。洞中有如同瀑布倾泻而下的“高峡飞瀑”，翩翩起舞的仙人、和平鸽之类的象形石景观，以及许多历史相当悠久的石钟乳。最大的大厅龙宫空间颇大，能容纳几千人；而最窄的龙凤阁，有些地方则需要手脚并用爬过去；最神奇的镇洞之宝是一处“龙伞”，钟乳石天然形成一把张开的巨伞，在灯光衬托下尤为逼真，这是国内唯一的一处石伞，十分珍贵。另外，在水晶塘下面有一条地下暗河，这条河终年不见天日，河水却会不定期涨潮，据说看见涨潮的人会交到好运。

游人可以一路步行游玩，到了快出洞的地方有一个码头，可以坐小船出洞，体验探险的感觉。水路出洞后便是清澈的龙潭湖，可以在湖上吹吹风，晒晒太阳，享受享受。

玩家 解说

龙硿洞大洞套小洞，迂回曲折，变化无穷，除主洞外还有16个分洞：布帆洞、钟洞、龙伞

龙硿洞

洞、田螺洞、冬瓜洞、蛇洞、玉石洞等。洞内钟乳悬挂，千姿百态，玲珑剔透。龙硿洞洞洞相通，扑朔迷离，是个天然的大迷宫。

链接

龙岩地名由来

龙硿洞在唐朝时已被人们发现，同时被发现的还有城郊的龙岩洞。因两洞内有神奇的龙的造型，使得东汉两晋年间从中原地带迁移到龙岩的人们欣喜不已。此前，这里居住的是百越族人，他们以蛇为图腾，中原则是以龙为图腾。

自从发现了龙岩洞和龙硿洞后，当地官员上书唐明皇，请求把当时的新罗县更名为龙岩县，唐明皇一纸诏书，改新罗县为龙岩县，据说当时还是由大学士李白起草的，这便是龙岩地名的由来。

江山睡美人

地球上罕见的象形山

龙岩市新罗区江山镇山塘村

景区内的“睡美人”由五座青山连接构成，犹如在蓝天下清晰而细腻地勾勒出的一位仰卧的美女，其眉清目秀，秀发飘垂，颈颔纤美，枕山而眠。山上天然林保护完好，生物多样性十分突出。山前有一棵几百年的古榕树，人们称其为“信息树”，该树枝繁叶茂，常年郁郁葱葱，对气温变化极为敏感；山下山塘村、铜钵村为革命基点村，红

军兵工厂遗址等革命历史遗址保存完好。这里既是森林探险胜地，又是红色旅游教育基地。

富溪大峡谷

原生态漂流峡谷

新罗区富溪村下洋路66号

0597-2991999

富溪大峡谷是总面积约1200公顷的山林地，景区内绿意盎然，生机勃勃。峡谷两侧，山峰对峙，壁上植被茂密，草木葱茏，将峡谷两壁装点得郁郁葱葱，犹如一幅绿色画卷。这些植被随着季节的变换，呈现出不同的色彩，为游客们带来了无尽的惊喜。

在这宛如仙境的峡谷中，溪流蜿蜒流淌，清澈见底。溪水时而急湍，时而平缓，与山石相拥，与绿树相亲，形成了一幅流动的诗篇。溪水在阳光下闪烁着晶莹的光芒，仿佛是一条镶嵌在绿色大地上的璀璨项链。

这里有多种水上娱乐项目，如原生态橡皮艇漂流、竹排漂流等，漂流河道全长4.5千米，十多处急流险滩定能让你大声尖叫，大呼过瘾；而在河流舒缓的地方，则可以穿梭于绿荫之间，欣赏两岸秀丽风景。此外，景区还有亲子乐园和烧烤区等项目，是出游娱乐的不错选择。

富溪大峡谷

东肖森林公园

厦门的后花园

龙岩市新罗区东肖镇，距龙岩城区14千米

0597-2793538

东肖森林公园是融旅游观光、休闲住宿、商务、养生、娱乐、考察、学习、科研等为一体的、颇具特色的生态型旅游度假村，被人们称为“厦门的后花园”。这里属中亚热带边缘典型的天然群落，有3亿年前恐龙生长进化的足迹，有充满原始气息和野趣的“华东神秘桫椤谷”等。

云顶茶园

茶园内景点很多

龙岩市新罗区小池镇境内　景区距龙岩城区25千米，乘坐班车可到达　免费　www.ydtea.com

云顶茶园面积近0.7平方千米，园内山重水复，云雾缭绕，气候宜人，极适合茶叶生长。茶园内的景点有茶岭神韵、云顶论茶、九天神龙、啸林瀑布、昭君踏雪、杉枫竞秀、幽谷鸣泉、凌云索道、公孙树等。在此既可深切感受大自然的韵味，还可深入原始林区观瀑，探幽九龙江之源；在黄连盂主峰可俯瞰龙岩市区，运气好还可以看见白狐、猴群和成群结队的“四不像”。

九鹏溪 AAAA

水上茶乡，天然氧吧

漳平市南洋镇梧溪村　可乘坐班车到达景区　门票50元，船票30元　平日8:30~17:00，周末8:30~17:30　0597-7561366

九鹏溪是漳平市天台山国家森林公园核心景区。景区以水体景观为主体，融合森林旅游、人文旅游等特色，充分发挥茶山水景

云顶茶园

特色。景区内有森林氧吧、水岸茶园、宁洋古道、竹海等景点。九鹏溪还是鸳鸯栖息越冬之地，故又称“鸳鸯溪”。此外，九鹏溪茶园内种植了多种茶叶，置身碧绿的茶园之中，人们能顿感心旷神怡。

玩家 攻略

住宿：百竹园别墅位于半山腰上，别墅地处天然山林之中；水上别墅位于湖畔临水处；贵宾楼位于半山腰上，两层木质结构，共5间客房，适合团体居住。

美食：景区内有九鹏食府大餐厅、美食风味广场等就餐处，可以吃到农家风味小吃、河鲜、山珍等多种美味。

娱乐：景区内可进行烧烤、垂钓、游湖、篝火晚会、赛龙舟、排球等多种水陆休闲项目，在此可体验田园般的悠闲生活。

玩家 解说

这里标志性的景观是一座横跨两岸的浮桥，与四周的山峦配合得恰到好处。桥边钓鱼的人不少，钓具可自己带，也可以到现场租。可以沿着溪边的木栈道漫步赏景，也可以选择坐游船从水上游览。若是来此烧烤，可自带食物，在景区中租烤架则会提供各种调料。

永福花乡

盛产名贵花卉

漳平市闽西南接合部　可从龙岩乘车至漳平后转乘前往永福乡的班车　8:00~17:00

永福早期为畲族聚居地，文物古迹很多，有鳌头古瓷窑址、毓秀塔、步云桥、惠宫桥及长青楼古堡等。永福更是著名花乡，这里家家养花，处处有花圃，四季如春，花团锦簇，盛产瑞香、兰花等名贵花卉。

冠豸山 AAAA

被誉为客家神山、生命神山

龙岩市连城县石门湖畔，距县城1.5千米

从龙岩汽车站乘坐到连城县的汽车，然后转乘去往冠豸山的专线车即可　联票130元

旺季8:00~17:30，淡季8:00~17:00

0597-8931866

冠豸山因其主峰形似“獬豸冠”而得名。冠豸山由獬豸冠、石门湖、天寨（竹安寨）、九龙湖、云霄岩（旗石寨）5个游览区组成，集山、水、岩、洞、泉、寺、园于一体，雄奇、清丽、幽深，被称为“三江上游第一景观”。獬豸冠与石门湖相邻，素有“上游第一景观”的美誉。

玩家 解说

冠豸山有山奇、水秀、谷幽、岩深之神秀，有中开一谷的苍玉峡、惊而不险的丹梯云栈、放眼万里的一线天、冷风袭人的雪洞、山泉淙淙的莲花洞、身姿绰约的姐妹岩、惹人遐思的玉女池等。冠豸山上有许多历代留下的摩崖石刻和楼台亭阁及书院等人文景观。今尚存半云亭、松风亭、东山书院、修竹书院、灵芝庵以及摩崖石刻40余处，其中最为珍贵的有存于东山草堂的林则徐手书的横匾“江左风流”和清乾隆名士《四库全书》总纂纪晓岚题写的“追步东山”的墨宝。

链接

冠豸文化

冠豸山是有生命的，不仅在于它融“生命之门”“生命之根”为一体，而且因为它是一座散发着

浓厚文化气息的山。獬豸是古代传说中的一种神兽，山名“冠豸”可见其寓意深远。

钟灵毓秀的冠豸山不以山势巍峨称雄，不以香火鼎盛闻名，却以书院众多而自豪。自南宋到明清，不少文人雅士纷纷在山上结庐倡学，建有二丘书院、樵唱山房、东山草堂、修竹书院、五贤书院多处文堂雅院。数百年的书院文化熏陶，滋润了冠豸山的傲然风骨。

冠豸山有“三绝”：一是竹安寨景区的寿星石，栩栩如生；二是竹安寨景区的水门墙，气势恢宏；三是冠豸山景区的照天烛，拔地而起50余米，直插云天。但现今冠豸山绝景妙色已远非“三绝”，“生命之根”“生命之门”并存于景区中，堪称双绝。

九龙湖

九龙湖水域面积0.13平方千米，纵深24千米，与天寨相连。其耸立的丹崖、幽深的峡谷、苍翠的植被、原生态的景观神秘诱人。九龙湖山不转水转，转出长江三峡的气势，转出武夷九曲的情调，转出九寨沟的清纯，转出张家界的神韵。每一道湾都是一幅妙手丹青；每一座山都是一首诗仙绝响。

獬豸冠景区

獬豸冠景区内奇峰比肩，以雄奇、秀美著称，素有“上游第一观”的美誉，碧水映丹山，阴阳称双绝，是人们读不够的自然生命大典。作为冠豸山水代表作的“生命之根”和“生命之门”，两个景点只相距1千米，一个在水中，另一个在湖畔，阴阳相对，遥相呼应，人称“阳刚天下第一，阴柔举世无双”，被誉为“客家神山”“生命神山”。

云霄岩

云霄岩位于九龙湖东北侧，是一纵列山脊群，又称虫乔蛸寨、蜘蛛寨，其一侧为直立的丹霞深谷和陡崖壁。云霄洞是云霄岩的标志，洞顶有十多个同心圆形凹坑，坑石石纹如同蜘蛛网状，因而又被当地百姓称为蜘蛛岩。

天寨

天寨位于獬豸冠北侧3千米处，以雄、奇、险著称，原名竹安寨，为历史上重要军事营寨。景区内“天墙”壁立千仞，“摩天岭”

峭壁穿云，“石堑门”万夫莫开，“双剑峰”直插苍穹，“寿星岩”惟妙惟肖，山顶天池不溢不涸。

芷溪
被誉为“客家大宅门”

龙岩市连城县南部

从龙岩汽车站乘坐到连城县的车芷溪路口下即可

芷溪至今有500多年历史，是福建省第二批历史文化名村，主要聚居黄、杨、邱、华四姓客家人，黄、杨两姓居多。

明清以来，芷溪先民先后建了74座古宗祠、139幢古民居，这些规模宏大的明清建筑被誉为“客家大宅门”。这些古建筑一部分专门作召集族人怀念祖先之用，其余则是祠居合一。这些复合型建筑普遍采用客家地区“九厅十八井”结构布局建造，门楼、窗花雕刻、天棚、壁画都是明清时期民间建筑专家的杰作。

玩家 解说

宗祠祖屋内不仅有黄庭坚、何绍基、邱振芳、孟超然、伊秉绶、廖怀清、林则徐等名贤墨宝，而且有众多朝廷所赐的功德牌匾。这些古建筑中，比较有代表性的有黄氏家庙、杨氏家庙、杨辉公祠、集鳣堂、澄川公祠、翠畴公祠、孝友祠、培兰堂和大夫第群等。

四堡书坊建筑
古代雕版印刷遗存

龙岩市连城县四堡镇

可在连成县乘坐至四堡镇的班车

四堡书坊建筑是中国现存最完整的古代雕版印刷场地遗存，由雾阁、马屋两组建筑群构成，大部分为明清建筑。书坊是雕版印刷场所，称堂、楼或阁，现存林兰堂、翰宝楼、碧清堂、文海阁等80余座，这些书坊都以耐火砖砌筑，具有防火功能，俗称“风火屋”。

培田古村 AAAA
画里村庄，民间故宫

龙岩市连城县宣和镇培田村　50元

全天　0597-8388998

龙岩培田古村是一座拥有800年历史的村落，拥有中国保存较为完整的明清时期客家古民居建筑群，可与永定土楼、梅州围龙屋相媲美，是客家建筑文化经典之作。

龙岩培田古村的古民居建筑群大体由六座学堂、两座书院、三庵、两庙、两牌坊等古代文化宗教建筑和20座古祠、30余幢民居，以及一条千米古街、五条巷道、两条贯穿村落的水圳组成。建筑用材为木料及砖。

玩家 解说

培田古村的村民均为吴姓。据说这里最早为杂姓，吴姓先祖于1344年迁至培田，后因吴姓中出了大官，逐渐昌盛，其他姓氏陆续迁走，慢慢形成了全为吴姓的村落，故又被称为“吴家坊”。

培田古村

景点推荐

上杭及周边景点

古田会议纪念馆 AAAAA

中共九大会议举办地

龙岩市上杭县古田镇古田路76号

龙岩市内乘坐红古田公交专线即到

8:00～17:30 0597-3641143

古田会议纪念馆是介绍古田会议历史及其意义的专题革命纪念馆，由古田会议会址、中共红四军前委机关暨红四军政治部旧址耕心堂、红四军司令部旧址中兴堂、毛泽东《星星之火，可以燎原》写作旧址协成店、中共闽西第一次代表大会会址文昌阁、中共闽西特委机关旧址树槐堂、红军哨所旧址文光阁共计7处文物保护单位组成。

古田会议会址原为廖家祠堂，此祠堂建于清末，民国以后曾为和声小学校址。祠堂是一组砖木结构建筑，由前后厅和左右厢房组成。祠堂外面左侧有水井，右侧有红军检阅台，背后杉柏参天。会址后厅原是学校高年级课堂，古田会议就在这里举行。现在恢复了主席台、会标、党旗、马克思和列宁像及代表的席位。左厢房有会议期间毛泽东的办公室。会址附近还建有会议陈列馆。

玩家解说

1989年12月，江泽民同志参观了古田会议纪念馆，并挥笔题写了“继承和发扬古田会议精神，加强党和军队的建设”的题词；1999年6月21日，胡锦涛同志参观了古田会议纪念馆，并强调古田会议精神仍有伟大的现实意义；1999年12月10日，曾庆红参观了这里；2000年1月，中央电视台“心连心”艺术团在会址前举行了21世纪首场演出。

链接

历史事件回顾

1929年12月，中国工农红军第四军在此召开了第九次党代表大会。大会总结了南昌起义以来建军建党的经验，毛泽东同志起草的《关于纠正党内的错误思想》在这次会议上被通过，也就是著名的《古田会议决议》。决议规定了建党建军的基本原则，是中国共产党历史上的一次重要会议。

梅花山自然保护区

华南虎的故乡

龙岩市上杭县古田镇步云乡境内，距龙岩市区60余千米 50元 8:30～17:00，中国虎园开放时间8:30～17:00 0597-3135520

梅花山俗称“梅花十八洞”，是现存华南虎数量最多、活动最频繁的区域，又被称为“华南虎的故乡”。景区内的中国虎园是全国唯一一家以“关爱国宝华南虎、关注生态大自然、关心人类自己”为主题的华南虎拯救工程基地。

紫金山工业生态旅游区

有全国最大的露天采矿场

龙岩市上杭县城北25千米旧县镇和才溪镇交界处紫金山金铜矿 0597-3833058

紫金山工业生态旅游区主要景点有紫金山金矿露天开采场、麒麟顶观景台、金矿第一选矿厂、黄金冶炼厂等，素有“上杭第一名胜”之称。景区不仅山环水绕、风景秀丽，矿产资源也十分丰富，拥有全国最大的露天采矿场、10万吨级的特大型铜矿。同时，紫金山历史悠久，山形奇特，区内有大量的天然生态林和独特的自然景观，具有很强的观赏性。

上杭国家森林公园

天然绿色基因库

龙岩市上杭县境内，距上杭县城12千米

上杭国家森林公园包括西普陀、南方红豆杉生态园和摩陀寨三大景区。公园内分布有南方红豆杉、木兰、福建柏、长苞铁杉、香樟、白鹇、苏门羚等30多种国家级保护野生动植物，并有古藤园、梅园、枫树林、南方红豆杉群、美女崖等独具特色的景点。公园内的岩石千姿百态，形象生动，值得一去。

李氏大宗祠

客家第一宗祠

龙岩市上杭县稔田镇官田村，距上杭县城38千米

免费

李氏大宗祠四面环山，黄潭河蜿蜒而过，风景十分秀丽。宗祠系三进的砖木结构建筑，有3个大厅和26间大小客厅，住房有104间，占地面积5600平方米。正面牌坊式楼门上刻着“恩荣”两字，两边对联是“丞相将军府；忠臣孝子门”。正厅前的屏风上刻有明代名儒所撰写的《李氏火德翁传》。宗祠结构严谨，气势非凡，充分体现了客家宗法制度下的建筑艺术，是八闽大地上极为珍贵的建筑文物，被称为“客家第一宗祠”。

梁野山 AAAA

天然绿色基因库

龙岩市武平县境县城东北部 从汽车站下来后经过车站前面的东大街，在广场附近乘公交可到

55元

梁野山又叫梁野仙山，位居古代武平“平川八景”之首，这里有0.6平方千米的红豆杉森林，被林业专家誉为“国宝”。许多珍贵的植物和稀有的动物都在这里安家，姿态各异的瀑布也是随处可见。这些原生态的景

李氏大宗祠

全国各地李氏宗祠

浙江李氏大宗祠：位于永嘉县岩头镇以北的苍坡村，是宗族聚会和举行重大族事庆典的场所。这里的李氏大宗祠有一个特点，它位于苍坡村中仁济庙后，按中国古代建筑风俗的习惯，祠堂不近庙堂，但李氏大宗祠却是个例外。据说，在古代，凡是参加三试"金榜题名"的族人均要披红戴花到这里祭拜列祖列宗。在李氏大宗祠的牌匾上，"氏"字一旁多了一个点，但这不是笔误，而是因为村中还有几个非李姓氏的人家，这一点表示接纳相容外姓人的意思。

华山李氏大宗祠：在广东化州长岐镇有一个聚居着唐朝王族李晟后裔的古老村落——旺岭村，华山李氏大宗祠就坐落在这里。宗祠始建于明朝洪武年间，是一座具有岭南地方特色的祠堂建筑。李氏大宗祠历经明、清两代及民国期间多次修葺，是李氏子弟进修的家塾学堂，自明洪武二十四年（1391年）至万历十年（1582年）的192年中，旺岭华山李氏家族连续出了9名举人，其中4人还高中了进士，从此旺岭华山李氏以"一门九举四进士"成为岭南地区文化史上的佳话。

物造就了梁野山的风景宜人、野趣盎然，使其成了一个进行森林探险、生态旅游的首选之地。

客家中山镇

被称为"客家百姓镇"

龙岩市武平县中山镇

从龙岩乘坐至中山镇的班车即到

客家中山镇是个千年文化古镇，素有"小京城"之美称。中山只有万余人，却有着100多个姓氏，并自清朝以来一直延续至今，这一文化奇观在全国各地乡镇绝无仅有，被称为"客家百姓镇"。

玩家 解说

中山镇旧时称武平所，武平所有三城二廓：三城是指老城、新城、片月城；二廓指石廓和圣婆廓。"未有皇城、先有石廓"的民间谚语告诉人们这里先有廓，然后才有城。

客家中山镇

狮岩

蛟潭涌月

龙岩市武平县岩前镇　可从武平乘坐出租车或面的到达景区

狮岩属石灰岩溶洞地貌，因形似狮得名。岩有一洞，可容纳数十人，洞内甬道纵横、石柱笔立、钟乳悬垂、泉露常滴。北宋乾德二年（964年）泉州僧人郑自严（号卓锡）曾在此设道场，宋真宗时曾封为"均庆院"，南宋时又名"定义院"，现有何仙姑宫、大雄宝殿、均庆寺等景点。

西山

武平八大胜景之冠

武平县城西5千米处

可从武平乘坐出租车或面的到达景区

西山即"灵洞仙山"，为武平八大胜景之冠。灵洞仙山群山叠翠，碧水盈盈，鸟语花香。山上有小洞28个、大洞36个，主要景点有燕岩石、水门井、元龟石、西觉灵山、棋盘石、丹井三石、巨鳄含球、天竺院、李纲读书堂等。相传宋丞相李纲被贬为武平县令时酷爱灵洞仙山，在此建立读书堂，招揽乡间士子读书授艺。东晋著名道学家、炼丹术家葛洪亦曾在西山建祖师殿。

攻略资讯

- 交通
- 住宿
- 美食
- 购物
- 娱乐

交通

飞机

元翔（龙岩）冠豸山机场目前运营的航线有连城—上海和连城—福州—北京等航线，其他城市的游客可以在这几个城市转机飞往龙岩。

龙岩市连城县莲峰镇江坊村

可坐民航大巴和出租车前往龙岩各地

火车

龙岩火车站：位于龙岩市新罗区罗龙中路，是龙厦铁路、赣瑞龙铁路、南龙铁路、赣龙铁路、漳龙铁路的枢纽站。有到达北京、厦门、广州、深圳、成都等国内大中城市的普通火车与高铁。

市内可乘坐K301、K302、K401路公交车抵达

龙岩火车站

漳平站：是龙岩另外一个重要的客运站，位于龙岩市漳平市站前路，是鹰厦铁路、漳龙铁路、漳泉肖铁路的枢纽站。

市内可乘坐漳平1、2路公交车抵达

汽车

龙岩有多个汽车站，其中较大的是地处龙岩中心城区罗龙路与二环路交叉口的龙岩汽车客运中心站，该站毗邻龙岩火车站、闽西交易城。

市内交通

龙岩市现有54条公交路线，460辆公交车，连接市内大多数景点与重要场所。公交末班车时间为18:30~19:00，最晚为22:00。

住宿

在龙岩住宿极其方便，这里有各种档次的宾馆、酒店、别墅，还有许多旅馆、招待所。市区的九一南路附近有多家三星级标准的酒店宾馆，条件设备比较完善。如果想体验当地独特的客家风情，可以选择住在永定土楼或者长汀古城的客家旅舍。

●中元大酒店

闽西首家四星级豪华酒店，融住宿、餐饮、娱乐、商务办公为一体，是一个典雅、温馨

龙岩市区风光

且有文化特色的商旅酒店。

龙岩市新罗区九一南路闽西文化艺术中心旁

0597-2266888

●闽西宾馆

酒店拥有高中档客房398间(套),设有餐厅、会议室等。

龙岩市新罗区中山东路28号 0597-3211888

●长汀宾馆

酒店背倚卧龙山,一边是繁华的城中心,另一边是景色优美的卧龙山风景区,将都市繁华与清幽完美融为一体。

龙岩市长汀县城中心 0597-6699888

●山水大酒店

这是一家集商务、住宿、餐饮、会议于一体的综合型酒店,设有中餐厅、多功能厅、茶艺馆、会议中心、旅游票务中心等服务项目。

龙岩新罗区罗龙路78号 0597-2107888

美食

龙岩一带的闽西地区是客家人聚居地,这里的饮食风味以客家特色的菜肴和点心为主。客家食物多为煎炒,少吃生冷,香辣突出,有“鲜润、浓香、醇厚”的特色。饮食口味略偏咸、偏油。客家菜还融合了各地菜肴的特点,既有吴越地区的酸甜,也有巴蜀地区的辛辣,更有闽粤地区的清淡。长汀的白斩河田鸡、连城的涮九品、永定的梅菜扣肉及新罗城区内各式各样的小吃都是美食代表。

中元大酒店

●白斩河田鸡

白斩河田鸡是汀州最负盛名的名菜，被誉为“汀州第一大菜”。长汀民间烹制河田鸡的方法多种多样，有香酥鸡、油淋鸡、白露鸡、八宝全鸡、盐酒鸡，其中以姜汁白斩河田鸡最为著名，向来被列为闽西客家招牌菜。

白斩河田鸡

●梅菜扣肉

永定名菜。用三层肉或少量瘦肉，先炸或煎后，加蒜蓉再放点糯米酒、酱油，再将永定梅菜干倒入锅内，加点糖拌匀铲起，用钵子装好放进锅里蒸到肉烂为止。肉酥菜嫩，鲜香醇厚。

梅菜扣肉

●涮九品

涮九品俗称“涮九门头”，是连城一道药膳佳肴，已被列入全国名菜谱。为闽西人独特的火锅吃法——将肉片、鱼片等放进掺有米酒的开水锅里略煮一下就捞起来吃。

●四堡溱豆腐

此菜肴以四堡独有的五月黄豆为主料，做成白豆腐。精选猪瘦肉和嫩牛肉，加入香菇、葱白等剁成馅，塞入豆腐块中，然后煎制，再加入鸡汤文火焖熟即可。

●上杭鱼白

上杭鱼白是上杭县的特产，又称“烧鱼白”。用鱼肉和肥肉打成的肉泥，配上地瓜粉、鲜荸荠和葱白等一起制成，是别具一格的佳肴。

●簸箕饭

簸箕饭又名“卷饭”，是将大米浸泡后磨成米浆，用圆形簸箕将其定型成薄米饼后蒸熟，后把炒熟的肉丝、韭菜、豆芽、鲜笋、虾米、香菇等馅放入米饼中卷成筒状食用。

簸箕饭

购物

龙岩是个资源丰富的地区，历来就有“金山银水”之称，闽西八大干、连城白鸭、盐酥花生、沉缸酒、水仙茶饼等特产名扬海内外，是前来龙岩旅游的人们不可不尝的美味。龙岩的手工艺制品也十分发达，连城宣纸、永福藤器等工艺品都是历史悠久、享有盛誉的地方特产，也是赠友的佳品。

龙岩市内的中山街是龙岩最为繁华的商业街，这条街上汇聚了许多经营各种商品的商场，如麒丰百货、宝兴百货等。

●连城地瓜干

连城地瓜干以当地红心地瓜为原料，经过蒸熟、去皮、压制、烘烤制成，颜色黄中透红，味道清香甜美，质地松软耐嚼，营养丰富，既是老幼皆宜的食品，也是馈赠亲友的佳品和宴客的美食。

连城地瓜干

● **连城白鸭**

连城白鸭在清朝道光时期就被列为贡品，是道药膳食品，具有清热解毒、滋阴补肾、宁心安神、开胃健脾等功效。其肉质细嫩，味道鲜美，含脂率低，成为现代人食补食疗的首选佳品。

连城白鸭

● **龙岩咸酥花生**

咸酥花生以酥、脆、香而闻名，色泽美观，皮薄易剥，粒大肉满，具有润肺化痰、滋养调气等功效。其花生原料具有双仁果多、荚果均称、网纹清晰、果实饱满、蛋白质含量高等特点。

● **武平绿茶**

武平绿茶产自国家级自然保护区梁野山境内。山中茶园常年云雾缭绕，优越的原生态自然条件和传统制作工艺造就了武平绿茶“香气高锐，滋味清爽、色绿形美”的特点。武平绿茶曾是明清时期传统贡品，常饮此品可陶冶情操、修身养性，为自用和馈赠亲友之佳品。

武平绿茶

娱乐

龙岩是客家人的客居祖地，客家人有许多独特的风俗习惯，这些风俗同时也是龙岩人所独有的娱乐方式。比如连城县人在春节期间举行的“走古事”活动、元宵节举行的游大龙活动，都是深受当地群众喜爱的娱乐活动。

龙岩的民间文艺表演丰富多彩，采茶灯、山歌戏、木偶戏、汉剧、船灯等都是当地群众喜闻乐见的艺术形式。

节日和重大活动

节日	地点	时间
冠豸山客家民俗文化节	冠豸山客家	元宵节期间
龙岩适中盂兰盆盛会	龙岩适中	每逢干支甲、乙、丙三年的农历十月，为期半个月
连城走古事	连城	农历二月二十五
冠豸山旅游文化节	冠豸山客家	7月、9月或11月

龙岩木偶戏

发现者旅行指南

南平

概览

亮点

武夷山风景区

武夷山风景区是世界自然与文化双遗产，是典型的丹霞地貌。景区内“三三秀水清如玉，六六奇峰翠插天”，素有“奇秀甲东南”之称。

武夷山

茫荡山

茫荡山上千峰竞秀，万岩争奇，清泉潺缓，云雾缭绕，森林茂密，奇树异花甚多，是一处极好的避暑胜地，人称“福建的庐山”。

和平古镇

和平古镇是福建省历史最悠久的古镇之一，也是一处全国罕见的城堡式大村镇，街道和小巷全由石板或鹅卵石铺就，共有2条主街、39条小巷，镇里有众多明清民居建筑。

华阳山

华阳山被尊为顺昌县的“祖山”，景区以瀑布、奇石、洞穴为特点，有九龙湖、九龙溪、龙珠山、华阳峰、天宝峰、华阳寺等景点，在这儿可体验畲族风情。

大安源生态旅游区

大安源生态旅游区内自然生态原始绮丽，是一处千峰披翠、万水盈碧、四季常青的世外桃源，被誉为“福建的九寨天堂”。

线路

南平市区一日游

上午游览九峰山公园，赏“三寺云深”。下午游览茫荡山，沐浴在“天然氧吧”之中，之后观溪源峡谷、石佛山、三千八百坎、鸳鸯石、莲花山、文山城墙、龙盘峡谷等景点，听关于北宋杨八妹、北宋黄裳、南宋文天祥的故事，品“腊茶”。

南平武夷山二日游

第一天早餐后赴武夷山景区，登天游峰观赏台，宛如置身于蓬莱仙境，遨游于天宫琼阁。再去“溪流九曲泻云液，山光倒浸清涟漪”的九曲溪。中午品尝当地美食岚谷熏鹅。下午到大红袍茶园，品一杯地道的大红袍茶。夜宿武夷山景区。

第二天早餐后去下梅古村，漫步老街。下午到五夫古镇，逛兴贤古街，观兴贤书院、刘氏家祠、朱子社仓、朱子巷，寻名人踪迹。去紫阳楼，看朱熹书写《观书有感》的灵感触发地。

武夷山大红袍茶园

为何去

南平地处福建省北部，是福建的北大门，俗称“闽北”。境内多山水，森林茂密，资源丰富，素有“福建粮仓”“南方林海”之称。

武夷山九曲溪

南平市不仅山清水秀、气候宜人，而且自然风光优美、名胜古迹甚多，除武夷山国家级风景名胜区外，还有号称“华东屋脊”的东南第一峰黄岗山、九峰山、湛庐山、茫荡山、溪源庵、归宗岩、三千八百坎、熙春山、梦笔山、和平古镇等10多处省市级风景名胜区。

何时去

南平市属典型的中亚热带湿润季风气候，四季分明，雨量充沛。冬无严寒，夏无酷暑。一年四季，皆适宜到南平来旅游。6月、7月、9月时武夷山游客较少，住宿价格实惠，6月、7月时河流水量充沛，适合漂流。

天游峰

春天的南平

区域解读

南平市区号：0599

面积：26 300km²

人口：319万人

地理 GEOGRAPHY

区划

南平下辖2个区（建阳区、延平区）、3个县级市（邵武市、武夷山市、建瓯市）、5个县（顺昌县、浦城县、光泽县、松溪县、政和县）。

地形

南平市地处闽江上游，地势呈南北高、东西低的马鞍状，属典型的中低山丘陵构造侵蚀地貌。“八山一水一分田”是南平水土资源的真实写照。

南北境内低山广布，地貌特征以丘陵、山地为主，有武夷山、杉岭、仙霞岭、鹫峰山四大山脉，其中武夷山脉主峰黄岗山海拔2158米，是华东地区最高峰。

南平市境内河流众多，主要河流有“一江八溪”，境内闽江、建溪、富屯溪及其大小支流纵横交错。建溪自东北流向西南，富屯溪自西北流向东南，沙溪自西南流向东北，于延平区汇合后（称闽江）向东南流经福州马尾入海。

气候

南平市属中亚热带湿润季风气候，夏无酷暑，冬无严寒，四季如春。常年平均气温17~19℃，气候宜人，这里7月最热，最冷月份为1月。在阳春时节，武夷山一带多阴雨天气，而6月到9月则降雨较少，以晴好天气为主。

需要注意的是，每年6月到9月南平会受台风天气的影响，台风带来的不光是暴雨天气，还有可能引起滑坡、泥石流等灾害，出行需注意。

九曲溪

武夷山风光

历史 HISTORY

历史大事记

●先秦时期

五六千年前，建溪、富屯溪两岸已有先人繁衍生息，他们过着以渔猎、采集为主的生活，留下了许多早期人类活动的遗迹。

●秦至唐朝

东汉建安初年（196年），福建境内最早设置5县，闽北地就有南平、建安（今建瓯）、汉兴（今浦城）3县，属会稽南部都尉，这也是南平历史上最早的县级政区。

唐武德四年（621年）始置建州（今建瓯市），“福建”之名为福州、建州各取首字而来。

后晋天福四年（939年），王审知幼子王延曦登基，他骄淫暴虐，与建州刺史王延政结怨。天福五年（940年）王延曦攻打建州，开启闽国内战。

天福八年（943年），王延政在建州称帝，国号大殷，改元天德，立张氏为皇后，建宫室，铸大铁钱，一切按帝王规格建制。

天福九年（944）年，王延曦被杀，其旧臣迎接王延政去福州。王延政到福州后，改殷为闽国，称闽帝，国都仍旧设在建州。这时，南唐乘机攻打建州。不久，建州被攻克，王延政投降。

●明至近代

明正统九年（1444年），浙江青田叶宗留起义军攻占浦城，正统十一年（1446年），政和锦屏银矿工响应叶宗留起义。正统十二年（1447年），起义队伍数百人攻下政和县城。正统十三年（1448年），庆元人龙岗无响应叶宗留起义，攻入松溪县城。此后，起义军在浦城、建阳、崇安及浙江、江西等地流动出

考亭书院

练夫人铸像

击，队伍日益壮大。

清顺治二年（1645年），明唐王朱聿键经浦城抵福州称帝，后移驻建宁府，以都察院衙门为行宫。

此后中华民国成立，各县衙告示改用阳历，男子剪发辫，妇女放缠足，官吏废马蹄服朝拜，“大人”“老爷”改称官职或先生等。

巾帼英雄练夫人保建州

章仔钧（868—941），字仲举，号彰良。其妻练氏夫人，名隽，为浦城县练湖（今仙阳练村）人。

唐天祐年间（904—907），章仔钧撰写《时论三策》献给闽王审知，得到王审知的赏识，被任命为西北行营招讨使，并统领5000名步兵屯守浦城西岩山，被封为越国夫人的练夫人也一同前往。

一次，南唐一支军队来到西岩山一带，唐将托言借路，但经过山下时却忽然袭击章仔钧守军的营垒，并包围了营盘。章仔钧急派边镐、王建封两名校兵前往建州求援。但是，两校兵因雨延误时间，按军法应当处斩。这时，练夫人急忙出面劝阻：“现在形势危急，正是用人之时，怎可再杀壮士？不如让他们再去建州请兵，好将功赎罪。”于是，章仔钧听从了夫人的劝告，释放了两名校兵。练夫人私下嘱他们赶快逃走，并脱下自己的首饰资助他们。后来，边镐和王建封投靠了南唐。

后晋天福八年（943年），王延政在建州称帝，国号大殷。次年，他又到福州自立为闽王，改大殷为闽国，国都仍设在建州。南唐乘王延政初定福州，便派兵攻打建州，并以王建封为先锋，边镐接应。不久，建州城破，王延政投降。

此时，章仔钧已经作古，练夫人还居住在建州。边镐和王建封得知夫人也在城内，为了报恩，两人备金银、布匹赠送夫人，同时还交给她一面白旗，说：“唐兵就要屠城，请夫人将这旗子插在门前，以免兵士误犯。”听到屠城的消息，夫人慨然退还白旗和所有的金银财物，郑重说道：“如果你们顾念旧时恩情，我希望你们能保全建州城；如果你们一定要屠城，那我全家愿意与城同存亡；如果全城都遭受屠戮，只留住我一家，活着也没有什么意义。”边、王二人大为感动，遂放弃屠城，全城百姓得以保全。

练夫人去世后，建州百姓感念她的恩德，打破了“城关不得建墓”的惯例，将练夫人的陵墓建在州署后堂，立碑为“全城众母”。后撤销城西敬客坊天后宫，改为章太傅练氏夫人祠。后来，此祠又移往郡城桐树坡。1990年，建瓯县人民政府在练夫人墓前立练夫人铜像，以示纪念。

文化 CULTURE

武夷岩茶，香飘千里

据当代学者考证，早在公元2世纪我国茶叶从西南向东南传播时，武夷山就开始有茶了。武夷茶文化历史悠久、底蕴厚重。

武夷茶在南北朝时就以“晚甘侯”（茶名）著称于世，唐代时则成为士大夫等上层贵族间的馈赠佳品，宋元两代入贡朝廷，盛极一时。元大德六年（1302年），当时朝廷就于九曲溪畔设置御茶园。明代改蒸青团茶为炒青散茶，随后又改制“三红七绿”的乌龙茶，即现在所称的“岩茶”。武夷岩茶始于明朝，盛于清代，17世纪开始便远销西欧。

武夷岩茶系半发酵茶，集红茶、绿茶功效于一体。武夷岩茶是武夷山一带生产的乌龙茶类的总称。色泽油润，内质香郁，味醇香甘，汤色清橙红，茶汤金黄，叶底绿叶红边，叶瓣边缘红艳，呈绿叶红镶边状。饮用武夷岩茶，齿颊留香，回味甘鲜。岩茶还可作药用，它所含的糖类及各种矿物质较多，耐冲泡，能促进人体新陈代谢。其药理作用突出表现在分解脂肪、减肥、健美等方面，有提神消食、生津止渴、减肥健美、防癌抗病之功效，又有“减肥茶”“健美茶”之美称。

年年相约蜡烛会

蜡烛会即每年农历的二月二十一，是武夷山市家喻户晓的传统节日。蜡烛会起源于唐朝，是为悼念辟支古佛。千百年来，蜡烛会的规模盛大，各地都有奉辟支古佛，以禳瘟疫、消天灾。吴屯会期是农历二月初一，黎口为二月初六，岚谷为二月十三日（后改为二月十一日），大浑为二月十五日，城关为二月二十一日，几乎整个二月都有庆祝活动。其中以城关的蜡烛会最为隆重。

每年二月初八会有“议会”；二月十六日迎奉城关光化寺的老佛塑像，称为“佛过街”；到了二月二十日，便派10多个精壮汉子，在凌晨前到吴屯小寺接老佛肉身像。接佛时，这些大汉抬着古佛，急跑抬入城关，路上绝对不能休息停留，称为“赛佛”。老佛接到城关后，每家选一对最好的蜡烛送庵，庵中灯烛辉煌，一对对蜡烛从佛像前的香案桌一直点燃到大门口。

二月二十一日，虔诚的善男信女会集城内，整个城关人群熙攘，热闹非凡。到了晚上，成百架的“烛桥”“烛轮”“烛亭”沿街游行，烛光冲天，颇为壮观。沿街居民也燃放鞭炮，献烛祝愿，迎佛盛况可谓空前。

蜡烛会从唐至今，年年举行，至今不衰。

南平庙会

景点推荐 武夷山景区 AAAAA

南平武夷山市武夷山旅游度假区

武夷山市内乘9路公交车可直达武夷山景区，在武夷山庄站下车

武夷山主景区三日联票225元（含观光车）

冬季8:00~18:00，夏季6:30~18:00

0599-5135110

www.wyschina.com/cn/#/

武夷山景区地处福建省的西北部，江西省东部，位于福建与江西的交界处，总面积999.75平方千米。根据区内资源的不同特征，将全区划分为西部生物多样性区、中部九曲溪生态区、东部自然与文化景观区以及城村闽越王城遗址等4个保护区。核心景区面积635平方千米，核心次景区面积364平方千米，同时划定了外围保护地带，面积278平方千米。

武夷山西部是全球生物多样性保护的关键地区，分布着世界同纬度带现存最完整、最典型、面积最大的中亚热带原生性森林生态系统；东部山与水完美结合，人文景观与自然景观有机相融，因秀水、奇峰、幽谷、险壑等诸多美景、悠久的历史文化和众多的文物古迹而享有盛誉；中部是联系东西部并涵养九曲溪水源的生态区，是保持良好生态环境的重要区域。

玩家攻略

最佳游季：最佳游玩时间当数9月中旬，此时正好是淡季，游人相对要少，气候也适宜；如果想在九曲溪上漂流的话，最好在不冷不热的10月、11月前往。

住宿：武夷山景区内建有各类宾馆、酒店、青年旅舍、民宿，但以小型酒店为主。价格根据档次不同不等，几十元、几百元的都有，但旺季、黄金周和周末房价会上涨。住宿条件要求较高的游客可以选择住在武夷山市区。

美食：武夷山物产丰富，当地特色菜有鸡蓉金丝笋、兰花蛇丝、菊花草鱼、泥鳅粉丝等。武夷山的"特色宴"名扬天下，其中"幔亭宴"是武夷山最具传奇色彩的神仙宴。

娱乐：除了九曲溪竹排漂流、桐木溪漂流等水上娱乐之外，华夏民族城的大型歌舞表演和闽越王朝古文化歌舞表演也值得一看。

购物：武夷山的特产有"四宝"，即东笋、西鱼、南茶、北米，其中以武夷岩茶最为出名。武夷山市盛产48种竹子，以竹子为原料做成的工艺品，如茶具、笔筒等也可作为购物的选择。

玩家 解说

武夷山是座历史文化名山，早在新石器时期，古越人就已在此繁衍生息。如今悬崖绝壁上遗留的"架壑船"和"虹桥板"，就是古越人特有的葬俗。

自秦汉以来，武夷山就为羽流禅家栖息之地，留下了不少宫观、道院和庵堂故址。武夷山还曾是儒家学者倡道讲学之地。陈朝顾野王首创武夷讲学之风。宋代学者杨时、胡安国和朱熹等都先后在此聚徒讲学。清朝康熙二十六年（1687年），康熙帝御书"学达性天"颂赐宋儒朱熹，匾额悬挂于朱熹亲手创建的武夷精舍，故后人称武夷山为"三朝理学驻足之薮"。至今山间还保存着宋代全国六大名观之一的武夷宫、武夷精舍、遇林亭古窑址、元代皇家御茶园、明末清初农民起义军山寨及400多处历代名人摩崖石刻等文物古迹，为研究武夷山古代文化提供了珍贵的资料。

大安源生态旅游区 AAAA

福建的"九寨天堂"

武夷山市北部洋庄乡大安村

从武夷山旅游度假区包车可到达　110元

9:00～18:00

大安源生态旅游区位于武夷山市北部洋庄乡大安村，地处"全球人与生物圈保护网"成员的武夷山自然保护区西部。其景区面积逾28平方千米，由黄岗山大峡谷、茶马古道、龙归源、泰平洋、龙井、峡谷漂流6大景观所构成。域内自然生态原始绮丽，是一处千峰披翠、万水盈碧、四季常青的世外桃

大安源生态旅游区

源，享有"植物王国""动物世界""天然氧吧""九寨天堂"等美誉。

玩家 解说

初夏的大安源旅游区，重峦叠嶂、林木茂盛。珍贵的武夷厚唇鱼、崇安湍蛙、黄腹角雉、白鹇，珍稀的香果树、鹅掌楸、红豆杉和毛红椿等比比皆是，森林覆盖率高达98%以上，因此空气格外清新。

天游峰

武夷山第一峰

天游峰位于武夷山风景区九曲溪中的六曲溪北面，地处景区中心位置。著名旅行家徐霞客评点说："其不临溪而能尽九溪之胜，此峰固应第一也。"故天游峰有"武夷第一峰"之称。天游峰几乎是每个游览武夷山水的人都会造访的地方，因为在此可以多角度地欣赏九曲溪环绕着武夷山的壮观景象。

天游峰适合早晨游览，尤其是雨后的清晨，因为此时看到云海的概率比较大。其名的由来即是因为当有云海的时候，仿佛置身于仙境，遨游于天宫，故名"天游"。

云窝

武夷山最美的地方之一

云窝是武夷山最美的地方之一，它位于五曲和六曲的北岸接笋峰和仙掌峰之间，依山临水，奇峰林立，每当晨昏常有云雾飘绕，故名。

云窝有上下云窝之分，其背岩临水，响声岩、丹炉峰、晚对峰、天游峰、隐屏峰等环列于四周。岩峦之下，隐藏着许多洞穴，冬春时节常有缕缕烟云从洞中流出。此外还有铁象石、伏虎岩、聚乐洞诸胜和叔圭精舍、水云寮、幼溪草庐等历史文化遗址。

一线天

有“鬼斧神工之奇”

一线天又称“一字天”，坐落于九曲溪畔二区南面的一个幽邃的峡谷里，巍然挺立的一块巨石，一分为二，从岩顶裂开一线，像被利斧所劈，在洞内可清晰地看到一线天光。一线天长178米，高50余米，素有“鬼斧神工之奇”之誉。

链接

一线天的由来

关于一线天的由来，民间传说颇多。有人说是桃花女用绣花针划开的；有的说这是伏羲大神用玉斧所劈。但科学家分析认为，武夷山的红色岩层是由砂岩、砾岩和页岩成层组成的，岩性比较松脆，在地壳抬升的过程中，岩层受到不均匀的压力，就产生了轻微的断裂，形成所谓的“节理”。这种垂直的节理在流水长年累月的冲刷和侵蚀下逐渐扩大、延长，而岩层底部质地松软的页岩也就逐渐被侵蚀掉，成为扁浅的岩洞。于是，三洞并列，“一线见天”的自然奇观就出现了。

虎啸岩

独具泉石天趣

虎啸岩位于二曲溪南，周围怪石林立、流水环绕，是一个独具泉石天趣的佳境。“虎溪灵洞”4个大字高挂于岩上。相传曾有仙人骑虎吼啸其上，故名。其实，“虎啸”之声来自岩上的一个巨洞，山风穿过洞口，便发出怒吼，声传空谷，震撼群山。

武夷宫

武夷山最古老的宫殿

武夷宫位于一曲溪畔、大王峰下，是武夷山最古老的宫观，又名天宝殿、冲佑观、万年宫等，始建于唐天宝年间，至今有1000多年历史。宋代武夷冲佑观的山门是一座牌坊，额为“渐入佳境”。南宋词人辛弃疾、诗人陆游、理学家朱熹等都曾主管过武夷宫。

大王峰

仙壑王

大王峰又名沙帽岩、天柱峰，因山形如官者纱帽、独具王者威仪而得名。它雄踞九

大王峰

曲溪口北面，是进入九曲溪的第一峰。大王峰海拔530米，上丰下敛，气势磅礴，远远望去，宛如擎天巨柱，在武夷三十六峰中，有“仙壑王”之称。主要景点有张仙岩、天鉴池、寒碧泉、投龙洞、仙鹤岩、升真观等。

莲花峰—遇林亭景区

建窑窑址之一

莲花峰—遇林亭景区位于武夷山的西北部，海拔536米，贯穿景区内的太庙、莲花峰的峰麓和遇林亭窑址。景区内有以白岩船棺为代表的古越文化景观，以遇林亭窑址为代表的茶文化景观以及莲花峰、佛国岩、弥陀岩、碧石岩构建的佛寺所展示出的佛教文化景观等。

九曲溪

一溪贯群山，两岸列仙岫

九曲溪景区起于武夷山市星村镇筏游码头，止于九曲溪的终点——一曲溪畔的武夷宫。因景区内有九曲溪萦绕、贯穿而得名。九曲溪两岸植被良好，树绿竹翠，碧水长流。溪水流淌到武夷山市星村镇时进入风景区，在武夷山景区的群山中萦绕。这一段河道溪水澄碧清澈，傍山而流，穿涧而过，折复绕山，山溪相环，九折万状。

九曲溪

三仰峰—三叠峰景区

武夷最高处

三仰峰是武夷山风景区内的最高峰。三仰峰皆昂首向东，高者为大仰，次者为中仰，再次者为小仰，故名。仰望三仰峰，宛如巨石三片，斜插云霄，形为旌旗招展、骏马凌空，十分雄伟壮观。

三叠峰又名纱帽峰，雄峙在三仰峰的南麓，背倚铸钱岩，前临桃源洞，它颇似三仰峰，崚嶒三石，层叠而起，只是山形比较平缓。

武夷山国家森林公园

珍稀野生动物基因库

武夷山国家森林公园位于九曲溪上游，以中热带原始林和次生林为主体，山奇水秀，峡谷幽深，生态良好。主峰九重天海拔1630米，山势巍峨；太阳山大赤壁高1394米，绵延3千米，山体红艳，极为壮观。这里空气清新，拥有目前世界上同纬度仅存的最典型、面积最大、保存最完整的中亚带原生性森林生态系统，是世界珍稀野生动物基因库。

玩家 攻略

娱乐：在翡翠谷鸳鸯瀑布至鳄鱼潭2千米的峡谷里，有一项体验型户外项目——勇士乐园拓展运动，有荡绳过河、浮桩桥、携手并进、泸定桥等10多个拓展运动项目。另外，公园还建有鸳鸯瀑布度假村、戏水区、烧烤区等休闲旅游度假项目可供游人选择。

贴士：森林公园因位于山区，早晚温差较大，所以在游玩之前要根据天气情况酌量穿衣，以免生病。

□ 龙凤谷

龙凤谷是一个奇特的瀑布群景观，有奔腾“似黄河之水天上来”的玉龙瀑布，雍容优雅的孔雀瀑布，黄如缎锦、富贵奔放的

武夷山国家森林公园

黄龙瀑布，热烈豪迈的丹凤瀑布等，其间夹杂着许多小瀑布，身处其中，目光所及之处，都有水景。

◘ 翡翠谷

翡翠谷集中了森林公园的主要景色。翡翠溪长约12千米，其色绿如翡翠，上有大小36个翡翠潭，中有18个绚丽多姿的五彩池，下有9级珍珠滩。溪中有莹绿深沉的翡翠潭、神奇罕见的鸳鸯瀑布和鳄鱼潭，潭水中晶莹剔透、翠绿诱人。

◘ 神秘谷

神秘谷是森林公园最为幽深的峡谷。原始森林和无边竹海簇拥着神秘的大峡谷，峡谷两侧是大片原始林和次生林。峡谷幽深，山重水复，山色朦胧中，梦幻池泛着多彩的波光，如梦似幻，神秘莫测；灵动的大小龙潭在大山之间舞动着青春的活力，整个神秘谷犹如一条十里山水画廊。

◘ 武夷十八寨

武夷十八寨景区以原始森林峡谷景观为特色，以苍藤、飞瀑、灵石、碧潭、奇洞、古园为主体。主要景点有姜尚树、三居石、添福泉、青牛关、厚重潭、凤凰瀑、佛掌岩、猴观北斗、坐石临流诸景观，是科考探险、休闲度假的理想之地。

城村古汉城遗址

保存较好的汉代古城

古汉城遗址位于武夷山市兴田镇城村西南1千米，为武夷山世界文化和自然遗产的三个组成部分之一，被列为武夷山世界遗产地古汉城遗址保护区。城村古汉城遗址发现于1958年，是福建省已发现的古城址中保存较好的一座汉代古城址，也是我国江南地区比较完整的一座古城遗址。

古汉城遗址由三组东西走向的山冈组成，平面呈不规则长方形，地面保存着较好的夯土城墙，城内探明大型建筑群基4处、冶铁作坊遗址5处、居住区15处，以及烽火台、排水系统、古道路等多处。

更多武夷山景点

架壑船棺：在武夷山的大藏峰、白云岩、大王峰等处，迄今尚遗存有架壑船棺与虹桥板等古物。经考古工作者考察，所谓“架壑船棺”是一种形制奇特的棺柩，即古时候聚居在武夷山一带古越族人葬俗的遗物。

桃源洞：又名小桃源，位于九曲溪六曲之北，四围北廊岩、三层峰、苍屏峰环列。进入洞门后豁然开朗，四面群峰环抱，中间谷地阡陌纵横，可谓是“洞天绝境”“世外桃源”。

武夷碑林：位于星村竹筏3号码头附近，以仿古回廊建筑布局，虚实结合，错落有致。碑林的内容以武夷山水名胜、朱子学说、宗教文化、武夷岩茶等为题材，通过碑刻艺术弘扬八闽文化。

龙川大峡谷：峡谷内重峦叠嶂，碧泉飞瀑，仿若一个盆景和瀑布的世界，在青翠的群山中流淌着武夷山的诗情画意。

龙井山：位于景区东南面8千米。峡谷内一年四季花木繁茂，鸟类繁多，加上奇峰怪石嶙峋，峡谷内自然生态均衡，因此龙井山被科考人员称为“绿色之肺”。

景点推荐

南平南部景点

庵山

潭东第一名山

建阳区童游街道

市内旅游专线车直达

庵山因山中有庵而得名，其最高峰海拔1020米，登临绝顶，建阳、建瓯、武夷山风光尽收眼底。前人赞曰：“众山皆小皆拱炉，孤峰独耸独称尊。”庵山孤峰独耸，环山似揖，四时风景各不同，主要景点有灵泉寺、关刀峡、仙姑梳妆、青士迎宾、月景波光、鸳鸯柏树、白鹤仙母、龙坛等十八景。

卧龙湾武夷花花世界 AAAA

综合性艺术花园

南平市建阳区潭城街道葡萄主题公园西北侧150米

从市内乘坐考亭路公交车至卧龙湾站下车即到

8:00~17:30　80元　0599-5802666

卧龙湾武夷花花世界是一处融观赏、游览、科普、购物、娱乐于一身的综合性艺术花园，以“花卉+文化”为主题，巧妙地将花卉元素与建阳的悠久文化相结合，营造出一种优美的意境。景区内有百亩花田，种植着百余种各异的花卉，它们巧妙地构成了花雕、花毯、花丘、花溪、花海、花艺等景观，使整个园区成为一场永不落幕的花艺盛宴。此外，卧龙湾武夷花花世界的夜景灯光独具魅力，被誉为“花花世界、北夜极光、万千银河、观幻灯海”。

在卧龙湾武夷花花世界，游客不仅可以欣赏到五彩斑斓的花卉，感受独特的文化和艺术氛围，还可参与各种富有趣味的娱乐活动。此外，景区内的商店还提供各类地方特色商品和纪念品，以供游客选购。

考亭书院

朱熹晚年讲学之地

建阳区西郊童游乡考亭村

考亭书院为南宋理学家朱熹晚年的讲学之地，南宋宝庆元年（1225年）建阳区令刘克庄于此建祠纪念，淳祐四年（1244年）改为书院，御赐“考亭书院”匾额，现只存明嘉靖十年（1531年）所建的书院门口石牌坊一座。

玩家 解说

朱熹及他的父亲在闽北建有多座书院，其中最有影响的要数建在建阳的考亭书院，建阳也因为朱熹的考亭书院的影响而被称为“理学之邦”。当时，四方学子不远千里负笈到考亭求学问道，群贤毕至，形成学术史上具有重大影响的“考亭学派”，史学界因此将考亭书院列为宋代四大书院之一。

链接

考亭村

考亭村山环水绕，风景优美，朱熹之父朱松于北宋宣和五年（1123年）赴任政和县尉，途经建阳，考亭的丹山碧水给他留下深刻的印象，因而朱熹晚年遵从其父遗愿，于考亭筑室定居，并在居室东面建成竹林精舍，即后来的考亭书院。

在考亭村口还有一奇特景观——“树抱佛”，这是一棵高30余米、冠幅达600多平方米的千年古樟，最让人称奇的是在离地面1米高处的树身上有个洞，洞内藏有一尊高60多厘米的泥塑像，而洞口直径仅巴掌大，据说是百姓为了缅怀朱熹，在700年前利用古樟树干裂开的时候塑上的佛像，以表达他们追念朱熹之情，即所谓“千年古樟包佛像”。考亭村还可以泛舟麻阳溪采莲捕鱼，颇有江南水乡的风韵。

考亭书院

万木林

亚热带植物博物馆

建瓯市房道镇漈村与上庠村交界处

从城区汽车站坐大巴可到

8:00~17:30　0599-3533088

万木林占地面积约1平方千米，是元代乡绅杨达卿用“有于吾山种木一株者酬之半粟”的办法，募集乡人在杨家祖坟地大墩山植树营造的。经过数年的自然演变，现存万木林已成为典型的亚热带森林。

万木林里生长着茂密的亚热带林木。林中古木参天，巨藤盘错，林中的沉水樟、闽鄂山茶等珍稀树种已为国内所罕见，还有林中樟、楠树、肉桂、观光木、石梓、江南红豆杉、鄂西红豆树等许多珍贵稀有的树种，几乎占福建省植物种类的一半，故有“亚热带植物博物馆”之美称。

归宗岩

建瓯一大名胜，小武夷

建瓯市城北十五千米徐墩镇宜均溪口

归宗岩方圆4平方千米，重峦叠嶂，山明水秀，古树参天，“九曲十八盘，盘盘有佳境”，其中“十景三洞”尤为奇特。

归宗岩上有一寺庙，为崇仁禅寺，这座禅寺主殿建筑的顶部从来不沾一片落叶，即使刮风下雨四周屋顶都铺有落叶但此殿顶也是如此，十分奇妙。

茫荡山

人称福建庐山

南平市西北部，离市区约15千米

可从南平火车站乘坐2路公交车到终点站南针厂下车，然后乘直达车前往茫荡山

茫荡山最高峰海拔1363米，山上千峰竞秀，万岩争奇，山幽林深，清泉潺潺，是一处极好的避暑胜地，人称“福建的庐山”。茫荡山由溪源峡谷、石佛山、三千八百坎、鸳鸯

石、莲花山、文山城墙、龙盘峡谷、朦瞳洋、茂地天湖、宝珠、演山等多个经典景区组成，其中，溪源峡谷、石佛山景区为最佳游览胜地。

溪源大峡谷 AAAA

十里峡谷、十里画廊

南平市延平区上洋村

从市内乘坐10路公交车至溪源景区（上洋）站下车即到

全天　20元　0599-8629977

溪源大峡谷是一处洋溢着诗意与神秘气息的境地。全长十里的峡谷中，山峦跌宕，水波荡漾，美景令人陶醉。七十二亩的宽敞空间，十窟的奇异景观，三十六景的壮丽风貌，共同构筑了逸龙桥、卧龙桥、步云桥三个景区的独特魅力。这些景区各具特色，是神秘的天然景观。其中，狮子岩、逸龙桥、百竹园、鲤鱼石、卧龙桥、蝙蝠洞、滴水岩、石水牛、银河瀑、步云桥、溪源庵、老君堂、萧公洞、凤冠岩等自然景观尤为知名。

溪源峡谷之水变幻莫测，独具魅力。其时而如奔腾的猛浪，充满活力；时而如细流的汩汩，温柔宁静。瀑布自天而降，水帘随风起舞，岩溜沿崖而下，冷泉沁入岩层。水之深浅，随地而异，滩泽或潭窟。水声亦奇，小微如鸟语，宏大如奔雷。

溪源小溪

山光水色在峡谷中交相辉映，宛如一幅天然的水墨长卷。山峦起伏，水波荡漾，仿佛大自然在吟唱一首优美的诗篇。每一个转角，每一次溪流的曲折，皆令人惊叹于大自然的鬼斧神工。

在此，人们可尽享自然神奇魅力，感受大自然的呼吸与心跳。溪源峡谷果真是一处令人流连忘返的胜境，一片净化心灵的净土。无论清晨的阳光，还是傍晚的夕阳，无论春天的花朵，还是秋天的落叶，此地皆有其独特之美。

延平湖

山川清明伟丽，为东南之最

南平市延平区九峰山麓　7:30~17:00

在南平市滨江路乘乡镇大巴可到达

延平湖是闽江水口水电站建成蓄水后形成的人工湖泊，水域面积达80平方千米，有大小库湾100多个，属国内罕见。延平湖风光旖旎，是八闽生态和水文化旅游宝地，有“山川清明伟丽，为东南之最”之说，人们将其与武夷山并称为“北山南水”。

三千八百坎

闽赣古道

福建省南平市延平区筠竹村坎下180号

从市内乘坐2路公交车至南针站下车即到

8:00~17:00

10元

三千八百坎景区位于延平区近郊，是闻名遐迩的闽赣古道的一部分。这里有着深厚的历史文化底蕴、独特的自然景观，以及丰富的生物资源，自古就有“三千八百坎，坎坎出黄金”的说法，诉说着这里的神奇与富饶。

景区内风光旖旎，古树参天，名木繁多，

华阳山

仿佛一处天然氧吧。这些古树名木见证了三千八百坎的历史变迁，也使其成为生物多样性的宝库。

三千八百坎古道原名三千八百级石阶，历经历史的沉淀和多次重修，现今的石阶已逾五千五百级。这些石阶见证了古道的沧桑巨变，亦留下了诸多神秘传说。这些传说内容丰富，涉及历史、文化、自然等方面，为古道增添了无尽的魅力。

宝山风景区

南平“十大城市名片”之一

顺昌县西北部 可乘坐乡间巴士到达

免费 0599-7543080

宝山风景区总面积约30平方千米，由宝山、演山、七台山三大景区组成，有石宝峰、老鹰岩、宝山猿祖、八戒思归等自然景点，以及宝山寺、双圣庙、撑腰石等人文景点，其主体山峰石宝峰海拔1304米，是顺昌县第二高峰，历史上为八闽大地名山之一。

山间溪、涧、潭、瀑星罗棋布，其中以宝山的百米飞瀑与演山的十八节峡谷最为壮观、秀丽。区内主要溪流有娄杉溪与罗坊溪，沿溪两岸群峰苍翠。

华阳山 AAAA

顺昌县“祖山”

顺昌县西北部水南镇下沙村，距离县城约8千米

乘火车顺昌站经环城路至华阳山风景区6千米处

8:00~17:30 80元

华阳山是集湖、石、林、瀑于一体和融奇、险、幽、野为一体的旅游景区，以森林茂密、峰峻岭险、流泉飞瀑、珍禽奇兽著称。华

宝山风景区

阳山风景区分为三个部分：前部分以田园风光和畲族风情为主；核心区以华阳三峰为中心；后部分则是被称为“邑之少祖”的豸角峰、龙兴岩和“邑之太祖”的九龙山三十六窠等大面积森林地带。主要景点有燕子坪、九龙湖、九龙溪、鸳鸯瀑布、华阳峰、天门峰等。最为壮观的是三级瀑布，第一级瀑布为玉龙潭瀑布，第二级瀑布为鸳鸯瀑布，第三级瀑布为老虎跳瀑布。

玩家 攻略

美食：山上华阳寺内可食用斋饭，餐费由游人自由施舍；如想品尝畲族特色饮食，可在进景区前先到畲家预约，出景区时到黄坑村品尝艾粿、乌饭、擂茶等即可；还可以在鸳鸯瀑布旁林地处用石块垒成土灶野炊，炊具可自带也可从景区管理处租借。

娱乐：夏天在瀑布下的水潭中游泳嬉水，其乐无穷，冬天登峰攀岭可以强健身体。鸳鸯瀑布上方有一块上百平方米的林间坪地，坪地上许多老树古藤可以搭牵吊床。遇到喜庆日子，还可以在黄坑村观看“做表姐”“做表嫂”“迎亲伯”等别具风情的畲家婚俗。

玩家 解说

玉龙潭瀑布因泉流在巨石夹缝中冲泻而下如玉龙入潭得名，此级瀑布秀美如玉桂琼花，潭水漫流缓缓而下，潭周竹树荫浓，藤挂蔓拂。

鸳鸯瀑布全长50多米，宽10多米，斜度为45度，潭水从瀑顶岩面均匀漫下，如一幅白绸飘然而下，瀑落入潭，潭方近200平方米，是一座天然的游泳池。

老虎跳瀑布下有一块巨石，酷似一个老虎头，而且以前这里是老虎经常出没的地方，因而得“老虎跳瀑布”之名。瀑布的上半部由两条山溪汇合而成，以一落千丈之势奔腾而下，遇阳光照射，瀑布形成的雾气中会出现彩虹，美丽异常。

更多本旅游区景点

多宝塔：建于明万历三十年（1602年），为石砖木混合结构的八角七层阁式宝塔，每层八面佛龛内均雕有佛像，是建阳区的重要文化景点。清康熙二十三年（1684年）多宝塔毁于一场大火，楼梯被烧毁，塔身遭雷击。1986年进行修建，周围兴建3座六角休息亭，亭塔交相辉映，登塔顶四望，可将景色尽收眼底。

建瓯孔庙

建阳区距水南2.5千米的鲤鱼山

建瓯孔庙：始建于宋神宗年间（1068—1085），距今已有1000多年的历史。孔庙占地6000多平方米，庙宇有棂星门、步云桥、泮池、前殿、大成殿、明伦堂、藏经阁、崇圣祠等建筑10余处，分三进庭院贯穿在一条南北长达800米的中轴线上。建瓯孔庙堪称八闽孔庙之冠，明太师杨荣曾誉此为“东南伟观”，现辟为建瓯市博物馆。馆内收藏有上自新石器时代晚期、下至明清的各类历史文物数千件。

建瓯市城关仓长路163号，原建宁府孔庙内

光孝寺：原名“南山光孝寺”，明洪武二年（1369年）重建，是福建省历史最久、规模最大、名气最大的古刹大寺。寺庙现存两组建筑群落，即殿堂建筑群和西厢建筑群（东厢早年坍圯）。殿堂建筑群由山门、前殿、主殿、后殿等组成，西厢建筑群有方丈室、藏经阁、经堂、僧房和积香厨等。

建瓯城南约2千米处　可乘坐出租车前往

景点推荐 邵武周边景点

云灵山 AAAA

漂流胜地

南平市邵武市水北镇龙斗316国道旁，距市区仅15千米 漂流时间（5月底至10月）周末10:00~16:00，平日12:00~16:00 免费，漂流平日全程168元，半程88元；周末全程198元，半程98元 0599-8011999

云灵山景区以峡谷漂流、星级酒店、高级特色餐饮、岛屿养生温泉为主，融探险、娱乐、休闲于一体。其中峡谷漂流是景区内最大的特色，“峡谷漂流”源于海拔1300多米的云灵山，漂流沿峡谷顺瀑布激流而下，一路怪石嶙峋，滩奇水异，两岸苍翠林荫，清幽秀美。漂流河道分为两段，第一段为“激险漂”，其中一号位落差达26.8米，并拥有中国独一无二的“一条河道，两条滑道”的创新设计；第二段“激情漂”，峡奇道趣，可给游客带来清新感受。

玩家攻略

出发时，最好携带一套干净的衣服，以备下船时更换，同时最好携带一双塑料拖鞋，以备在船上穿。

上船第一件事是仔细阅读漂流须知，听从工作人员的安排，穿好救生衣和雨衣，找到安全绳。

漂流时不要携带现金和贵重物品上船，对于自助游者可自行购买短期出游意外保险。

漂流船通过险滩时要听从工作人员的指挥，不要随便乱动，应紧抓安全绳，收紧双脚，身体向船体中央倾斜。

和平古镇 AAAA

一处全国罕见的城堡式大村镇

邵武市南部

先乘车到邵武市，然后从邵武转乘到和平古镇的班车 8:00~17:00 通票40

0599-8831588

和平古镇保留了完整的古街巷。城堡内有两条分别连接东西城门和南北城门的街，街道两侧纵横交错的大小巷道中间铺青石板，两边铺鹅卵石，有的全部铺鹅卵石。贯穿古镇南北的旧市街被誉为“福建第一街”。古街全长600余米，宽6~8米，街中心全以青石板铺就，因北高南低的地形关系，街道随形就势形成了“九曲十三弯”。和平古镇较为著名的古建筑有“天后宫”“万寿宫”“三仙宫”，俗称“旧市三宫”。

玩家 攻略

娱乐：和平古镇民俗文化遗产丰富，许多民俗活动相当奇特，有被称为活化石的傩舞、三角戏、民间曲艺，以及独特的龙灯——烛桥等。还有和平“三绝”，即摆果台、观星茶、游浆豆腐。

美食：和平游浆豆腐的制作工艺堪称福建一绝，它是用老的豆浆作为酵母发酵而成，不添加任何石膏与卤水，是纯绿色食品。还有泥鳅钻豆腐、熏烤鲤鱼干、和平包糍、和平田螺、和平米粉和有“闽酒当以为第一”之誉的农家水酒、传统名产“观音茶”等。

玩家 解说

这里保存了近200间青砖琉璃瓦的明清时代民宅。此处的和平书院曾培育出133位进士，还有黄氏峭公墓、聚奎塔、光源寺、县丞署、和平书院、李宅、李氏大夫第、谢氏粮仓等。

天成奇峡 AAAA

动植物博物馆

邵武市西南部肖家坊镇的将石自然保护区内，距市区50千米

可乘坐班车至肖家坊镇

天成奇峡是一个“动植物博物馆”，也是不可多得的科研考察、休闲度假之地。景

天成奇峡景区

区内拥有数以千计的奇峰怪石，有鸡冠山、田螺峰、天马峰等景点。此外，锦溪横穿景区内，形成了九曲十八弯，融“雄、奇、险、秀、幽”为一体。

玩家 解说

溪流共有九个大弯道，整条溪流蜿蜒于岩体裂隙之间，畅游其间，犹如身临仙境。其中碗底溪是一个典型的丹霞地貌与绿色植被完美结合的景点，是竹筏漂流的理想之地。

链接

奇峡的成因

距今约2亿年，由于板块的相互作用、巨大规模的火山喷发和岩浆侵入活动，形成了绵延千里的岩浆岩带。晚白垩纪以来，板块的运动方式发生改变，使地壳发生拉张裂陷，地质公园的遗迹就是这段地质历史的见证。天成奇峡景区是断陷盆地，气候干旱炎热，每逢雨季水流携带着石头泥沙倾泻而下，沉积了以块状砂砾岩为主的红色岩层。距今6500万年的古近纪以后，天成岩景区地壳开始抬升，断裂切割岩层，再加上数千万年以来的水蚀雨淋，红色的岩层化作了今天的天然美景。

宝严寺

闽北地区现存最古老的建筑

邵武新建路6号（原宝严坊）

市区内乘坐1路公交车可至邵武博物馆

8:00～17:30

0599－6322320

宝严寺古刹已逾千年，是唐代闽北佛教华严宗重要寺庙之一，殿宇恢宏，布局匀称，是研究唐、宋、元、明四个时代南方古建筑的实物标本，现为邵武市博物馆所在地。

大殿内陈列有2000多件上自新石器时代、下至明清各代的历史文物，其中有汉代墓砖、宋代谷仓、纹理奇特的黑色兔毫碗盏、光泽如玉的白瓷酒杯等，特别值得一提的是这里的革命历史文物，如罗炳辉、谭震林率领红军解放邵武以后留下的枪支、标语、布告、印记和红袖章等。

宝严寺

邵武市博物馆

展示当地民俗的博物馆

邵武五四路中段的道佳巷内

在邵武市区乘坐3路公交在紫云宾馆站下车，然后步行约1千米即到

邵武市博物馆是由明代中书府第和清代民居组成，这两座建筑完整地保留了明清两代具有邵武特色的建筑风格。

博物馆全馆占地2000多平方米，分5厅3楼36展室和1个戏台，分别陈列着婚俗、老年俗、服饰、生活生产用具、民间艺术、社会文化等方面的文物2300多件，同时有35尊栩栩如生的明清人物蜡像，集中展现了明清两代邵武的民情民俗文化。

云灵山旅游景区

天然氧吧

南平市邵武市水北镇龙斗村高家滩33号

乘坐邵武13路公交车至云灵山站下车即到

海拔1370米的云灵山，以95.1%的森林覆盖率著称，宛如一片绿色天堂。景区之内，群山叠翠，碧水潺潺，生机盎然。在此，游客可尽享丰富多样的植物、地质地貌及独特的水文景观。

景点推荐

南平西北景点

九石渡景区

如世外桃源

浦城县水北街镇境内

有班车可直达水北街镇

九石渡景区由两大主景点构成，一为金斗山景区，有金斗观、仙人洞等11个景点；二为九石溪水路景区，乘游船可观赏卧牛饮水、九石渡、老鼠岩等17个景点，如同进入了世外桃源一般。

玩家解说

九石渡亦名九十渡，前者得名是因为这段溪流有九石山和九石滩；后者得名则源于一个美丽的神话传说：一仙人化作牵羊老翁逗船工，船工不厌其烦先后为之摆渡九十次，老翁谢以白羊一只。船工回家后白羊化作了一坛白银。

浮盖山

奇峰突兀，怪石嶙峋

南平市浦城县

没有公交车或班车直达景区，可包车前往

7:00~12:00

40元　0599-6175066

浮盖山又名盖仙山，其主峰海拔1146米，犹如一条尾摆西北、首向东南的巨龙，雄踞在闽浙赣三省边境。山体属花岗岩地貌，在漫长的地质历史中，由于自然力的作用，形成了奇峰突兀、怪石嶙峋的独特景观。明朝旅行家徐霞客五次入闽，曾两次遍游浮盖山中诸景，并在山中大云寺写下了《游浮盖山记》，盛赞浮盖山为“石痕竹影，娟然可爱。峰峦环列，此真独胜”。

湛庐山
天下第一剑山

松溪县茶平乡

市区内没有直达景区的公交车，可乘坐当地出租车或包车前往景区

7:30～17:00

湛庐山主峰湛云峰海拔1230米，山上清泉潺潺，树木苍郁；古道幽深，群峰林立。主要景观有湛云峰、玉女峰、剑峰和铸剑炉、九曲岭、清凉寺、湛庐书院等“三峰十六景”，早在春秋时期，湛庐山就有“天下第一剑山”之誉称。

湛庐山相传为春秋时越人欧冶子铸剑之地，至今剑庐遗迹尚存。宋代大理学家朱熹也曾筑吟室于山半，寄寓讲学，明儒杨缨就其址建续贤庵，其后人又改为杨氏书室、湛庐书院，以传播文化。

链接

湛庐山与“天下第一铸剑师”之渊源

相传春秋时期铸剑大师欧冶子奉越王允常之命，在此铸成举世无双的湛庐宝剑，《越绝书》《拾遗记》《辞源》《辞海》《中国古今地名大辞典》等古籍辞书均有载此事，民间亦有大量传说。在湛庐山16景中，欧冶子铸剑的遗迹就有8处，包括欧冶洞、铸剑池、试剑石、炉坪、断碑、仙姑洞、欧冶祠等。欧冶子和他的“天下第一剑”的传说吸引了众多的文人墨客造访这天下第一剑山。

佛子山
福建小黄山

政和县外屯乡境内，距政和县城28千米

可从周宁县或寿宁县乘坐出租车到达

佛子山是典型的以山水地貌、天象、风物、胜迹、珍稀植物为主要特征的山岳峡谷主导型国家级风景名胜区。景区分为狮峰核心景区、旺楼景区、七星溪景区和铜盆山景区，其中狮峰核心景区又划分为狮子岩景区、笔架山景区、佛子岩景区、天生岩景区、磐石景区等。人称“福建小黄山”。

佛子山

洞宫山
洞中宫殿

政和县杨源乡境洞宫村

洞宫山地处国家级风景名胜区——屏南名胜区鸳鸯溪上游，主峰海拔1459米，因山中一巨石呈“宫”字状，又因山洞中有宫殿而得名。

洞宫山有12峰、36洞等奇峰异景，如建于明代的花桥桥孔的石缝间伸出两把黝黑的宝剑尖，峡谷中的8块岩石上布满280多个形状规则、大小各异的同心圆图案，实属天下奇观。

链接

洞宫“三绝”

花桥：位于杨源乡坂头村口，横卧蟠溪之上。该桥为单孔楼阁式风雨桥，桥身长约50米，宽约6米，因三层主楼翘檐朝天似莲花状而得名。桥内设有两条通道，其中一条用木栅栏相隔，宽约1米的边道，过去专供妇女行走。在桥上楼阁的二、三楼挂有风铃，遇风则响，村民们可根据是东边还是西边铃响来预测晴雨，颇为灵验。

虹溪：位于洞宫山景区中心麒麟岩下，它的奇特之处在于其长10余千米的赭红色河床如刀削般平坦，溪中不见鹅卵石和泥沙。

虹溪怪圈：虹溪河谷中的8块岩石上有280多个形状各异的同心圆图案，直径为10厘米至20厘米。

攻略资讯

- 交通
- 住宿
- 美食
- 购物
- 娱乐

交通

飞机

元翔武夷山机场距南平市2千米，距武夷市区及武夷山风景区各7千米。目前已开通至厦门、福州、北京、上海、广州、深圳等国内和地区航线，并设立国家一类航空口岸。

武夷山市武夷大道　从武夷山市乘6、7、9路公交车或出租车可到达

火车

南平南站：位于南平市建阳区将口镇南平武夷客运总站南侧，是合福高速铁路在闽北地区最大的车站。市内可乘坐建阳8、建阳K2、建阳K3路公交车抵达。

武夷山北站：位于南平市武夷山市825县道附近，途经线路为合福高速铁路，福州至武夷山仅需50分钟。市内可乘坐武夷山10、武夷山5、武夷山6路公交车抵达。

汽车

南平汽车客运中心站位于南平市延平区西溪路81号，是一级客运站。有发往全国各地如广州、厦门、福州、上海等省内外市区县及乡镇的班车。

南平市区

市内交通

南平现有公交营运线路38条，公交车289辆，出租车392辆，主要承担延平中心城区、延平新城、延平近郊2镇14村及周边的城市客运任务。

住宿

南平市区不大，但住宿十分方便，价格也比较经济实惠。主要的住宿集中在江滨公园以西、延平区内沿江边、八一路、中山路等区域，游客可以根据自身情况进行选择。

●南平御景国际酒店

目前是建阳区唯一一家按照五星级标准建设的综合型酒店，交通便利，依山傍水，环境优雅。　建阳区朱熹大道3369号

0599-5622888

南平御景国际酒店

●星光大厦

三星级酒店，靠近江边，风景优美，空气清新。提供免费早餐，客房设施齐全。

南平市滨江北路177号 0599-8808666

●武夷山风景高尔夫俱乐部

福建省内唯一拥有五星级酒店和大型高尔夫会所配套的俱乐部，冬无严寒，夏无酷暑，气候清爽宜人。酒店拥有高档商务客房120余间，中西宴会厅、健身室、高尔夫球场、室内游泳池等配套设施齐全。

武夷山国家旅游度假区内 0599-5239999

●武夷山圣远国际大酒店

酒店环境优美，空气清新，装修高贵典雅，是武夷山首家客房配备87厘米液晶彩电、卫生间配备背景音乐且与电视连接的高星级酒店。酒店内还有观光电梯，餐厅、多功能厅、健身房、室内游泳池等，配套完善。

武夷山国家旅游度假区内 0599-5231333

●南平汉歌精品酒店

酒店环境庄重优雅，客房宽敞明亮，时尚整洁。酒店内设有餐厅、小酒馆、停车场及科技美肤中心，为您打造一处舒适宜人的居住空间。 南平延平区八一路37号 0599-8888600

武夷山风景高尔夫俱乐部

美食

南平物产丰富，香菇、红菇、竹笋、建莲、薏米及野兔、野山羊、麂子、蛇等都是烹饪的上等原料。武夷山市有朱熹亲手创制的八卦宴和文公菜，南平的名吃还有龙凤汤、五香卷、菊花鱼、茄汁鸡肉、峡阳桂花糕等。

●五香卷

五香卷是建阳石码地区的传统名小吃，逢年过节、婚寿喜庆，家家户户必备，并配以五香条来招待亲朋好友，这已成了石码的传统民俗。五香卷的主要原料为猪瘦肉、淀粉、洋葱等。

五香卷

●松溪薄饼

松溪薄饼是福建省南平市松溪县的特色小吃。松溪薄饼又叫松溪春卷，由面皮和馅料卷制而成，香酥绵脆，别具风味。松溪薄饼的制作原料有绿豆芽、瘦肉、竹笋、香菇等。

●三层糕

三层糕是南平的特色小吃之一，制作精细，糕体松软，层次丰富清晰，色彩缤纷，味道香甜可口，宜热食。

●武夷山药膳

俗话说“山上百草皆为药”。武夷山人经过长期实践，总结了利用草药烹制菜肴的方法。如著名的八珍炖兔肉，其八珍为党参、白术、茯苓、灵芝草、川芎、当归、白芍、熟地。

购物

南平的地方特产有武夷岩茶、香菇、竹笋、建莲、薏米、建兰等，此外，南平一些特色商品，如福茅酒、闽北水仙茶、蛇酒、武夷留香、花纸伞、漆木碗等也都在国内外享有盛誉。

南平市较为著名的购物场所有南平建发悦城中心、武夷广场、中山路步行街、南平万达广场等，都是购物好去处。

●武夷岩茶

武夷岩茶是武夷山最为著名的特产，山中盛产色艳、香浓、味醇的岩茶，以“大红袍”最为名贵，游客可购买自用或馈赠友人。

●五步蛇酒

五步蛇酒是武夷山特产，是一种药酒，对于治疗风湿性关节炎、坐骨神经痛、皮肤瘙痒等有良好的疗效。

●武夷留香

武夷留香是用当地优质糯米作为原料，用清澈山泉酿制而成，至今已有几百年历史。武夷留香醇厚甘甜、香气馥郁，含有丰富的有机酸、糖类、脂类等营养，适当饮用，有畅通血脉、消除疲劳、促进食欲的作用。

●香菇

武夷山的香菇是香菇中的上品，朵大、菇厚，含有大量的蛋白质、碳水化合物和维生素等。特别是花菇、红菇，更是味美可口，有祛风祛湿的作用。

香菇

娱乐

●《印象大红袍》演出

武夷山《印象大红袍》是由著名导演张艺谋、王潮歌、樊跃共同组成的“印象铁三角”领衔，继《印象刘三姐》《印象丽江》《印象西湖》《印象海南岛》后创作的第五个印象作品。

武夷山《印象大红袍》是以世界双遗产胜地武夷山为地域背景，以武夷茶文化为主题的大型山水实景演出，它巧妙地把自然景观、茶文化及民俗文化融入一场山水实景演出中，融武夷自然山水、武夷茶文化及中国精英艺术家创作为一体，整场演出华丽璀璨。

武夷山市三姑度假区内　普通席：208元；VIP B席：238元；VIP A席：268元　0599-5208888

●《武夷水秀·梦之泉》

《武夷水秀·梦之泉》为大型多媒体水秀表演项目，演出场地是武夷山水秀剧场，占地面积1.7万平方米，舞台依山傍水，布景设计为梯田造型。

晚上，梯田会变成一座可包容舞者、演员的剧场，与周围山水融为一体，观众与水色融为一体，演员与观众的趣味互动，虚拟特效与真实表演的高度结合，使剧场变成了一个五光十色的大型水域舞台。

节日和重大活动

节日	地点	时间
樟湖蛇灯	南平樟湖镇	农历正月初八至二十一日
城关柴头会	武夷山市	农历二月初六
夏道踩街民俗	延平区夏道镇夏道村	农历三月初三
武夷山旅游节	武夷山	5月
樟湖蛇节	南平樟湖镇	农历七月初七

发现者旅行指南

宁德

概览

亮点

太姥山

太姥山被誉为“海上仙都”，立于东海之滨，闽人称太姥、武夷为“双绝”，浙人视太姥、雁荡为“昆仲”。

鸳鸯溪

鸳鸯溪是我国目前唯一的鸳鸯保护区，早在100多年前就于此处发现鸳鸯，故屏南有“鸳鸯之乡”之美誉。

白水洋

白水洋因其奇特的地质地貌现象而被誉为“天下绝景，宇宙奇观”。

霞浦滩涂

霞浦滩涂是摄影师集中扎堆地。无论你喜欢何种美术流派，在闽东霞浦漫长蜿蜒的滩涂上，都会得到全

霞浦海滩

新的视觉感受。

三都澳

三都澳是中国1.84万千米黄金海岸线的中点。澳内礁石形态各异，凿于悬崖绝壁上的海滨栈道是一处赏海佳地，“海上浮城”被称为“东方威尼斯”。

九龙漈瀑布群

九龙漈瀑布群总落差300米，在长达1000米的流程中以连续九级不同的落差穿过峡谷，形成奇绝的飞瀑深潭，被称为“福建第一”“中国少有”。

线路

霞浦、太姥山二日游

第一天去福瑶列岛，观各种小岛，以及具有“南国天山”之誉的万亩草场。傍晚在海边捉蟹，观夕阳，参加海洋烧烤。晚上住在景区。

第二天赶往太姥山，登顶北望雁荡山，西眺武夷山，听太姥山的美丽传说。下午游览晴川海滨，可以游泳、垂钓，也可以踏沙、戏浪、拾贝，享受惬意的海滨时光。

霍童、屏南二日游

第一天先去霍童古镇，一定别忘了欣赏古屋夹道的老街和街道旁的古民居建筑，下午去九龙漈瀑布群，看飞瀑从危崖断壁上一落千丈。夜宿周宁县城。

第二天早餐后去白水洋，平坦的岩石河床在阳光下波光粼粼。随后去鸳鸯溪，穿梭在沟壑之间，听百鸟啁啾，看鸳鸯戏水，享受惬意时光。下午到翠屏湖垂钓，泛舟。

太姥山

为何去

宁德也称闽东。这里地处丘陵地带，依山傍海，既有沿海平原，也有千米高峰。这里有山岭和港湾，三都澳可看碧海蓝天，太姥山可观绿色风景。

霞浦滩涂

何时去

宁德地区属中亚热带海洋性季风气候，年平均气温在14～19℃，温暖湿润，四季常青。每年的4月至12月是最佳旅游时节。

白水洋

塔山公园

区域解读

区号：0593

面积：约13452km²

人口：约355.2万人

地理 GEOGRAPHY

区划

宁德下辖1个区（蕉城区）、两个县级市（福安市、福鼎市）、6个县（霞浦县、古田县、屏南县、寿宁县、周宁县、柘荣县）。

地形

宁德地处洞宫山脉南麓，西北部高，东南部低，中部隆起，大致呈“M”形梯状地势。宁德海岸线曲折，港湾众多；溪河纵横交错，水资源丰富，海岸线蜿蜒曲折，港湾众多，岛屿星罗棋布。

白水洋

气候

宁德市属中亚热带海洋性季风气候，年均气温为13.4~20.3℃，这里四季分明，最高气温出现在7月。春季气温回升，多阴雨天气，此时太姥山西麓遍布着红、白、紫等10余种杜鹃花，景色优美。秋天气候宜人，太姥山枫叶透红，层林尽染，风光迷人。需要注意的是，这里7月至9月时常会有台风，需随时关注天气状况。

历史 HISTORY

历史大事记

●古代

五代时期，这里正式建城，属长乐府。取宁川之“宁”、感德之“德”为之命名，“宁德”之名由此而来。

明嘉靖三十九年（1560年），倭寇在福建活动猖獗，一支筑巢于宁德城外海中的横屿（时人称夺命岛），另一支筑巢于福清的牛田。嘉靖四十一年（1562年），戚继光受命入闽剿倭，先后荡平横屿、牛田、林墩三大倭巢。

●近现代

1919年五四运动以后，随着马列主义的

大嵛山岛

传播，当地人民在中国共产党的领导下开展轰轰烈烈的苏维埃运动，这里也成了闽东苏区中心。

名单 宁德历史名人

唐代闽地第一个进士薛令之

南宋理学家、教育家陈普

南宋爱国诗人、“福安三贤”之一谢翱

明代开国功臣袁天禄

明代清官、文学家林聪

近代世界语学者林振翰

抗倭之战——横屿之战

明朝时期，倭寇屡屡侵犯我国东南沿海地区，尤以浙江、福建等沿海省市的倭患最为严重。在这样的历史背景下，明朝时期也随之涌现出了戚继光、俞大猷等一批抗倭名将。

在戚继光数十年的戎马生涯中，经历了无数次的经典战役，其中横屿之战便是宁德人民津津乐道的戚继光抗倭经典一役。

明嘉靖三十四年（1555年），戚继光被调往浙江，镇守宁波、绍兴、台州三府。此后，戚继光多次与倭寇作战，先后取得龙山、岑港、桃渚之战的胜利。1561年，戚家军在浙江台州取得大捷，自此浙江地区的倭患基本平息。不过，大量的倭寇往南流窜，为患福建沿海，地处福建北部的宁德更是首当其冲。

嘉靖四十一年（1562年）八月初一，戚继光率军自温州抵达福宁（今宁德霞浦）。仔细分析过福建倭患情形后，戚继光决定先捣毁倭寇在横屿岛（今宁德东北20千米处）的倭巢。随后，戚继光观察了这一带的地形，发现横屿岛四面环水，东南北三面距陆地约5千米，唯西面靠近陆地。涨潮的时候水位很高，退潮的时候是一片沼泽，用陆兵的话很难登岛，如用战船又容易搁浅，因此横屿可谓易守难攻。而倭寇筑巢其中，企图久踞。

戚继光摸清这一情形后，决定采取先定外围、抚收胁从，从张湾方向伺机登岛的方略。戚继光亲自率主力到宁德废址，兵分两路：一路由戴都阃率领，以降兵为向导，由东山铺前进；另一路由兰田前进。部队列出

戚继光公园

鸳鸯阵，每人负草一捆，匍匐前进，随进随以草填泥。倭寇列阵以待，企图乘明军立足未稳、队形混乱之际，一举挫败戚家军。结果戚家军登岸后，按原定部署展开进攻，放火焚烧倭巢，倭寇四处逃窜，明军乘胜追击。残余的倭寇在逃往海上时，仓皇之际竟淹死600余人。

横屿之战的胜利，不仅成功打击了福建沿海倭寇的气焰，提高了东南沿海民众的抗倭之气，也为后来福清的牛田、莆田的林墩之战铺平了道路。

文化 CULTURE

新石器时代的遗迹——黄瓜山贝丘遗址

黄瓜山贝丘遗址属新石器时代晚期遗址，分上下两个文化层：下层距今约4000年，上层年代距今约3500年。建筑基址由排列整齐的柱洞构成，属干栏式建筑。遗址中出土的遗存物有石器、骨器、陶器；陶器突出特点是泥质橙黄陶大量出现，并普遍施彩绘。

黄瓜山的东坡、西坡、东北坡各有一个小山凹，原始人群——贝丘人留下的文化遗存，就分布在这三个坡的凹面上。由于雨水长期冲蚀和人为开垦的破坏，众多文化遗物被抛露在地表上。此外，在开垦成梯田的断崖上还暴露出部分文化堆积层，距地表1~1.5米的红褐色土层中，有大量蛤、蛎、螺等贝壳；贝壳堆积层之下的土层内杂有大量磨制的石器、陶片、兽骨等文化遗物；保存较好的是在顶层东北部，在这儿所采集到的陶片、石器、兽骨和贝壳标本经考古专家鉴定，“相当于中原夏、商、周时期的福建东北部地方文化遗存”。

考古报告称，遗址发掘出排水沟两条，呈西南东北走向，沟底圆弧状，从外部所发现的建筑遗迹看，这两条沟应是当时人们居住区域内的排水设施。此外，还有一些排列基本有序的柱洞，位于两条排水沟之间，柱洞底部为垫石。此外，人们还在建筑遗址内发现了4个灶坑，都是利用原有地面凿成的圆形坑，坑内积有红土块和碳粒。

贝丘遗址出土的陶器

中华畲族宫

闽东一带的贝丘文化属我国东南沿海印纹陶文化系统，黄瓜山贝丘遗址的发掘，对填补闽东地区先秦古文化遗存的空白，研究闽东乃至福建省史前文化具有重要的意义。它为进一步探讨和研究福建沿海地区贝丘遗址的分布、类型及其规律，提供了重要资料。

畲族民歌

畲族作为中国的一个少数民族，有着悠久的历史，而闽东地区则是畲族同胞主要的聚居地之一。畲族具有自己特有的语言与习俗，唱山歌是畲族人文化生活当中的主要活动形式。山歌不仅作为畲族人历史、文化、生产与生活等社会知识传承的方式，也是他们进行文化娱乐活动的重要方式，已经成为他们文化生活中不可或缺的一部分，当地有不少独特的民族歌俗和歌会。

畲族民歌的歌俗主要包括拦路情歌，来客“比肚才”，“做表姐”及“做亲家伯”等；而歌会则主要包括农历四月“分龙节”在福安苏堤山举行的牛石岗歌会，六月初一在福安白云山举行的歌会，七月初七在福安社口与营坑白云山举行的歌会，八月十五中秋节福安城关镇歌会，以及九月初九溪南葛云山歌会等。

畲族喜唱山歌，不仅婚嫁喜庆、逢年过节唱，而且在生产劳动、招待客人、闲暇休息、谈情说爱时唱，甚至在丧葬悲哀时也以歌代哭倾吐心声。当一个人上山劳动时，往往以歌来排遣寂寞，远处如果有人听出是年龄相仿的异性，往往就会接上，最后发展成谈情说爱的对唱。因为山上常有人对歌，所以有人称畲乡是歌的海洋，把畲歌称为山歌。

畲族多数民歌作品是通过口头传承，部分民歌是以汉字畲语记录的手抄本流传民间。畲族民歌不仅体现了中华民族音乐文化的完整性和多样性，而且具有较高的学术研究价值。

景点推荐 太姥山风景区

宁德市福鼎市秦屿镇，距市区45千米处

可在宁德市区或福鼎市内乘坐专线旅游车到达景区

全天　140元（含景区交通车）　0593-7288001

太姥山矗立于东海之滨，三面临海，一面背山，北望雁荡山，西眺武夷山，三者成鼎足之势。相传尧时有一老母种兰于山中，逢道士而羽化仙去，故名“太母”，后又改称“太姥”。闽人称太姥、武夷为“双绝”，浙人视太姥、雁荡为“昆仲”。

据考证，太姥山为花岗岩峰林岩洞地貌，以“峰险、石奇、洞趣、雾幻、水玄”著称，东望大海，蓝天共碧海一色，岛礁与港湾并美，使人更深刻地领会了“山增海阔，海添山雄”的意境。

玩家攻略

爬太姥山的时候有几点一定要注意：首先，如果从福州或厦门出发，去太姥山可到秦屿下车，秦屿有车直接到太姥山，半小时能到，比从福鼎到太姥山要近；其次，记得上山带手电和相机，千万别带行李，因为太姥山洞多，并且小，一定要轻装上阵；再次，钻洞时一定注意头部，不要被撞伤，如果有安全帽的话最好戴一顶；最后，山上多雾且寒冷，注意防潮和防寒。

太姥山岳景区

世外桃源

太姥山岳景区是太姥山的主体部分，包括国兴寺、葫芦洞、一片瓦、香山寺等7个景点。景区内奇峰林立，谷深壁陡，洞穴遍布，云雾缭绕，山上多奇花异树。太姥山岩石为花岗岩，长期风化形成各种形态的石景有360多个。有的像人，如夫妻峰、二佛谈经石；有的像动物，如玉猴照镜、金龟爬壁，无不惟妙惟肖。古人有诗赞之："太姥无俗石，个个皆神工，随人意所识，万象在胸中。"

玩家 解说

由于是花岗岩构成的峰林山地，太姥山遍布着100多个岩洞。葫芦洞形似葫芦，洞室宽大，可容纳千人，有世外桃源之誉；回音洞是一条狭窄暗道，人行洞内，前后不见，但能相互呼应，其声犹似近在耳边，这是洞壁回音传声所致；将军洞因其顶有三石似将军的鞋、帽、剑而得名，由十几个洞穴相连组成，人称"将军十八洞"，洞内还生长着木荷、红楠、栲树、翠竹、红白杜鹃等花木及千年古藤蔓。

九鲤峰

九鲤峰以峰石峥嵘见长，融峰、岩、洞为一体，最具太姥特色。站在两扇陡峭岩壁对峙的南天门，可远眺如海市蜃楼般的香山寺，仰观沙弥拜月、观音坐莲石。穿过七星洞，沿着云蒸霞蔚的紫烟岭，到回音廊，可一呼三回应；至观鲤亭，可近距离欣赏九鲤峰、二佛谈经石。

香山寺

香山寺在九鲤峰下的山谷中，兰花盛开时暗香涌动，故而得名。香山寺始建于明朝，大雄宝殿前有犀牛望月石，上有翁同龢题写的对联；五百罗汉堂内的罗汉均以缅甸汉白玉精雕细琢而成，为国内一绝。寺周的九鲤湖小巧玲珑，倒映着九鲤奇峰，湖光山色。登陀九岭可直抵紫烟岭，其尽头悬崖边上有相传是容成子所架的御风桥，横跨于深谷之上，桥上可近观九鲤朝天奇景；穿南天门洞可直抵南天门，洞内树藤缠绕，曲折崎岖，趣味无穷。

国兴寺

沿着太姥山景区广场右侧步游道向前走几步，就可看到唐朝七级八角实心石塔楞伽宝塔以及建于唐乾符年间的国兴寺遗址；拐到国兴寺后，可到龙潭湖仰观乌龙岗奇峰及其水中倒影，登观雾岗做一回腾云驾雾的活神仙；穿过挂满紫藤的绿色长廊，到涌翠亭，可近观夫妻峰，眺望元宝石，驻足欣赏"太姥无俗石"的摩崖石刻和海浪石。

太姥山岳景区

晴川海滨景区

蓝缎般的海面

晴川海滨景区由分布在晴川湾海域、跳尾湾海域的沙滩和岛屿组成。这里海水湛蓝，沙质细软，姆屿、日屿、跳尾、七星等岛屿如翡翠镶嵌在如蓝缎般的海面上。在此可领略海上的日出、日落，潮涨、潮落，以及风、雨、晨、昏、晴、雾与天光、海色变幻之美。

玩家 解说

在晴川海滨风景区长达30多千米的海岸线上，有着细软洁净的沙滩，其中长122米、宽600多米，以"滩平、沙软"著称的大筼筜海滨浴场和以奇特的海蚀礁石地貌景观见长的牛郎岗沙滩最负盛名。这里既是进行帆板、游泳、赛艇、垂钓等活动的理想场所，又是踏沙、戏浪、拾贝的好去处。

小白鹭海滨

小白鹭海滨被人们称为美丽的水乡渔村，海湾内的沙滩滩宽沙软、波缓浪静，是天然优良海水浴场。两岸草木葱郁、石壁峻峭，登山眺海，烟波浩荡；凭海观山，绚丽多姿。

牛郎岗海滨

牛郎岗海滨依山面海，奇特的海蚀礁石地貌景观和平坦的沙滩久负盛名，以“碧海金沙好消夏”吸引着各地游人。牛郎岗海滨环境清幽，沙细软洁白，海水湛蓝，周围礁石形态各异，是一处融休闲、旅游为一体的旅游新景区。

九鲤溪瀑景区

汇集13条支溪

九鲤溪瀑的主溪流长25千米，汇集了13条支溪，溪流两岸，青山环抱，怪石林立，绿树葱茏。景区内瀑布众多，风光秀美。

福瑶列岛景区

海上天湖

福瑶列岛由大嵛山、鸳鸯岛、银屿、观音礁等11个岛屿和9个礁石组成，岛上风光旖旎。在碧波万顷的东海岛屿上，海拔200米处，镶嵌着大小两个湖泊，因而素有“海上天湖”之称。

大嵛山岛于2006年被《中国国家地理》杂志评为中国最美的10个海岛之一，是闽东第一大岛，最高处红纪洞山海拔541.3米，岛上有大小两个天湖，两湖相隔1000多米，各有泉眼，常年不竭，水质甜美，清澈见底。

冷城古堡

明代古堡

冷城系一山间村寨，城内古堡设东、南、西三门。城内有东西向鹅卵石街道一条；街道两侧民居和小巷参差排列，建筑古雅，乡风淳朴；城内还有宋代泗洲文佛石屋、三官堂、猴仙宫、史楫象祠等古迹，至今保存完好，是一处访古采风的好去处。

玩家解说

冷城在南宋曾是文人云集之地，著名的史学家郑樵、理学家朱熹都曾在此聚众讲学、设坛授徒，朱熹还在此创办过石湖书院（原名石湖观），并自撰门联“溪流石作柱，湖影月为潭”，今遗址尚存；其高足杨楫出生于此，后官至湖南提刑、江西运判。

冷城古堡

景点推荐

宁德市区景点

三都澳风景区

神仙港湾

宁德市蕉城区三都镇斗帽村　宜自驾前往

8:00~17:00　35元

三都澳以其独特的景致、秀美的风姿闻名遐迩，素有“海上天湖”之称，为闽东沿海的“出入门户，五邑咽喉”。

三都澳景点多集中在东南部，可分为斗姥、福海关遗址、青山、笔架山和鸡公山五个分景区，澳内还分布着许多形态各异的礁石岸坞、奇峰怪石，如“金龟驮珠”“鲲鹏展翅”“烈马回首”“非洲大象”等，栩栩如生。

链接

三沙湾

三沙湾地形口小腹大，是一个十分奇特的海湾，水域面积714平方千米，出水口只有唯一的东冲口，宽度仅2.6千米，是世界上少有的海湖，其深水域面积和航道水深都堪称世界之最。

湾内主要有三都澳、白马港、官井洋、东吾洋、覆鼎洋、鲈门港、盐田港等水域，在东吾洋与官井洋连接处、溪南半岛和鉴江半岛的岛屿较多。作为旅游开发的岛屿主要有斗帽岛、三都岛、青山岛、鸡公山、纱帽屿、圆屿等。另外，三沙湾内还有一些明暗礁，如松岐白礁、七星白礁、渔潭白礁、甲杯礁、荷叶礁等。

斗姥景区

斗姥景区荟萃三都澳美景，岛上奇石

三都澳海上渔排

遍布，有名扬海内的中国沿海一大奇观——螺壳岩。螺壳岩是一个附着于石壁上的独立象形岩石，因为酷似螺壳而得名螺壳岩。在斗姆岛右侧的山坳里由许多石头组成的礌厝，颇像一个迷宫洞，洞内乱石嶙峋，为三都澳斗姥风景区一大奇观。连接迷宫洞和螺壳岩的栈道凿于云崖绝壁，在栈道上观海，别有一番风味。这里有许多古老而神奇的传说，让人仿佛置身神话般的世界。

福海关遗址

三都澳福海关遗址是一座晚清西洋风格式建筑，为砖木结构，双层正方脊顶，拱形门窗。清政府为还甲午战争借款，主动开放三都澳，当时的福海关税务司由英国人直接掌管。

海上浮城

三都澳人工养殖区是浮在海面上的城市，由塑料泡沫浮球和木板搭建而成的渔排组成，下为养殖网箱，上面可住人，绵延数十千米，被称为“东方威尼斯”。这是一个独特的海上社区，坐在随波荡漾的渔排上，可以把酒临风、垂钓娱乐休闲，奇趣天成，妙不可言。

笔架山

笔架山山峰奇雄秀伟，断裂凹凸形如笔架。山呈五峰，又被称为“五马峰”。笔架山孤峙海上，被古代诗人赞为“江南第一峰”，相传宋代道教南五祖白玉蟾曾修炼于此。

三都湾湿地

三都湾湿地跨蕉城区、福安市、霞浦县三个行政区，区内有野生动物600多种，其中鸟类12目20科53种，包括多种国家一级保护水鸟和国家二级保护鸟类。

天主教堂

天主教堂始建于1932年，由梵蒂冈罗马教廷拨款修建。教堂坐西向东，大门正上方竖十字架，下书“天主堂”三字，是15世纪文艺复兴时期西班牙哥特式建筑风格。

南山漈风景区

宁川十景之首

宁德市蕉城区南漈路136号

南山漈又名南漈山。南山漈风景区山幽水秀，奇景深藏，野趣盎然，是《聊斋》电视系列剧的取景地。南山漈因“漈”而得名。山中遍布寒潭、溪涧、瀑布，统称南山漈。“南漈飞淙”是景区精华。南漈飞淙高悬于青崖之上，自玉龙潭飞流而下，如银河倒泻，涛声悦耳，泉流所注之处，千树竞秀，更有奇岩怪石散落其间，奇洞、石刻遍布。

玩家 解说

南山漈的龙湫景区主要景点有石门双峡、临风岗、刘海台、青狮岩、玉龙潭、燕咀岩等；南峰景区在龙湫之上，拾级而上可见五台石、文笔峰、石人面壁、将军洞、南峰巅及南峰禅寺等景点；南漈山麓的御仙桥亭旧址为白鹤景区，有白鹤鸣岗、白鹤巅等景点。

慕名于南山漈的绮丽风光，电视连续剧《聊斋》剧组到这里举行开机典礼，《花姑子》和《翩翩》两部电视剧也在这里拍摄过外景。

上金贝旅游景区

“金贝十奇”天然景观

福建省宁德市蕉城区金涵畲族乡上金贝村42号

乘坐1路、4路、9路公交车至南阳实业集团站下车即到

08:00~17:30

上金贝旅游景区是一处融自然风光、人文历史及畲族文化于一体的综合性旅游胜地。

景区内有万亩原始次森林，无疑是森林探险和生物科考的理想之地。此外，景区内还有包括涌金石、盘陀石、乌马石、潜鳞沼、双石屏、碧水帘、蒙泉井、长老岩、祥云岩等在内的“金贝十奇”自然景观。

上金贝旅游景区是人文历史的瑰宝。其中，金鄁寺始建于唐大中八年（854年），至今已有一千多年的历史，其年代远早于支提寺。明朝刑部尚书林聪曾在庙中修学，建文帝亦曾在此出家。此外，景区内还坐落着明朝第二位皇帝建文帝的陵墓。

与此同时，金贝旅游景区亦是畲族文化的宝库。上金贝畲家寨是一个纯粹的畲族行政村，现有居民80多户300多人，环境优美，畲族风情浓厚。游客在此，可以深入体验畲族的传统文化、服饰、美食、舞蹈及对歌等，尽享民族风情之魅力。

戚继光公园

宁德爱国主义教育的重要基地

宁德市蕉城区西部白鹤峰下山林里

可直接乘坐出租车至山脚下

7:00~17:30

戚继光公园又称“西山”，是当地村民为纪念民族英雄戚继光抗倭丰功伟绩而自发集资筹建的。公园以灵溪禅寺为中心，经灵寺、居士林为左右翼，建有戚继光大型塑像、紫竹观世音、白鹤亭、盘两洞、玉女池、三仙洞、龙柱亭、白云洞、虹桥、灵光洞、思儿亭等18个景点。

宁德天后宫

如今的宁德市博物馆

宁德市蕉城区蕉南街道福山路54号

宁德天后宫俗称妈祖庙，始建于清乾隆二十七年（1762年）。正殿面阔5间，进深5间，殿内有清咸丰元年（1851年）镂空石龙柱4根，浮雕石凤柱2根。这里有两根极有特色的花岗岩浮雕凤柱，一凤在下驻足引颈，

戚继光公园

中华畲族宫

一凤在上盘旋呼应，是女神殿的象征。1937年8月，中共闽东特委与国民党当局在此谈判达成停战协议，现天后宫已被辟为宁德市博物馆。

猴盾畲族村
福建最美的乡村

宁德市蕉城区八都镇狮山脚下

猴盾畲族村是闽东著名的纯畲族聚居区，村外一山冈如墩，又因其形似猴，“墩”与“盾”音近，故名。村内民风淳朴，有一座农村畲族文化站，收集了部分畲民生产、生活的用具，站里还收藏着珍贵的畲族“三宝”，即祖图、族谱、龙首杖。村庄周围有风水林，林木茂密，有30多株百年以上的枫、樟、松等古树。

中华畲族宫
畲族同胞的朝圣地

宁德市蕉城区金涵畲族乡亭坪畲族村

中华畲族宫整个建筑群为汉代风格，原全国人大常委会副委员长费孝通先生亲笔为其题名。主殿“忠勇王殿”殿前六根玄武岩廊柱雕刻有畲族农耕艺术图案，展示出畲族独特的农家文化；宫门口广场及高耸的龙首杖，凝结着畲族人民对忠勇王至高无上的崇敬；祭祖坛用于再现古老的祭祖仪式；忠勇王殿大门口的辟邪石雕则体现了浓郁的畲族风情特色。

南峰庵
佛教圣地

宁德市蕉城区城南镇南山石笋上

南峰庵始建于明隆庆元年（1567年），清末重修，坐南朝北，中轴线上依次为弥勒殿、大雄宝殿、观音殿。大雄宝殿面阔3间，进深4间，重檐歇山顶，高7米，建筑格局保存完好，殿内供奉释迦牟尼塑像。

报恩寺
闽东著名的古刹之一

宁德市蕉城区城南三里处

报恩寺创建于唐朝咸通九年（868年），周边风景优美，自古就有小桃源之称，是一个得天独厚的佛门圣地。寺内建筑古大殿系清朝乾隆元年（1736年）所建，以唐元庄禅师塔最为著名，内有唐朝船棺式骨灰盒一个。寺内的报恩寺塔始建于明洪武二年（1369年），为青砖结构，塔顶为圆柱形铁刹，塔体为正方形，是宁德古塔之首。

景点推荐

宁德西部景点

白水洋风景区 AAAAA

国家地质公园

宁德市屏南县境东北部 7:00～20:00 旺季160元，淡季90元(联票) 0593-3458118

白水洋风景区内分布着大片原始森林，动植物种类更是繁多，白水洋因其奇特的地质地貌而被誉为“天下绝景，宇宙奇观”，为国家地质公园。

白水洋是鸳鸯溪五大景区中最具特色的，平坦的岩石河床，净无沙砾，登高俯瞰，其形状犹如一块刚刚耙平的巨大农田，平整地坐落在崇山峻岭之中，因而当地人称“仙耙溪”。三大浅水区中，河床布水均匀，水深没踝，阳光下波光潋滟，一片白炽，因而得名白水洋。

五老峰

五老峰山形秀丽，在峰上凭高俯瞰，白水洋一览无余。峰上的小平台人称棋盘顶，传说当年有5位神仙在棋盘顶上，面对棋局冥思苦想，过百代而忘却自身，专注凝神而化为五老峰。

百米冲浪滑道

百米冲浪滑道以白水洋的中洋最为壮

观。中洋的百米冲浪滑道长近百米，宽60多米，游人只要仰面躺在滑道上，就可凭借溪水的冲力向下游滑去，既刺激又安全。赤足走在白水洋上，感受水流的细腻轻抚，十分惬意。

下洋

白水洋的下洋波平如镜，由于河床深浅不一，在日光的折射下，如同多棱的水晶，再加上两岸绿树掩映，整个下洋五光十色，故又称“五彩洋”。五彩洋的中央有一突出的石笋，从上方看，很像一顶明代的乌纱帽，故称“纱帽岩”。

鸳鸯溪游览区
有“鸳鸯之乡”之美誉

宁德市屏南县境东北部　8:00~17:00　40元
0593-3309388

鸳鸯溪是我国目前唯一的鸳鸯保护区，溪长14千米，山深林密，幽美而清净，是鸳鸯栖息的好地方，每年秋季有上千只鸳鸯从北方飞来越冬，故屏南有“鸳鸯之乡”之美誉。

鸳鸯溪游览区为鸳鸯溪的中心景区，以野生动物鸳鸯、猕猴和稀有植物为特色，融溪、瀑、峰、岩、洞等山水景观为一体。其中最有特色的是百丈岩水帘洞，为全国五大水帘洞之首。

天星山森林公园
湖潭瀑泉密布

宁德市屏南县境内，霍童溪上游

天星山森林公园内森林资源丰富多彩，谷幽壑深，云遮雾绕，飞瀑流泉，可谓是“山水林泉，交相辉映；风物景观，美不胜收”，堪称自然山水之佳地。公园有金造溪、白玉溪、代溪等，水质清澈纯净，溪涧两边是翠绿的天然草地和茂密的森林；还有玉照湖、腾仙湖、飞虹瀑、鲤鱼潭等。

上楼水松林
植物活化石群

宁德市屏南县岭下乡上楼村边

上楼水松林位于一片沼泽地中，水松茂盛挺拔，最高的30多米，被专家誉为“植物活化石群”。水松是冰川世纪孑遗植物，国家一级珍贵树种，2006年国家邮政局发行了《孑遗植物》邮票，上楼水松林成为一张国家名片。

鸳鸯溪

仙山牧场

江南的北国草原

宁德市屏南县县城西北部与古田、建瓯两县交界处

可在屏南县城包面的到牧场，也可以搭乡镇班车

仙山牧场被誉为“北方少有，南方仅有”的高山牧场。在这里既可领略到“天苍苍，野茫茫，风吹草低见牛羊”的北国草原情调，又可欣赏到江南牧场所特有的四季如春的山光水色。牧场内常年流水的山涧有20多条，素有“花溪”之称。位于牧场场部右侧小山坡上的闽东北特委、军分区驻地纪念碑是为纪念中共闽东北特委、军分区于1936年春进驻仙山领导闽东北苏区军民坚持游击战的功绩，这里1990年10月被列为县级重点文物保护单位。

鲤鱼溪 AAAA

罕见的鲤鱼自然保护区

宁德市周宁县城西五千米处的浦源村中

可从周宁县城乘坐面的前往景区

8:00~17:00　35元　0593-5735355

鲤鱼溪原名东洋溪，源于海拔1448米的紫云山麓，汇数十条山涧清泉奔流而下，至浦源村口水势顿减，溪中悠然游着七八千尾色彩斑斓的大鲤鱼，故而得名“鲤鱼溪”，是罕见的鲤鱼自然保护区。

九龙漈瀑布群

被誉为“华东第一瀑”

宁德市周宁县七步镇鲤鱼溪下游，距城东南13千米处

可从宁德市区或周宁县城乘坐到九龙漈瀑布的旅游专线车　55元　8:00~16:00

九龙漈瀑布群由九级大小瀑布组成，溪水在危崖断壁之间层层下落，形成了落差近300米的九级瀑布群，被誉为“福建第一瀑布”。

玩家解说

整个游步道沿着水流修建，走过一小片竹林，顺着木质台阶一路蜿蜒向下走到谷底，第九级瀑布——龙口瀑即在眼前。沿着瀑布边的栈道往上，一路上可依次观赏每级瀑布的不同姿态，第五级瀑布被一块巨石分成两半，也称“龙牙瀑”。第六级至第九级瀑布为“四折瀑”，亦称“四叠瀑”，瀑瀑相连、级级紧扣。步道的最后是九龙漈谷底，是瀑布群中最为壮观的一级瀑布——九龙漈大瀑布，瀑布宽80米，高近50米，气势磅礴。

高山明珠滴水岩

宁德三景之一

宁德市周宁县城西南30千米的洞宫山麓

可在周宁县城乘坐出租车或面的前往景区

高山明珠滴水岩旧称显圣岩，岩壁半腰的狮口洞上方有岩泉数道，形似珠帘，游人进洞，必经沐浴，因而被称为“滴水岩”。整

九龙漈

个景区集岩、洞、谷、涧、湖、溪、瀑、潭于一体，山环水抱，石奇洞幽。滴水岩与古朴典雅的鲤鱼溪、气势磅礴的九龙祭瀑布群齐名，它们被称为宁德三景。

翠屏湖

福建千岛湖

宁德市古田县大桥镇中村，距城关3千米处

可在宁德市区乘坐至古田县的班车，下车后换乘乡间巴士或出租车前往景区

翠屏湖因背靠翠屏山得名，这里四季如春，湖中烟波浩渺，又因湖中有366座大小岛屿而被称为“福建千岛湖”。翠屏湖系山中之湖，从湖中望山，东南向的文笔峰，西北向的五华峰和东北向的羊角峰，形成三峰鼎立之势，为湖光山色之奇观。湖中岛屿密布，泛舟其间，如入桃源仙境。

临水宫

唐代宫殿建筑

宁德市古田县大桥镇中村

可在宁德市区乘坐至古田县的班车，下车后换乘乡间巴士或出租车前往景区

临水宫始建于唐贞元八年（792年），主祀道教“顺天圣母”陈靖姑，是一座风格别致的唐代宫殿建筑，至今已有1200多年的历史。临水宫依山而建，整体建筑错落有致，与周围重峦叠嶂交相辉映。宫殿建筑大量使用如意斗拱、弓梁、垂莲柱等，堪称精美的古建筑群，其中主殿古戏台是国内仅存的四座同风格的戏台之一。

杉洋蓝田书院 AAAA

八闽最早书院之一

宁德市古田县杉洋镇杉洋村北两千米，第十二中学附近

可在古田县汽车站乘坐巴士到达杉洋镇

杉洋蓝田书院是由余仁椿于宋太祖开宝元年（968年）创建的，是闽东当时最早的高等学府。朱熹曾两度到此讲学，培养了许多理学贤人，著名的朱子“十八门人”即是朱熹当年在古田及杉洋讲学期间收入门下的。

书院红墙青瓦，建筑古朴，景色清幽。正院中供朱熹像，左供康太保牌位，右列门人座次，庭院里植丹桂。院后有一巨石突出，称“鳌鱼石”，其上建有魁星阁，登高远眺，山城景色尽收眼底。

翠屏湖

景点推荐

福安周边景点

白云山风景区 AAAA

国家地质公园

福安市西北部穆云畲族乡和晓阳镇境内，距市区55千米

可先在宁德福安市北站乘坐到晓阳镇的中巴，在晓阳车站旁边可以拼车去白云山

白云山主峰是闽东的两大高峰之一，因白云常绕其峰而得名，山脚下环绕着龙亭溪、首洋溪、蟾溪、黄兰溪、秀溪5条溪流。因其独具特色的地质奇观，秀丽多姿的山岳、峡谷风光，稀有多样的生物种群而成为国家地质公园。

缪仙峰

缪仙峰是白云山的主峰，海拔1448米，为闽东第一峰。山上白云环绕，风光旖旎，道教古迹众多。峰顶有个“仙人棋盘”，棋盘的形状为自然形成；缪仙宫殿内左侧还保留着宋末元初遗留下来的祈雨井；最令人称奇的是缪仙峰顶的“佛光”，阳光充沛时还会把游客围在光中。“佛光”有时还会从远处不断地向缪仙峰移动，其中仿佛还有蝌蚪形文字。

千年冰臼群

在白云山蟾溪村龙亭峡谷长达10千米的溪段间分布着上千个奇形怪状的石臼，犹如雕塑艺术的大观园，被人们称为“冰臼群”。

千年冰臼群因其形态很像古代舂米的石臼而得名。千年冰臼群是古冰川遗迹，其遗迹资源之集中、规模之巨大，是目前冰川、冰臼考察史上绝无仅有的，堪称“中国冰臼的宝库”“冰臼奇观中的精品”。

九龙洞

九龙洞景区岩洞密布。每当薄雾缭绕之时，给人以身临仙境之感。洞内仿佛是一个迷宫，洞连洞，洞套洞，洞内藏潭，洞间有瀑。此处有一条二级瀑布，落差80余米，瀑布穿石入潭，非常壮观。

两后陈迹

两后，即谢太后和鸭母娘娘。谢太后是南宋理宗的皇后，因与晓阳村谢姓村民有同宗关系，谢太后赐建了晓阳的广惠观和太后公厅，后者现在是福建省内少有的古建筑。谢太后死后，晓阳谢姓村民为她举行了“三十六葬”，近年来已寻得多处遗址。

鸭母娘娘是传说中的人物，这位民间传说中以天姿国色扬名的美女和其传奇故事在晓阳流传至今。

柏柱洋

闽东“延安”

福安市溪柄镇东南方　宜自驾车前往

柏柱洋是闽东最负盛名的重要革命历史纪念地，四周群山环抱，峰峦绵延，中间一马平川，良田万顷。山间有一白色巨石，形如白柱，因“白”字为民间忌字，故名柏柱洋。

斗面村位于柏柱洋的中心，是当年闽东革命根据地的中心。狮峰寺是福安八大寺之一，建于唐景福元年（892年），为唐代建筑

闽东民居

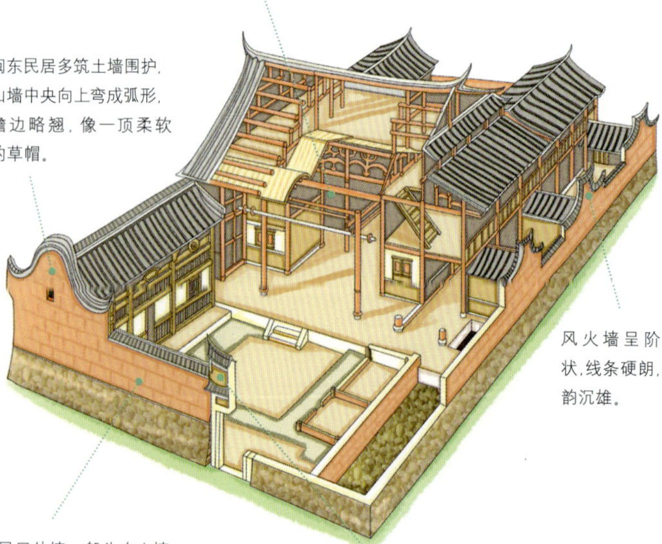

风格。大雄宝殿拱斗式叠建，24根方形大石柱立于殿中，回廊曲径，飞檐画栋，工艺精湛。明朝正德皇帝曾到此游览，题有对联，并赐“狮峰广化禅林”匾额。

瓜溪桫椤自然保护区

大面积桫椤分布区

福安市西南部40千米处溪潭镇瓜溪村

瓜溪的两条支流，一条从西到东，另一条从西南到东北，像大写英文字母“Y”交汇于瓜溪村，形成两个大峡谷。瓜溪自然保护区的桫椤大面积分布，有高达6米多的“桫椤王”，还有总数在3600株以上的桫椤苗，十分珍贵。

四春公园

城中原始森林

福安市区富春溪畔 免费

四春公园包括富春、满春、阳春和迎春四个公园。四春公园的门楼均仿照明代建筑风格修建，铺金黄色琉璃瓦，配以橘红色宫墙，十分古朴幽雅；公园中小道均以卵石铺砌，园内有龙凤假山、荷花鱼池、曲桥，还有龟鹤雕塑、熊猫戏竹雕塑和放龟台、古炮台等景观；公园南面是韩阳十景之一的“龟湖夕照”，每当夕阳西下，游人沉浸于湖光山色，十分享受。

溪塔葡萄沟景区

全国三大葡萄沟之一

福安市穆云畲乡溪塔村

从福安赛岐高速出口下高速即可到达

溪塔葡萄沟景区沟上绿荫蔽日，沟下流水潺潺，形成一道南国独有、美不胜收的风景线，被誉为“全国三大葡萄沟”之一。

溪塔村民皆姓蓝，先祖自明万历年间迁入，是闽东蓝姓畲族的主要发源地，称为“溪塔蓝”。村中遗存的民居、古亭、廊桥、奇石以及世代相传的民俗民风，颇值得来此一观。

廉村

开闽进士第一村

福安市溪潭镇穆阳溪中游西岸

从宁德市乘坐至福安的客车，然后再转乘当地公交车或出租车到达景区

廉村原名石矶津，旧名富溪津，是唐朝时福建第一个进士薛令之的故乡，因薛令之为官清廉，该村被御赐为“廉村”，水为“廉水”，岭为“廉岭”。

廉村古堡建筑群为明万历二十四年（1596年）所建，《福安县志》中有记载。古堡城墙环村而筑，原有8个门，现存6个；城堡内的古官街典雅整齐，巷陌深处高大的粉刷院墙，则是建于明清时代的古民居；沿溪城墙南边有保留完好的唐宋古码头。

链接

八闽第一进士薛令之

廉村人杰地灵，历来人才辈出，自唐以来有功名者共50多人，宋代朱熹与其父朱松都曾到廉村讲学。

薛令之在唐神龙二年（706年）成为八闽第一位进士，及第后授官左补阙、太子侍讲。时宰相李林甫受宠弄权，东宫太子饱受冷遇，薛令之愤懑不平，于是题《自悼》于墙上表示对唐玄宗做法的不满，后告病辞官还乡。756年唐肃宗即位，感念昔日师生之谊，便下旨召薛令之入朝，但那时薛令之已经去世，为嘉许他的廉洁清正，肃宗便敕封他所在的村为“廉村”，水为“廉水”，岭为“廉岭”。

崇福寺

福建佛教八大圣地之一

福安市坂中畲族乡松潭村富春江之畔

在宁德市汽车北站乘坐至福安的班车可达

0593-6379387

崇福寺与福安城隔江相望，现存建筑有大雄宝殿、天王殿、禅堂等，寺内珍藏《大藏经》四部及其他文献资料。另外，寺内还有宝塔两座，其中一座是本寺中兴祖师喜广禅师

崇佛寺

的灵塔，此塔塔座为三会塔，供十方善信使用；塔顶是禅师的灵塔，供有舍利数颗，为本寺的镇山之宝。

东狮山风景区

天下奇山

福安市柘荣县城柳城东路附近

可在宁德汽车南站乘坐至柘荣的班车然后乘出租车到达景区

东狮山为太姥山脉的主峰，因形似狮而得名。风景区由蟠桃映翠、百丈朝暾、仙人锯板等6个分景区组成，山中有谷、泉、洞、岩、峰、石等自然景观227处，步移景换，令人流连忘返。山下龙井瀑布落差100余米，宽6米，蔚为壮观。

寿宁南山风景区

人称“南方泰山”

福安市寿宁县南阳镇，闽东北与浙南泰顺、景宁三县交界处

寿宁南山风景区由南山顶、金鸡山、葫芦岭等景点组成，景区内山清水秀，石洞雄奇、地貌独特、胜景繁多，人称“南方泰山”。

南山顶主要由龙岩寺、天池、石鲤朝天、梦龙塑像、摩崖石刻等景点组成，龙岩寺始建于明正统三年（1438年），至今已有500多年历史；葫芦岭是著名的风景长廊；金鸡山上有连环洞，洞中有洞，洞洞相连，十分神秘。

山羊尖

闽东群峰之冠

福安市寿宁县鹫峰山山脉，县境最北端

可在周宁县城乘坐出租车或面的前往景区

山羊尖因地僻人稀、山羊活动频繁而得名，其主峰海拔1649米，位列寿宁县最高峰，是观日出、云海、林涛的最佳去处。山上生长着常绿阔叶树黄山松及濒危珍稀植物钟萼木、红皮糙果茶等，这里也是苏门羚等珍稀动物的栖息地。

杨梅州风景区

闽东小九寨

福安市寿宁县坑底乡杨梅州自然村，距县城40多千米处

可在寿宁县城乘坐到杨梅州村的班车

杨梅州风景区因峡谷里有一古村落“杨梅州”而得名。景区内重峦叠嶂，峡谷奇秀，景色斑斓，并有着深厚的文化底蕴，人称“闽东小九寨”。

杨梅州的峡谷呈带状分布，两岸山峰高耸入云，山间小道曲径通幽，悬崖峭壁上悬下敛，险象环生。跋涉其间，映入眼帘的还有古朴的闽式民居、美丽的木拱廊桥等，著名的闽浙界址“黄阳隘”，虽历经沧桑，仍然古韵犹存。

杨梅州风景区

景点推荐

福鼎旅游区

昭明寺

千年古刹，藏有《昭明文选》

福鼎市城区西北约6千米的鳌峰山

可在福鼎市龙山桥头站乘坐直达昭明寺的公交车

昭明寺建于梁大通元年（527年），为昭明太子萧统所建。这里同时还修建有一座昭明古塔。现存寺塔均为后人重修。

昭明古塔为楼阁式仿木空心砖塔，立于殿后，与太姥山遥遥相对。塔后复修的藏经阁为砖木结构，古色古香，壮观巍峨，为闽东之冠。寺内还供奉有迎自斯里兰卡的释迦牟尼佛舍利一颗，为镇寺之宝。此外，寺内收藏的南朝梁太子萧统编选的《昭明文选》，这让昭明寺在福鼎当地的300多座寺庙中显得与众不同。

链接

昭明太子萧统

萧统（501—531），字德施，南兰陵人，武帝长子，于武帝天监元年被立为太子，未即帝位而卒，谥昭明，世称昭明太子。昭明太子信佛能文，曾招聚文学之士编集《昭明文选》三十卷，对后代文学颇有影响。

资国寺

曹洞派始祖发源地

福鼎市东南郊资国村莲蜂山上

8:00～17:30 www.cnzgs.com

千年古刹资国寺始建于唐咸通元年（860年），至今已有1000多年历史。寺内现有唐井、宋泉、千年铁树、清代柏树等古迹。1991年，新加坡广化寺学航法师赠送该寺一尊缅甸汉白玉释迦牟尼佛坐像；1992年，泰国居士陈晋环供奉一尊泰国皇家工艺精品释迦牟尼铜像，如今这两座佛像均作为珍品收藏于寺内。

寺内大雄宝殿占地220.4平方米，为仿明木结构，面阔五间，进深四间，歇山顶，覆莲花式柱础，寺内有宋香炉两只，唐、宋井各一口，元丰六年（1083）碑一座，还有灵泊洞、卧陀岩、谈经台等石刻。

鸳鸯头草场 AAAA

万亩高山草场

福鼎市柘荣县东源乡鸳鸯头村鸳鸯头88号

从市内乘坐宅中—柘荣班线、柘荣—宅中班线至鸳鸯头草场路口站下车 ¥60元

8:30~16:30

0593-6197999

鸳鸯头草场占地面积约5000亩，是片广袤的高山草场。草山地势较低，绵延起伏，行走在草场之中，仿佛让人置身于一个梦幻的童话世界。

鸳鸯头草场四季风光各具韵味。春日，这里是连绵草丛中的花海。淡紫色、红色与白色的杜鹃争相绽放，仿佛是大自然精心绘制的画卷。此时，蜜蜂与彩蝶纷飞，它们在花间穿梭，忙碌地采集着花蜜。春风轻轻吹过，草丛摇曳，仿佛在唱一首春天的赞歌。

夏日，翠绿的山峦与蓝天白云交相辉映。站在草场上，举目皆是天然的画卷。阳光洒在山间，照亮了每一片叶子。此时，草场仿佛是一位绿色的女神，优雅地披着绿纱，微笑着迎接每一位游客。

秋季，此起彼伏的草甸上，银白色的草花在微风中摇曳，它们仿佛是草原上的精灵，轻盈地舞动着。每当这个时候，草场变得宁静而祥和，仿佛在诉说着秋天的故事。

冬季，泛红的草山与周边的绿色阔叶林和针叶混交林带形成鲜明的色彩对比。此时，草场穿上了一件红衣，展现出独特的韵味。若有瑞雪降临，草场将披上银装，仿佛一幅水墨画卷，更显静谧和神秘。

翠郊古民居

江南古民居之杰作

福鼎市白琳镇翠郊村

可乘坐福鼎市直达白琳镇的班车，再由白琳镇换车直达翠郊古民居 ¥30元 8:00~18:00

翠郊古民居又称翠郊大厝，始建于清乾隆十年（1745年），堪称江南古民居之杰作。民居坐西朝东，主体建筑属木构建筑，屋顶呈歇山式，门窗、斗拱、梁柱、花窗楹联等均雕刻有飞禽走兽、花卉、人物，雕刻手法精巧、古朴大方、生动优美。清乾隆大学士刘墉与吴家关系甚密，曾赠“学到会时忘粲可，诗留别后见羊何”的楹联，寄望于朋友读书有成，友谊长存。

鸳鸯头草场

榕抱樟

老人桥

木构虹梁式廊屋桥

福鼎市管阳镇西阳行政村老人桥自然村

老人桥建于明正德年间（1506—1521），是十七都民众为纪念邱阜老人而建的。桥坐西南朝东北，横跨于溪潭之上，桥上建有长廊式桥屋。该桥为东西走向，上造桥亭一座。桥中央设神龛两间，供奉泗洲佛石像、水官大帝石像、真武大帝石像各一尊，石像雕艺精巧，栩栩如生，前置石香炉一口，至今保存完好。

硖门榕抱樟

天然大盆景

福鼎市硖门畲族乡石兰村

石兰村村口有一泊大水塘，被两棵百年大榕树隔成了两半。神奇的“榕抱樟”就扎根在这旖旎的湖光山色中。

“榕抱樟”是一棵长得十分奇特的古树，它既是樟树，又是榕树，樟榕一体，形成了“榕抱樟”的奇观。远观此树是一株十分普通的大树，但近看就会发现此树中生长着两种不同的树种，一株是已有千年历史的樟树，另一株是仅有几十年树龄的榕树，两树自然天成，浑然一体。

江氏祠堂

炎黄世胄

福鼎市山前办事处水北上坪园

江氏祠堂依山傍水，风光旖旎，始建于清道光十三年（1833年），现已传十六世，有493户1970多人。

链接

江氏人才

江氏系由元仲公封国著姓，英才辈出。威公仕夏为南镇郡侯；景公位同马扬公任都尉；德公任汉官御史大夫；世蕤公任后汉御史大夫，为官刚正不阿；霖公累官国子祭酒，简文帝为相；淹公“梦笔生花”文才籍甚，年老诗拙，有“江郎才尽”之称；英川公英才俊上，功盖一时；岁鄒公仕任晋至尚书；景房公任吴越侍郎。

福鼎分水关

闽东北门户

福鼎市贯岭镇分水关村

可在福鼎市区乘坐乡间巴士至贯岭镇，再转车或乘坐出租车前往景区

福鼎分水关海拔450米，地处浙江省泰顺县、苍南县与福鼎交界，为历代兵家必争之地。福鼎分水关建于五代“开闽王”王审知时期，因其地势险要而被称为“闽东北门户”。

景点推荐

霞浦旅游区

杨家溪

海国桃源

霞浦县境内牙城镇西北部

在霞浦县汽车站乘坐到牙城镇的班车即可到达

8:00~17:00

素有“闽东小武夷”之誉的杨家溪位于太姥山西南侧，以风景优美著称，相传北宋名将杨宗保、穆桂英的儿女杨文广、杨金花曾在此平定南蛮，故得名。

杨家溪原名南洋坪，又名九鲤溪、七里溪。杨家溪景色优美、气候宜人，既有奇峰怪石、急瀑碧潭、岩洞石穴、古树名木等自然景观，又有古道、古驿、古庙、古桥、古堡、古寨及历代摩崖石刻等人文景观。

三沙留云洞

闽东小普陀

霞浦县三沙镇西澳村东壁山麓

可乘坐霞浦至三沙的班车到达

三沙留云洞俗称石厝，亦称幻尘庵，是由一自然柱石支撑着一块巨石“一片瓦”构成的一个奇妙洞穴。留云洞依山面海，与中国台湾遥遥相对。景区内的留云寺飞檐斗拱、画栋雕梁、金碧辉煌，寺廊前四根高大石雕龙柱工艺精湛，为闽东之最。

赤岸
中日文化交流之乡

霞浦县府前路1号

从宁德市汽车站乘坐到霞浦县的班车，然后乘专线旅游车到达

赤岸古称“金台港”，因红色山石海岸而得名。宋、元、明时期南北海船皆聚于此，人来货往颇为繁盛，因此赤岸在古时又被称为“一方襟喉”“闽浙门户”。

赤岸是唐金州刺史林嵩和宋资政殿学士、参知政事王伯大的出生地，又是日本高僧空海和尚入唐登陆之地。赤岸现今为中日文化交流之乡，并形成一条中日“空海之旅”专项旅游线，建有赤岸文物陈列馆和祭海亭等以纪念空海大师。

玩家解说

唐贞元二十年（804年），日本高僧空海随使船来中国求学，途遇台风漂到赤岸。空海在赤岸滞留41天，后取道福州，抵达长安（今陕西西安）。现在每年都有许多日本僧人及游客远道而来，观光祭拜。

高罗海滨
东方夏威夷

霞浦县南部长春镇高罗村

高罗海滨有长达2000余米的宽阔沙滩，由亭下溪和积石两个沙滩组成。一个为鹅卵石滩；另一个为沙滩，其沙质洁净，色泽金黄。高罗海滨海水清澈，渔舟点点，海鸟成群。海面上星罗棋布的大小岛屿风光秀丽，美不胜收，构成一幅天然的海景画卷。度假村坐落于海滩林荫之中，具天然质朴的格调。

外浒沙滩
霞浦四大沙滩之一

霞浦县南部下浒镇外浒村

在霞浦县乘坐前往下浒镇的班车下车后步行即到

外浒沙滩长1600米，呈半月形沿海展开。其沙质细腻，海水清澈湛蓝，并有宽近10米的鹅卵石带，是天然的海滨浴场，有“闽东北戴河”之誉，有诗云“此地黄沙细如尘，轻车驶过了无痕”。沙滩西南侧有琵琶岛、云峰寺、狮公鼻等景点，两边延伸的礁石呈红褐色，怪石林立，景色壮美。

霞浦滩涂
中国最美丽的滩涂

霞浦县沿海岸线

在宁德市汽车北站乘坐至霞浦县的班车即可

霞浦县是滩涂风光最典型、最集中的地方。其海域面积广阔，沿海港口众多，海岸线长达404千米。这里的滨海滩涂风光独具地域特色，被摄影界称为“中国最美丽的滩涂”。

链接

滩涂的形成

霞浦拥有404千米长的海岸线，经年累月的潮起潮落，形成了海岸与海水间的潮间带，这就是滩涂。霞浦的滩涂和别的地方不一样，由于海水温度、养分、日照的特殊性，这里的滩涂特别适合生长海带、紫菜、牡蛎等，因此沿岸居民世世代代从事海耕海植的劳作。

松山天后宫
妈祖行宫

霞浦县松港街道州洋乡松山村

在宁德市汽车北站乘坐班车到达霞浦，然后再转车前往松港街道松山村即可

松山天后宫历史上别称“妈祖行宫”“靖海宫”“阿婆宫”，与湄洲天后宫同建

霞浦滩涂

于宋代，是八闽地区创建较早的祭祀妈祖的宫庙。

松山天后宫在明清时期由官方倡修，现只保留有天后圣母正殿，殿内现悬挂着“明万历年间，福宁知州胡尔造”“清康熙年间总镇福宁左都督吴万福前重建”等重修文字匾额和清乾隆五十八年“靖海宫祀记”碑刻一块。

大京古堡

中国最长的乡村古堡

霞浦县长春镇大京村，距县城40千米

在霞浦汽车站乘坐前往大京的班车即可到达

大京古堡原名南京，亦称大金,其三面傍山，东面临海，山川毓秀，地灵人杰，历经600多年风雨，至今保存完好。

大京古堡是明代福建抗击倭寇的重地。古堡长2815米，分东、西、南三个城门；城内街道以条石拼排，并兴建4个街亭，开凿4口八角大井；城周建有长约850米的护城河，与城堡形成牢固的防御整体；城外古榕树枝繁叶茂，绿荫浓密。

建善寺

闽东名刹之一

霞浦县城东郊华峰山麓

建善寺始建于南齐永明元年（483年），初名“建福斋”。唐贞元二年（786年），一代高僧灵祐禅师在此落发为僧。

建善寺坐北朝南，寺前有一老榕树，榕树下立有国务院原秘书长杜星垣先生书镌《古刹逢春》石匾；殿后有参天挺拔的百年银杏、木棉树，高达数丈；寺后木棉苍劲。寺内还收藏有狮山防海碑，文斌阁碑，萨镇冰浚河诗碑、宋代石雕复盘莲式柱础等文物。

大京古堡

攻略资讯

- 交通
- 住宿
- 美食
- 购物
- 娱乐

宁德市区风光

交通

火车

宁德站：位于宁德市东侨新区漳湾镇土尾村，是温福铁路和衢宁铁路的共用车站，现为二等站。可乘坐公交19、20路抵达。

古田北站：位于宁德市古田县黄田镇洋上村202省道，是合福高速铁路中间站。可乘坐古田K1、K9路抵达。

汽车

宁德市内有宁德汽车南站和宁德汽车北站两个汽车站，汽车南站的班车走高速公路，汽车北站的班车走国道。

宁德汽车南站：位于蕉城区万安西路8号，可乘公交1、4、7、15、20、23路抵达。

☎ 0593-2926131

宁德汽车北站：位于蕉城区环城路1号，是交通部核准的一级道路客运站。已开通至福州、义乌、山东、宁波、揭阳、汕头、郑州、南宁、东莞、启东、长治、广州、南京等多个地区的汽车班次。 ☎ 0593-2837845

市内交通

宁德城区公交线路33条，营运公交428辆，线路总长度562.4千米。

宁德出租车2千米内起步价7元，同时取消燃油附加费。超过2千米后，超出部分按照每千米1.8元计费。超过5千米，超出里程按车千米租价的50%收费，即每车千米按0.9元收费。

住宿

宁德市住宿条件优越，有星级酒店若干家，除两座四星级宾馆外，其余多为二三星级的宾馆，经济实惠。若至太姥山游览，则可在景区或福鼎市下榻。经济型酒店多分布在宁德火车站周围，出行交通方便。此外，连锁型酒店也是不错的选择。

●宁德山水大酒店

宁德山水大酒店位于闽东路的商务黄金地段，环境优越，交通便捷。酒店内设有咖啡厅、酒吧、桑拿、网球场游泳池等完善的服务

宁德山水大酒店

项目设施，是一座综合性商务旅游酒店。

宁德市蕉城区闽东中路18号 0593-2918888

●美伦大饭店

美伦大饭店地处高速公路宁德市区的出口要道，融合了城市的繁华和乡镇的静谧。酒店设计风格优雅，环境优美，是一个不错的住宿地。

宁德市蕉城区院岗路5号 0593-2929888

●东方国际大饭店

酒店地处繁华市中心，地理位置优越，汇聚餐饮、客房、会议接待、夜总会、桑拿休闲、超市购物等多种设施，提供各类客房、套房及总统套房，满足不同需求；同时配备有大、中、小型会议室，以满足各类会议需求。

宁德蕉城区八一五中路1号 0593-2810999

美食

宁德的小吃种类繁多，鱼丸、肉丸、周宁魔芋、福鼎芋等都是宁德的特色小吃。另外，宁德的晚熟龙眼有800年种植历史，其粒大肉脆，实白壳黄，肉多核小，味香甜，是滋补佳品。

闽东大广场美食街是一条很长的美食街，街上有各色宁德美食出售。

●周宁魔芋

周宁魔芋原料是山中的一种蕨类植物，其块茎含有丰富的淀粉、葡甘露聚糖和多种生物碱，经过加工后成为一种极有弹性的美味食品，热炒凉拌都很好吃。

周宁魔芋

●福安光饼

福安光饼亦称继光饼，相传这是戚继光在闽浙一带平倭时的戚家军干粮，其实就是将面粉加上精盐、芝麻、葱丝烤制成的小圆饼，香脆可口。

●海蛎包

海蛎包是用米浆、海蛎、葱等制作而成。即取少量米浆置于浅圆的瓢中，薄盖其底，后置适量海蛎、葱为馅，再盖上米浆密封后炸至金黄色便可食用。

海蛎包

●鸳鸯面

鸳鸯面俗名“苦槌面”，其色泽如琥珀，质地滑腻而富有弹性。是将干鸳鸯果在沸水中滚熟，放清水里浸漂，后沥干水，加鸡肝、虾仁爆炒，不糊不碎。若以鱼腥草加猪骨汤清焖鸳鸯果，味道更是清爽可口。

购物

宁德山清水秀，盛产茶、菌、果等经济作物，茶叶、食用菌、四季柚、槟榔芋、晚熟荔枝、晚熟龙眼、油柰、无核柿、板栗等畅销海内外。宁德还盛产大黄鱼、石斑鱼、对虾、二都蚶、剑蛏等海产品。除了经济作物，许多手工艺品也是宁德的城市名片，如饼花、剪纸、竹枕、剪刀、古田竹编、霞浦贝雕和软木画等，都是留作纪念或送给亲朋好友的佳品。

宁德市区购物场所相对集中，宁德万达金街、福鼎溪西小吃美食街、宁德鹏程历史文化街区、宁德惠风路花漾街区、宁德德润尚街都是宁德较为热闹的购物区。其中，宁德鹏程历史文化街区建筑多以明代、清代为主，较为完整地保留了明清街区的格局，是观光游览的好去处。

●芙蓉李

福安市是芙蓉李之乡，福安的李子具有颗粒大、肉厚核小、甜酸适中、不粘核等特点，不仅可以鲜食，更是加工供出口的上乘蜜饯原料。以芙蓉李为原料制作的加应子、玫瑰李、芙蓉李干等系列蜜饯，口味独特，具有原果鲜味，是颇受欢迎的都市食品。

●绿竹笋

绿竹笋又称马蹄笋，质嫩味美，清暑解渴，是八闽山珍之一，宁德独创的清水白玉笋罐头销往国内外市场，是闽东出口创汇的拳头商品之一。

●饼花

饼花是用于装饰月饼的一种画种，源于清乾隆年间，流传于宁德各县，其中以福鼎饼花最具特色。福鼎每逢中秋佳节相互馈赠月饼都要贴上一帧古朴、美观的饼花，以示吉利。

●红曲

红曲系古田、屏南特产，其中古田是红曲正宗产地。其生产历史悠久，品质优良，工艺独特，素以颜色鲜红、色泽好、糖化发酵能力强而闻名。

●竹枕

竹枕是宁德传统产品，因被作为贡品而驰名。其工艺原由古田杉洋传入，传入后经历代改良而成。

●霞浦贝雕

霞浦贝雕是采用多种贝壳精制加工而成，有赤岸风光、赤岸石桥、赤岸木臭墩及空海立像等品种，非常精美，可以当作家庭装饰，也可送给亲朋好友。

娱乐

宁德传统艺术表演活动非常丰富，如霍童线狮、畲族歌舞、北路戏、纸札、铁技、高跷、线香龙舞等，颇受当地人民的喜爱。

●霍童线狮

霍童线狮又称抽狮，源于清代，流行于宁德霍童和福鼎管阳、沙埕一带。表演时将20千克重的狮头、身、尾、足系上绳子，挂在特制的车架上，由7人拉绳操作，把“死狮”抽成“活狮”。在大锣大鼓伴奏下跳跃、回旋、翻滚，形象逼真。

●北路戏

北路戏俗称“乱弹”。由于主要乐器为长膜笛，故又名“横哨戏”。清嘉庆年间，寿宁县廷家洋村创办北路戏班，并经常到外地演出，在闽东名噪一时。北路戏的音乐声腔是在西秦腔、明腔等乱弹腔的基础上演变而成的，并吸收了微调、汉调、江西乱弹以及高腔、滩簧小调等声腔，形成了一个多声腔的剧种。

●线香龙舞

线香龙舞属于龙舞的一种。其龙身以稻草捆成，由表演者擎举舞动，另扎一龙球，由一人擎举舞动。表演时龙身龙球都密插点燃的线香，球在前腾舞，龙身随后前行，打击乐伴奏，边舞边走，别有风趣。

线香龙舞

发现者旅行指南

莆田

概览

亮点

■ **湄洲岛**

湄洲岛与宝岛台湾遥遥相望，岛上林木蓊郁，沙滩连绵，素有“南国蓬莱”之美称。妈祖祖庙也位于湄洲岛上，祖庙终年香火鼎盛，被誉为“东方麦加”。

■ **九鲤湖**

九鲤湖以湖、洞、瀑、石四奇著称，尤以飞瀑为最，自古以来有“鲤湖飞瀑天下奇”之誉。明代大旅行家徐霞客把它与武夷山、玉华洞并称为“福建三绝”。

■ **南少林寺遗址**

北有嵩山少林寺，南有林泉少林寺，林泉少林寺即莆田南少林寺的旧址。莆田文物局曾在遗址处挖掘出多处文物古迹，中国佛教协会会长赵朴初先生亲自题写“南少林寺”寺名。

紫霄岩

■ **紫霄岩**

紫霄岩怪石嶙峋，千姿百态，同时敲击岩石的不同部位会发出各种不同的声音，故有“紫霄怪石”之美称。

■ **必逛街道**

莆田步行街：莆田的第一条步行街。它保留了古谯楼、凤山寺、文峰宫三处古旧建筑以及县港、北大路两条老街。步行街上百货店铺林立，将现代商业和传统文化结合在一起，是在莆田旅游购物的首选地。

线路

■ **山水风光览胜游**

第一天游览九鲤湖，两岸风光迥异，荡舟其中，远处瀑布轰鸣，临近时闭目举起双臂，十分凉爽。晚上住在景区附近。

第二天早餐后去九龙谷，游览风景秀丽的东圳水库景区和太枇杷第一村——洋边村，中午在景区内用餐。下午去凤凰山公园，看“石室藏烟”景观。

■ **湄洲休闲一日游**

前往湄洲岛，去妈祖庙拜妈祖祈福，听潮汐奏出的自然交响乐。一定不能错过妈祖寿面、妈祖宴菜、湄岛秋菊、江瑶柱等特色菜及枫亭糕、仁丹糕、芜糕等特色小吃。

九龙谷

为何去

莆田市古称“蒲口”，因盛产荔枝，胡有别称“荔城”。莆田历史悠久，景色秀丽，是福建省历史文化名城。湄洲岛上的妈祖祖庙闻名遐迩，文化底蕴深厚。

莆田荔枝

何时去

莆田气候属南亚热带，冬短夏长，春秋凉爽。夏季旅游最佳，每年的7月至9月是台风多发季节，莆田也会深受其害，台风带来的强风强降雨天气会给旅游造成不便。

湄洲岛

湄洲岛

区域解读

区号：0594
面积：约$4200km^2$
人口：约267.29万人

地理 GEOGRAPHY

区划

莆田下辖4个区（城厢区、涵江区、荔城区、秀屿区）、1个县（仙游县）。

地形

莆田地势由西北向东南呈梯状倾斜。西部和北部以山地为主，其间低山、峡谷、盆地相错。中部和东部为冲积平原和海积平原。东南部沿海为半岛和丘陵台地，地势低平，环抱港湾。

九鲤湖风景区

气候

莆田地区属亚热带海洋性季风气候，年均气温18～21℃，冬短夏长，春秋凉爽，气候温润。每年4月至12月，莆田气候舒适宜人，也是最佳的旅游时段。在每年的1月至9月，莆田易受热带风暴和台风天气的影响，此时去游玩，一定要随时关注天气状况。

历史 HISTORY

历史大事记

●先秦时期

早在三四千年前，人类已在这里生息繁衍。莆田市区西郊山上有古人穴居的海蚀洞多处，曾出土新石器时代的遗物。

春秋战国时期，越国越族入闽，与当地的居民互相融合，逐渐形成新的闽越族。战国末期，入闽的其中一支越族酋长无诸，建立起闽越王国，莆田和仙游也成为越国领地之一。

●秦汉至南北朝

秦始皇三十三年（前214年），秦王朝征服百越地区，立郡县，闽越故地被划入闽中郡，莆田和仙游首次被纳入行政建制。

陈永定二年（558年）名儒郑露三兄弟

东圳水库

于今永泰县迁至凤凰山（又名南山）下的湖山书堂开坛讲学，此为莆仙地域教育事业的开端。

●明清时期

明宣德六年（1431年），郑和第七次下西洋，经过莆田湄洲湾时，修葺并扩建了妈祖庙。同时，莆田很多水手也跟随郑和远航。

明嘉靖四十一年（1562年），戚继光率领戚家军在莆田的林墩一带与4000多名倭寇展开激战，最终剿灭这一股势力，成功营救2000余名被俘的百姓，史称“林墩之战”。

清顺治十二年（1655年）正月，郑军曾攻占仙游县城十余天，后移兵围攻府城，不克，乃退。清顺治十八年（1661年），在政府实行截界之前，莆田沿海仍处于郑成功和清朝两方政权的统治之中。

名单 莆田历史名人

晚唐著名诗人黄滔

五代时期著名才子徐寅

五代宋初清源军节度使陈洪进

北宋著名书法家蔡襄

南宋著名史学家郑樵

南宋抗金贤相陈俊卿

南宋著名理学家林光朝

南宋著名词人刘克庄

元代文学家陈旅

明朝文学家、理学家、方志学者黄仲昭

明朝著名清官郑纪

明朝清官林润

明朝书画家、篆刻家宋珏

清朝著名书画家郭尚先

近代著名画家李霞

著名教育家欧元怀

著名古装人物画家、美术教育家黄羲

林墩之战

明嘉靖四十一年（1562年）九月，浙江都指挥使戚继光率军在林墩（今福建莆田东10千米处）捣毁了倭寇营寨。

戚家军在福清取得牛田大捷后，倭寇约

戚继光画像

有4000人逃至莆田林墩，并结寨踞守。戚家军乘胜追击，并于九月十三日抵达莆田城。戚继光为了迷惑敌人，制造出暂不进兵的假象，后于次日夜半亲率戚家军直捣林墩敌营。

林墩四面水沟纵横，地形复杂，仅两路可通。一为黄石大道，二为西洪小路。戚继光本拟走黄石大道，因向导通敌，被误引入西洪小路，由于路难行，拂晓方达林墩附近。

倭寇发现明军，迅速占领唯一通路宁海桥。该桥筑有坚固工事，并有倭寇2000人防守。戚继光将部分兵力转由黄石大道进攻，牵制敌人，然后亲自率主力对宁海桥实施强攻。因地形不利，兵力难以展开，前锋战士多被铳箭杀伤。戚继光当即改变部署，令陈大成继续组织夺桥，自己由主攻改为助攻，率吴惟忠等改由黄石大道进攻。时由黄石大道进攻的王如龙部已突入倭巢。防守宁海桥的倭寇见营寨被突破，转兵增援。陈大成乘隙进攻，夺占宁海桥，与戚继光、王如龙形成夹击之势。倭寇陷于混乱，大部分被歼灭。同时，戚家军还成功救出被掳的男女2000余人。

文化 CULTURE

传遍全球的信俗——妈祖文化

在水之湄，在海之洲，一屿如眉，有一弯被大海与阳光拥抱的神奇岛屿，它就是莆田的湄洲岛。湄洲岛是闻名中外的海上和平女神——妈祖的故乡，也是妈祖文化的发祥地，更是世界上20多个国家和地区的近2亿妈祖信众顶礼膜拜的圣地，被誉为“东方麦加”。值得一提的是，如今从湄洲妈祖祖庙分出去的妈祖宫庙有6000余座，可以说是遍布海内外。南宋著名文学家刘克庄还曾吟诗道“灵妃一女子，瓣香起湄洲”。

妈祖是中国最有影响力的航海保护神之一。妈祖信俗是以崇奉和颂扬妈祖的立德、行善、大爱精神为核心，以妈祖宫庙为场所，以庙会、习俗和传说等为表现形式的民俗文化。

妈祖原名林默，960年出生于福建省莆田市湄洲岛。这位善良的民间女子生前帮助百姓预测天气、采药治病、救助海难，28岁

妈祖庙

妈祖庙

时，因在海上救人而献身。岛上渔民为她建庙，将其奉为海神，宋代（1123年）受到朝廷褒奖，先后被封为天妃、天后、天上圣母，后逐渐成为航海保平安的女神。

这里有很多关于妈祖的风俗，包括妈祖分灵庙庆贺活动、戏剧演出或家族感恩苍天、祭奠祖先仪式。人们会在节日之夜提“妈祖灯笼”绕游；湄洲妇女头梳帆船状发髻，着蓝色上衣和红黑相间的裤子，表示敬仰；用木质半月形“圣杯”，向妈祖祈求解决疑难问题；妇女换下妈祖头上的花来求孕；到妈祖宫庙祈取小香袋戴在小孩身上，以保平安；渔民还会在妈祖诞辰日前后不下海捕鱼。

历史悠久的莆仙戏

莆仙戏原名兴化戏，是中国现存最古老的戏曲剧种之一。南宋时期，在宋杂剧的影响下，福建莆田、仙游一带出现了将歌舞念白综合起来演故事的兴化杂剧。明代初年，兴化杂剧吸收昆山、弋阳、余姚、海盐等声腔，形成兴化腔，用以演出。明清时期，这一戏曲样式又有了进一步的发展。1954年，兴化戏正式改称莆仙戏。莆仙戏主要流行于福建莆田、仙游地区，在闽中、闽南的兴化方言地区也有流传。

莆仙戏现存传统剧目5000多个，其中《王魁》《张协状元》《刘知远》《蔡伯喈》等剧目在一定程度上保留了南戏的艺术风貌，连演7天的《目连戏》明显保留着中国戏曲初期的表演形态。

在莆仙戏的表演体系中，有一些具有鲜明地方色彩的程序动作，如牵步蛇、雀鸟跳、扫地裙、摸田螺、七下溜等，还有一些动作遗留着傀儡戏表演的痕迹。莆仙戏的唱腔结构属于曲牌体，有音乐曲牌1000多个，锣鼓经300多种。

景点推荐

湄洲岛 AAAA

莆田市湄洲湾湾口北半部

125元　7:10～21:00

乘坐361、362、363路公交到文甲码头站换乘轮渡即可到达

湄洲岛与宝岛台湾遥遥相望，是莆田市第二大岛，全岛南北纵向狭长，形如弯眉，故称湄洲岛。岛上林木蓊郁，港湾众多，沙滩连绵，素有“南国蓬莱”之美称。

湄洲岛风景秀丽，岛内不仅有海上交响乐湄屿潮音、“东方夏威夷”九宝澜黄金沙滩、“小石林”鹅尾怪石等风景名胜，还有妈祖祖庙“天后宫湄洲祖庙”。每逢农历三月二十三日妈祖生日和九月初九妈祖忌日，庙宇内外人山人海，甚是热闹。

玩家 行程

上午可以跟着湄洲人按湄洲风俗朝拜妈祖，参加“烧高香，祈五福，诵经”活动，后游览文化园，参观南轴新殿等；下午游览湄屿潮音景点，观海听潮，还可以去海边参加拉网和垂钓等活动。

玩家 攻略

最佳游季：岛上气候温和，属典型亚热带海洋性季风气候，年平均气温20℃，每年的7月至9月为最佳游玩时间，此时天气炎热，可充分享受阳光和沙滩，夜晚也可露宿沙滩帐篷，别有一番情趣。

美食：岛上海鲜非常多且新鲜，妈祖寿面、妈祖宴菜、湄岛秋菊、江瑶柱等都是有名的特色菜，特色小吃还有枫亭糕、仁丹糕、芜糕等。

湄洲妈祖庙

“海上布达拉宫”

湄洲妈祖庙创建于宋雍熙四年（987年），是当今世界上6000多座妈祖庙的祖庙，是全球2亿多妈祖信众的精神故园，是为祀海神林默而建，被人们称为“海上布达拉宫”。

目前的祖庙建筑群以前殿为中轴线进行总体规划布局，依山势而建。庙宇金碧辉煌，共有5组建筑群，16座正殿、偏殿，99间斋舍客房等。庙后岩石上，有“升天古迹”“观澜”等石刻。

链接

人类非物质文化遗产——妈祖信俗

妈祖信俗是妈祖文化的核心内容，是源于人们对妈祖的景仰而逐渐形成的一种常规化的民间信仰习俗，也称娘妈信俗、娘娘信俗、天妃信俗、天后信俗、天上圣母信俗、湄洲妈祖信俗等。妈祖信俗的内容主要由祭祀仪式、民间习俗和故事传说三大系列组成。

湄洲岛

湄洲妈祖庙

妈祖文化园

湄洲岛最高点

园区大海环抱，怪石嶙峋，青山环绕。妈祖碑林位于妈祖文化园东部山坡，碑林主体部分为碑石，碑石有主碑1座和辅碑99方。碑石形状各异，由包括赵朴初、林散之、刘炳森、启功在内的海内外著名书法艺术家，用不同书体，把历史上与妈祖相关的名碑文和历代文人墨客歌颂妈祖丰功伟德的诗、词刻录上去。

石雕巨像是为纪念妈祖羽化升天1000周年而建，中国台湾北港朝天宫也有一尊模样完全相同的石像。两岸妈祖石雕像头顶冕旒，身披霞帔，端庄慈祥，遥遥相望，共同维护台湾海峡的和平与安宁。

玩家 攻略

妈祖圣像是湄洲岛的最高处，所以大家都会选在妈祖圣像附近看日出。妈祖文化园在早上7点之前不收门票。游客可以从妈祖庙的广场拾阶而上，沿湄屿潮音路标的方向走，这时天还很黑，要注意脚下的路，到祖庙后继续前行就会看到妈祖文化园的入口，然后往妈祖圣像的方向走就会到岛的最顶端。

湄屿潮音

莆田二十四景之一

湄屿即莆田湄洲岛，因其岛形如眉而得名，居于海中。岛上有一座宋朝始建的妈祖祖庙，香火鼎盛。祖庙前面，海岸岩石错列，有大块岩石，受风浪冲蚀，长年累月便形成

湄屿潮音

天然凹槽，宽约两米，长数百米。随着潮汐吞吐，产生共振，岩石便发出奇妙而有节奏的音响，组成一曲曲动人心弦的自然交响乐，远送海天。“如撞万石钟，经沧海者，叹观止焉”，是为“湄屿潮音”。

玩家 解说

湄屿潮音在湄洲岛的东北端，从码头步行15分钟左右便可到达。这里有自然的石雕，风蚀和海蚀地貌，静静地坐在海边倾听大海与沙滩对话，别有一番意境。

黄金沙滩

“天下第一沙滩”

黄金沙滩位于湄洲岛的西南端，是岛上最长、最迷人的沙滩。它北拥千亩绿林，南临万顷碧波，东连著名的三湾滩，是天然的海滨浴场和理想的避暑度假休闲地。绚丽迷人的黄金沙滩总长3千米，宽500米，滩平坡缓，沙细如丝，被誉为“天下第一沙滩”。

鹅尾神石园

天然盆景园

鹅尾神石园是一座天然的大型石盆景区，园内怪石千姿百态，惟妙惟肖。园中巨石因其形似鹅尾而得名“鹅尾”，是距今1.3亿多年风化形成的独特奇景，被称为罕见和典型的海蚀地貌。如今大量的海蚀岩经过岁月的洗礼，形成一个个栩栩如生的大自然艺术品。

玩家 解说

鹅尾神石园是一个故事林，这里的每一处景观、每一块石头都有一个神奇的传说。

海龟朝圣：相传1000多年前，有只神龟想拜妈祖为师，可当它爬上湄洲岛时，却见妈祖已羽化升天，顿时伤心欲绝，于是决意从此不再修炼，最后化成了石头留在人间，于是有了这一栩栩如生的景象。

百兽朝拜：相传，妈祖扶危济困、镇邪除恶的事迹感动了百兽，于是在每年的农历三月二十三日和九月初九之时，百兽都成群结队来此朝拜妈祖，于是有了“百兽朝拜”之景。

妈祖书库：据说妈祖小时候经常看到有渔民外出捕鱼时遭遇到风暴葬身海底的灾难，于是天性善良的妈祖从小就立誓要帮助他们。她阅读了许多关于天文、地理、气象、医学等方面的书籍，用所学知识给了广大渔民极大的帮助。妈祖深知知识的力量，所以在她羽化升天后，便把所学书籍化成片片的页岩留在了鹅尾山上。

景点推荐

莆田市区景点

木兰陂

古代大型水利工程之一

莆田市城厢区城郊乡陂头村木兰山下

乘坐5路公交车在泗屿下车

全天开放

木兰陂因在木兰山下而得名，始建于北宋，建在汹涌的木兰溪水和兴化湾海潮汇流处。为纪念建陂的先贤，木兰溪的南岸修建了木兰陂纪念馆。馆内供有4位建陂者塑像，保存了自明代以来名人先后篆刻记载的历次修陂碑石，成为宝贵的水利建设史料。1962年冬，郭沫若参观木兰陂后，欣然提笔写下《咏木兰陂》诗六首，该诗碑已竖在庙内。馆旁有恩功亭和宋郑耕的木兰书堂古迹。馆外湖光山色，景色宜人，尤其在春水初涨、溪水漫陂入海时，白浪滔滔，有“木兰春涨”之誉。

链接

谁建木兰陂？

人们都知道木兰陂是钱四娘建的，但很少有人知道李宏也是筑陂人。钱四娘最开始在将军岩处建了陂，但陂建成后便被溪洪冲毁，现今只有钱陂遗址。实际上她的功绩是开创了在木兰溪上建陂的先河，陂虽被冲毁，但影响却极大。钱四娘筑陂失败后，她的同邑人林从世又捐家财10万缗，在温口继续筑陂，但在工程快完成时，又被凶猛的海潮冲塌，再次失败。

10年后，应诏前来莆田建陂的县令李宏在有水利工程技术知识的僧人冯智日的协助下开始重新筑陂。李宏认真负责，对工程精益求精，花了8年于1083年终建成了千年不毁的木兰陂。但不幸的是他在巡视途中得病，行至大孤屿（黄石金山村）时逝世，终年41岁。建陂的8年成为他人生最后的8年，他呕心沥血、鞠躬尽瘁，人们感激他的建陂功德，于是在陂南立庙纪念，宋景定三年（1262年）李宏被诏封惠济侯。

三清殿

江南古建筑中的奇葩

福建省莆田市荔城区梅园东路

乘坐56路至观桥站下　免费

7:00~17:30

三清殿建于唐贞观二年（628年），因内奉“太清元始天尊、上清通天教主、玉清太上君”而名“三清殿”。殿内竖有20根木头连接大柱，仍保持宋代建筑风格，与福州华林寺、宁波保国寺并称为江南古建筑精华。

三清殿是这座道观的主殿，殿堂为重檐歇山顶木构式建筑，殿内现存有石刻10方，其中宋徽宗赵佶手书瘦金体“神霄玉清万寿宫碑”是如今全国现存的三碑之一。正殿东边为东岳殿，内柱为半浮雕盘龙石柱，皆不置柱础，前为拜亭、三门，以两廊连接成整体格局，正殿后并列后殿和偏殿。

玩家解说

殿内还保存有宋初大文豪王禹偁撰写的陈仁壁墓碑，方昭书的记载宋代海外交通贸易情形的祥应庙记碑等。此外，尚有苏轼、文天祥、周瑛等历史名人的题刻，可谓汇集了真、草、篆、隶等各体书法，琳琅满目，是珍贵的文化遗产。

广化寺与释迦文佛塔

福建佛教四大丛林之一

莆田市区城南凤凰山麓

市内乘21路公交于南湖公园下车步行前往即可

全天　0594-2692537

广化寺始初名金仙庵，后扩建为寺，建于南朝陈永定二年（558年），宋太平兴国元年（976年）改名为广化寺。

寺内大雄宝殿为抬梁式殿堂结构，天王殿前有两座北宋治平二年（1065年）所建的石经幢，其中一座刻有《佛顶尊胜陀罗尼咒》，是研究梵文汉译与本地方言关系的珍贵实物资料。寺前左侧普门庵前有宋乾道元年（1165年）前建成的仿木楼阁式释迦文佛塔，塔身为五层八角形，塔内为空心结构，外壁上雕有观音菩萨，各层塔檐薄而长，内壁嵌有石阶，可登至各层塔门外。

南少林寺遗址

少林寺分寺之一

莆田市荔城区西天尾镇九莲山林山村

莆田九莲山中有座林泉院，始建于南朝梁永定元年（557年），由中国佛教协会会长赵朴初先生题写“南少林寺”寺名。

南少林寺依山而建，坐东向西，以护寺河、“南少林寺”牌坊、“入三摩地”的山门、莲花池、天王殿、大雄宝殿等组成中轴线，两侧均有偏殿。天王殿供奉弥勒佛，背向为韦陀，两侧为四大金刚；大雄宝殿供奉三清佛，两侧为十八罗汉。其建筑群规模宏伟，布局匀称，保留着唐宋时期的建筑风格。

玩家解说

唐太宗贞观年间嵩山少林寺僧南下，不远千里来到九莲山林泉院，此后林泉院便易名林山少林寺。北宋时，寺庙更加兴旺，有500多名僧人，因其规模宏大、武风鼎盛影响了南中国，故称之为南少林寺，并形成南少林拳，与北少林的腿功一起被誉称“北腿南拳”。

林泉院毁于清初时反清复明斗争中。在1986年至1988年的文物普查中，这座被湮灭了几百年的寺院遗址得以重见天日，在遗址处发现了5个刻有“僧兵”“诸罗汉浴煎茶散”等文字的北宋石槽，中国佛教协会理事、嵩山少林寺第二十九代方丈德禅大师根据先辈叮嘱，暂定了林泉院即南少林寺，并赠送了“南少林就在福建莆田九莲山下”的亲笔题词。

广化寺

链接

南少林遗址三说

泉州南少林寺。泉州东禅院前身被认为是南少林。理由是：清咸丰六年（1856年），东禅寺住持幻空曾手书"少林古迹"山门匾额，稍后又出现过"钦赐东禅少林寺"供案。泉州历史学会陈泗东据此认为："东禅寺有两个名称，一是正式的，名为镇国东禅寺，另一个是俗称，叫少林寺。"东禅寺即南少林的说法在武术界引起了很大影响。

莆田南少林寺。最早见于萧一山《近代秘密社会史料》，称"少林寺在福州府福田县九连山"，日本人平山周的《中国秘密社会史》则称"少林寺在福州府浦田县九连山"，后人认为"福田""浦田"均为莆田的误传。而《洪门历史》《清稗类抄》则直指南少林在莆田县九连山，从而形成"莆田南少林"之说。现代一些史学著作如范文澜的《中国通史》、李方晨的《中国近代史》均沿用此说，再加上考古挖掘到的一批与南少林有关的文物古迹，更加佐证了林泉院即武术界通称的闽中少林，也就是南少林。

福清南少林寺。1993年7月13日的《福建侨报》率先发表"福清也有少林寺"一文，由此引出福建省境内的第三座少林寺——福清少林寺。福清少林寺坐落在福清市东张镇新宁里肖林村，肖林村原名少林，《八闽通志》《三山志》《福州府志》等均有福清少林寺的记载。少林寺遗址位于新宁里弥勒山南坡，寺院依山而建，有8座层次分明的平坦地台，第二殿右侧有马厩、练功场、少林僧人墓葬等遗迹。寺前约400米的石板桥上刻着"少林院沙门谨募众缘，共发心德，舍造下洋石桥一间"条石一块，可作为福清少林寺的佐证。

贤良港天后祖祠
妈祖的诞生地

莆田市秀屿区山亭镇港里村

莆田忠门港里村古称“贤良港”，亦名“黄螺港”，是海上守护神妈祖的诞生地。妈祖羽化后，乡人建祠纪念，名曰“贤良港天后祖祠”。

天后祖祠周围尚有“受符井”“三炷香”“五帝庙”“宋塔”“古码头”等古代遗迹遗址。祖祠里还保存着清代《奉旨春秋谕祭》牌、《重建天后祖祠》碑刻、《历朝褒封徽号》牌刻和《敕封天后志》等珍贵文物，极有史料价值。

梅妃故里
“祖姑皇妃”故里

莆田市荔城区黄石镇江东村境内

在莆田客运站乘坐前往黄石镇的巴士，然后在镇上乘坐摩的前往 8:00~17:30

梅妃故里是江氏族人为纪念唐代名妃——梅妃江采苹而兴建，取名浦口宫。在江东村里，有座建于北宋年间、占地1200多平方米的宫殿式建筑，这就是供奉梅妃的“浦口宫”。浦口宫保持着古建筑风貌，殿堂高大宽敞，8根大石柱支撑着巨大的顶棚斗拱结构，宫内竖着刻有郭沫若《咏梅妃》的诗碑。村边宁海桥附近有块巨石，刻着“梅妃故里”四个大字，在巨石边有一尊高大、威仪、秀美的梅妃石雕像。

玩家 解说

梅妃原名江采苹，唐玄宗时被选入宫。由于她聪明贤淑且擅长文学，深得玄宗宠爱，被封为妃子。因其酷爱梅花，在居处周围遍植梅树，且建有一亭，取名“梅亭”，玄宗因而叫她梅妃，有时还戏称她为“梅精”。据说杨玉环入宫后玄宗便渐渐冷落了她，梅妃最终被迁往上阳东宫，只能借诗诉说自己的不幸。后来在“安史之乱”中，梅妃投井自尽，玄宗回京后找到她的遗体，隆重地以妃礼葬之。传说后来她的弟弟奏请归葬故乡，葬地就在江家祖坟。

梅妃生性正直，志节清高。1000多年过去了，人们仍然深深地怀念着她，称之为“祖姑皇妃”。“一斛珍珠怨恨长，红颜和泪理残妆。归心只托长门月，好把团圆照故乡”“梅精千载有香魂，几树梅花湿泪痕。青草对门潮欲上，不堪明月吊黄昏”就是后人题咏梅妃的诗篇。

莆禧古城
明代抗倭遗址

莆田市忠门半岛南端

在莆田汽车总站乘坐莆田至文甲的班车在莆禧下车即达 8:00~18:30

莆禧古城古地名“浮日希”，始建于明洪武二十年（1387年）。城门上建有城楼，城内建有“千户所衙门”和粮仓等。现尚残存东、北两座城门和月城以及古城墙。古城门外有抗倭名将戚继光石像和八卦井等。

距离莆禧城东北角约1千米的普陀山麓有一个仙洞赏春台。这里古榕参天，绿树成荫，山泉叮咚，怪石嶙峋，摩崖题刻比比皆是，是一处鲜为人知的胜景佳迹。

石室岩
莆田二十四景之一

莆田市城厢区凤凰山街道下磨村

在莆田涵江汽车总站乘坐到石室岩的班车即可到达

石室岩有海蚀洞多处，曾出土新石器遗物，乃上古人穴居之所，故称石室岩。相传，公元850年左右，神僧南禅宗南岳下四世文矩慧日（黄妙应）禅师，在此开山筑二石室习禅，他曾在此驯服二虎，故此又名伏虎岩，而

石室岩

今寺前路旁尚存一块宋代书法家方左钺篆书“伏虎岩”崖刻。

石室岩上宫殿亭台错落有致，掩映于古林悬崖之间。岩前有一片参天古树，郁郁葱葱，把山门环境营造得更加深邃、清幽。若在参天古树下乘凉也十分惬意，令人神清气爽。

九龙谷国家森林公园 AAAA
莆田后花园

莆田市城厢区常太镇溪南村

在莆田市检察院乘96路公交车至终点九龙谷站即可到达

0594-2812222

九龙谷国家森林公园与九鲤湖相连，拥有九鲤湖九漂瀑布下游中的5条溪，俗称“下九鲤”。公园内花果飘香、风光旖旎。这里峰峦起伏，林木苍郁，遮阴蔽日，古藤交错，拥有众多国家保护植物和动物，是融蓝天、瀑布、深潭、茂林、奇石、幽洞、崖刻、寺庙等天然与人文景观为一体的生态风景区。

玩家解说

公园内有座千年古刹——龟山寺，徐霞客的游记更为森林公园注入了深厚的人文底蕴。徐霞客曾在此留下“即匡庐三叠，雁荡龙湫，各以一长擅胜，未若此山微体皆具椒”的赞叹。

瑞云山森林公园 AAAA
莆田“树海”

莆田市涵江区大洋乡和庄边镇境内

宜自驾车前往　8:00~17:00　50元

瑞云山森林公园素有“大景一十八，小景三十六”之称。森林公园地貌以低山、丘陵为主，其苍劲的山体，耸立的石峰，交错的谷岭，潺潺的溪流，绿色的田野，飘香的果园，波光粼粼的鱼池，构成了一幅幅迷人的山水画卷。

紫霄岩
闽中名山

莆田市荔城区西天尾镇渭阳村

这里奇石嶙峋，千姿百态，同时敲击岩石的不同部位会发出各种不同的声音，故有“紫霄怪石”之美称。岩顶处有“万岁石”，尤为险峻。

紫霄岩的山上有一座千年古刹——紫霄寺，唐代名僧妙应禅师曾长时间驻此讲佛。

九龙谷国家森林公园

岩中还有一个自然石洞，称“罗汉洞”，可容10余人。石洞后有一巨石，名唤“万岁石”，孤高矗立，作君临天下状。

玩家解说

紫霄岩素以“怪石、怪树、怪物”著称，其中怪物指的是“无尾蝶”和“红虾”，均为冰川前时期古生物的遗传物种，这两种生物只生存于溪中，如果用瓶装回家中饲养就难存活。

另外岩上怪石还有“雷轰石”“仙人冢”“暖日台”“三清石”“太府厝”“仙巾帽”“观音石”等，每块石头都惟妙惟肖，引人入胜。山上还有多处石刻，志书曾记载是宋代苏舜钦、蔡襄等名人手迹，但现在多已风化，早已不可辨认。

宁海桥

莆田二十四景之一

莆田市涵江区白塘镇与荔城区黄石镇的交界处，木兰溪入海处　从莆田车站坐车到涵江或黄石，再乘出租车即可到达

宁海桥古为宁海渡，大桥从元元统二年（1334年）至清康熙十九年（1680年）的300多年间，历经六次修建，如今桥两旁有扶栏，望柱头雕刻着姿态不一、线条简练的石狮浮雕，两端原竖有护桥将军石像4尊，现只存两尊，系明代雕造。从桥上观日出蔚为壮观。旭日初升，万道金光直投桥下，犹如金龙逐波，十分壮观，故有“宁海初日”之誉。

梅峰寺

香国雪海

莆田市城厢区胜利路535号

市区乘坐2路、23路公交车至梅峰寺站下即可到达

6:00~22:00　免费

梅峰寺的前身是一座观音亭。宋元丰八年（1085年），地方名士李富之母黄氏舍地百余亩，将亭扩建为寺。梅峰寺整个建筑古朴典雅、巍峨壮观，布局主次分明、错落有致。大悲殿建于梅峰之巅，殿阁高22米，为莆田市区的最高处，殿正中供奉着一尊坐式观音像，高近14米。寺山门内侧钟楼第三层悬有一口仿宋代名匠蔡通铸的铜钟，每当晨光熹微，钟声乍起，悠扬悦耳，人称“梅寺晨钟”。

玉湖木兰滨溪公园

木兰溪沿溪公园

莆田市荔城区木兰溪堤路正荣府西南侧约120米

乘坐市内1路、202路公交车至木兰溪治理展示馆站下车即到

公园坐落于木兰溪畔，占地面积广阔。园内盛开的木兰花集群璀璨，绵延数里，绘制成一幅赏心悦目的风景画卷。错落有致的林荫道绿意盎然，宛如绿色丝带一般贯穿整个园区。公园内的亭台楼阁古色古香，典雅的建筑风格满载中国传统园林之美。游人于此小憩，尽享宁静与和谐。

木兰溪

景点推荐

仙游旅游区

九鲤湖 AAAA

鲤湖飞瀑天下奇

仙游县钟山镇 全天

50元 0594-7290862

九鲤湖位于仙游县东北隅的万山之巅。相传汉武帝时有何氏九兄弟在此炼丹，后跨鲤升仙，九鲤湖因而得名。

沿着峡谷的步道一路下行，会经过好几个瀑布，这便是著名的九漈飞瀑了。风景区以湖、洞、瀑、石四奇著称，尤以飞瀑为最，自古以来有“鲤湖飞瀑天下奇”之誉，明代大旅行家徐霞客把九鲤湖与武夷山、玉华洞并称为福建“三绝”。

九鲤湖荡青漾翠，风光秀丽，湖四周林木葱茏，千岩竞秀，融林、瀑、水、石之胜景于一处。山间林野中还遍布着无数奇岩怪石，诸如蓬莱石、瀛洲石、羽化石等，上面都留有历代名人的题刻，景区内还有道教名观、文物古迹等20余处。

玩家 解说

九鲤湖最著名的风景是九漈瀑布，各漈因形状得名，有雷轰漈、瀑布漈、珠帘漈、玉柱漈、石门漈、五星漈、飞凤漈、棋盘漈、将军漈。九漈瀑布或飞流而下，或银蛇飞舞，或喷珠扬玉，其中最为壮观的是瀑布漈、珠帘漈及玉柱漈三漈。瀑布全长共10余千米，沿途悬崖夹峙，蜿蜒曲折，十分引人入胜。

九鲤湖

菜溪岩
仙游四大名景之首

仙游县城北菜溪乡（原象溪乡）境内

全天开放 35元

据《兴化县志》载，唐时凤山九座寺智广和尚在此讲经布道，因常在溪边洗菜，菜叶随波而下，山麓村民见溪流上菜叶漂流，因而称这里为菜溪。

菜溪岩系花岗岩地质地貌，以山清水秀、石奇岩峻、谷深洞幽、瀑布成群而被誉为仙游四大景之首。山中有一座古老寺院，始建于唐，寺院附近有两块高达百米、宽近300米的巨石对峙，中开一门，即为石门。石门的北面峭壁如屏，每逢降雨后，山上流水从这里倾泻，形成壮观的瀑布，直泻龙潭。

天中万寿塔
我国最大的阿育王式实心石塔

仙游县枫亭镇塔斗山上

天中万寿塔俗称塔斗塔，亦称青螺塔，经有关专家鉴定属阿育王塔型，为五代建筑风格。

万寿塔表面几乎布满浮雕，其造型之奇特、艺术之精湛，均堪称一绝。第一层置于瓣莲花须弥座上，四转角各雕一尊力神，略做半蹲状，用头着力顶住上层塔座；塔身四面则各雕双龙相戏图，其形态各不相同。第二层底部又重垫一道须弥座，并有8个座脚，塔身四转角只置圆鼓形立柱，每面则各雕4幅折枝花卉。第三层每面各凿成三个拱门形浅龛，龛中各雕一尊佛像。第四层最为奇特，塔身各面中间均有一尊浮雕，为头戴古印度宝冠、两边着璎珞、佩耳铛的女菩萨，四转角则各雕鸟嘴人形、长翅膀的迦楼罗立像为角柱。

九座寺
仙游最大的禅林宝刹

仙游县凤山乡凤顶村九座山上

可在莆田包车前往景点

8:30~17:00

九座寺舍院九座相连，规模宏伟，建于九座山上。九座山呈“凤凰来仪”的山形，九座寺建在雄凤冠上，无尘塔建在雌凤冠上。九座寺始建于唐代懿宗咸通六年（865年），无尘塔位于九座寺西面，为该寺历代寺僧圆寂后火化的荼毗塔，宋崇宁年间赐名“无尘塔”。

九座寺现仅存大雄宝殿、祖师殿、僧舍斋堂和放生池。大雄宝殿内存有6对大石柱，据考为五代时所建，寺东面有尼舍利塔和“银缸”，西面有无尘塔和“米缸”，南面有舍利塔和“酒缸”，北面有龙潭等古迹。

无尘塔为三层石构，八角空心。塔尖为莲花葫芦形，基座为莲花石雕。塔设南北开门，东南与西南两面均有护门卫士浮雕，塔内有螺旋形石阶盘旋而上，塔前有月台，与宋以后的石塔形制迥然不同，是省内罕见的唐代古石塔之一。

龙华寺双塔

龙华寺
仙游佛教会驻地

仙游县龙华镇灯塔村

可在莆田乘坐班车前往仙游，然后包车前往景点

5:00～19:30

龙华寺初建于唐垂拱三年（687年），唐宣宗大中元年（847年）赐名“龙华万寿禅寺”。龙华双塔在龙华寺的前面两侧。双塔建筑为八角五层空心石质结构，塔基为须弥座，由石雕力士金刚承托，底层东西两边有石雕将军护门。每个塔棱正对着塔檐，酷似古楼飞檐。登上塔顶，放眼龙华平原，只见良畴毗连，村舍依傍，一派江南水乡的景象。每当夕阳晚照，双塔披金，塔影伴随龙华镇农舍炊烟，远消长逝，别有一番情趣。

蔡襄陵园
宋代名臣蔡襄的陵园

仙游县枫亭镇锦岭将军山下

可从仙游包车前往

俗称蔡襄墓，后重建为陵园。重修后的陵园仍保持宋代艺术造型，增建端明楼、四垂亭、书法碑廊等建筑，重塑文武石仲翁、石羊、石马、石虎，铺平石墓埕、水泥通道。陵园四周松树常青、绿草如茵、山花盛开。

玩家 解说

蔡襄（1012—1067年），出生于枫亭清泽亭卧牛山（今九社村），于宋治平四年病逝于枫亭家中，享年56岁，葬于锦岭。据传，当年墓园占地4万平方米，墓前大道还立有“武官下马，文官下轿”的下马碑。欧阳修曾为其写墓志铭，朝廷追赠少师，谥忠惠。墓前立有一对“石望柱”，上刻对联：“五谏经邦，昔日芳型垂史册；万安济众，今朝古道肃观瞻。”

天马山
云庄逸士王佳禄隐居之地

仙游县榜头镇上昆村

可从仙游包车前往

天马山巍峨雄峻，气势磅礴，直插云霄，似行空的天马，因此得名。从下而上，起初见到的是一道飞流从天而降，下承一个碧澄澄的深潭，这便是鼎湖。鼎湖边有一条崎岖小径，路旁有参天的古树巍然屹立。

在杜鹃翠竹的怀抱之间，天马寺像一座古色的城堡，坐北朝南。寺的西边，壁立千仞，苔痕绿翠。

攻略资讯

- 交通
- 住宿
- 美食
- 购物
- 娱乐

交通

火车

莆田站：位于莆田市秀屿区笏石镇塔美路，是杭深铁路福厦段、永莆铁路、福厦高速铁路途经车站。经过莆田站的公交线路有K01路、K09路、23路等。

汽车

莆田汽车站：位于莆田市荔城区拱辰街道荔蒲村，开通至仙游、东莞、淡水、常平、笏石、嘉兴、凤岗、枫亭、南昌、抚州等多个地区的汽车班次。 ☎ 0594-6737830

莆田客运西站：位于莆田市城厢区南门西路1011号。

莆田天九湾客运站：位于莆田市荔城区镇海街道八二一南街438号。

市内交通

莆田公交拥有各类公共运营车辆299辆，运营线路20条，公交线路网基本覆盖城市中心城区的各个功能区。

住宿

莆田是妈祖的故乡，每年有无数的中外游客前往朝拜，所以市内各类旅游设施十分齐全。酒店多集中在荔城区和城厢区，较好的宾馆有莆田华天金叶大酒店、天妃温泉大酒店等。湄洲岛上的住宿多为家庭旅馆，仙游县景点众多，可以选择住在县城。

● 湄洲岛阅海楼度假公寓

靠近妈祖庙，在大海边，从阳台上可看到大海，地理位置优越，下海游泳非常方便，随时可以去沙滩，早餐也很丰富。

✉ 湄洲镇东环岛北街169号 ☎ 0594-5090072

● 三正半山温泉酒店

环境很好，周边环境也很美，特别是坐在阳台上喝茶，伴着徐徐暖风，边喝边欣赏着水渠边鲜花及远处的村庄，有种“静待花开闲看云”的曼妙风情。

莆田戏曲

湄洲岛

城厢区龙桥街道东圳西路1539号

0594-2798888

●湄洲岛湄中福度假山庄

酒店房间大，宽敞且干净，老板娘很热情，很有渔家的感觉，入岛的时候免费接送，离海边很近，退潮的时候可以抓螃蟹、捡贝壳。

湄洲岛汕尾村新外环旁　15892079166

●莆田帝宝花园酒店

酒店房间很大，很干净，酒店的设计很有品位，由22层塔楼、5层裙楼及外景观私家花园组成。酒店位置优越，交通便捷，是集住宿、餐饮、会议、休闲于一体的国际化五星级商务酒店。

荔枝区延寿南街319号　0594-7556789

莆田帝宝花园酒店

美食

莆田有众多美味又价廉的本地小吃，如西天尾扁食、锅边糊、兴化米粉、包心豆腐丸、海蛎饼、鸡卷等，街头巷尾皆有出售。

要吃莆田卤面的传统味道，便不能错过兴化府。看上去一碗很普通的招牌卤面，吃到嘴里烂而不煳，软烂中能吃出面的筋道，汤汁里有浓浓的海鲜味，配料也很多。

●鸡卷

鸡卷是莆田民间的传统小吃，也常用于宴席之上。做法是将碎瘦肉加上香菇、虾仁、尾梨、冬瓜条和五香粉、胡椒等，用猪油裹卷，切成半寸左右的圆粒，油炸成焦黄色，趁热蘸上酱醋吃，酥脆香甜、五味俱全。鸡卷可称得上是一种方便熟食，便于携带，其特点是色泽金黄，甜中带咸，清爽可口。

鸡卷

● **海蛎饼**

用地瓜粉、豆腐为原料，拌葱、香菜、五香粉、胡椒、味精等，放入特制小瓢中，再加入生海蛎油炸。酥脆香甜，蘸蒜泥酱醋吃更爽口。

海蛎饼

● **枫亭糕**

产于仙游枫亭镇，是用纯糯米粉为原料，拌上白砂糖粉末儿，再加上花生仁、芝麻等，蒸熟后切成四方块，香甜可口，在福建省内外及东南亚一带颇受欢迎。

枫亭糕

● **仙草冰**

俗称"仙冻"。用当地出产之仙草，煮成仙草水，冷却后便凝成黑色的仙草冻，再切成小块，拌冷开水及白糖食之，性清凉，能祛火，是消暑佳品。

仙草冰

购物

莆田市物产丰富，渔业兴旺，是著名的"鱼米之乡"。这里的荔枝、龙眼、枇杷、无籽蜜柚是驰名中外的四大名果；枇杷膏、兴化米粉、西天尾扁食、枇杷酒都是非常具有特色的食品；还有鳗鱼、对虾、马鲛鱼、梭子鱼、鲟、蛏、海蛎、紫菜等特色水产品享誉海内外，深受游客青睐。

莆田文献步行街位于文献路北大路路口至新街口路段，是莆田的第一条步行街，街内有各种特色商品和莆田特产出售。

● **莆田荔枝**

莆田荔枝始植于唐代，其味香甜、核小，具有止渴、滋补功效。"陈紫""宋家香""状元红"都是本地的优良品种。其中"陈紫"更是荔枝中的佳品，成熟时散发出阵阵幽香，沁人心脾。21世纪初还远销美国南部各州及古巴等国。

● **漆木碗**

莆田市传统木质漆器选用优质木材，采取精湛工艺制作，有碗、碟、盘、杯、钵、盂、花盆套等150多个花色品种，造型雅致，色泽光滑明丽，既是日用品，又是工艺品。

漆木碗

娱乐

●沙滩娱乐

湄洲岛共有大小沙滩13处，鹅尾山、黄金沙滩、莲池沙滩等海滨浴场5处。目前已开发音乐广场、海水浴、游艇、海上摩托艇、橡皮艇、气垫船、激情冲浪板等不同项目。

湄洲岛上的鹅尾神石园、湄屿潮音景点为典型的海蚀地貌奇观，石奇景特。游人可登小岛探奇、观海上日出，也可双双并骑情侣自行车游赏滨海风光。

●民间曲艺

莆仙大剧院为莆田市的文艺标志性建筑，为传承莆仙戏而建造，位于市区延寿路与东园路交叉口东南侧，于2008年底建成。大剧院包括公共大厅、大剧院、莆仙戏剧场、音乐厅、博物馆及其他配套设施，是传承古老剧种、展现现代戏剧的大剧院。

湄洲岛海滨

节日和重大活动

节日	地点	时间
枇杷文化旅游节	莆田市城厢区	5月
抬神踩火	莆田各大自然村	正月元宵节或重大日子

妈祖庙进香活动

发现者旅行指南

泉州

概览

亮点

开元寺

规模宏大，构筑壮观，与洛阳白马寺、杭州灵隐寺、北京广济寺齐名。

崇武古城

我国现存最完整的石结构城堡，城南的“中华石雕工艺博览园”是一处荟萃石雕精品的主题公园。

天后宫

创建于987年，是当今世界上6000多座天后宫（妈祖庙）的祖庙，也是全球2亿多妈祖信众的精神故园。

清源山

风景优美，有“闽海蓬莱第一山”之美誉，景区内有众多国家重点文物保护单位。

清源山石雕

洛阳桥

中国四大古桥之一，建于宋皇祐五年（1053年），是我国现存年代最早的跨海梁式大石桥。

必逛街道

涂门街：融购物、宗教、餐饮为一体的繁华商业街区。街上最引人注目的是清净寺及市区著名的庙宇——通淮关岳庙，亦是福建的“购物放心一条街”。

后城文化街：融文化景观、旅游服务、市场为一体，是以民间传统工艺品为特色的市场。

线路

泉州市区二日游

第一天早上到开元寺，观千年榕树和桑树，晚上住在景区附近。

第二天早餐后去清源山，观寿山石刻和千手岩，品虎乳泉水或者用泉水泡茶喝。随后去中国闽台缘博物馆，感受两岸一脉的亲情。

泉州休闲二日游

第一天早上先去参观洛阳桥，随后去游览崇武古城，观记述古城史事的摩崖石刻，参观现代石雕博览园，浏览森林公园。

第二天早餐后前往湄洲岛，去妈祖庙拜妈祖祈福，在湄屿潮音听潮汐，品尝妈祖寿面、妈祖宴菜等特色菜以及枫亭糕、仁丹糕、芫糕等特色小吃。

洛阳桥

为何去

泉州地处福建东南，别名鲤城。泉州作为国家历史文化名城，曾经是海上丝绸之路上的重要海港，宋元时为“世界第一商港”。众多的牌坊和宗教场所展示了这个港城博大的胸襟。城郊的清源山风景优美，人文底蕴深厚，为著名景区。

崇武古城

何时去

泉州属于亚热带季风气候，冬季十分短暂，一年四季的平均气温为18℃。秋季是到泉州旅游的最佳时间。9月以后，天气晴朗，没有了夏天的炎热，泉州会在10月迎来最美的秋天，此时天高气爽，清源山层林尽染，最适合出行游览。

清源山

泉州动车站

区域解读

区号：0595

面积：约11015km²

人口：约887.9万人

地理 GEOGRAPHY

区划

泉州下辖4个区（鲤城、丰泽、洛江、泉港）、3个县级市（晋江、石狮、南安）、5个县（惠安、安溪、永春、德化、金门）。

地形

泉州依山面海，境内山峦起伏，丘陵、河谷、盆地错落其间，地势西北高东南低，山地、丘陵占土地总面积的4/5，俗称“八山一水一分田”。

泉州的海岸线总长541千米，有岛屿208座，有湄洲湾、泉州湾、深沪湾、围头湾4个港湾。湄洲湾南岸的肖厝港和斗尾港是世界少有的天然良港，是发展渔业、养殖业、海运业及对外交流的要地。

大坪山

气候

泉州属亚热带海洋性季风气候，终年温暖湿润，四季如春，有“四季有花常见雨，一冬无雪却闻雷”之称。

泉州冬季天气潮冷，五月和六月是梅雨季节，气候潮热。七月和八月是暴雨台风多发季节，也是一年之中最热的季节。秋天天气晴朗，云淡风轻，是出游的黄金时节。

历史 HISTORY

历史大事记

●先秦时期

距今三四千年前的新石器时代，此地的闽越族生活在溪谷篁竹之中，使用石制工具，已经掌握了种植水稻、纺织、制作陶器等技术。考古学家发现，晋江流域的各县都有大量的新石器时代文化遗址。

周赧王九年（公元前306年）前后，越亡，其皇族部分流入闽中，各自为王，并臣服于楚国。

●秦至魏晋

公元前209年，各地纷纷起义，无诸率领闽越族人反秦。

汉高祖五年（公元前202年），无诸帮助

清源山

刘邦先后灭掉秦、楚，被封为闽越王。

西晋末年中原战乱，中原士族大批南迁进入泉州地区，他们大多沿江而居，“晋江”之名由此而来。

●唐宋元

北宋太平兴国三年（978年），北宋灭吴越，泉、漳二州正式归北宋管辖，福建全境由此才真正纳入宋朝版图。

元祐二年（1087年），宋政府在泉州设置福建市舶司，“掌蕃货、海舶、征榷贸易之事”，推动了刺桐港对外贸易的不断发展。

元至元十八年（1281年），元政府特地做出规定：“商贾市舶物货，已经泉州抽分者，诸处贸易，止令输税，不再抽分。”泉州也在此时获“东方第一大港”的美誉。

元末至正十七年（1357年），赛甫丁和阿迷里丁占据泉州，酿起兵乱，持续5年未息，泉州社会因此受到极大破坏，经济开始衰败。

●明清时期

洪武元年（1368年），明朝在泉州置卫指挥使司，隶属福建都指挥使司，这是明朝在泉州设置的第一批海防军卫所。

洪武三年（1370年），明朝在泉州设立福建市舶司，负责管理对琉球（今台湾）的贸易。洪武七年（1374年），撤福建（泉州）市舶司，实施海禁，以防倭寇的侵袭。泉州的官方海外通商贸易基本停止。

永乐三年至宣德八年（1405—1433年），郑和七下西洋。泉州又开设市舶司，并加设“来元驿”。此时，泉州农桑和手工业发达，盛产棉布和葛布，织染业著称一时。

1662年，郑成功收复台湾后，泉州和附近沿海的居民大批移民到台湾开垦，对台湾的发展起了重要作用。

康熙二十二年（1683年），泉州沿海经济复苏。

康熙五十五年（1716年），清政府实行南洋海禁，至雍正五年（1727年）才开禁，但仍严格限制。乾隆四十九（1784年），清廷又开

郑成功雕像

放泉州的蚶江与台湾鹿港对渡，开展两个地区的海上贸易。

●近现代

1840年，鸦片战争爆发，清政府战败后和英国签订《南京条约》，福州和厦门成为通商口岸，泉州对外贸易港口的地位逐渐被厦门取代。

1949年，泉州除金门县外的各县相继解放，并成立福建省第五专区。

名单 泉州历史名人

唐朝中期文学家、诗人、教育家欧阳詹

北宋著名书法家蔡襄

明朝文学家、思想家、军事理论家李贽

明朝抗倭名将俞大猷

明末清初的民族英雄郑成功

清朝著名军事家施琅

清朝政治家、思想家李光地

繁华一时的东方大港

宋元时期，随着东部和南部沿海地区航海事业的不断发展，我国的丝绸、茶叶等产品逐渐通过海运到达东南亚和西方，人们称这条海上的道路为“海上丝绸之路”。

由于海上丝绸之路的慢慢建立，我国沿海地区也相应地发展出一批著名的大海港，如广州、泉州、宁波等。其中，泉州港曾经以“刺桐”一名为世界各国的商人、航海家所熟知，它在海上丝绸之路的历史上占有重要地位。泉州海岸线绵延曲折，海湾多，水域宽，航道深，有利于大型船舶停靠避风。历史上，泉州先民充分利用当地得天独厚的条件，在沿海地带长期进行造港运动，形成了“四湾”（湄洲湾、泉州湾、深沪湾、围头湾）及两江（晋江、洛阳江）范围内由众多码头构成的集群港，与世界上许多国家和地区进行频繁的海上贸易活动，成为海上丝绸之路上著名的东方大港。

在南北朝时期，泉州就已经成为对外交通的港口。到了唐代，福建南部的经济开始发展，手工业逐渐兴业，人口也开始增多。另外，由于唐代中期爆发了“安史之乱”，导致陆上丝绸之路中断，中国和西方的交通便转而以海路为主。这一转变，大大推动了沿海不少港口的发展，泉州便是其中最突出的一处。

北宋初期，泉州港在对外贸易中的地位已相当重要。此后，宋朝正式在泉州设市舶

泉州港

六胜塔

司，市舶司的设立，标志着泉州港跻身于我国最重要的对外贸易港的行列。泉州港从此进入了一个空前繁荣的时代。有很多外籍商贾巨富与皇族绅贵择居泉州。

到了元朝，泉州更加繁荣，而海外贸易的发展，也使当地的社会风气发生了巨大变化。至元二十八年（1291年），马可·波罗奉命护送阔真公主远嫁波斯时，途经泉州。他在《行记》中写道："刺桐是世界上最大的港口之一，大批商人云集这里，货物堆积如山，的确难以想象，（这里）一切生活必需品非常丰富。"

元朝后期，泉州商人出海经商，与海外诸国来往频繁。著名的地理著作《岛夷志略》成书于14世纪中期，作者汪大渊长期在泉州随海船出海经商。这本著作记录了海外地名200余处，涉及马来半岛、菲律宾群岛、印度尼西亚群岛、印度次大陆及其周围地区、波斯湾和阿拉伯半岛，以及东非和北非。此书收在当时泉州的地方志内，是当时泉州人的航海指南。

明朝建立后，为防倭寇，政府推行禁海政策，从而导致泉州海外交通的衰落。郑和下西洋，第五次"前往西洋忽鲁谟斯（今伊朗霍木兹）等国公干"，曾经在泉州停留。但此后，泉州就默默无闻了。清朝统治者长期推行的闭关锁国政策，更加剧了泉州港的没落。

泉州现存的万寿塔、六胜塔等古航标塔以及石湖码头、江口码头等古码头，是泉州古港重要的历史证物。1991年2月，联合国教科文组织主持的"海上丝绸之路"综合考察团在泉州进行了全面的考察，并举行了"中国与海上丝绸之路"国际学术讨论会，进一步提高了泉州的知名度，激起了人们对海上丝绸之路历史的广泛兴趣。

文化 CULTURE

服饰奇特的惠安女

惠安女是泉州惠安县惠东半岛海边的一个特殊的族群，她们以奇特的服饰、勤劳的精神闻名于海内外。

惠安女，从狭义上来说，其实是惠东女，主要分布在福建惠安东部崇武、山霞、净峰和小岞4个镇，她们是地道的汉族。惠安女的服饰奇特——头披花头巾，戴金色斗笠，上穿湖蓝色斜襟短衫，下着宽大黑裤。花头巾上的花大多是小朵的蓝色花，衬以白底，显得活泼、亮丽；头巾紧捂双颊，只露眉眼和嘴鼻，衬出惠安女的含蓄和恬静。

裤带上的银裤链也是惠安女服饰的重要内容。穿上宽筒的黑裤时，通常都用四条至八条编织带扎紧裤脚，这些编织带一般都用色彩鲜艳的塑料丝编织，多为红色和蓝色，图案精巧，颜色醒目；已婚妇女则多加上银裤链，把曲线美衬托出来。

惠安女的头饰花样繁多，不同场合、不同年龄的头饰有明显区别。头上的装饰主要是头巾和斗笠。花头巾为四方形，上有不同的颜色和小朵花纹图案，白底上缀绿或蓝色小花，或蓝底、绿底上缀小白花，或红底上缀白绿花。戴上头巾时还会缀上大小不同、式样各异的塑料花，折成三角形包系头上，与黄斗笠搭配，十分和谐。

惠安女子的服饰独树一帜，是中国传统服饰精华的一部分，被誉为“巾帼服饰中的一朵奇葩”，具有较高的实用艺术价值和民俗文化研究价值。

除奇特的服饰外，惠安女也以吃苦耐劳闻名于世。当男子出外谋生或出海打鱼时，惠安女就成了建设家乡的主力军。她们善家务、多才艺，不论下海、耕田，还是雕石、织网、经商做买卖，事事能干、样样出色，自然成了勤劳的代名词。进入惠安的崇武乡间，会在路上看到惠安女驾驶着各式摩托车的景象，而男人们则把精力放在抚养小孩、照看店铺上。

惠安女因勤劳贤惠和一身奇特服饰而著名，不仅仅成了崇武古城的一道独特民俗景观，更为崇武古城增添了无穷魅力。

场面壮观的舞龙灯

宋朝初期，泉州德化县的瓷器远销海外。当时主持砌窑的林炳还摸索出了一套建造拱大窑的技术，为当地瓷业的发展作出了巨大贡献。人们为了纪念这位瓷器烧成工艺技术革新的先行者，每逢春节便会舞起龙灯游乡，从农历正月初二游到元宵节止。

当时，该地已有14个大窑，每窑主游一个晚上。龙灯全长53米，灯节与灯节之间留有一米半的空节裱以帛，灯节与空节相连，便于舞动。每节龙体安上烛座，插烛火多支，由两人撑着，备两人替换。斗龙者分别执火球、刀、枪、剑、戟，并配以大小鼓、锣、唢呐等，舞龙者依鼓点踏步起舞，整条龙灯栩栩如生。当时流传一句老话：“宝美迎龙许厝当人命。”是说这里世代种烟草，游龙灯的时候人山人海，古道又窄，当龙游来时，观光的人群让路往路边退，踩了烟草，失去收成，可想当时迎龙的盛况。

这种大龙灯在1951年和1959年国庆节还出现过，过后就隐匿了。当年训练有素的舞龙者或年事已高，或已去世。现在大多替以短小的布条龙，年节时在宽敞的场地或大街上走动，场面十分壮观。

惠安女

景点推荐 清源山风景区 AAAAA

泉州市区丰泽区北郊 搭乘市公交3路、10路、15路、28路、201路、202路、601路、603路、604路可到达 70元

清源山主峰海拔572米，山脉绵延20千米，有“闽海蓬莱第一山”之美誉。清源山风景区现在主要有清源山、九日山、灵山圣墓三大景区，分为闽海蓬莱、幽谷梵音、奇峰醉月等八个区，综合体现了我国传统的石雕石刻艺术、海洋文化、宗教文化、建筑文化。

景区内风景优美，历代文人墨客到此登游留题甚多。山中石刻达300余方，都具有很高的文物价值。近代高僧弘一法师圆寂前在此留下的“悲欣交集”四字及被供奉在山中的舍利子，更为该山增添了人文意蕴。

玩家解说

景区属花岗岩地貌的山地丘陵，地势起伏，地质结构是经过多次构造运动和岩体侵入所形成的，岩体外部呈黑褐色。自古以来，清源山以“三十六洞天，十八胜景”闻名，其中老君岩、千手岩、弥陀岩、清源洞等尤为出名。

八闽风光寿山石雕

风光和道教文化结合

八闽风光寿山石雕长1.8米，重达2.89吨，是清源山十二生肖文化馆的镇馆之宝。其所用石料为罕见的五彩寿山石，上有著名书法大师题词“魅力福建，和谐海西”。

石雕上半部为远景，细雕有福建省9个主要景点。石雕下半部为近景，采用传统手工浮雕艺术创作方法，精雕有祥云托起的栩栩如生的十二生肖和漳州水仙花等图案。号称“老子天下第一”的老君岩位于石雕中间醒目位置。

玩家 解说

根据道教文化，触摸有灵性的本命年生肖的珍贵石像，能够逢凶化吉、消灾祛病，求得平安好运。这里的十二生肖雕像引得无数游人前来触摸，以求得好运。

老君岩

中国最大的道教石雕

老君造像盘坐于清源山西侧，高5.63米，占地面积55平方米。它是我国现存最大、雕技最绝、年代最久的道教石雕造像，被称为“老子天下第一”。

据《泉州府志》记载：“石像天成，好事

老君岩

者略施雕琢。”石像头戴风帽，额纹清晰，双耳垂肩，苍髯飞动，脸含笑容，左手依膝，背屏青山，巍然端坐，更凸显空山幽谷，离绝尘世。整个石像衣褶分明，刀法线条柔而有力，手法精致，夸张而不失其真，浑然一体，毫无多余痕迹，生动地表现出老子慈祥、安乐的神态。

玩家 解说

泉州有句方言：“摸到鼻，吃百二；摸到目，吃百六。”意思是说，谁能摸到老君的鼻子，可以活上120岁，摸到眼睛可以活上160岁。其实清源山空气清新，又有山野之趣，常到此地，身心得益，不必摸到什么鼻子、眼睛，便可延年益寿。

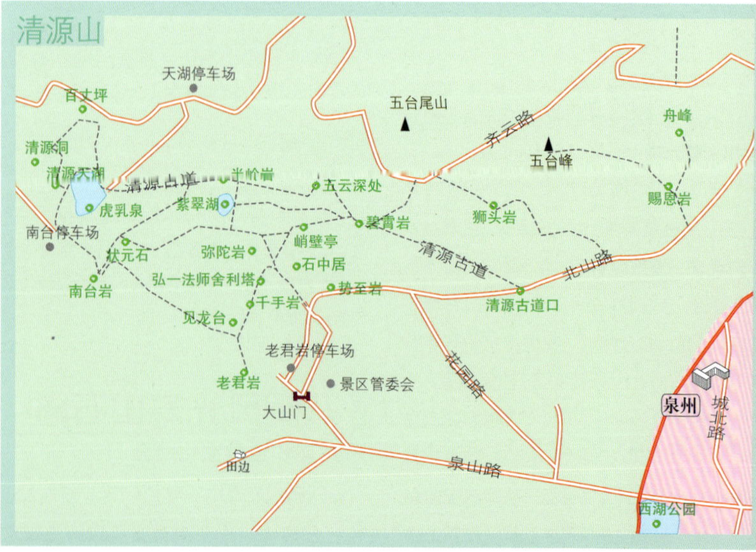

千手岩
供奉观音像而得名

千手岩处在清源山的左峰，又名观音寺，因供奉观音像而得名。寺宇红墙素瓦，显得格外清新。大殿正中靠后供奉的是佛教创始人释迦牟尼坐像。石像前的千手观音塑像慈眉善眼，神态极佳。两旁壁上的十八罗汉画像，神态各异，栩栩如生。

千手岩寺中常年暮鼓晨钟，香火不绝。寺前苍松翠柏，怪石嶙峋，别有一番情趣。寺前有株已有300多年历史的古松，树干东西分成两杈，与寺庙形成一个很美的夹角，令人称奇。古松苍劲挺拔，虬曲盘旋，像一位慈悲的老者，张开双臂，迎接四方宾客。

弘一法师舍利塔
纪念法师圆寂10周年而建

弘一法师舍利塔修建于1952年，位于千手岩后上方，是他的弟子们为纪念法师圆寂10周年而建。

舍利塔建筑材料取材于泉州白花岗岩，精雕细琢，整座石塔充满了闽南仿木石结构建筑特色；塔内顶部为藻井仿木斗拱结构，层层叠起，以增大塔内的空间效果。墓塔中安放着大师的舍利子，内壁正中镶嵌着一块石雕，上刻弘一法师画像，系大师得意门生丰子恺先生悲切时所作的“泪墨画”，十分珍贵。

链接

弘一法师小传

弘一法师，姓李，名文涛，字叔同，祖籍浙江平湖，1880年出生于天津官宦之家。大师精通诗词、音乐、书法、戏剧、美术、篆刻，是我国近代杰出的艺术大师、爱国教育家。

大师早年曾东渡日本留学，在东京美术学校攻读油画，同时学习音乐，并与留日的曾孝谷、欧阳予倩、谢杭白等创办春柳剧社，也曾组织演出话剧《茶花女》《黑奴吁天录》等，是中国话剧运动创始人之一。1918年8月19日他在杭州虎跑寺剃度为僧，法名演音，号弘一。弘一法师晚年在闽南一带弘法、讲律十四年，1942年圆寂于泉州温陵养老院，享年62岁。

弥陀岩
元代石雕群

弥陀岩建于元顺帝至正二十四年（1364年），是幽谷梵音意境区的主要景点之一。

弥陀岩为仿木石构石室，室内元代石雕“阿弥陀佛”立像在天然崖壁上雕琢而成，高5.77米，头结螺髻，足踏莲花，造型端庄大方。石室右侧为石雕碑文，在这193个汉字的元代石雕碑文中，竟出现了13个简化汉字，这在元代碑刻中实为罕见。

碧霄岩
分为上、下碧霄

碧霄岩建于元朝至元二十七年（1290年），分为上、下碧霄。岩上方为上碧霄，有平台，崖上刻着“寿”字，是南宋淳熙晋江县令林奭在母亲70大寿时登临清源山亲笔手书，其母当时为福建“第一高寿”。从入口处仰视，碧空如线，因此又被称为“小青天”。

瑞像岩
古代建筑和石雕艺术代表

瑞像岩位于碧霄岩东侧，起初是木结构殿堂，后几经兴废，至明成化十九年（1483年）重修为仿木石构建筑。屋顶为重檐歇山式，四角起翘，室内的宋代石雕释迦牟尼像，以天然崖壁雕琢而成，雕工精湛，是研究我国古代建筑和佛教石雕艺术的重要实物资

瑞像岩

料。岩外奇石林立，千姿百态，峭壁间有“忘归”“北门胜概”崖刻。岩室对面为罗汉峰，断岩侧立，怪石嶙峋，犹如一尊尊威武的罗汉，惟妙惟肖，构成了“五百罗汉朝释迦”的神奇景观。

赐恩岩
为唐代皇帝御赐封地

赐恩岩上巨石成片，垒垒叠叠，形成了许多天然的石洞石室。石洞周围有玩心亭、邀月台、魁星楼等古迹遗址以及“鸢飞鱼跃”“山海奇会”等历代文人墨客留下的题刻。

赐恩寺内的宋代白衣观音石造像是宋元祐年间以天然岩石雕刻而成，佛像庄严，雕刻精湛，寺的右侧建有开闽许氏宗祠。赐恩寺内楹联为明末杰出的思想家、文学家、历史学家李贽所撰：“不必文章称大士，虽无钟鼓亦观音。”寺前有千年古樟一株，绿荫如盖，生机勃勃。这里还曾是唐代皇帝御赐封地。

玩家 解说

赐恩岩的众多石洞中，有一洞上刻着“高山仰止”四字，是唐朝闽中甲第进士欧阳詹的少年读书处，名曰“欧阳洞”。欧阳詹少有大志，刚毅过人，在洞中潜心苦读，终于在唐贞元八年（792年）“五试于礼部”，以优异的成绩与著名青年文士韩愈同中进士，时称“龙虎榜”。此后，福建文风大盛，英才辈出。后人称其为“闽文之祖，闽学之师”。

龟岩
状如穹龟伏鳌

龟岩是一块巨大的岩石，状如穹龟伏鳌，就连龟的甲、头、足都十分形似，所以称“龟岩”。中间有3个洞，可容纳100多人。石壁上镌刻一个变体的大“寿”字，形状好像大香炉，非常奇特。洞北悬崖有山泉，称“一线泉”，据说唐欧阳詹曾经在这里读书，他用过的石砚至今犹存。

清源洞
清源山第一洞

清源洞亦名纯阳洞，系清源山三十六岩洞之首，古人又称之为“第一洞天”。清源洞周边建筑建于南宋绍兴年间，曾先后建有观空楼、佛祖殿、裴仙祠等。现存的这组建筑群是1998年在清源洞的长方形台地原址上重建的。

清源洞所体现的是三教合一的人文景观，即道教、佛教和儒教。裴仙祠内塑有南宋绍兴年间裴道人石像，观音殿里供奉观音塑像，文昌阁则作为文人聚会的场所。洞下方为明代抗倭名将俞大猷题刻的“君恩山重”。

百丈坪
名将俞大猷少年练武处

百丈坪又名遵岩、星台岩，位于清源洞东南。据《闽书》中记载：“宋高僧可遵所构，其地巨石偃亘，周数百武，故名。”历史上这里曾建有枕云亭及3座石塔。明嘉靖年间，少年王慎中曾在此读书，后升为进士，为“嘉靖八才子”之首。相传明抗倭名将俞大猷少年时也常在此练武。明万历年间，泉州太守姜志礼亲笔手书“百丈坪”三个大字，十分壮观。

百丈坪平坦宽阔，近山远水，空间广

清源洞

清源天湖

阔。晋水、洛江于此处汇注东海，气势非凡，每当红日东升，霞光万丈，令人心旷神怡，美不胜收。

清源天湖

清源山的蓄水工程

清源天湖是清源山的蓄水工程，天湖大坝高30米，为双曲石拱坝，坝顶长140米，总库容11.5万立方米，水域面积1.2万平方米。清源天湖也是景观工程。大坝雄伟壮观，游人在此品茗观景，垂钓休闲，自得其乐。

虎乳泉

清源山第一名泉

虎乳泉位于“清源天湖”上方的岩坡上。据《寰宇记》云：“《汉书》朱买臣传谓东越王所保之泉山是也。”南宋初年，闽人叶延圭写就的《海录碎事》中载：“泉山，泉州之主山也，山有孔泉故名。”清源山因名泉山，泉州就因泉山而得名。虎乳泉旁边有“孔泉”石刻，泉眼上下皆石，上石如壳、下石如砥、中有孔窍，泉从隙缝里流出，注入一方形石孔中，上有吕道人题刻“虎乳”和宋朱熹撰写的“源头活水”石刻。

南台岩

三教合一的宗教胜迹

南台岩因位于清源山右峰之巅、清源洞之南而得名，是一处三教合一的景点。

这里建有儒教的魁星阁、道教的三清殿和佛教的大雄宝殿。魁星阁内立有一方线刻碑，上有《文昌五夫子图》，原件被闽台缘博物馆收藏。三清殿里面供有道教的最高尊神三清。大雄宝殿为仿唐式木结构建筑，单檐唐式庑殿形式，屋顶为削割瓦绿剪边屋面，总建筑面积380多平方米。

伊斯兰教圣墓

古老的伊斯兰教建筑

伊斯兰教圣墓是我国现存比较完好的伊斯兰教建筑之一。现存两墓并列，塔式墓盖是花岗岩雕刻而成的，墓后倚山建马蹄形回廊，古建筑专家称之为棱形柱，具有典型的唐代建筑特色。回廊西侧有郑和行香碑，因郑和在1417年第五次航行麦加之前，曾专程至灵山拜祭，地方官蒲日和故为之刻碑纪念。

墓园的两侧是明清以来泉州穆斯林的公墓，每逢开斋节和宰牲节，都有穆斯林前来拜谒祭扫。

灵山伊斯兰教圣墓

玩家 解说

据明代何乔远《闽书》记载，唐武德年间（618—626年），穆罕默德门徒大贤4人来华传教，一贤传教广州，二贤传教扬州，三贤、四贤传教泉州，卒葬于灵山。故又称为三贤四贤墓。因深受穆斯林敬重，这两位先贤入土安眠之墓也就被称作"圣墓"。

风动石

福建省三个风动石之一

圣墓的右前方有一块天然玉石，风吹则晃，手推即摇，俗称"风动石"。这个风动石传说是当年神鹰掷落的大石头，回教徒们把它看作平安的象征。石上有泉州知府周道光题刻"碧玉球"三字。

王审邽墓

王氏族裔捐资修复

王审邽墓占地2700多平方米，为砖石结构，呈马鞍形，环砌灰砖，上部封土，墓室保存完好。墓前尚存花岗石条石铺砌埕地三级台座及残存墓身周围石基。墓碑书"唐武肃王王公审邽墓"。

九日山祈风石刻群

我国现存祈风石刻最多的地方

九日山祈风石刻群是我国现存祈风石刻最多的地方。西晋太康九年（288年），闽地的中原移民每逢重阳节就要登上此山遥望中原，由于重阳节为九月初九，因此这座山就被命名为九日山。

九日山中古迹遍布，多数集中于西峰东坡和东峰南麓。其中最为珍贵的是宋元祈风石刻，包括明代摩崖石刻共计70余处。这里有祈风石刻13方，记载了南宋淳熙元年至咸淳二年冬季遣舶祈风和夏季回舶祈风的情景。

不老亭

始建于晋的古亭

不老亭原名石亭寺，始建于晋代，后于唐光启年间扩建。宋朝时建圆通庵，改供奉菩萨。明正德元年（1506年）改寺为亭。因崖刻有"此石非顽石，成因浩劫尘。一莲花不老，过尽世间春"，故而得名"不老亭"。

景点推荐

泉州市区景点

开元寺 AAAA

福建省最大的寺庙

泉州市鲤城区西街176号

乘坐2路、3路等公交车即可到达

开元寺始建于唐垂拱二年（686年），是福建最大的寺庙，最初名为莲花寺，后改为兴教寺、龙兴寺。唐开元二十六年（738年）唐玄宗下令全国各地均要建一座开元寺，遂改为现名。

开元寺寺内建筑多为明代风格，重檐斗拱，雕梁画栋，以天王殿、东西两廊、大雄宝殿、甘露戒坛、藏经阁为中轴，两侧建有檀越祠、准提禅林、功德堂等，另东西广场上有宋代石塔镇国塔和仁寿塔，是泉州古城的标志和象征，也是中国古代石构建筑的瑰宝。

清净寺

古老的伊斯兰教寺

泉州市鲤城区涂门街中段

从市中心乘4路公交车到关帝庙下步行即可到达

9:00～17:30

清净寺建于1009年，又称“艾苏哈卜清真寺”，是仿照叙利亚大马士革伊斯兰教礼拜堂的建筑形式建造的。其主要建筑分为大门、奉天坛、明善堂等部分。

清净寺自创建以来，历代穆斯林相继集资修葺，并立碑保存于寺内。现寺中还有众多值得珍藏的文物。

开元寺

开元寺

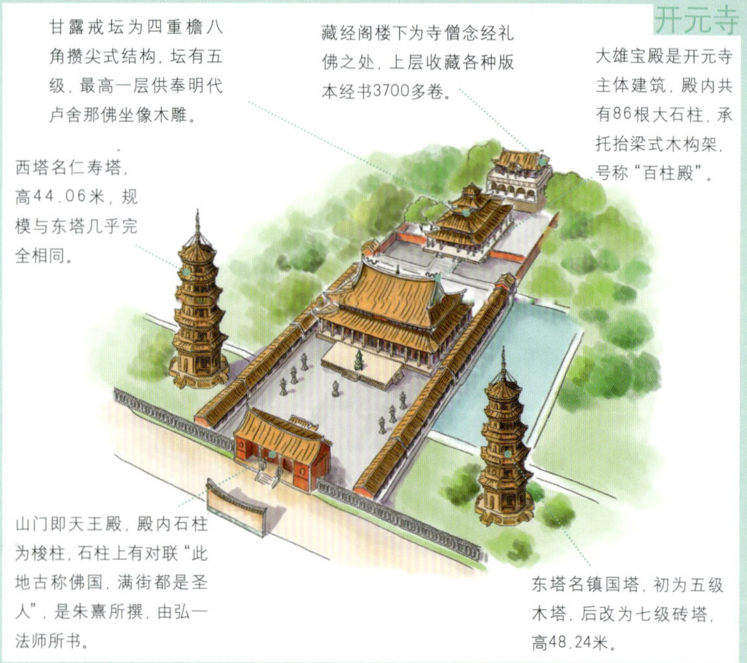
甘露戒坛为四重檐八角攒尖式结构，坛有五级，最高一层供奉明代卢舍那佛坐像木雕。
藏经阁楼下为寺僧念经礼佛之处，上层收藏各种版本经书3700多卷。
大雄宝殿是开元寺主体建筑，殿内共有86根大石柱，承托抬梁式木构架，号称“百柱殿”。
西塔名仁寿塔，高44.06米，规模与东塔几乎完全相同。
山门即天王殿，殿内石柱为梭柱，石柱上有对联“此地古称佛国，满街都是圣人”，是朱熹所撰，由弘一法师所书。
东塔名镇国塔，初为五级木塔，后改为七级砖塔，高48.24米。

天后宫

天后祖庙

泉州市鲤城区天后路1号

乘坐27路公交车即可到达

泉州天后宫始建于宋庆元二年（1196年），是为了供奉妈祖而建。此地为“蕃舶客航，聚集之地”，官府常在此为出海商船举行祭海大典，亦由此庙迎接妈祖神灵赴海外奉祀，是妈祖信仰的重要传播地。

遍布全球的妈祖庙

现全世界已有妈祖庙6000多座，信奉者2亿多人。其中福建莆田地区是妈祖信仰的发源地，分布着数以百计的妈祖庙，湄洲岛上也有近20座。我国多地均建有妈祖庙。我国台湾地区有妈祖庙500多座，港澳地区的妈祖庙有50多座。世界各地，如日本、新加坡、马来西亚、美国等都有妈祖庙。下面是一些较为重要的妈祖庙的简单介绍。

湄洲妈祖庙：湄洲妈祖庙是全世界数千座妈祖庙的祖庙，始建于宋初，历经数代，庙宇几经损坏。后经历多次修葺、扩建，如今湄洲妈祖庙不但重现光彩，而且建筑规模远远超过了历史上所有时期，显得更加富丽堂皇。在妈祖祖庙附近，有升天古迹、观澜石、妈祖镜、潮音洞等景观。升天古迹题刻在祖庙寝殿后的一块巨大石壁之上，相传，妈祖是在此处的石鼓上坐化升天的。

天津天后宫：俗称“娘娘宫”，始建于元泰定三年（1326年），后来又经过数十次扩建和重修，是世界三大天后宫（福建湄洲祖庙、天津天后宫、台湾北港朝天宫）之一。娘娘宫是天津市现存最早的一处古建筑，也是天津城市形成和发展的开端，因此曾有“先有娘娘宫，后有天津卫”的说法。

芷江天后宫：我国内陆地区较大的妈祖庙之一，位于湖南芷江侗族自治县境内，建于清朝乾隆十三年（1748年），属于湖南省级文物保护单位。整个妈祖庙融古代建筑、浮雕艺术为一体，具有较高的艺术观赏价值和文物保护价值。

澎湖天后宫：台湾最早的妈祖庙，始建于明万历二十年（1592年），庙内雕梁画栋，刻工精细，古香古色，美不胜收。每年农历三月二十三妈祖诞辰日，澎湖天后宫都要举办大规模的妈祖海上活动，以祈求风调雨顺、阖家平安。

澳门天后宫：2003年10月4日落成，坐落在澳门路环岛的叠石塘山上，占地近7000平方米，是澳门迄今规模最大的庙宇。整个建筑按照闽南古建筑风格设计建造，并参照福建、台湾等地妈祖庙的传统规制布局。澳门早在1488年就在内港建起了第一座妈祖庙（又称妈阁庙），并从此香火旺盛。20世纪末，澳门已经在叠石塘山上建造了一座高19.99米、重500多吨的妈祖汉白玉雕像。据说，这是目前全世界最高的妈祖娘娘塑像。

新加坡天福宫：坐落在市区直落亚逸街的牛车水街上，由新加坡华人所建，是新加坡最古老的庙宇之一，目前已被列为新加坡重点文物保护单位。宫内的花岗石柱和木祭台等都是从中国福建运去的，神像也是于1840年从中国运去的。

马来西亚青云亭：原名观音亭，位于马六甲市，创建于明隆庆元年（1567年）。整座庙宇规模宏大，全部用从中国运来的楠木建筑而成。庭院里可看到佛教、儒家和道家的教义，是马来西亚最古老的一座华人寺庙。

泉州天后宫现存大殿、后殿、两翼的亭子及东廊，均保持清代修建时的原貌，布局错落有致，富丽堂皇。前殿面阔3间，进深4间，重檐歇山式，后殿立有两根婆罗门教式石柱，规格与开元寺现存石柱相同。宫内的闽台关系史博物馆是专题博物馆，馆内收藏有大量珍贵的历史文献和民俗文物。

玩家解说

天后宫正殿占地面积约635平方米，采用花岗岩石砌筑须弥座。天后宫建筑结构特别，空间变化丰富，门窗雕花精致细密。这里纹饰丰富多彩，既有几何图案，又有花卉水族、鸟兽人物，托木部位有凤凰戏牡丹，寿梁中做如意访心，体现了这是一座女性神庙。殿内画“暖八仙”之一的钟离及如意相间图案，百香果及喜鹊登梅图案，有吉祥的寓意。有的图案做异兽，寓意“益寿”。殿内的浮雕，更是琳琅满目，有八骏、八宝及各种花卉，表现水族鱼龙腾空翻浪与百花争艳，这都是道教主题的图案，以福禄寿吉祥物作为衬托，呈现仙家的非凡境界。

府文庙

江南较大的文庙建筑群

泉州市鲤城区中山中路泮宫内

乘坐14路、4路、6路等公交车可直达景点

8:00~17:30

府文庙又名府学，始建于唐，宋太平兴国初移建今址。

府文庙建筑格局宏伟，殿宇壮丽，庙内的主体建筑是大成殿。大成殿为典型的宋代重檐庑殿式结构，殿身为斗拱抬梁式结构，整座大殿用48根白石柱承托，有石雕盘龙檐柱8根，大成殿正中有孔子像，梁上悬挂有清康熙帝御书“万世师表”的牌匾。大成殿东为崇圣殿，名宦祠、明伦堂。庙内的夫子泉井等诸多文物保存完好。

玩家解说

府文庙是一处弥漫着浓浓文化气息的休憩场所，工作疲惫的人们可在此找到一份难得的舒心和恬静。如今的文庙被改建成了一个大型的文化休闲广场，依旧为整日身处于喧嚣浮华之中的人们提供了一处放松心灵的好地方。

崇福寺

泉州三大丛林之一

泉州市鲤城区崇福路

乘15路、k612路公交车泉州电大站下车即可

这里原是北宋太师陈洪进为他削发为尼的女儿所兴建，初名为千佛庵，与开元寺、承天寺并称为泉州三大丛林。后改为崇福寺。

崇福寺分三进，规制风格独特。殿堂巍峨，檐角高翘，画栋雕梁，在古代木结构建筑中可谓精致罕见。大殿横匾《戒香普薰》，乃弘一大师墨宝，甚为宝贵。寺内有应庚塔、千人鼎、大洪钟，为崇福寺“镇山三宝”。大洪钟铸于明初，声音洪亮，“崇福晚钟”为泉州八景之一。

承天寺

泉州三大丛林之一

泉州市鲤城区南俊路36号

乘坐10路、21路、25路公交车可到

闽南古刹承天寺建于南唐保大末年至中兴元年（957—958年），初名南禅寺，北宋景德四年（1007年）赐名承天寺。因寺第一山门横匾上有金光闪烁的“月台”两字，故又名月台寺。

全寺占地面积约5万平方米，中轴线上分

承天寺

布着天王殿、弥勒殿、大雄宝殿、法堂、文殊殿，东侧重建有禅堂、祖堂、龙王殿和僧舍等。东轴线上依次有圆常院、广钦和尚图书馆等建筑。西轴线上原有开山堂、禅堂、光孝寺等，今仅存檀樾王公祠。

状元街
八闽第一街

泉州市鲤城区东街后街

新车站乘坐21路、1路公交车在钟楼站下车即可

状元街主街长约500米，街道共分3个区。第一街区是一段宅内步行街，二、三层有廊桥相接，设置有3座牌坊，中央区配有市民休闲广场；第二街区入口处有“仁风行春”“白云古地”“太康肇始”三座牌坊，区内广场两侧墙壁上有“子见老子”“老子出关”两幅大型壁雕；第三街区最引人注目的要算在街口的仿宋状元石牌坊，牌坊上刻有曾从龙、梁克家、庄际昌、吴鲁等历代出自泉州的状元姓名，状元石牌坊和旁边的“鲤鱼跃龙门”“渔樵耕读”浮雕则反映出古代泉州耕读传家的深厚文化传统。

李贽故居
省级重点文物保护单位

福建省泉州市鲤城区南门万寿路123号

乘坐古城旅游1号专线到天后宫站下车步行前往

李贽故居是明代思想家李贽青少年时代居住的地方，后人将其居室改为宗祠。近年加以修葺，室内悬挂李贽画像，以供瞻仰。

李贽故居是一座普通民房，原有三开间二进深，现存正面一间和正厅堂。正厅堂面宽6米，进深9米，案桌上供奉脱胎李贽塑像，坐像上方挂有“乡贤名宦”大匾，正中间的厅壁列有《李贽家族世系图》。走出厅堂左侧边门，是故居后院，这小巧玲珑的天地，花草争艳，一棋盘桌、四石椅居中，一派小桥流水人家景象，可供瞻仰者休憩。

李贽故居

链接

李贽小传

李贽（1527—1602年），原名载贽，字宏甫，号卓吾，又号温陵居士、龙湖叟等，明嘉靖三十一年中举，三十五年选为河南辉县教谕，后迁南京国子监博士，是明代杰出的思想家、文学家、史学家。他推崇孔子，但也提出“不以孔子之是非为是非”的口号。他提倡文学创作从“童心”出发，表达真情，反对复古模仿的形式主义，是中国小说戏剧评点的开创者之一。

宿燕寺
形似“燕子归巢”

泉州市鲤城区江南镇亭店村老君山上

宿燕寺庙宇坐落在老君山上，坐北朝南，建于清光绪三十二年（1906年）。寺前峰峦连绵，后背山峦环围，因地形似“燕子归巢”而得名。

宿燕寺在元朝时毁于战争，现寺内存有比武石、舍利塔、千年大红茶树等古迹。重建后，现有天王殿、大雄宝殿、大悲殿以及两廊，附有4个亭、莲花池及花园、功德堂赠药处等，殿内有石刻、木雕、瓷剪、仿古壁画等文物，山巅上还有老子骑青牛石雕像。

东湖公园

泉州十佳夜景之一

泉州市丰泽区温陵北路448号

乘坐1路公交车在东湖公园站下车

东湖公园总占地面积0.2平方千米，建于古泉州十景之一的“星湖荷香”遗址上。公园以中心湖水体为核心，环湖有星湖荷香、祈凤阁、七星拱月等名胜古迹。

公园以闽南建筑文化为主体，以石雕、石刻凸显闽南石文化，并充分融合了国内外园林建造组景艺术，使得这里显得既统一又不失特色，是一处市民休闲放松的好去处。

西湖公园

曾获中国人居环境范例奖

泉州市丰泽区新华北路

乘坐6路、17路、21路公交车至建南花园站下车

泉州西湖公园建于1996年6月，旧时曾被称作“段家湖”“西北洋”。公园由三座桥、三片水域和四座岛组成。西湖繁花锦簇，波光潋滟，与清源山秀丽翠绿的山色相互衬托，彰显湖光山色之秀丽，极具园林之美。曾获中国人居环境范例奖。

中国闽台缘博物馆

国家级对台专题博物馆

泉州市丰泽区北清东路212号

乘坐37、201、601路公交车至闽台缘博物馆站下车

中国闽台缘博物馆是一座融收藏、展示、研究等功能为一体的闽台建筑典范馆，是目前大陆唯一的国家级对台专题博物馆。

中国闽台缘博物馆

整个博物馆主体建筑方案采用“天圆地方”的设计理念，充分地体现了其特色。位于主体建筑前的大型广场以红色为基本色调，充分利用天然石板材的颜色，分隔出醒目的图案，远观如一张巨大的地毯，与主体建筑融为一体。

在博物馆的顶部“盛开”着一朵高6.2米的金色和平莲，表达了海峡两岸同胞渴盼和平、呼唤统一的心声。博物馆展厅共分为4层。其中，二楼为综合主题馆，整个布展按照闽台关系的“五缘”设计成7个部分；三楼为“乡土闽台”专题馆，设有戏曲、民俗等专题内容，深入表现了闽台的亲密关系。

玩家解说

二楼平台有两幅壁雕，每幅长16米、宽4.5米，不仅雕刻了海峡两岸共同的女神妈祖和泉州开元寺、东西塔、老君岩等图像，而且将台湾的高山族文化、阿里山民俗和鹿港古渡等尽收其中，非常震撼。

博物馆大厅石雕壁画《同文、同种、同根生》是泉州旅美现代艺术家蔡国强为中国闽台缘博物馆开馆的献礼之作，是一幅巨型火药爆绘壁画，堪称是“世界最大火药爆绘壁画”。

泉州少林寺

南禅及南少林武术中心

泉州市丰泽区东禅仁凤村3号

乘坐203路公交车可到

泉州少林寺原名“镇国东禅少林寺”，据记载，此寺为唐代嵩山少林寺“十三棍僧”之一的智空入闽所建。

泉州少林寺是一个庞大的建筑群体，现存的东禅少林寺仅是泉州南少林寺的一小部分。1000多年来，古寺历尽沧桑，从唐代至清代泉州少林寺历经了三兴三废。1992年重建，如今大雄宝殿、天王殿、演武堂等建筑已相继落成。

玩家 解说

过庙寺山门时有一条山沟，流水潺潺，名叫“洗脚坑”。传说进少林寺必须先在此洗脚，以示清净与虔诚。沿山门而上，可见一片开阔地，是少林寺庞大建筑群遗址，在20世纪70年代曾被用作打靶场。当年辟建靶场时，曾发现古井和古建筑群体墙基遗址。

泉州海外交通史博物馆

一座航海史博物馆

泉州市丰泽区东湖街425号

乘坐X2路公交车可到

泉州海外交通史博物馆建于1959年，是中国唯一以反映古代海外交通、海上丝绸之路以及由此引发的各种经济、文化交流为主题的博物馆。

这里现有开元寺馆和东湖新馆两个馆区，主要展馆有泉州湾古船陈列馆、泉州港与古代海外交通史陈列馆、泉州宗教石刻陈列馆、中国舟船世界陈列馆等。

真武庙

玄天上帝八闽第一行宫

泉州市丰泽区通港西街301号

乘坐1路公交车可到

6:00～17:30

真武庙始建于南宋时，庙内供奉真武大帝，被称为玄天上帝八闽第一行宫，有“小武当”之称。

现存结构为明清建筑，由山门、四角亭、殿堂组成。大殿为真武殿，砖木结构，为三开间双护厝宫庙建筑，殿内有清道光进士庄俊元以及乾隆年间提督马负书的题字，殿中奉祀真武大帝神像，真武大帝披发仗剑，足踏龟蛇二仙。

真武庙享誉各地。1997年真武帝神像首次跨越海峡前往中国台湾巡礼弘法，接受百万信众的膜拜，增进了两岸宗教文化交流。

真武庙

洛阳桥

中国四大古桥之一

泉州市东北郊洛阳江入海处

乘坐19路公交车至桥南站下即可

洛阳桥原名万安桥，建于宋皇祐五年（1053年），于嘉祐四年（1059年）建成，是我国现存年代最早的跨海梁式大石桥。

洛阳桥长834米，宽7米，有桥墩40余座，全部用巨大石块砌成，桥上装饰有许多精美的石狮子、石塔、石亭，桥两端立有石刻人像守护大桥。在桥之中亭附近有“万古安澜”等宋代摩崖石刻；桥南有国家重点文物保护单位蔡襄祠，著名的蔡襄《万安桥记》宋碑即立于祠内，被誉为书法、记文、雕刻“三绝”。

玩家 解说

洛阳桥素有“海内第一桥”的美誉，在中国桥梁史上与赵州桥齐名，共享有“南洛阳，北赵州”之称。著名的桥梁专家茅以升曾称它为“中国古代桥梁的状元”。世界著名科技史专家李约瑟也对它做出了很高的评价。

链接

建造洛阳桥的功臣

千百年来，一提起洛阳桥备受赞颂的是北宋名

臣蔡襄，但建造洛阳桥的实际主持人却是卢锡。

北宋皇祐五年（1053年）四月，为使福建与外界的经济、文化交流更为畅通，当时身为泉州知府蔡襄舅父的卢锡等人开始筹资建桥。到嘉祐四年（1059年）大桥完工，前后历时6年多，耗资1400万钱。桥建成时，蔡襄为之"合乐宴饮而落之"。在蔡襄撰写的名传中外的《万安桥记》中，赫然记载"职其事者第一人"就是卢锡。后人为了感念卢锡等造桥功臣之恩德，曾在洛阳桥南蔡襄祠中竖大理石碑，上镌卢锡等人姓名。

更多泉州城区景点

通淮关岳庙：位于泉州市鲤城区涂门街，主要供奉关羽，后增岳飞。庙坐北朝南，由武成殿、崇先殿、三义庙三座并排的庙宇组成。殿宇内装饰有精美的木雕、石雕和泥塑，屋脊为剪瓷龙雕，造型各异，其间配有花鸟走兽，体现了闽南古建筑的艺术风格。

富美宫：位于泉州市鲤城区南门水巷末端，原为属地保护神，后逐步发展成为泉州唯一的"王爷行宫"，因此香火兴盛。宫内现存建筑多为清朝风格，主体建筑有二进，中有拜亭，西侧为夫人妈宫。殿内殿外的木雕、石雕、檐椽斗拱均十分精美。

涂门街：位于泉州市鲤城区。涂门街拥有浓厚的文化积淀，融合了中西建筑文化，街上分布着众多的海上丝绸之路文物群，其中最著名的为13处宋元文化遗存。

花桥慈济宫：始建于宋绍兴年间，供奉北宋泉州名医吴夲。闽台尊称吴夲为吴真人、大道公、花桥公、保生大帝。据史志载，其一生"以医名天下，以济人救物为念，而义不取人一钱""业医无贵贱，按病授药，如矢破的"。花桥为其生前行医故址。

大坪山：位于泉州旧城区之东，自然景观丰富，山上植被为常绿阔叶林、针叶林、混交林及灌木丛。位于狮山寺以西，山上有多株参天古榕，郁郁苍苍，蔚为壮观。大坪山顶近年新竖立了一座郑成功青铜塑像，为目前世界上最高的郑成功雕像。

景点推荐

惠安周边景点

崇武古城 AAAA

天然影棚、南方北戴河

惠安县崇武镇海门村 7:00~18:30（古城）

40元（含古城和雕塑公园）

崇武古城是一处融滨海风光、历史文物、民俗风情、雕刻艺术为一体的特色旅游风景区。

景区悠长曲折的海岸线上有12个沙湾，处处沙质细腻，这里还有4个大岩群。景区正东方耸立着我国现存最完整的石结构城堡——建于明洪武二十年（1387年）的崇武古城。位于古城南侧的中华石雕工艺博览园是我国为数不多的一处集荟萃石雕精品于一身的主题公园。福建省五大旅游品牌之一的民俗风情、独具魅力的惠安女源于崇武。被称为“天下第一庙”的西沙湾解放军烈士庙及全国7座国际标准航标灯塔之一均坐落于此。

玩家攻略

美食：崇武鱼卷、花生仁汤、清真牛肉锅贴、蚵仔煎等。

住宿：西沙湾假日酒店、崇武大酒店、海滨大酒店等。

游览：来这里游玩的人一般都会和泉州、福州、厦门等一起游览。

购物：惠安有“石雕之乡”的别称，当地的石材加工非常有名，到这儿可以买一些雕塑品带回去，如惠安女雕塑、影雕工艺品、木偶头、漆篮等。

娱乐：惠安女民俗风情表演是崇武的一大特色，每周六、周日都会有表演；有兴趣的话，可以花几元钱租套惠安女的服装，拍照留念。另外这里还有一些当地的民俗表演，如木偶戏、猜灯谜、南音演唱等。

玩家 解说

走在崇武的大街上，如果看到惠安女在干着粗活、重活，而她们的丈夫却在看店带孩子，一定不要吃惊，因为，这是惠安的风俗。不但如此，惠安女在结婚后也不住在夫家而是仍住在娘家，直到生了孩子才跟丈夫搬到一起。

崇武古城

崇武古城系明洪武二十年（1387年）江夏侯周德兴为抵御倭寇所建，是我国仅存的一座较完整的石头城，也是我国海防史上一个比较完整的遗迹。

崇武古城全部用白色花岗岩垒成，城墙长2400多米，墙高7米，设有两层跑马道，四面设城门，城门上各设烽火台一座，南城门外加设一墙。在城内莲花山制高点，还设有瞭望台，四面城边有窝铺、月城、墩台和通外涵沟，构成了一套完整的军事防御工程体系。在古城周围，还遍布着20余处宋、明、清时期的古迹遗址，与古城构成了可供参观访古的古迹群。

玩家 解说

据史书载，明永乐二十二年（1424年），崇武城的千户张荣率领军民奋起抗倭，力战身死，最终保住古城，崇武城免遭劫难。

明嘉靖三十九年正月，倭寇偷袭崇武城，全城军民浴血奋战，由于孤立无援，古城沦陷。明朝隆庆元年（1567年），抗倭名将戚继光亲临崇武指挥剿倭，人民才得以安居乐业。倭乱平定后，崇武也成了东南沿海的重镇。

中华石雕工艺博览园

中华石雕工艺博览园以巍峨蜿蜒的石头城墙为背景、雄浑奇幻的岩礁石坡为依托，由江口山延伸的“海门深处”、庵山之巅的“靖海云峰”，以及一片洁净柔软的小沙湾组成。园区内共收藏有不同艺术风格的石雕艺术精品500余件，其中全国最大的岩雕艺术作品——《大地艺术》，是由著名的画家洪世清老先生花费数年心血创作而成的。

崇武古城石雕

其他较为突出的石雕还有巨型双龙抢珠石壁及高浮雕蟠龙石柱、惠安女雕像群、戚继光雕像等，集中展示了崇武石雕技艺的高超水平。

西沙湾解放军烈士庙

解放军烈士庙坐落于崇武镇的西沙湾东头，占地6000多平方米，里面竖立着27位解放军烈士塑像。

庙宇建筑由正殿、烈士纪念馆、烈士纪念碑、烈士亭等部分组成，是一座极具闽南风格的仿古建筑群。山门顶有一座竖写着“八一”两字的红五星雕塑，正殿门楣上悬挂着黑底金字大横匾《天下第一庙》，正殿内竖立着27尊解放军烈士彩色塑像。解放军烈士庙周围还建有观潮亭、望海亭等。

土坑古村

历史悠久的古村

泉州市泉港区后龙镇

土坑村的历史可追溯到600多年前，土坑刘氏祖先刘宗孔因避战乱，移居湄洲湾南岸，定居涂山一带。明清时期，刘氏后代以祖祠为中心，南北两侧分四排来建房，陆续建成的古厝在鼎盛时期多达67座。

这些古厝皆是砖石木材结构，座座屋脊高翘，壮观辉煌，大部分古厝门楼都是以石板砌成，底部设有石雕脚架；进了大门又有巨木做成脊的中门，整座大宅显得庄严宏伟。古厝大门侧、屋脊上，大大小小的石狮子或蹲或立，栩栩如生。木雕、砖雕等种类繁多的雕塑，也为古厝锦上添花。

玩家 解说

如今村内尚存的27座古宅多为清代建筑。其中最负盛名的是一座三开间外加双护的大厝。这座乡间少有的古式“豪宅”占地面积达1700多平方米，共有100个门、99个窗、11个天井，十分气派。

仙公山

泉州十佳风景区

- 泉州市洛江区马甲镇
- 在市区中心客运站乘坐11路公交车到马甲
- 15元

仙公山有两个山峰并列，宛如妇人的高高发髻，故又名“双髻山”。又由于山巅的丰山洞内供奉何氏九位仙师神像，是传说中“有求必应”的圣地，因而又被善男信女崇称为“仙公山”。

仙公山峭壁林立，奇岩怪石星罗棋布，山势险峻，雄伟壮观，其主峰海拔高达759.5米。这里风景秀丽，风光旖旎，以“灵、奇、秀、险”为特色，素有“八闽名胜无双境，绝顶蓬莱显九仙”之美誉。

仙公山拥有众多的亭台楼阁、文物古迹和历史传说，由双髻宗教文化区、仰恩湖文化休闲区、马甲民俗文化景区等5个景区组成，山上释、道、儒三教共祀，有供奉佛祖的白水岩，供奉何氏九仙的丰山仙洞及供奉文昌夫子的朝天阁，还有地藏殿、贵妇双髻、仙公蓬莱等其他胜景及宋代朱熹、王十朋，明代张瑞图等历代文人墨客留下的摩崖石刻等，是集宗教朝圣、游览观光、休闲娱乐等于一体的风景区。

仙公山仰恩湖

丰山洞

丰山洞始建于南朝齐时期，又称“双髻寺”，俗名“仙公寺”，供奉何氏九仙。

寺庙坐东朝西，深11.5米，宽12.8米，面阔三间，进深三间，面积140多平方米，整体建筑为木、砖、石混合结构，重檐歇山顶形式。

白水岩庙

白水岩庙，始建于五代时期，是一座佛教寺庙，主祀释迦、药师、弥陀三世尊佛像，还供奉观音、弥勒和文殊、普贤菩萨，双边塑十八罗汉。庙面阔三间，进深三间，两侧厢房，殿前带暗廊，是木构单檐歇山顶建筑形式的佛祖厅堂。

朝天阁

朝天阁为旧时读书人朝圣之地，又称“朝天观”，是二层楼阁式重檐琉璃顶建筑。一层供奉文昌夫子和何氏九仙之母舅范侯公。二层为仙公山文物陈列室，陈列着与仙公山有关的文物和照片等资料。

仰恩湖

仰恩湖因环抱仰恩系列工程而得名，是由洛阳江上游的乌潭水库拦腰筑滚水坝而形成的人工湖。仰恩湖位于仰恩大学内，故而又给这片秀美的湖泊增添了许多人文气息。

景点推荐 晋江周边景点

深沪湾海底古森林

海底古森林遗迹

📍 晋江市龙湖镇华锋村

深沪湾海底古森林遗迹面积31平方千米，其保护对象为海底古森林、牡蛎礁和海蚀变质岩等，是目前我国发现的唯一一处海底古森林遗迹。这种类型的保护区不仅在我国独一无二，在世界上也是少有的。

保护区三面临海，自然风景优美，名胜古迹甚多。区内有埋藏于潮间带和潮下带内的距今7800多年的油杉树遗迹20多棵，并且与大片成长于数千年前的牡蛎礁在同一滩面上，实属罕见。保护区周围还有施琅博物馆，供奉妈祖娘娘的深林寺，以及镇海宫、百公庙、崇真殿等众多景点。

玩家解说

长期以来在泉州、晋江一带就有过“沉东京，浮福建”的古老谚语。这里的“东京”是指过去在晋江东面通向海峡的一个地名。据考古发现，台湾与福建原本是连在一起的一片陆地，但是后来闽台之间发生了地壳下陷，于是形成了海峡。近几年来，在闽北武夷山地区曾发现大量的贝壳化石，这充分说明了随着地壳的变动，海峡地段沉了下去，而福建大陆则浮了上来，出现了一沉一浮、一升一降的自然现象。

围头战地文化渔村

海峡第一村

晋江市金井镇围头村

乘坐晋江Z3路公交车到围头观光区站下车即到

围头战地渔村面积3平方千米，海岸线长约6500米，东临台湾海峡。

围头湾海阔水深，是天然避风良港，早在南宋时期就素有“东海明珠”之美誉。围头村英雄人物辈出，素以“英雄的围头”“美丽的围头”“海峡第一村”闻名中外，是一个较为典型的“战地历史文化渔村”。

玩家 攻略

围头湾的沙滩洁白松软，海水干净湛蓝，水温适中，很适宜游泳，沙滩摩托也很便宜。在海边玩累了，还可以到岸上的海景餐厅里一边听海浪声，一边面对满桌海鲜大快朵颐。

龙湖

晋江最大的天然湖泊

晋江市龙湖镇区西南约3千米泉围公路西侧

从晋江总站搭乘到龙湖车站的专线班车

龙湖是晋江市最大的天然湖泊，水面宽阔，湖光潋滟。湖上渔船悠悠，撒网捕鱼，湖岸与田野毗连，一派浓郁的闽南水乡风光。湖畔有龙宫，为古代祈雨处。

龙湖镇内还分布有众多景点，有施琅将军纪念馆，这里的大宗祠、小宗祠自西往东呈一字形排列。周边还有尚武墩、养马场，风物犹存，令人幽思怀远。

安平桥

我国现存最长的梁式石桥

晋江市安海镇和南安市水头镇之间的海湾上

安平桥始建于宋绍兴八年（1138年），是我国现存古代最长的海港大石桥，享有“天下无桥长此桥”之美誉，对研究我国古代桥梁建筑史和建造技术具有重大的参考价值。

安平桥全部用花岗岩和沙石构筑，桥面用大长石条铺成，桥墩皆用花岗岩条石横直交错叠砌而成，桥基则采用北宋发明的“筏形基础”形式。长桥两旁置有古朴的石塔和石雕佛像，栏杆柱头雕刻着惟妙惟肖的雌雄石狮与护桥将军石像，桥上分别置有水心亭、中亭等，并配有菩萨像。桥中亭周围矗立着16方高大的石碑，碑上详细记载着建桥和历次修桥的经过，并刻有捐资修桥的众多人士之名。

玩家 解说

因年代久远，桥上现仅存中亭和水心亭。中亭前有2尊护桥将军，头戴盔，身着甲，手执剑，十分威武，系宋代石雕艺术品，在中亭的石柱上还镌有对联：“世间有佛宗斯沸，天下无桥长此桥。”

泉州草庵

现存最完整的摩尼教遗址

晋江市安海镇苏内村华表山麓

可乘坐泉州—安海专线车在草庵路口下车

泉州草庵始建于宋绍兴年间，初为草筑，元顺帝至元五年（1339年）改为石构建

泉州草庵

筑。这里曾挖掘出宋代明教会的瓷碗，证实宋时泉州摩尼教已然十分活跃，现遗址多为元代建筑。

草庵为单檐歇山式，面宽进深各三间，檐下用横梁单排华拱承托屋盖，草庵背后巨岩耸峙，林荫遮掩。庵内有波斯摩尼光佛浮雕一座，在摩尼光佛浮雕周围刻着圆圈佛龛。佛龛的左上角阴刻一段文字："谢店市信士陈真泽立寺，喜捨本师圣像，祈荐考妣早生佛地者。至元五年戌月日记。"这是我国目前仅存的摩尼教石刻佛像，也是世界上迄今所发现最完整的摩尼教遗址。

玩家解说

摩尼教在我国旧称"明教"，3世纪由波斯人摩尼创建，唐武后延载元年（694年）传入中国，崇拜光明、提倡清净、反对黑暗和压迫。金庸小说《倚天屠龙记》中的"明教"依据的便是摩尼教。

灵源山

晋江第一山

晋江市灵源街道灵水社区

灵源山主峰海拔305.2米，是泉南一座名山。唐代称之为"太平山"，据说是因山顶高且平而得名，又因其山形如飞鹏称为"大鹏山"。宋时，因见山中"时涌灵源"而称"灵源山"。

灵源山风景秀美，清新灵动，松涛涧响，怪石嶙峋，历代有不少儒生在此结庐读书。唐代首开八闽科第的欧阳詹就曾居于此山读书三载，更有历代众多文人墨客在此隐居苦读，并留下了不少咏叹灵源山的佳句。山顶崖刻星罗棋布，泉南最享盛名的寺庙之一灵源寺亦建于此。灵源寺于隋朝开山建寺，经历代保护修葺，千年古刹灵源寺现已成为泉南最负盛名的禅林之一。高低错落、布局有致的灵源寺与灵源山山林胜景交相辉映，引游人流连忘返。

灵源山灵源寺

龙山寺

闽南千年古刹

晋江市安海镇

乘坐从泉州到安海的班车即可

龙山寺又名天竺寺，始建于隋朝，俗称观音殿。该寺历经千余年，分寺众多。

寺前有月池一洼，山门为石牌坊，上刻"天竺梵钟"四个大字，山门之后寺前墙上嵌石碑一块，刻"龙山宝地"。寺中素有三宝，第一宝就是殿内供奉的千手千眼观音，相传取用原本庙前整株巨樟雕刻而成，头戴花冠，冠正中雕一坐佛，周雕众多小佛首，叠做帽状，堪称珍稀国宝。第二宝就是龙山寺殿前一对相峙而立的青草雕刻石柱，为闽南独特的石雕工艺杰作。第三宝是大殿的整板樟木大门扇，钟楼的整木凿空大鼓，系隋代制作。此外，正殿还高悬明代书法家张瑞图题写的"通身手眼"匾额，更是弥足珍贵。

衙口滨海旅游区

战地历史文化渔村

福建省晋江市龙湖镇衙口村施氏大宗祠西侧

衙口文化底蕴深厚，旅游资源丰富，现

在仍然保存着完整的富有特色的古建筑，有施氏大宗祠、施琅官邸群、定光庵、粘氏宗祠等。创建于1986年的施琅将军纪念馆，每年接待成千上万的参观者，成为泉州市重要的爱国主义教育基地。

衙口半月形的海滩，风光旖旎，得天独厚，一湾碧波，浪平如镜。十里沙滩，细白如雪。百亩林带，绿荫如盖。今已辟为海滨浴场，每当盛夏金秋，置身其中，令人心旷神怡，流连忘返。

西资岩寺

旧时泉南四大名胜之一

晋江市金井镇岩峰村卓望山

可乘坐晋江市青阳镇到金井镇的班车前往

西资岩寺始建于隋唐间，又名大佛寺。旧传这里周围共有十八处岩景，与虎岫、真如、石佛同为泉南四大名胜区。西资岩寺平面布局呈“同”字形，高大轩敞，气势雄伟。前殿门斗宽敞，题着“西资古地”四个楷字；大门的冠头楹联是道光进士蔡德芳所题。大门旁有石鼓装饰，大门上雕游龙、戏虎，左右边墙的浮雕为麟、凤、龟、鹤，十分精美，充分体现出闽南古建筑巧、美、秀、雅的风格。

紫帽山

泉州四大名山之一

晋江市紫帽镇后厝街

晋江市区内乘坐9路公交车可到

紫帽山风景区面积8.8平方千米，山岳连绵起伏；山间高崖飞瀑，泉水叮当；山下紫湖、紫溪碧波荡漾，清澈甘冽；沿湖四周树木浓荫蔽空，郁郁苍苍。山中有金粟洞、古玄寺、妙峰院等人文景观，保福寺、安福寺、普照寺、五塔岩等都留有历代先贤的佛雕摩崖石刻等印迹。遍布于山中的形体各异的百处“心”字石刻更是我国的文物奇观。

石狮海洋世界

大型海洋主题乐园

泉州石狮市永宁镇滨海西路

80元

石狮海洋世界由海底世界馆、海豚表演馆、水下表演馆、潜水俱乐部四大部分组成，其主体建筑造型为一艘巨轮。海底世界馆以环太平洋生之旅为主题，将太平洋海域特有的地貌和鱼类品种艺术地再现，展示海洋生物300多个品种，观赏鱼1万多尾。这里还陈列了来自世界各地的奇石200多种，件件作品觅自天然，意趣盎然。

衙口滨海旅游区

景点推荐 南安和安溪旅游区

郑成功纪念馆

由纪念馆、碑林、郡王祠等组成

南安市石井镇的鳌峰山

可乘坐泉州到石井的专线车到达

8:00~17:30

郑成功纪念馆始建于1962年，主要由纪念馆、郑成功碑林、延平郡王祠和开台圣王庙组成。纪念馆是一座极富民族风格的三进宫殿式建筑，占地面积3000余平方米。纪念馆左侧建有郑成功碑林，东侧有开台圣王庙，庙宇建筑为典型的闽南建筑风格；延平郡王祠原是石井郑氏家庙，祠内挂着石井郑氏始祖郑隐石画像，厅中供奉郑成功金身神像，有“三世王爵”“威风雄烈”等诸多朝廷封赐的匾额及名人题赠的楹联等。纪念馆集中展示了郑成功令人敬仰的一生。

玩家解说

郑成功是南安石井人，明末清初时的军事家、民族英雄。郑成功于1624年出生在日本平户，其母是日本人，7岁时随父亲回国，青少年时在晋江安海读书。隆武元年（1645年），郑成功得皇帝赏识，封忠孝伯、御营中军都督，赐国姓，改名“成功”，仪同驸马。这就是人称郑成功为“国姓爷”的由来。

1661年4月到翌年2月，郑成功率军东渡台湾，收复宝岛，迫使荷兰侵略者在投降书上签字，在列强东侵的艰难时代，大长民族志气，同时他也为开发建设台湾呕心沥血。1662年病卒于台湾承天府，葬于台南州仔尾。

蔡氏古民居

闽南建筑大观园

南安市官桥镇漳里村

15元

蔡氏古民居建筑群始建于清同治六年(1867年),清宣统三年(1911年)竣工。现存较完整的宅第多为穿斗式结构,主体建筑为硬山燕尾脊五开间大厝,左右为卷棚式厢屋,单体建筑多为三进或二进五开间的布局。藏有晚清文人的各种题词及当时名流的书画。

蔡氏古民居建筑群座座屋脊高翘,装饰巧妙华丽,随处可见木雕、泥塑、砖雕及石雕。雕刻内容丰富多彩,既集中表现了闽南成熟的雕塑艺术,又生动体现了佛教、伊斯兰教及西方建筑艺术的风格,是福建闽南传统民居建筑的杰出代表,被誉为"清朝闽南建筑博物馆"。

玩家解说

从远处看,蔡氏古民居就像一把琵琶,一头大一头小,石板之间缝隙就像琵琶的乐弦。民间传说,蔡氏古民居建筑群就建在九天仙女掉琵琶的地方,因此,蔡氏古民居被称为"琵琶"形村落。据称,在"琵琶穴"建房子,只要不断发出敲打石头的声音,就会财源滚滚。蔡氏房屋建了40多年,凿石声声,这里居民们的生活也越来越红火。

蔡氏古民居

链接

蔡启昌父子

蔡启昌、蔡资深父子是菲律宾华侨。身为成功商人,他们却依旧深受儒家思想影响,认为"久远之业,商不如农",于是就把大量财产转移到国内,在故乡建起房屋,组成民居建筑群,并大量购置荒地进行垦殖。他们还热心公益事业,慷慨捐资兴学和赈灾。1905年,蔡启昌受朝廷诰封资政大夫,妻子封二品夫人。清朝同治乙丑年,蔡启昌相中了村边那片叫"漳州寮"的风水宝地,于是斥资买地,建启昌厝、攸楫厝等房屋。当时,许多建筑装修材料都是从菲律宾海运过来,加之闽南独具魅力的雕刻艺术和装修风格,便形成了当地中西合璧的建筑风格。

南安雪峰寺

唐代古刹

南安市康美镇杨梅山麓

可在泉州中心站乘坐至梅山的公共汽车

南安雪峰寺又名崇圣寺,始建于唐穆宗长庆二年(822年),为唐代高僧义存大师得道之处,为闽南名刹之一。

寺内现存殿宇多为光绪年间重修,主要建筑是法堂、大雄宝殿、斋堂。大雄宝殿内有来自缅甸的三世如来玉佛,十八罗汉姿态各异,栩栩如生,寺内藏有印度梵文《贝叶经》和佛祖像,颇为珍贵。此外,这里还有太虚洞、九洞空,以及保存完好的唐代白马坟石刻、亭榭、历代寺僧塔墓。山门外有古树四株,相传大的两株系闽王王审知和唐代僧人义存手植,有千年历史;小的两株为明代寺僧所植,距今已五六百年。

灵应风景区

省级森林公园

南安市六都村 免费

灵应风景区内有始建于五代时期的灵应寺,后来兴建的供奉三生佛的大雄宝殿,以及泉州独一无二的观音阁。阁内供奉千手千眼观音。

灵应寺原名紫帽岩,供奉肉身佛祖师

灵应风景区

公李文愈。李祖师被尊为闽南“三真人六祖师”之一。红色瓦盖的建筑物是弘一法师纪念堂，法师曾为重修的灵应祖师真身塔撰写碑文，在他驻此期间，还写下了许多的佳联、诗文，留下了很多珍贵的墨宝。

五塔岩

山中无石不是景

南安市官桥镇竹口村

可在市区内乘坐到达五塔岩景区的旅游专线

10元

五塔岩原名灵水岩，又名灵水寺，始建于北宋。寺前有5座石塔，塔高6米。塔身分三层：一层为六角形，刻有文字；二、三层均为鼓形，三层雕有浮雕佛像。五塔岩还有绝顶三石胜迹，人称“三公石”。岩下有口“潮汐井，四季不涸。五塔岩还分布着众多天然石洞，岩洞四周有许多摩崖石刻，如“第一山”“灵水古禅”“佛”“盘古洞”等。

凤山寺

千年古刹

南安市诗山镇西北角

可在泉州长途汽车站乘坐泉州至诗山的专线车

凤山寺又名将军庙、威镇庙，始建于五代后晋天福初年（936年），供奉主神广泽尊王郭圣王。凤山寺规模宏伟，寺宇为一派典型的皇宫式殿宇，寺殿分前、中、后三殿，殿内木石均精雕细刻，巧夺天工。庙宇整体建筑布局奇特，造型雄伟，绣花鸟于窗栏，作书画于墙壁，使庙宇显得富丽堂皇，厚重朴实，精工巧饰，具有闽南古香古色的传统建筑风格。

清水岩景区 AAAA

蓬莱仙境

安溪县蓬莱镇蓬莱山麓　20元

安溪清水岩寺始建于北宋元丰六年（1083年），为清水祖师所创建，是全国唯一主殿建设呈“帝”字形结构的岩寺。景区内楼阁殿宇巍峨宏伟，文物古迹星罗棋布，加上天造地设的自然景观，构成了令人神往的“蓬莱仙境”。

清水岩景区总面积11.1平方千米。主体建筑蓬莱祖殿依山而筑，为三层楼阁式：第一层昊天口，第二层祖师殿，第三层释迦楼；左右翼钟、檀樾厅、观音厅、芳名厅等分立于东西两边。殿宇崇楼曲阁，外观犹如“帝”字，气势磅礴，典雅壮观。

这里还有许多各具特色的景致，“枝枝朝北”为古樟树，相传因岳飞蒙难而枝杈北向；“岩图碑刻”系浮雕清水岩石全景碑，系明代所立，为罕见的古代“导游图”。沿山麓向上还有半岭亭、护界宫和袈裟石、石船、石臼、石狗等众多石雕。庙宇后峰巅有4根石笋，实为奇观。

玩家解说

清水祖师俗家名叫陈荣祖，法号普足，是永春岵山人。祖师诗礼传家，积德行善，一生济人为志，造福百姓，曾做过许多修桥造路、行医济民、祈雨祛灾等惠福民众的善行，四次受到宋廷敕封，敕赐“昭应广惠慈济善利大师”徽号。清水祖师在闽南地区、中国台湾及东南亚地区有广泛的影响，信众在海内外达1亿之多，单在台湾清水岩寺就有500多座分寺。

清水岩蓬莱祖殿

链接

关于清水祖师的传说

清水祖师从小喜欢读佛经，别的孩子读书是在书房里读，他却老是跑到山里读。每天一早他就跟着邻居家的孩子去山上放牛，牧童们通常把牛放开后便跑去玩耍，他却认真读经文，不参加孩子们的游戏。小孩子贪玩，玩到太阳下山要回家了但却找不到牛了，吓得要哭。陈荣祖年纪最小，他不怕也不急，爬上大石头，坐在上面念经，很奇怪，那些牛就回来了。

陈荣祖6岁时就出家当了和尚，法号普足。后来得到明公禅师的衣钵真传，四处弘扬佛法，化缘来修桥造路，还行医救治百姓。有一年安溪旱灾，他来到清水岩祈雨，安溪就下了大雨，安溪人便请他留下来。他看到清水岩山川奇秀，风景幽雅，泉水清澈，就答应安溪人的请求，选中清水岩山顶张岩这个地方，开山拓地，筑路建寺，取名清水岩寺。

安溪文庙

保存完整的古建筑群

福建省安溪县城南隅大同路东侧 安溪县城内乘3路公交车到文庙站下车即可 8:00~17:30

安溪文庙始建于宋咸平四年（1001年），古时庙学合一，为供奉孔子之地。

安溪文庙现存建筑为清初重建，为官殿式建筑，立于一条南北走向的中轴线上，保存完整。自南至北有泮池、照墙、棂星门、戟门、东西庑廊、大成殿、崇圣殿、教谕廨，东有明伦堂，周围绕以围墙。其核心建筑大成殿为重檐庑殿式，面宽进深各三间，四周有明廊，殿内当心间的屋顶构造采用莲花如意斗拱，纵横交错，构成穹隆形藻井，俗称“蜘蛛结网”。

庙宇整体装饰题材以龙凤为主体，衬以人物、鸟兽、花卉，飞金走彩，工艺精湛，雄伟壮观，具有鲜明的时代性和地方性特征。

凤山风景区

山状如凤凰展翅

安溪县凤城镇凤山路2号

在安溪乘1路公交车在凤山书院站下即可到达

凤山景区总面积为180万平方米，背靠凤山，南面笔架三峰拱秀，清溪流水环抱，九桥飞架南北，景区内林木成荫，鸟语花香，素有“十八景点”之说。

东岳寺始建于南宋绍兴三十二年，明郡人张瑞图曾以“凤麓古刹”“慧光普照”赞之；凤山寺始建于五代后晋三年，是历史悠久闻名遐迩的闽南古刹；文庙始建于后周显德三年（956年），几经迁庙，素有“八闽第一，五邑无双”的美称；在原孔子龛处的“孔圣显灵巨石”“弟子刻苦读”“寿龟送金冠”等天然象形石头组成了一组儒教文化景观，与千年文庙一脉相承，与笔架峰遥相呼应。

玩家解说

安溪是名茶铁观音的原产地，多年来凭借其优良的品质和独特的韵味享誉全球。茶叶大观园种植着中外53种名茶，茶作坊里展示安溪古时制茶工艺，有茶圣陆羽和乌龙将军石雕、植物雕生态大茶壶、茶树王等。

景点推荐 永春和德化旅游区

牛姆林风景区 AAAA

保留完好的原始森林

永春县下洋镇境内

可在市区乘坐到达永春牛姆生态旅游区的旅游专线

50元

永春牛姆林风景区因“势若牛姆，孕崽怀宝”而得名，是闽南地区保留最完好、最具特色的原始森林群体，被誉为闽南西双版纳。

牛姆林风景区既有南亚热带雨林的景观，又有中亚热带常绿阔叶林。区内有植物760多种，其中宿轴木兰、钟萼木、红豆杉等是国家珍稀濒危植物；有牛姆林“镇山之宝”之称的青钱柳单株之高大在福建省尚属罕见，群落之大更是福建第一；区内还有野生脊椎动物100多种，其中蟒蛇、穿山甲、苏门羚等属国家重点保护动物。区内的船山风景区，是典型的丹霞地貌，有“小武夷”之美誉。

玩家攻略

最佳旅游时间：牛姆林地属亚热带季风山地气候，年平均气温17~18℃，常年云雾缭绕，四季如春，所以一年四季出游皆可。

购物：永春物产丰富，特产众多，如永春老醋、永春纸织画、永春神香、永春漆篮、牛姆林野菜等。

乌髻岩

观音圣地

永春县锦斗镇洪内村

8:00~17:00　20元

乌髻岩又名“灵应岩”，因山后一乌石形

似古代美女发髻而得名。景区内层峦叠翠、松啸涧鸣，风光旖旎，分为乌髻宗教文化、情人谷度假、望仙坪探险等五大旅游景区，拥有众多胜景。依山而建的乌髻岩初建于唐开元年间，距今1300多年，是泉南佛国独具特色的著名古刹。岩中供奉"乌髻观音"，佛号"显化大士"，昵称"乌髻妈"，被敬为"吉祥女神"，驰誉于八闽，蜚声于海外。

玩家 攻略

每年3月中旬是樱花烂漫盛开的季节，是来乌髻岩赏樱的最佳时间，花期大概一个月。

百丈岩

有"小泰山"之誉

✉ 永春县蓬壶镇观山村

百丈岩主峰又称马德山，其单峰独耸，酷似向天烛火。峰上的寺庙俗称马寺，初建于宋代，相传为马氏仙姑修道坐化之所，俗称马氏仙妈，寺前有五彩巨石。

百丈岩地理位置独特，登临俯瞰，有如九天览胜；放眼远眺，令人心旷神怡，素有"小泰山"之誉。景区内主要景点有百丈梯田、千年古柏、慈峰毓秀、向天烛、掏蜜洞、公主殿、中殿、前殿、览胜亭台及蜡像馆等。

蓬壶仙洞风景区

蓬壶胜境

✉ 永春县蓬壶镇美中村

被人们赞美为"蓬壶胜境"的蓬壶仙洞风景区内汇集了道教名山仙洞山和千年古刹普济寺。

仙洞山林木郁郁葱葱，林中掩映着炎帝庙，始建于南陈末年，至今已有1000多年历史。山顶之上，一片生机勃勃，在万绿丛中，几块岩石凸露，人称仙翁石，细看犹如老君坐像。

普济寺又名普济禅院，始建于五代，殿外林木掩映，被人们赞誉为"桃源古刹"。蓬壶仙洞右峰有真宝殿，始建于唐朝，真宝殿的前身是陈岩显应庙，供奉的是神农大帝和陈叔宝之子陈镜台。

巽来庄

泉州"十佳古民居"

✉ 永春县五里街镇仰贤村

巽来庄始建于清乾隆年间，为清朝盐官林悠凤所建，周围还建有古厝10幢，分别为林悠凤10个儿子所有，总占地面积3100平方

百丈岩

米，是永春县保存最为完好的古建筑群。

巽来庄将闽北与闽南的建筑风格融合，外方内圆，外围是高7米的城墙，围墙内是典型的闽南风格建筑。巽来庄有两层建筑，第一层以花岗岩砌成，第二层为黏土夯筑而成。二楼内为木构架，木板隔墙，平铺楼板。整体结构上呈现繁体“回”字形。南面大门由花岗岩砌成，门楣石匾额刻有“巽来庄”三个大字。巽来庄为泉州“十佳古民居”。

戴云山
有“闽中屋脊”之称

德化县赤水镇戴云村

戴云山因主峰戴云峰常被云雾缭绕而得名，又因往年顶峰常有积雪，故又名迎雪山，素有“闽中屋脊”之称。

戴云山自然保护区建立于1985年。区内物种丰富，其中有珍稀植物100多种，陆生脊椎动物400多种，是中国单位面积生物多样性程度最高的自然保护区之一。戴云山也是动物的王国，区内飞禽走兽无数，有国家保护动物云豹、黄腹角雉、大灵猫、黑熊等。

戴云山还分布有众多宗教寺庙、名人堂屋、古城寨等景点，比较著名的有建于南北朝的戴云寺、五代后唐的周香林寺以及苏十万抗元斗争遗址群、中共闽浙赣省委机关活动遗址等，岱仙悬崖瀑布更是令人叹绝。

戴云山

九仙山
中土蓬莱第一山

德化县西北部赤水、上涌、大铭三乡交界处

九仙山主峰海拔1658米，据传昔有道士九人居此修道仙去，故得名。九仙山山峦间常有云雾，下有幽洞密布，曲径上有青松翠竹，由于山上常年云遮雾绕，风云变幻，经常出现云海、云瀑、佛光等气象景观。

九仙山风景区不仅风光秀美、景色如画，还是闽南地区的宗教圣地，其中“镇山之宝”唐代弥勒石刻造像、元代戴冠观音石刻造像、声名远播的千年古刹灵鹫岩寺、永安岩都坐落于此。

玩家 解说

关于九仙山得名还有一种说法：相传很久以前有一个农民上山砍柴，碰巧遇到八仙正在山顶一块名叫棋盘石的巨石上下棋，下得十分精彩，他站在一旁观看遂为一仙，九仙山因此得名。这个传说流传甚广，直到今天还有“山中方七日，世上几百年”的说法在民间流传。

灵鹫岩寺

灵鹫岩寺位于九仙山巅东侧，始建于唐朝开元四年（716年）。寺庙墙柱均为石筑，释迦牟尼等15尊佛像亦为石雕。明万历年间新建山门石坊。大学士张瑞图、状元学士庄际昌等人的题刻牌匾，悬挂于主殿两侧。这里曾是佛教活动中心之一，现存寺庙为1988年所重建，庙宇建筑均保持原来的规模以及风格。

永安岩寺

永安岩寺位于九仙山之南，唐代开元年间，该地系种植荇菜之处，故旧称“荇菜岩”。

岩寺建筑系木构歇山顶式，由正殿、中殿、观音楼等部分组成。正殿中梁系用拱木组成的藻井，结构独特。寺内现尚保存有赖垓的“法云真际”牌匾和民国时期的两对木刻楹联，寺外东侧有护界亭1座。

石牛山 AAAA

古火山放射状爆发口

德化县水口镇境内

8:30～16:00

通票280元，桃仙溪竹筏漂流420元

石牛山是我国两处古火山放射状爆发口之一，因山上一石似牛而得名。这里素以峰险、石怪、树奇、洞幽而闻名，山冈石林遍布，有成片的原始红豆杉与数十种国家珍贵树种在此生长。

石牛山风景区融自然生态和历史文化为一体，现有景点包括石牛山国家地质公园和国家森林公园、岱仙瀑布、中共福建省委（坂里）旧址、桃花岛、塔兜温泉等。山顶是中生代火山形成的奇石地带，有三狮五虎九葫芦、九池十八坳等自然胜景，岩石上数十处的脚印、指印及剑插石、铁砧石、洗剑泉等遗迹都为景区增添了迷人的传奇色彩。

玩家攻略

住宿：景区内有石牛山度假山庄，也可返回水口镇内或县城住宿。

游玩：石牛山风景区的看点有冬季雾凇、云海、日出等。

链接

老子与石牛山的渊源

据说，老子一出生就左手指天、右手指地说：“唯道独尊。”到了第九天他就长到3米高。有一年七月的甲子日，有人看到老子变成了大耳长须、童颜鹤发、身骑青牛、手执云帚的仙人，他把青牛放在了东海之滨，自己腾云驾雾便到东瀛洲去了。后来，老子急于回太清宫，忘记收回青牛，青牛见不到主人，就在海滨的一个小山顶上仰首向天长叫，叫一声小山就升高一寸，它想借此山直接通达天上去见主人。青牛就这样叫了6万声，这个小山升高了6万寸，即2000米。这时青牛声哑口渴，想喝口水，但当它俯身向山下的大海看时却发现水没有了，脚下尽是重峦叠嶂；再往天上一看，离天大约还有三尺三。于是它又张口想再叫，可是口太渴发不出声来，山就不升高了，青牛的口也合不上了，从此，它就变成一头张口向天长叫的石牛。

后人见此座山似牛，又尽是石头，就把它叫作石牛山，其牛头向天张开的“牛嘴岩”成为石牛山风景区的一绝。

石牛山岱仙瀑布

攻略资讯

- 交通
- 住宿
- 美食
- 购物
- 娱乐

交通

飞机

泉州晋江国际机场，位于晋江市和平中路东侧，北距泉州中心市区12公里，南距石狮市12公里，东临台湾海峡，是福建省三大国际机场之一。通航国内外航点80个，包括北京、上海、广州、重庆、成都、南京等国内航点69个和马尼拉、吉隆坡等国际航点11个。目前，共有K602路、K603路、K605路、3路、21路、45路等12班公交车途经机场或和平中路机场路口。

火车

泉州站：位于泉州市丰泽区普贤路与东西大道交叉口，是福厦铁路和兴泉铁路交汇车站。市区乘坐3路、45路等公交车即可到达。

泉州火车站

泉州东站：位于泉州市惠安县东园镇后，是福厦高速铁路中间车站。在此乘车可前往厦门、深圳、南京等城市，市区可乘坐K502、K508等路公交车往返。

市内交通

泉州共有公交营运线路137条，车辆数1839辆，连接了市内所有景点及重要场所。

泉州出租车起步价3千米内8元，之后每千米运价为2.0元。

住宿

到泉州旅游一般都住在泉州市内，交通便捷。丰泽区和鲤城区都属于泉州市中心范围内，海上丝绸之路的遗迹景点较多。此外住在惠安可观赏海滨风光。

●泉州酒店

位于泉州核心商业区，地处庄府巷近中山路，地理位置优越。酒店装饰得金碧辉煌，为欧洲古典建筑风格，内部装饰典雅华丽，极富现代气息。凭窗远眺可将泉州标志性建筑——东西塔和现代都市风光尽收眼底。

西湖公园

鲤城区庄府巷22号 0595-22289958

● 悦华酒店

位于泉州市商业中心，地理位置优越，拥有多套客房及餐饮、酒吧、康体娱乐等设施，配套完善。

丰泽区刺桐南路西侧129号（毗邻泉州电信大厦） 0595-28019999

● 泉州北山院子客栈

客栈整体风格清新淡雅，在清源山附近。客房整洁，宽敞明亮，基础设施齐全，服务周到。丰泽区 清源街道花博园二期76号北山院子 177500710122

美食

泉州早在唐代就是我国四大商港之一，人员和文化交流自然也就促进了中外饮食文化的交汇，历代泉州厨师都善于利用丰富的物产烹饪别有风味的菜肴。泉州著名的小吃有泉州肉粽、蚵仔煎、牛肉羹、石花膏、面线糊、土笋冻、崇武鱼卷、姜母鸭等。

位于泉州市中心的泉州美食街，荟萃了泉州各县、市和外地美食小吃，如泉州的肉粽、面线糊、海蛎煎，南安洪濑的贻庆鸡爪，官桥的狗肉和豆腐干，晋江安海的土笋冻，永春的石鼓白鸭，德化的苦菜汤等，其中水门国仔面线糊是公认的美味食品。

● 面线糊

面线糊配油条是泉州的传统早餐之一，吃时可根据个人的喜好自行选择添加蟹肉、虾仁等海鲜或大肠、小肠、鸭肉等多种配料，再撒上香菜、胡椒粉、蒜泥和酒调味，味道鲜美，妙不可言。

面线糊

● 肉粽

肉粽油润不腻，光亮金黄，香甜可口，是泉州有名的小吃。其做法是糯米加上猪油、酒、卤汁、酱油，夹入卤猪肉块、香菇等，用粽叶包裹好煮烂，配上蒜泥、辣椒酱食用，美味鲜香。

● 牛肉羹

泉州牛肉羹属于软羹，牛肉是碎末。选用牛的腿肉部分，用手打牛肉，加水使牛肉

肉粽

爽口又筋道，然后下淀粉，汤稠味浓，香而不腻。

●醋肉

一种油炸的醋腌瘦肉，外表金黄色，外酥里嫩，散发着醋香，是面线糊等美食的配料，也可以作为零食吃。

●姜母鸭

发源于泉州，以红面番鸭为原料，炒香后加入老姜和米酒炖煮，香气扑鼻，肉酥汁多，搭配一些蔬菜或是面类煮着吃，有疏肝润肺、养胃健脾、祛寒化痰等功效。

购物

泉州特产有德化瓷器、惠安石雕、永春纸织画、木偶头、漆篮、安溪乌龙茶、永春老醋、清源茶饼、老范志万应神曲、红膏蟹、柿饼、食珍糕、笋干等，其中惠安石雕和安溪乌龙茶是泉州最为著名的特产，很适合作为礼物送给亲朋好友。

泉州特产

●提线木偶

古称悬丝傀儡，源于秦汉。至今保存700余出传统剧目和由300余曲牌、唱腔构成的独有剧种音乐“傀儡调”，同时形成了一整套精湛规范的操线功夫（传统基本线规），以及独具特色的偶像雕刻、偶像造型艺术与制作工艺。

提线木偶

●永春纸织画

永春纸织画始于盛唐，已有1400多年历史。永春纸织画的制作工序十分复杂，整个制作过程要经过构思、绘画、剪裁、编织、补色、点神、裱褙等工序。永春县内有许多店销售纸织画。

●永春漆篮

永春漆篮是竹胚漆器，黑底红格金边，古香古色，是泉州传统的民间工艺品。早在明代就为人所爱，是闽南人办喜事的礼品。

永春漆篮

●德化瓷器

德化系中国三大瓷都之一，其建白瓷瓷质细腻滋润，色泽柔和洁白，微呈乳黄色，宛若象牙。明代瓷雕艺术巨匠何朝宗所雕塑的瓷观音、如来、达摩、罗汉等作品，在国际上被誉为“东方艺术”的代表之一。

德化瓷器

●永春老醋

全国四大名醋之一，以优质糯米、红曲、芝麻等原料，用独特配方精工发酵、陈酿多年而成。当时永春民间的富有人家把老醋、久熟地、久六味视为居家“三宝”，如今永春人也把永春老醋当作居家之宝、礼赠宾友的佳品。

永春老醋

●泉州笋干

泉州清流县加工的笋干，色泽金黄，呈半透明状，片宽节短，肉厚脆嫩，香气郁郁，称为“玉兰片”，是“八闽山珍”之一。笋干不仅是名菜辅料，而且有相当的营养和药用价值，在国内外久负盛名。

泉州购物场所

后城旅游文化街：后城旅游文化街的建筑群分布在八卦沟两旁，柳树成荫，小桥流水，环境优美，主要经营木雕、石雕、影雕、刺绣、玉器、陶瓷、紫砂工艺、竹编、宗教绣品、钟表、文房四宝、电子产品、画廊、花灯制品、文体器材等。

涂门街：涂门街地处中山路中段，西接新门街，东接温陵路，是融购物、住宿、餐饮为一体的繁华商业街区，亦是福建省唯一的一条“购物放心一条街”。

娱乐

来到泉州，游客既可选择现代的娱乐形式，又可以欣赏泉州传统文化。

如果要欣赏传统文化，定会让游客大感满意。泉州是国务院首批公布的历史文化名城、古代“海上丝绸之路”的起点，因此泉州是一个到处充满着传统文化和乡土文化气息的地方。游客可以欣赏泉州的地方戏曲，主要有南曲、梨园戏、泉州提线木偶戏、高甲戏、布袋戏等，还可以欣赏泉州武术、拍胸舞等。

黄金海岸度假区：这里不仅有美丽迷人的风景，还有现代化的娱乐、住宿设施，包括海岛世界、民俗文化村、东南亚缩景公园、大观园度假酒店（三星级）、游乐园、高尔夫俱乐部、游艇俱乐部、海滨浴场，实弹射击场、商业街、别墅区和直升机场等。

泉州南音艺苑：坐在古色古香的八仙桌旁，一边品茶，一边听着优雅的南曲，感受古代文人雅士听书看戏的雅致。

泉州木偶戏

发现者 旅行指南

三明

概览

亮点

泰宁大金湖

丹山和碧水是大金湖风景区两大特色，这里有中国东南最高、最古老的丹霞地貌，堪称“丹霞地貌洞穴博物馆”。

桃源洞

洞内景致变化莫测，犹如人间仙境。其中被上海吉尼斯评为世界最狭长的“一线天”达6条之多，在国内同为丹霞地貌景观的景区中为数不多，也是桃源洞绝佳的景观。

玉华洞

中国四大名洞之一，属典型的喀斯特地貌景观，是一处如梦如幻的人间仙境。洞内岩石光洁如玉，光华四射，有“武夷山下明珠”之称。

永安风光

瑞云山

瑞云山形成于1亿年前白垩纪的火山喷发，融峰秀、石峭、庙古、藤茂、谷幽为一山，是福建省最大的火山岩地貌风景区。

线路

三明市区经典两日游

第一天早饭后游览三明的格氏栲国家森林公园、岩前十八寨。下午参观万寿岩古人类遗址，享受横坑温泉之乐，夜宿三明。

第二天上午游览梅列瑞云山旅游区，下午游览“城中花园”仙人谷。

永安经典二日游

第一天早上去有“福建小桂林”美誉的鳞隐石林，然后去桃源洞，赏奇峰峭壁、绿海林涛和碧水丹山。晚餐品尝当地美食。夜宿永安县城。

第二天早餐后去小陶镇石峰村游玩，整个村庄就是一座原生态的红军纪念园。

客家风情文化体验游

第一天早餐后从三明出发至宁化，朝拜世界客属石壁祖地。下午游览水中石林天鹅洞，夜宿宁化。

第二天上午乘车至清流，游览“闽人之源”九龙湖洞。午餐后赴明溪，参观“武夷三绝”之一玉虚洞。

大金湖甘露岩寺

为何去

三明是新兴的工业城市、精神文明城市、国家卫生城市之一，森林资源和旅游资源丰富。三明是中国最绿的一片土地，山苍翠，水清秀，古风犹存。呼吸着乡野自然，徜徉在古堡老街，喝客家擂茶，品鱼生素斋，似踏入世外净土，只有真正游走于三明的山水之间，才能全身心体会其中的意境。

泰宁大金湖

何时去

春秋是来三明旅游的最佳季节。三明以山水和森林景观为主，春天繁花盛开，秋天则层林尽染。春天时格氏栲森林公园内格氏栲花盛开，整片森林一片雪白，非常漂亮。在这儿还可以去欣赏大金湖的“水上一线天”景观。三明夏季比较炎热，有时会受台风影响而连日降雨，此时前去应做好防雨防潮准备。冬季感觉寒冷，需要准备保暖性能好的外套。

三明风光

泰宁大金湖

区域解读

区号：0598

面积：约2.3万km^2

人口：约287万人

地理 GEOGRAPHY

区划

三明下辖2个区（三元区、沙县区）、1个县级市（永安市）、8个县（明溪县、清流县、宁化县、大田县、尤溪县、将乐县、泰宁县、建宁县）。

地形

三明市地势西南部高、东北部低，海拔最高1858米，最低50米。以中低山地和丘陵为主，西北部为武夷山脉，中部为玳瑁山脉，东南角依傍戴云山脉。境内峰峦耸峙，低丘起伏，河谷与盆地错落其间，主要河流有沙溪、金溪、尤溪，均注入闽江。

气候

三明市雨量充沛，四季分明，年平均气温为15~19℃，夏长冬短，为亚热带季风气候。由于三明境内的地形差异很大，所以经常会造成局部性小气候，特别是垂直分布的小区域气候差异更大，常有“一山有四季，十里不同天”的立体气候。

三明春天繁花盛开，夏季比较炎热，有时会受台风影响而连日降雨。秋天层林尽染，适宜出行。冬天则相对比较寒冷干燥。

历史 HISTORY

历史大事记

● **古代**

三国时期东吴永安三年（260年），建安县东部地区设将乐县，西部地区设绥安县（今泰宁、建宁、宁化三县及明溪、清流部分县地），这是三明地区最早建立的两个县，隶属建安郡。

两晋时期，由于连年战乱，灾害频繁，中原百姓纷纷南渡江淮避乱。很多难民南迁，三明因其特殊的地理位置成为客家人迁徙的中转站和早期客家人的主要聚居地域。

五代后梁开平三年（909年），朝廷使尚书左仆射勇夫镇守闽疆。勇夫到任后，采取“先靖后治”的对策，贯彻王审知的治

泰宁古城

大金湖

闽策略，抚集四方，兴修水利，鼓励开垦，励精图治30年，使闽西北地区得到了飞速发展。

●近现代

1930年1月，朱德率红四军一、三、四纵队进入清流，随后进抵宁化城关，在县衙门前召开民众大会，号召工农打土豪、分田地，建立苏维埃政权。

1932年10月，周恩来、朱德率红一方面军东征入闽，进占建宁，发展了建、泰、将（乐）苏区，使建宁革命根据地与闽浙赣苏区连成一片，第二年粉碎了第四次“围剿”。

1938年5月，厦门沦陷，省会福州吃紧，国民党省政府机关内迁至永安。永安成了福建省战时的政治、经济、文化中心。

名单 三明历史名人

唐末“开泰（泰宁）公”邹勇夫

北宋理学家、学者杨时

北宋清官林积

北宋末期理学家罗从彦

南宋理学家朱熹

南宋状元邹应龙（邹勇夫11世孙）

明代著名古琴大师杨表正

明代贤官、书法家詹荣

清代“扬州八怪”之一的黄慎

清代理学家、清官伊秉绶

励精图治三十年，入闽“开泰”威望高

三明市泰宁县今日的繁荣得益于1000多年前邹勇夫的“开泰”功绩。时至今日，泰宁人民始终尊其为“开泰公”。

邹勇夫，字愈。在年轻时，勇夫就已熟读兵法，并且善于骑射。唐僖宗时，全国藩镇割据，各地农民也纷纷起义。勇夫参加了以王绪为首的农民起义军，光启元年（885年），义军进入闽地。此时，因王绪多疑猜忌，邹勇夫一贯推崇王潮、王审知兄弟，遂助二人发动“竹林兵变”，擒囚王绪，并拥立王潮为帅。其间，勇夫不但参与谋划，更是身先士卒，成为王氏集团的中坚人物。

泰宁古城

乾宁四年（897年），王潮去世，王审知继任福建观察使、威武军节度使。唐天祐四年（907年），各地藩镇纷纷称王自立。王审知的僚属中也多有拥立意，而勇夫认为境内未靖，民力尚薄，且吴、吴越、南汉等地方割据政权都有乘机侵闽的可能，因此力主对外奉梁正朔，对内继续厉行“保境息民”政策，以建立稳固的基业而立于不败之地。

王审知采纳了邹勇夫的主张，向后梁称臣。后梁开平三年（909年），勇夫率军防守闽西北边境，根据地选定在边界线中心点的归化镇（今泰宁县城）。勇夫初到闽西地区时，镇所一带“榛芜亘野，烟火仅百家”。于是，他果断采取“先靖后治”的对策，继而贯彻王审知的治闽策略，抚集四方流民，帮助他们修理房舍，兴修水利，鼓励开垦荒地，还引进中原先进生产技术，提倡耕织自给，民用自足，并倡导栽桑织布，开发矿冶（金、铁）、陶瓷及其他手工业生产。与此同时，他还出台轻徭役、薄赋税、兴学校、敦教化等政策，为当地的经济和文化发展作出了巨大贡献。

经过勇夫30年的励精图治，闽西一带“民襁褓而至，始遂生息”，四方“干戈相寻”，出现“独归化人物蕃，田地辟”的繁荣局面，并为泰宁的繁荣发展奠定了良好基础。王审知去世后，闽主曾多次召勇夫入朝，但勇夫“民沐恩泽，不忍其去，佥呈攀留”，闽王在无奈之下而诣准勇夫“留镇归化”，勇夫的子嗣也落籍在了当地，后裔遍布泰宁及闽西的连城等县。勇夫在任时，闽西北一带边界安宁，而泰宁地区受惠尤多。

文化 CULTURE

闽学故里，自成理学一派

闽学，又称“朱学”“朱子学”“考亭学派”等。从南宋开始，由“闽学鼻祖”杨时开创、罗从彦积极传播，到南宋由朱熹进一步发展，形成“闽学”学派，集理学之大成，对中华文明产生积极而深远的影响。闽学大师（杨时、罗从彦、朱熹）是三明十大名片中极其辉煌厚重的文化历史名片。

杨时（1044—1130年），南剑州将乐县（今明溪县）人。杨时最广为人知的便是“程

朱熹雕像

门立雪”了，当时杨时和游酢在大雪天拜访程颐，时逢程颐午休，于是二人便站在门外雪地中恭候。等程颐一觉醒来时，地上的雪已经积有一尺多厚了。杨时正是靠着这样的求学精神，成为“闽学鼻祖”。

罗从彦（1072—1135年），南沙剑州剑浦（今三明沙县）人，是闽学发展的关键人物，他上接程颢、程颐、杨时，下传李侗、朱熹，是闽学的奠基人之一。北宋末期和南宋初期，“靖康之难”和宋廷南迁的历史巨变让他对所经历的一切有着冷静的认识，《宋史·本传》中这样记载他：严毅清苦，笃志求道。可见，在他身上体现了闽学中的批判精神和静养以修的境界。他从当时社会现实的需要出发去理解、接受和消化闽学，并针对当时吏治腐败的严重状况，着重强调了在上位者进行道德修养和严格要求自己的重要性与必要性，对闽学发展作出了重要贡献。

朱熹不仅是闽学的代表人物，也是理学的集大成者。朱熹继承了周敦颐、“二程”的学说，兼采释、道各家思想，形成了一个庞大的哲学体系，这一体系的核心范畴是“理”，或称“道”“太极”，主张“存天理，灭人欲”。他的学术思想，在元朝、明朝、清朝三代，一直是封建统治阶级的官方哲学，标志着封建社会更趋完备的意识形态。此外，朱熹的思想也对明朝王阳明的心学有着深刻的影响。但需要注意的是，朱熹的学说强化了“三纲五常”，对后期封建社会的变革起了一定的阻碍作用。

沙县归来无小吃

沙县小吃以品种繁多、风味独特和经济实惠著称，是中华饮食文化不可或缺的一部分，已享誉大江南北。因此，人们将沙县誉为“小吃城”“美食城”。

被称为古代汉族传统饮食的“活化石”的沙县小吃，属中原汉族饮食文化传统的一个分支，它既有福州、闽南一带的饮食特点，又有汀州一带山区客家饮食文化风格。一般而言，沙县小吃分为两大流派：一是口味清鲜淡甜、制作精细的城关小吃流派，代表品种有扁肉（面食）、烧卖、肉包等，独具特色；二是口味咸辣酸、制作粗放的夏茂小吃流派，以夏茂镇为代表，原料以米、薯、芋为主，如米冻、喜粿、米冻皮（粳籼面）、牛系列等。

沙县小吃

历史上，夏茂镇上的人性喜外出。因此，外出经营小吃最早、最多的是夏茂人，这种流动性也使夏茂小吃的原料加工与经营服务分离，即加工的不经营、经营的不加工。然而沙县城关人则是山区文化，多喜欢自己加工自己经营，即“前店后坊”的家庭式经营，城关沙县小吃制作精细，品种多样，成为沙县小吃的主角。

自1997年以来，每年12月，沙县都要举办小吃文化节，但与以往不同的是，从2006年开始，沙县小吃文化节升格为中国（沙县）小吃文化节，这也为沙县小吃文化的发展提供了新的历史机遇。

景点推荐 三明东部景点

瑞云山 AAAA

火山岩地貌景区

三明市三元区陈大镇瑞云村

三明广场内乘坐16路公交车即可到达

瑞云山是福建省最大的火山岩地貌风景区。景区形成于1亿年前早白垩纪火山喷发，集峰秀、石峭、庙古、藤茂、谷幽于一山。

景区有火山口积淀而成的天然坐佛，“山是佛、佛为山”，不论正视还是侧视都酷似一尊佛。景区内还有天马、神龟、巨龙、大象等象形石景观以及镶嵌于火山溶洞的千年古刹。古藤缠绕于景区各处，是景区的一大特色。此外，景区内动植物资源也极为丰富。

玩家攻略

瑞云山景区有瑞云漂流娱乐项目，被誉为“八闽村野第一漂”。另外还有一座烧烤园供游人享受烧烤的乐趣。

景区内的瑞云山宾馆就在山脚下，是独栋小别墅，性价比不错。周末可在此小住一日，亲近自然。

三明洋溪清枫谷生态农业主题公园

百亩奇花异果观光园

三明市三元区洋溪镇

从市内乘坐15路公交车至清风谷站下车步行前往

0598-8326111

三明洋溪清枫谷生态农业主题公园是一座占地面积达1200亩的综合性公园，汇聚了农业生产、休闲观光、娱乐旅游及社会文化等多重元素。园内设有千亩竹文化园、500亩葡萄提子大观园、百亩奇花异果观光园、农博园、休闲农庄和农家乐等设施。游客在此可领略各异的自然美景，感受丰富的农业文化及农家乐趣，并品尝各类美味农家菜肴。

格氏栲国家森林公园 AAAA

世界最大的格氏栲天然林区

三明市三元区莘口镇

可在市区大三元百货广场前乘坐班车前往景区

30元　8:00～17:00

格氏栲国家森林公园有“绿色明珠”“森林氧吧”等美誉。景区内有近千种植物、300多种珍禽异兽、400多种昆虫，参天蔽日的栲树，罗结成趣的古藤，色彩各异的芳草野花令人赏心悦目。其中的天然栲树林已有200多年历史，集中成片的格氏栲林为国内罕见，也是目前世界上最大的格氏栲天然林区。

玩家 攻略

最佳旅游时间：每年的3—4月是来格氏栲国家森林公园旅游的最佳季节，可以看到整片森林被格氏栲花装点成一片雪白，非常漂亮。

格氏栲国家森林公园

住宿：景区内建有度假村可以住宿，内设有餐厅、客房和会议室等，栲林中还散布着十几座“空中楼阁”（鸳鸯楼）。

游览：保护区内生长有樟、楠、檫、建柏、黄杞、黄楮、山肉桂等24科34属50多种树木；麦冬、砂仁、金线莲、七叶一枝花等中草药材上万种；林中还栖息着小鹿、黑熊、果子狸、飞鼠、白鹇、长尾雉等珍禽异兽。

链接

格氏栲小词典

格氏栲系珍稀林木，又名青钩栲、赤枝栲，俗称“红柯”，多分布在我国东起台湾、西至广西的宽阔地带。格氏栲是常绿大乔林，开白花、黄花，树冠浓密，材质坚实，纹理美观，耐磨性强，为造船和高档家具的上等材料。其树皮可制栲胶，果实富含淀粉，香甜可口，有“小板栗”之称。

万寿岩国家考古遗址公园

史前人类活动遗址

三明市三元区岩前镇岩前村西北石灰岩孤峰上

三明市百货广场乘坐前往岩前镇的班车，下车后步行即到

万寿岩旧石器遗址是中国重要的史前人类活动遗址。遗址区发现了石制品近百件，包括石核、石片、砍砸器与刮削器等，同时还有多种哺乳动物化石。距今20万年左右，为旧石器早期文化遗址，这里还发掘了灵峰洞和船帆洞。船帆洞内4万年前的人工石铺地面和排水沟槽为国内首次发现，属世界罕见。

2006年投入建成的万寿岩遗址博物馆面积达2000多平方米，内设多媒体演播厅一个、展览厅两个，展示文物300余件。

仙人谷国家森林公园

城市的后花园

三明市高岩路

乘1路等公交车在麒麟山站下可到

这里分为仙谷潺岩景区、萍溪飞瀑景区、观光果园区和民俗休闲区四大景区，景区内遍布奇峰、怪石、幽谷，其中最有名的景

点是挂于危崖夹峙间的十二级瀑布。此外，景区内森林覆盖率极高，还有白鹇、猕猴、穿山甲等珍贵的动物。

龙泉山
以龙泉寺而闻名

三明市市区西北郊，距市区1.5千米

龙泉山景区以其中的龙泉寺而闻名。龙泉寺历史悠久，可追溯到清代。龙泉山景区空气清新，青山起伏，流水潺潺，瓜果飘香，风光秀美。龙泉寺周围古木苍翠，环境清幽，瀑飞潭碧，令游客目不暇接、流连忘返。游人到此如入仙境，闻晨钟暮鼓，可观烟绕云霞。

1999年“龙泉烟霞”列为三明八大风景之一。近年来，龙泉山景区加大了基础设施建设，建了天然游泳池、天然芬兰浴、烧烤城、垂钓区等，融住宿、用餐、野营、娱乐、观光为一体。

麒麟山公园
登麒麟阁，远近景色尽收眼底

三明市新市北路

市区内乘坐1路、3路公交车均可到达

麒麟山海拔262米，因山腰一古坟发掘出孔子戏麒麟的碑刻，故称麒麟山。公园有麒麟阁、电缆索道、游龙戏水、园中园、仿苏州亭院、麒麟书院和曲径通幽等旅游景点和设施。依山建有浩然亭、聚云亭、三元亭、莲花亭、飞石亭、亭廊等。麒麟阁建在山的最高处，八角六层，登阁可将远近景色尽收眼底。山北有人工湖，湖东有映鹤亭，湖滨有麟迹桥，湖上有五曲桥。湖中有电动龙舟供游客环湖玩赏。

麒麟山公园

沙阳乐园
综合性城市游乐园

三明市沙县新区凤凰路185号，与政府广场隔河相望

乘12路公交车在沙阳乐园站下车即可

60元

沙阳乐园为欧式建筑风格，宏阔典雅，融山、林、水、花、草及雕塑、音乐喷泉为一体。乐园广场中心有音乐程控喷泉，占地3000多平方米的国家2级露天歌舞影视台和200多只广场鸽。乐园广场是连接整个公园景区的枢纽，从广场右侧依次环绕的景点有凤凰山森林公园、森林浴场、湖心岛、休闲山庄、垂钓烧烤区、青少年宫等。

七仙洞
典型的喀斯特地貌

三明市沙县富口镇大佑山山麓、郭墩村佑溪河畔，距县城19千米　城区内乘坐从沙县前往富口镇的中巴，在富口镇下车步行即到

50元　9:00～16:30

七仙洞因传说中七仙女下凡到此而得名。迷宫式的洞穴分上、中、下三洞，为典型的喀斯特地貌。上洞最宽处25米，最高处20米，长340多米。中洞进洞为一条窄道，后登宽敞的廊道，向上走有厅堂，如沿水流下行洞身逐渐缩小，最终无法前行。下洞位于佑溪河边，洞内石笋、石钟乳遍布，一条暗河潜流其间。

链接

七仙洞的动人传说

七仙女听说人间有个地方叫“金沙县”，便想：天堂上处处琼楼玉宇，已经富丽堂皇到了极点，难道人间还有胜过天堂的地方吗？于是便动了下凡之心。一天她趁南天门门神打瞌睡的时候，悄悄地出了天

淘金山舍利塔

宫，脚踏莲花来到了沙县，她又怕王母娘娘知道她的下落，进山洞后，顺手把脚下的莲花挂在洞口上，从而形成了七仙洞第一景“护洞金莲”。

七仙女在沙县七仙洞住了一段时间后，为了逃避王母娘娘的惩罚又跑到安徽，后来和董永结成夫妻，过着美满幸福的生活，这就是《天仙配》的由来。

淘金山

有全国最大的石雕卧佛

三明市沙县城西3千米处

55元

淘金山景区包括莲花峰、洞天岩、燕子岩、大灵山、栖云寺等景点，因昔日山下溪流有人淘金而得名淘金山，又因山上曾驻扎过军队又叫屯军山。

由于淘金山历史悠久，景区内有众多的历史人文景观，淘金山共有摩崖石刻30余处，有号称中国最大的石雕卧佛，卧佛身长38米、高11米、宽10米。淘金山最具特色的自然景观是千年铁树群、宋桂花树、梅花六角丹等珍稀树种。

如意湖湿地公园

山地式竹林水乡

三明市沙县区虬江街道金桥路

市内乘坐321路、K105路、K109路公交车至湿地公园站

0598-5855800

如意湖湿地公园是一个集生态、休闲、观光、科普等多功能于一体的综合性生态公园。该公园占地面积广阔，分为生态净化区、生态保育区、生态科普区三个主要区域，每个区域都有其独特的功能和特色。

在设计上，如意湖湿地公园秉承“师法自然”的理念，充分利用原有的鱼塘、农田、水系等自然条件，营造出一幅山地式的竹林水乡美景。

沙县城隍庙

保存完整的古建筑群

三明市沙县区李纲东路

沙县城隍庙坐北朝南，面临沙溪河，为省级文物保护单位。该庙建于清乾隆年间，建筑规模宏伟，平面似长方形，在中轴线上

依次排有山门、中殿、原古戏台、抱厦、厢廊、大殿。大殿面阔五间，为梁架结构，歇山顶，结构坚固，布局合理。院中有石人石兽。现存木构架及部分高墙均为清代之物，是沙县保存最完整、规模最大的古建筑群体。

沙县小吃文化城 AAAA

沙县小吃聚集地

三明市沙县小吃文化城

沙县小吃文化城的设计采用中国古典徽派园林设计手法，形成了“一场（一个中心广场）、四区（沙县小吃及各地风味小吃美食、休闲娱乐、旅游购物、星级宾馆）、五轴（五条通道相互交叉）”的系列景观，融吃、住、行、游、购、娱为一体。

十里平流

古沙阳八景之一

三明市沙县城关，西起县城大洲村，东至高砂电站约18千米的沙溪河段

十里平流是古“沙阳八景”之一，沙溪河水流平缓，河面宽广，两岸风光秀丽。沙溪河自上游而下蜿蜒曲折，滩多流急，而至此处则河面顿开，水势平缓，这在多礁滩险的山区腹地，堪称一奇。

河两岸青山叠翠，楼宇临江。沿岸有闽学四贤之一的罗从彦纪念馆、开县始祖邓光布将军祠堂、城隍庙等人文古迹，还有七峰叠翠、凤凰山、二十八曲等自然景观。城西大桥、东门大桥以及府前悬索桥，犹如几条长龙飞跨沙溪两岸，雄伟壮观。漂流沙溪河，可饱览两岸风光。

沙县小吃文化城

豫章贤祠

具有较高的历史、艺术价值

三明市沙县区城西南巷

豫章贤祠是后人为祭祀罗从彦而建，始建于元至正元年（1341年），现存建筑为明代崇祯六年（1633年）重建，1993年开辟为罗从彦纪念馆。

祠堂总平面呈“凸”字形，布局近似四合院。厅堂为重檐歇山顶，面阔三间，顶设藻井，两侧山墙，后檐砌清水墙。从整体建筑形制和结构来看，是三明地区古厅堂中等级较高的一处建筑，具有较高的历史、科学和艺术价值。

南溪书院

朱熹的诞生地

三明市尤溪县城关镇水南路118-3号

南溪书院为朱熹诞生地。南宋建炎四年（1130年），朱熹诞生于此。嘉熙元年（1237年）此处修建起文公祠、韦斋祠、半亩方塘和尊道堂等建筑，供奉朱家父子，后宋理宗赐额“南溪书院”。元朝时分建二院，明清后屡有修缮扩建。

南溪书院古朴庄严，正堂当中立朱熹塑像，四壁高悬其上溯八代列祖列宗画像。开山书院是清乾隆二十九年（1764年）时建成的，现已辟为尤溪县博物馆。书院内的方塘为朱熹幼年读书处，后扩建并建亭于塘上，取名“活水亭”，今皆修复；书院左侧有古樟2株，相传为朱熹幼时所植，人称“沈郎樟”。

玩家解说

南溪书院原为邑人郑义斋馆舍，北宋宣和五年（1123年），朱熹之父朱松任尤溪县尉，去官后居于此。南宋建炎四年（1130年），朱熹在此诞生。朱熹逝世后，县令李修于嘉熙元年（1237年）捐资在此修建文公祠、韦斋祠、半亩方塘和尊道堂等建筑，祀朱家父子。南宋宝祐五年（1257年），理宗皇帝为朱熹诞生地御笔亲书“南溪书院”匾额，从此，南溪书院闻名于天下。现今，书院已经改为小学。

九阜山

避暑胜地

三明市尤溪县西

乘坐巴士或出租车前往景区

50元　8:00~17:00

九阜山为福建省省级自然保护区，景区内森林资源丰富，最高峰海拔1222.4米。景区内山泉溪涧遍布，其中九阜溪流最大，贯穿中部核心地带，总长约10千米，水质极佳，溪中多急流飞瀑。景区西侧建有天宝庙，历史悠久。这里独特的山地森林小气候特点鲜明，温凉湿润，是避暑、旅游的好去处。

玩家解说

九阜山的气候很有特点，在雨后天晴时走进九阜山，会出现雾锁险峰、云海翻腾的奇特景观；而当阳光透雾折射时，常会形成如虹幻景，五彩缤纷、瑰丽迷人，令人目不暇接。

白岩公园

依白岩山而建

三明市大田白岩山北路

乘坐11路、13路公交车均可到达

白岩公园依白岩山而建，主要由森林公园、儿童乐园、老人憩园等组成。公园地处城区中心，交通便利，毗邻商场、饭店，是融旅游、娱乐、休闲、健身为一体的综合性公园。园内建筑错落有致，布局合理。儿童乐园内有2万平方米的人工湖，湖边有盆景园、湖心亭等。公园内还有多种游乐设施。

大仙峰

大田县第一高峰

三明市大田县屏山乡许山村境内

大仙峰是大田县第一高峰，也是福建省境内的第二高峰，山高险峻，景色优美，有“小武夷”之称。大仙峰有主、次两峰。主峰海拔1553.4米，上有一座电视转播台。山腰处建有崇圣岩寺，被誉为“泉南佛国”。

白岩公园

景点推荐 永安旅游区

桃源洞 AAAA

丹霞地貌景观

永安市以北9千米205国道旁

市内乘坐贡川线旅游专线可到达

桃源洞60元，石林50元，葛里35元。桃源洞+石林95元，桃源洞+葛里80元，石林+葛里120元

0598-3636564　8:00～17:00

景区以桃源洞口为轴心，分为桃源洞、百丈岩、葛里、修竹湾、栟榈潭5个旅游景区，有桃源洞口、锁洞桥、观音大仕殿、一线天、飞来石、跨虹桥、望象台、阆风台、三寨门等73处旅游景点，其中被上海吉尼斯评为世界最狭长的“一线天”达6条之多，这在国内同为丹霞地貌景观的景区中较为罕见，是桃源洞景区的最佳景观。

玩家攻略

最佳旅游时间：如果要漂流最好在夏季前往。

娱乐：景区内有被誉为“东南情侣漂”的桃花涧漂流，分为全程和半程漂流，推荐半程漂流，因为漂流的后半程基本都是手动划船，比较耗费体力。另外景区还有民俗演艺馆，馆内定期举行歌舞表演，还提供餐饮、旅游购物、休闲茶座等配套服务。

玩家解说

桃源洞洞口绝壁上有明万历年间两郡司马陈源湛所书“桃源洞口”四个大字，南宋宰相李纲和左正言邓肃曾在桃源洞隐居，明代大旅行家徐霞客也曾游览此地，并都留有诗句，桃源洞因此而闻名遐迩。

桃源洞实际是两峰之间裂开的巨隙。一条桃花涧迂回曲折，穿过双峰耸立的狭谷隘口，潺潺汇入沙溪。120米高的石壁上有陈源湛所书“桃源洞口”4个大字，每个字2米见方，下有七律《桃源洞》一首，右上端横楔一块10多米长的鲤鱼石。

桃源洞

桃源洞属丹霞地貌，有“小武夷”之称，以险、奇、秀、幽著称。桃源洞非洞，系拔地而起的山岩，中裂一隙，仅留天光一线，因这里曲径通幽，别有洞天，故获此美名。古时因山上有许多栟榈树，所以历史上又称为栟榈山。桃源洞有一线天、通天亭、观音殿等多个景点，其中最著名的是一线天。

鳞隐石林

鳞隐石林始建于清雍正七年（1729年），由大湖太学士赖翘千、赖允升两兄弟开发，其名“鳞隐”取“天故隐其迹”之意，石林岩石表皮呈鱼鳞片状，故名鳞隐石林。

鳞隐石林以喀斯特地貌造就的奇峰异洞和怪石嶙峋著称，由鳞隐石林、洪云山石林、十八洞等景区组成，其地上为石林，地下为迷宫，自然景观得天独厚，鬼斧神工。石林内植被丰富，是全国独一无二的盆景式石林。

桃源洞鳞隐石林

葛里景区

葛里景区是桃源洞景区的重要组成部分，包括葛里、修竹湾、栟榈潭三部分。葛里景区内有石头城、走马岩、降仙台等多处景点。

九龙竹海

森林型山水生态园区

永安市东北部，距市区14千米

从永安汽车站可搭乘开往上坪的班车

九龙竹海内有着独特的竹林风景资源，竹林在山地、丘陵、盆谷中呈现出无规律的层次起伏，竹海景观如画卷。

此外，景区还有自然山林、观日赏月、天然氧吧、健身洗肺、亲子同乐、越野爬山等活动，是一座森林型山水生态园区。

天宝岩

天然生物种植基因库

永安市东37千米处

三明市区车站乘坐到永安市的班车，然后转乘出租车到达景区

9:00～16:00　免费

天宝岩为国家级自然保护区，不仅是闽江的重要水源涵养林区，还是国内少有的物种基因库之一，有多种国家级保护动植物。天宝岩最具特色的当属大面积分布的长苞铁杉林、猴头杜鹃树和我国东南地区首次发现的泥炭藓沼泽。这些原始森林的地貌特征、植被特征国内罕见，早在清乾隆四十七年（1782年）和嘉庆十一年（1806年），天宝岩区内就立有禁伐碑，以保护当地的森林资源，这在我国自然资源保护史上极为少见。

玩家解说

天宝岩景区内分布着丰富的珍稀野生动植物，其中国家一级保护植物有南方红豆杉、钟萼木、四川苏铁等5种；国家二级保护植物有黑桫椤、金钱松、香榧、半枫荷、闽楠、浙江楠、红豆树等16种。

区内有陆生脊椎动物86科405种，其中国家一级保护动物有金钱豹、黑麂、黄腹角雉、白颈长尾雉等7种；国家二级保护动物有穿山甲、黑熊、苏门羚、鹊鹞、虎纹蛙等41种。

区内昆虫资源有32目230科1154种，其中金斑喙凤蝶为国家一级保护动物，阳彩臂金龟为国家二级保护动物，被列入“国家保护的有益的或者有重要经济、科学研究价值的陆生野生动物名录”的有11种。

区内还有大型真菌26科103种，微生物有7目13科23属，其中正红菇、梨红菇、鸡枞等具有较高的科研价值。

安贞堡

中国古代建筑活化石

三明市永安市槐南乡

可从永安乘坐至安贞堡的旅游专线车直达，或从三明市区包车前往 30元 8:00~14:00

安贞堡，又名池贯城，始建于清光绪十一年（1885年），由当地乡绅池占瑞所建。内建有正堂、下堂十几处。安贞堡墙厚宅深，外墙用厚石垒砌加土夯制，墙体上建有望窗和射击孔，具有防御功能。堡前两侧凸建角楼，可居高临下，夹击正面来敌，正中拱形门顶设有泄水孔，可防范火攻。堡平面前部呈方形，后部为半圆形。建筑随地势起伏而逐次升高。安贞堡大门前还有一个面积为1200多平方米的操场，整个安贞堡如同一艘行驶在海上的巨舰，气势甚为壮观。

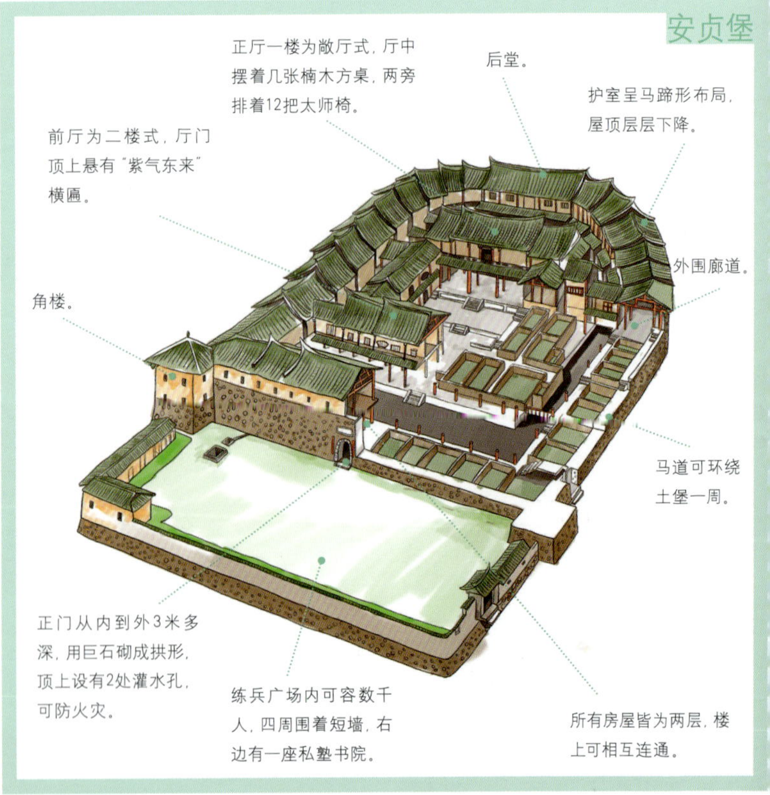

永安北陵

清代民居的大观园

永安市西南5千米处吉山乡境内

市区内乘坐12路公交车在士吉山站下车即可

永安北陵开发于清代康熙年间，融古代文化、抗战文化、佛教文化、吉山酒文化为一体，景区内有丰富的人文景观和自然景观。景区内有20余处摩崖石刻。位于北陵脚下的宝应寺建于北宋年间，被誉为永安四大名寺之一。此外，景区内还有竹筏游览、春谷山庄、沙滩烧烤、抗战遗址、清代民居、天然泳池等10余个景点和休闲垂钓、旅游观光项目。

青水古戏台

具有古朴的民族特色

永安市青水乡

永安长途汽车站乘坐前往青水畲族乡的班车可达

青水古戏台建在22米长的永宁桥上，背后与“砥东亭”庙宇相毗邻，建筑形状别具一格。戏台历史悠久，始建于清朝雍正二年（1724年），平面为矩形，长约38.5米，歇山顶，具有古朴典雅的民族特色和地方艺术风格。

玩家 攻略

在古戏台可以欣赏畲族人的大腔戏、傩面舞等，每年农历的正月、三月、七月初一到十五，当地的大腔戏戏班子会在这里演出，锣鼓从早敲到晚，乡土气息浓厚，热闹非凡。

另外，青水畲族乡龙头村发展了“森林人家”农家旅游项目，游客可以住农家屋、吃农家饭、干农家活、享农家乐，观赏大腔戏、傩狮舞，唱畲乡山歌，参加篝火晚会，体验畲乡民族风情。

贡川古镇

福建唯一的城堡式古镇

永安市贡川镇

永安长途汽车站乘坐景区专线车前往，或乘坐到贡川镇的中巴亦可直达景点

贡川镇古名“贡堡”，是福建唯一的城堡式古镇。贡川历史悠久，人文之风浓厚。早在唐代就已建镇，文脉传承1000多年。宋朝以来名人辈出，盛极一时，陈姓家族享有“一门双理学，九子十登科”的美誉。

镇内古迹众多，省级文物保护单位有古城墙、会清桥、笋帮公栈，市级文物保护单位有10余处，如正顺庙、陈氏宗祠、古井、李宝峻故居等。古城墙现长约900米，以攀龙门至会清桥段保存较好；墙基用鹅卵石、花岗石、丹霞石做基础，上部用青砖包砌而成。会清桥横跨胡贡溪之上，连接贡川堡与巫峡头，桥上建有木屋，形成长廊式走道。桥亭是单檐歇山屋顶，下方有方形藻井神龛，内奉真武大帝。

景点推荐 泰宁世界地质公园 AAAAA

✉ 三明市泰宁县政府

🚌 可在三明汽车站乘坐至泰宁县的班车，县汽车站开通有城区至寨下大峡谷、金湖、上清溪、九龙潭、状元岩、猫儿山等景区的公共汽车

¥ 地博苑免费；猫儿山免费；状元岩免费；九龙潭169元；寨下大峡谷55元；上清溪95元（含漂流排费、导游费）；金湖165元（含船票、导游费）

🕗 8:10～18:00

泰宁世界地质公园是泰宁县丹霞景观的统称，下有许多独立的景区，由大金湖、八仙崖、金铙山三个园区和泰宁古城游览区组成，在这里，游客可以寻访形态各异的石头，也可以徜徉在泰宁古城中，走在街巷的石板路上，享受清静。

公园以其丹霞洞穴数量之多、洞穴群规模之大、洞穴造型和组合之奇特、洞穴的可观赏性之罕见，被誉为“丹霞洞穴博物馆”。其宽窄不一、动静不同的水体景观与丹霞地貌及良好的生态环境相互融合，造就了“水上丹霞”奇观。溪水在峡谷中蜿蜒曲折，漂流其中如在画中游；潭水平静，丹霞石岩矗立，仿若世外桃源。

玩家 行程

泰宁世界地质公园面积较大，占整个泰宁县面积的1/3，游览前最好提前定好游览路线，以免游览不全。推荐线路如下。

一日游线路：大金湖—泰宁古城—寨下大峡谷。

二日游线路：D1，寨下大峡谷—泰宁古城—参观地质博物苑—漂游上清溪；D2，乘船游览金湖—漂游九龙潭。

三日游线路：D1，金湖—猫儿山—泰宁地质博物苑；D2，寨下大峡谷—上清溪—泰宁古城—梅林戏—状元文化主题公园和红军街；D3，状元岩—九龙潭—状元文化主题公园。

玩家 攻略

最佳旅游时间：泰宁属中亚热带季风山地

泰宁古城

性气候，四季温和湿润，光照充足，雨量充沛，全年适合游玩。

美食：泰宁小吃非常多，主要美食有仙草糕、本鸡煲、甘露寺素斋、馅心馒头、状元糍、游浆豆腐、乌株粳米糍、碧玉卷、暖菇包子、金湖鱼头、酸菜小笋等。

购物：泰宁县城内有一条土特产品购物街——尚书街，还有一条旅游商品街——状元街，这两条街上可以买到泰宁本地特产。本地特色手工艺品主要有天然玉石、石雕工艺品、竹制工艺品、木制工艺品等，土特产品有菌类、金湖美味鱼、湖上岩茶、笋类、金湖酒酿等。

娱乐：到了泰宁不听一听梅林戏是一件很遗憾的事情。梅林戏是国家非物质文化遗产，也是泰宁"三宝"（金湖、尚书第、梅林戏）之一，在金湖风情演艺馆或尚书第里均可欣赏到。

猫儿山

泰宁的标志

猫儿山又名猫儿兽石，是大金湖旅游线上一颗璀璨明珠。因山峰酷似蹲坐山巅的巨猫而得名。猫儿山不仅是金湖景区的标志，而且是整个泰宁的标志。

在猫儿山山顶可俯瞰整个金湖景区。环视猫儿山诸山峰，其三剑峰刺入云霄，仙女峰一山三态，均是丹霞地貌之代表。山中还有众多形态奇特的岩穴灵石，景点有金钱吊葫芦、天光一隙、金童玉女石等。历史遗迹有余猫寨、黄石寨、古兵寨等。

状元岩

人杰地灵的丹霞胜地

状元岩因名臣邹应龙少年时读书于此，后高中状元而得名，也因此产生了不少民间传说，后人也视状元岩为教育子弟努力求学之地。景区共分5个游览区，有状元岩、晒经崖、锦绣谷等80多个大小景点，是探幽访古的胜地。

整个景区都隐藏于原始密林间，千奇百怪的赤石群造就了这里千变万化的丹霞奇观，令人叹为观止。"山藏千古丹霞，岩蕴旷世奇杰"，状元岩以其独特的风韵吸引着历代莘莘学子前来瞻仰，被誉为"地灵人杰的丹霞胜地"。

链接

邹应龙与状元岩

南宋状元邹应龙少年时曾背负斗米，凿石攀岩，在状元岩苦读5年，尔后不仅状元及第，而且名垂千古，状元岩也因此出名。至今这里还保存有邹应龙亲手凿刻的斗米阶、古栈道及明朝道仙邢德兴修炼的"琵琶岩"等人文景观。清朝乾隆年间泰宁廪生谢高全曾登临状元岩，题写了"状元岩"三个苍劲有力的大字。

九龙潭

山环水绕

九龙潭景区因有九条蜿蜒如龙的溪水流入潭中而得名。景区内山环水绕，丹霞地貌遍布，四季如春。景区分为水上景点和陆上景点两大部分。水上景点有水上一线天、九龙洞、圣象迎客、玉龙岩等；陆上景点有九龙大赤壁、兰花谷、青云天梯、乌冈栎群落等。景区内龙峡堪称稀世奇景，全长约1200米，两岸均为绝壁，其中水上一线天最为著名，游览其间，令人赏心悦目。

玩家解说

九龙潭不仅景观奇特，而且动植物也极为丰富，其中名贵树种有红豆杉、花榈木、楠木，名贵药材有杜仲、何首乌、砂仁、石吊兰、黄柏等，各种飞禽走兽如水鹿、飞狐、穿山甲等也常在山间出没。

泰宁古城

有“汉唐古镇、两宋名城”之誉

泰宁古城历史悠久，素有“汉唐古镇、两宋名城”之美誉。古城内古街、古巷、古井、古宅随处可见，尤其是建于明朝天启年间的尚书第，堪称明代民居建筑艺术的瑰宝，也是中国江南地区保存最完好的明代民居建筑。

玩家 解说

泰宁古城的另一个人文景观便是金湖风情演艺馆，馆内的梅林戏是全国稀有的地方剧种之一，其民间祭祀式舞蹈傩舞原始古朴、热情奔放，还有传统的祭祖、娶新娘、杂耍等民俗表演，形式独特，地域风情浓厚。演艺馆创作的古装故事剧《贬官记》在文化部举办的“天下第一团”优秀剧目展演中曾荣获优秀剧目、优秀编剧、优秀演员三项大奖。

寨下大峡谷

观赏丹霞地貌的佳地

寨下大峡谷是观赏丹霞地貌的绝佳地，有着典型的赤壁、洞穴、巷谷、线谷和堰塞湖景观。峡谷内有通天峡、一条线谷、倚天峡等景点，其中倚天峡的“时空隧道”是寨下大峡谷内的奇观，在倚天峡的“时空隧道”，能同时看到、触摸到两个相隔遥远年代的地质岩层，左手边是距今约4亿年的变质岩，右手边却是距今8000万年的丹霞地貌地层。

上清溪

原生态峡谷曲流大观园

上清溪全长50多千米，景色秀丽新奇，其中崇际至长兴的15千米段为深山峡谷地带。上清溪溪流被赤壁丹崖挤逼为弯折的曲线，水面最宽处不过20米，最窄处只容双排

泰宁古城尚书第

通过。上清溪两岸人迹罕至，森林茂密，方圆几十里内仍保持原始自然状态。其“野、幽、奇、趣”构成了当今世界上罕见的千年原生态峡谷曲流大观园。

玩家 攻略

娱乐：上清溪竹筏漂流河段为崇际至长兴段，长15千米，全程漂游约两个小时，游程共分十筏，九十九曲、八十八滩、七十七湾、六十六峰、五十五岩、四十四景、三十三里，非常刺激。

游览：主要景点有鲤鱼跳龙门、金钟长鸣、五老看仙、阳关三叠、孔雀开屏、栖鹰崖、落霞壁和海市蜃楼等。

大金湖 AAAAA

天下第一湖山

大金湖是泰宁世界地质公园的核心组成部分。大金湖堪称湖山景观精品，素有“天下第一湖山”之美誉。浩瀚幽深的湖泊与千姿百态的丹霞奇观完美结合，阳刚、阴柔相济，豪放、婉约互补，构成了景象万千的水上丹霞奇观。

玩家 解说

大金湖不仅地貌景观独特，而且拥有举世罕见的“岩穴文化”奇观。历史上大金湖曾拥有大小寺庙130多座，每一座都建在千奇百怪的岩穴里，迄今尚余70多座，其中，最负盛名的甘露寺乃是日本世界文化遗产——奈良东大佛殿的“模板”。除了众多岩寺之外，大金湖大大小小的岩穴也与对中国历史影响深刻的儒教有着千丝万缕的关系，如将宋明理学推向高峰的朱熹就曾在丹霞岩里广教学子，而南宋状元邹应龙、尚书第的主人李春烨也都因在岩穴里苦读诗书而高中成名。

泰宁地质博物苑

融入太极理念的博物苑

泰宁地质博物苑包括地质名人大道、地学科普展馆、泰宁奇石园、古典园林和GIS演示系统，分室内地质展馆和室外园林景观两部分。室内展馆分为7个展示厅，主要通过音像、文字、标本、模型等形式向公众介绍地质知识，以及泰宁地质公园的形成历史及典型的丹霞景观特色；室外则有园林景观、广场、景观防洪堤、游览步道、水上丹霞微缩景观、雕塑等。

玩家 解说

博物苑的主体雕塑是一把巨大的扇子，上镌“千古丹霞，灵秀泰宁”8个大字，扇子基座上的圆盘图案为八卦图，其建筑布局亦融入了中国的太极理念。整个博物苑就是一个大太极图，水为阴，建筑为阳，阴阳交融，天地合一，昭示着地球是我们永远的家园，人类只有善待地球才能换取大地母亲的慷慨馈赠。

金饶山 AAAA

八闽第一峰

金饶山位于白石顶、宝峰山一带，与建宁接壤，是花岗岩石蛋地貌区，为泰宁地势最高的区域，也是福建省花岗岩最高出露区、华东地区花岗岩景观最高地区。区内出露的燕山晚期石英二长岩、钾花岗岩，自白石顶至宝峰山绵延数千米，风化的花岗岩形成了各种石蛋景观和石柱林、石笋、风动石等。

景点推荐

三明西部景点

聚龙禅寺

闽省“四大名寺”之一

三明市明溪县枫溪乡所在地1.5千米处的寿山顶上

可在明溪县城车站外包小面的直达

聚龙寺始建于唐开元九年（721年），俗称瓦翠坪，历代均有修缮。该寺风景优美，庙宇宏伟，竹林葱茏，是佛家圣地，福建省四大名寺之一。寺内殿宇巍峨，不仅是佛家弟子的行修诵经之处，还是历代名人墨客必游之地。

该寺原有观音殿、天王殿、大雄宝殿、下殿、方丈楼、藏经楼、观山楼、僧房、膳房等，组成了一个1600多平方米的建筑群，现已恢复了原貌，成为文物保护单位。

玉虚洞

“武夷三绝”之一

三明市明溪县北郊2.5千米黄坡山下

明溪县城内有公交车直达景区

玉虚洞开发始于宋开宝二年，迄今已有1200多年历史，徐霞客曾在此驻足畅游，并将之与滴水岩、玉华洞称为“武夷三绝”。

玉虚洞分为明洞、暗洞、外景三个游览点。明洞前有观音殿，观音殿由三根天然石柱支撑，洞内有天泉、斗狮石、步月台等景观。洞壁四周有历代文人墨客题咏的摩崖石刻近百处，具有很高的观赏价值。外为奇岩怪石，盘旋曲折，有一石径直通岩顶。

君子峰自然保护区

深山藏古寺

三明市清流县沙芜乡安砂水库边

君子峰自然保护区总面积180.6平方千米，由君子峰和均峰山两个保护区合并而成，以保护中亚热、低纬度、低海拔、平缓坡面的常绿阔叶林、木本药用植物资源、名贵树种资源以及重点保护野生动物、候鸟迁徙通道等为主，属原始森林生态系统类型自然保护区。

保护区拥有丰富的动植物资源，区内花木繁茂、风光秀丽，有君子峰、小华山、白石崖、鸡公庵、十二洞、均峰寺、均峰山等重要景点。在君子峰山顶观日落日出，景色之美不逊于泰山。

玩家解说

君子峰远望像一个古代金元宝，故亦被人们称为"金子峰"，但它抱金而不俗，俨然是位君子，被尊称为"君子峰"。立于君子峰上向下鸟瞰，明溪、泰宁、建宁三县景色尽收眼底，漫山遍野的大石、小石、奇石、美石、丑石林立。

均峰山海拔1061.7米，其山体高峻雄伟，尖峰峭壁。均峰山两峰之间平坦处有一座均峰寺，该寺建于唐末，寺中有南宋文天祥的手书匾额，上题"显盖紫云"4字。

君子峰

清流天芳悦潭生态旅游风景区 AAAA

东南亚风情度假村

三明市清流县福建清流嵩口镇

从市内乘坐清流嵩口专线至天方悦潭站下车即到

0598-5299199

周日至周四128元，周五至周六158元

清流天芳悦潭生态旅游风景区，是一个集温泉疗养、特色餐饮、星级酒店、生态农业、户外拓展、客家民俗体验等多种旅游项目于一体的大型休闲养生旅游景区。这里自然资源丰富，人文底蕴深厚，是游客们体验生态、休闲、养生的绝佳之地。

景区以其独特的珍稀氡温泉而闻名。这种温泉水富含多种对人体有益的矿物质，不仅可以舒缓疲劳，还能改善体质，被誉为大自然的"礼物"。

景区拥有22平方千米的优质森林景群，树木葱郁，空气清新，是天然的氧吧。漫步在林间小道，游客们可以尽情享受大自然的恩赐，呼吸着清新的空气，聆听着鸟鸣虫鸣，感受大自然的生机与活力。

在清流天芳悦潭，游客们还可以体验到古老客家人的文化精髓。这里的客家民居、客家歌舞、客家美食等，无不展示着客家人的独特风情。游客们可以在这里深入了解客家文化，感受客家人的热情好客。

灵台山

闽西北最具规模的寺庙群

三明市清流县长校镇沙坪村

灵台山由20多千米长的长潭河围绕，沿河两岸悬崖峭壁、翠竹青松、山水交融，景色美不胜收。山上有始建于元朝末年的福源寺，明宪宗八年创建的翠峰寺以及圆通寺、醉峰寺等，是闽西北地区最具规模的寺庙群。优美的自然风景、丰富的人文景观以及古老的传说造就了灵台山的醉人美景，令游人流连忘返。

天鹅洞群

福建规模最大的溶洞群

三明市宁化县湖村镇巫坊村天鹅山

可在县城包车或乘坐出租车前往景区

75元　8:30~16:30

天鹅洞因其山形酷似天鹅而得名，是目前福建省规模最大、溶洞数量最多、分布最密的溶洞群，含天鹅洞、神风洞、石屏洞、水晶洞、山涧一线天等6个风貌各异的溶洞。洞内石笋林立、湖潭倒影。置身其中，令人目不暇接。

玩家攻略

最佳旅游时间：每年的6—9月是最适宜游览天鹅洞的季节。洞内湿气较大，温度较于外面会相差很多，建议游客进洞之前多穿件外套防寒。宁化特色美食有擂茶、宁化生鱼片、田鼠干、城南乡薏米、宁化辣椒干、客源酒娘等。

天鹅洞

天鹅洞系水平廊道式与竖井分层式相结合的奇异溶洞，是喀斯特地貌中最具代表性的溶洞。洞分上、中、下3层，前后7个大厅及49个大景，小厅小景数不胜数。洞内有从40米高处一泻而下气势磅礴的石瀑，有精巧玲珑如精雕细塑而成的石珊瑚，有玉树倒影平静的天鹅湖……置身其中，令人流连忘返。溶洞地下河中的水中石林景观在国内独树一帜。

神风洞

神风洞又名神风龙宫，是天鹅洞群地下河溶洞景观之一。该洞进口处有阵阵清风吹拂，由此而得名。神风洞有三个洞厅、一个地下湖和一条地下河。洞内的三个洞厅雄浑壮阔，“金刚守门”“天龙出巡”“银钟镇虎”“济公圆梦”等景观造型极富韵味。洞内的地下湖水平如镜，步入湖中的莲花墩上，钟乳石倒影清晰，独成一景。洞内最具特色的游览项目是泛舟于数千平方米的地下河水域，水中倒影，洞顶密集的钟乳石挂着晶莹的水珠，令人有如置身于海底龙宫之感，实为景区一绝。

天鹅洞群

蛟湖

福建最深的天然内陆湖

三明市宁化县湖村

蛟湖呈椭圆形，湖水清澈蔚蓝，面积1.2万平方米，最深处达103米，是福建省最深的天然内陆湖，也是国内罕见的地质奇观。湖泊三面低山围合，北面地势较低处有1米多宽的小口，湖水终年外流不息，湖面终年溢平，无论是大旱还是洪涝，水位均不升不降，堪称奇观。

湖四周水草丛生，古树挺拔，有放生碑立于湖畔。湖旁的村落是清代著名画家“扬州八怪”之一黄慎的故乡，黄慎曾在湖畔搭蛟湖草堂研读诗画，有《蛟湖诗抄》流传于世。

牙梳山自然保护区

珍稀动植物众多

三明市宁化县北部安远乡境内

可在县城包车或乘坐出租车前往景区

牙梳山自然保护区主要保护对象为中亚

热带常绿阔叶林生态系统和野生动植物资源，属于森林生态系统类型自然保护区。

保护区内有珍稀濒危野生动物69种，其中国家一级保护野生动物有华南虎、金钱豹、云豹、梅花鹿、白颈长尾雉等5种；国家一级保护树种有香果树、钟萼木、南方红豆杉等3种。

天阶山

喀斯特地貌上的绿洲

三明市将乐县境内

县城有班车直达景区

天阶山多怪石、异树、奇藤，每年8—10月，满山的桂花溢香，是一个天然盆景园。天阶山国家森林公园主要由玉华洞、龙栖山和金华洞等景区构成。这里风水旖旎、秀色宜人，完整地保存着亚热带季风性气候的原始植物群落，是一座物种丰富的植物博物馆，被专家称为“喀斯特地貌上的一片绿洲”。

天阶山的地质结构以石灰岩为主，土层非常薄，由于特殊的地理条件，许多百年古槠、柚树、枫树、桂花树的生长，以石为基，破石而出，多为根在齐腰处即分枝数股，呈“子孙满堂”状向天空舒展，成为天阶山一奇观。

龙栖山自然保护区

独特的天然植物园

三明市将乐县西南部，东南接白莲镇，北靠黄潭镇

可在将乐县城内乘坐乡间巴士在白莲镇或黄潭镇下车　免费　8:00～17:30

龙栖山系武夷山脉东南延伸支脉，保护区内山高林密，古木参天，群峦耸立，流泉飞瀑，风景幽清灵秀。主峰1624米，为将乐县最高峰；侧峰5座，海拔均在1500米以上。

龙栖山自然保护区有面积达40平方千米的原始森林，是独特的天然植物园，既有南方红豆杉、柳杉、金钱松、龙柏树等名贵树种，也有含笑、吉祥草、海棠、山茶花等奇异花草，虎、豹、熊、羚羊、飞狸、娃娃鱼等珍奇动物和多种鸟类亦常出没其中。

龙栖山自然保护区

玉华洞风景区 AAAA

中国四大名洞之一

三明市将乐县梅花村

将乐县城有班车直达景区

110元　8:15～16:30

玉华洞是福建省内最长、最大的石灰岩溶洞，因洞内岩石光洁如玉、光华四射而得名，有“武夷山下明珠”之称，是国家级风景名胜区。

洞内分为3条通道，有6个支洞，灵泉、井泉、石泉3股地下泉水。玉华洞内洞套洞，水环水。洞内有“一扇风”“万家灯火”“五更天”等160多个自然景观。

其中石洞入口处为“一扇风”，风声终日不止；出口是“五更天”，可以使人体验到由昏暗转为光亮的五更景色；洞进出口处岩壁上保留不少宋代以来的摩崖石刻，明徐霞客游后赞此洞“弘含奇瑰，炫巧争奇，遍布幽奥”。

玩家解说

幽深的玉华洞是一所“天然医院”。洞内空气清新，常年凉风习习，令人心旷神怡。洞内空

玉华洞

气中负氧离子含量较高，泉水中饱含丰富的微量元素，这样的环境对于气管炎、关节炎疾病有良好的辅助疗效。

闽江源自然保护区

动植物的良好栖息地

三明市建宁县金铙山路61号

120元（含索道、景区交通） 8:00～13:30

闽江源自然保护区中有珍贵的、大面积的钟萼木和南方红豆杉原生种群、福建闽江正源头森林植被，属野生生物类型的自然保护区。

自然保护区融山水、岩林、溪瀑、古道、名刹为一体。莲子种植园——荷苑每到盛夏即有“接天莲叶无穷碧，映日荷花别样红”的荷花胜景。新建成的福建省最长、海拔最高的索道，是观日出、看云海、赏杜鹃花海、游古闽越王狩猎场、远眺大金湖的绝好去处。

玩家解说

保护区内的金铙山白石顶景区生态环境优越，动植物物种丰富，还可以观赏到金铙晴雪、云海奇观、千姿石林、高山草场、杜鹃花海、圣主庙、古学堂等景色。

闽江源瀑布群景区内重峦叠嶂、林木苍翠，富有山水、林木、峡谷等地质景观，其中以大际面瀑布和千层崖瀑布最为壮观，是休闲、度假的理想之地。

位于金铙山脚下山谷间的千年古刹报国寺是建宁县境内最大的寺庙，始建于后梁龙德元年（921年），早于建宁置县，有“曹洞宗福建第一祖庭”之称。

中国四大名洞

除了玉华洞，中国其他三大名洞分别是位于北京市房山区河北镇南车营村的石花洞、广西壮族自治区桂林市西北郊的芦笛岩和位于浙江省杭州市桐庐县瑶琳镇的瑶琳洞。

玉华洞全洞总长10千米，主洞长2.5千米。因洞内岩石光洁如玉、光华四射而得名，是福建省最长、最大的石灰岩溶洞，被誉为“闽山第一洞”，列为“中国四大名洞”之一。

石花洞又名潜真洞、石佛洞，是中国华北地区岩溶洞穴的典型代表，被专家评价为“中国罕见的多层洞、岩溶景观最丰富的溶洞”。石花洞的总体特征是洞体多层多支，从上到下共7层，每层景观各不相同，被誉为“北京的地下明珠”。

芦笛岩洞深240米，游程500米，洞内景色精致，满洞的石钟乳、石笋、石柱似象牙雕刻，又似黄杨木雕，美观异常，被誉为“人自然艺术之宫”。芦笛岩的另一特色是洞中滴水多。游人进洞，在林立的石柱缝隙中间转来转去，加上彩色灯光的照耀，如置身于仙境。

瑶琳洞形成于距今10万年前，系一巨大石灰岩溶洞。全洞深藏地下，姿态万千，以曲折幽深的溶洞地貌和瑰丽多姿的溶石景致而被誉为全国溶洞之冠。洞景气势雄伟，被誉为“瑶琳仙境”。

攻略资讯

- 交通
- 住宿
- 美食
- 购物
- 娱乐

交通

飞机

三明沙县机场位于沙县区金古园北区，距三明市中心约32千米，为4C级民用运输机场。现已开通北京、上海、广州、深圳、南京、西安、成都、舟山、青岛、沈阳、宁波等17个城市航班。三明市内可乘K103路、K106路公交车，沙县市内可乘3路、16路公交车前往。

火车

三明站：位于三明市三元区工业南路117号，鹰厦铁路的中部，是南龙铁路途经站。可乘坐K1路、D9路、D11路等公交车抵达。

三明北站：位于三明市沙县区虬江街道，是昌福铁路、鹰厦铁路和南龙铁路的枢纽站。可乘坐K101路、D101路、K102路等公交车抵达。

三明火车站

三明梯田

汽车

三明市有多个汽车站，其中较大的为三明汽车北站及三明汽车南站。

三明汽车北站：位于沙县区虬江街道，三明北站附近。 ☎ 0598-8050052

三明汽车南站：位于三明市三元区工业南路89号，紧邻三明火车站。 ☎ 0598-7501372

市内交通

三明中心城区共有公交线路76条、公交运营车辆466台、公交场站592个，线路覆盖城区重要场所。

住宿

三明市各类宾馆档次齐全，设施完备，还有许多旅馆、招待所，大都价格合理、服务周到。此外，有些风景区和森林公园内建有度假山庄，如玉华洞景区内的玉华洞天休闲山庄、金湖边上的金阳山庄等，喜欢亲近自然的人可以选择这些地方住宿。

●三明天元列东饭店

酒店位于市中心繁华的街道上，临近汽车站、火车站，就餐、购物、出行都很方便。酒店设施齐全，有免费的早餐供应。不足之

三明城市风光

处是停车场车位有时紧张，自驾游的旅客要留意车位信息。

三明梅列区牡丹新村 0598-8512558

●永安五洲大酒店

是一所园林式旅游商务度假酒店。酒店环境幽雅，依山傍水。有标准房、豪华套房等各类房间和西餐厅、桑拿、商场等设施。

三明永安市新安路458号 0598-3835888

●三明梅园国际大酒店

按国际星级酒店标准打造，集会议、商住、餐饮、娱乐、休闲、购物于一体，是三明市的新地标。酒店客房典雅大方，设施齐全。酒店内同时配备茶室、棋牌室、桌球室、乒乓球室、网球场、保龄球场、健身室、桑拿浴室等娱乐休闲设施及场所。

三明三元区乾龙新村350幢 0598-8961188

●三明清枫酒店

酒店面朝沙溪河，背靠麒麟山，环境宁静幽雅，交通顺畅便捷，毗邻三明火车站、汽车站、高速路口。酒店拥有不同风格的高级客房，配套高档家具、豪华卫浴、数字电视、宽带及电脑设备。三明市三元区下洋新市中路292号 0598-8525555

美食

三明的小吃很有特色，从闻名全国的福建沙县小吃到低调却毫不逊色的永安、泰宁小吃，都是三明小吃的代表。三明还有一些从古代饮食习俗中流传下来的特殊食品，如制作过程与味道奇特的客家擂茶，宁化的名吃“鱼生”——生鱼片，最早可以追溯至秦朝以前；而另一种历史久远的食物是“闽西八大干”之一的宁化田鼠干。当地人普遍爱吃田鼠干，尤其是冬天，还把吃田鼠干作为一种享受，并视其为下酒佳品。

东安路小吃街位于三明市梅列区东安路，南面长50米，北面长200米，共有18家饮食店，主要经营沙县小吃、永安小吃、大田骨头汤、尤溪草根鸭汤、北京涮羊肉、水煮活鱼等系列风味食品。

●碧玉卷

泰宁传统小吃，俗称韭菜糍。其做法是将大米和韭菜磨成稀浆，再摊在平底锅上烙成薄饼，然后卷入香菇、鲜笋、肉丝、辣椒粉等馅料做成筒状，趁热而食，柔软润滑，色香味俱全。

碧玉卷

●果条

永安的著名小吃，是把稻米磨浆蒸熟而制成的，吃法多种多样。最普遍的吃法是把果条用开水烫过之后放入骨头汤中做成汤粉干；也可以配上菜和肉炒来吃；也有把果条卷成筒状，用叉子叉着蘸酱油吃，这样的果条叫“果条筒”或“叉叉果”。

●泥鳅粉干

将泥鳅煮熟后，在汤中加入烫过的上好粉、生姜、腌菜、红酒等即可食用，口感嫩、香、软、滑、鲜，味道清淡，是很多本地人早餐的首选。

●扁肉

沙县小吃中最有代表性的一种，其实就是馄饨，但扁肉的肉馅制作时不用刀，而是把鲜肉用特制的木棒敲打成细腻的肉泥。包制扁肉的面皮也薄，厚度是普通饺子皮的1/4。扁肉吃起来面皮嫩滑，肉馅爽脆。

扁肉

购物

三明林地资源丰富，盛产山珍，比较有名的土特产有清流笋干、建宁莲子、泰宁茶叶、永安玉笋等。三明的食品也独具特色，如明溪肉脯干、郑湖板鸭、酒酿等。

此外，三明有着浓厚的传统文化氛围，这里出产文房四宝中上上之选的龙池砚和西山纸，是爱好书画的旅客自用或送给亲友的佳品。三明还有许多特色工艺品可供游客选购，比如永安的竹制品，明溪的宝剑、宝扇等。

三明购物场所有列东百货大楼、新华都购物广场等。此外，各个县也有购物场所专卖旅游纪念品，如泰宁县内位于尚书街的金湖旅游商品购物一条街，位于永安市商业步行街的永安旅游商品购物一条街等。

●明溪肉脯干

明溪肉脯干是客家风味食品，历史悠久，载誉500余年，居“闽西八大干”之首，驰名海内外。肉脯干系精选鲜猪后腿瘦肉，以传统工艺、上乘调味品，通过削片、腌渍、炭火烘烤而成。肉脯干风味独特、营养丰富，具有不干不燥、原汁原味、麻辣、食之回味悠长等特点。

●龙池砚

文房瑰宝龙池砚，素有“闽砚精品”之称，是我国著名古砚之一。龙池砚的制作工艺多系祖传，纯属手工生产，砚工很注重选料，因料构图，讲究整体布局、雕刻刀法等。因此，加工一方好的砚台需历时数日、数月不等，可谓精工细作。其工艺砚雕刻精美。所以，到了将乐，怎么能不带回一方精美的龙池砚呢！

●清流豆腐皮

清流豆腐皮历史悠久，闻名遐迩。清流豆腐皮具有香、醇、韧和一煮就熟、久煮不煳、食用方便等特点，是高蛋白低脂肪的绿色食品。

娱乐

漂流：三明水系众多，河溪大多蜿蜒曲折，水流少险恶，加之两岸有众多景观，极适合开展漂流项目。漂流亲近水的同时，还可饱览沿途风光，是到三明游玩时不可错过的娱乐项目。目前较出名的有上清溪漂流、桃花涧漂流、九龙潭漂流、瑞云漂流等。最为推荐的是上清溪漂流与桃花涧漂流。上清溪与金湖毗邻，游览方便。桃花涧漂流的同时还可领略桃源洞风光。

观地方戏曲：三明的地方戏曲绝对值得喜好人文风情的游人一看。梅林戏是我国独具特色的地方剧种，已有300余年的历史，其唱腔、曲牌、剧目、表演别具一格。泰宁县尚书街2号李氏宗祠内的演艺馆，编排了30余出富有特色的梅林戏目供游客欣赏。同时馆内的茶舍还提供多种金湖名茶，并有茶艺表演。然而青水古戏台在每年的特定时间都会上演当地的大腔戏，有兴趣的游客可以前去观看。

泡温泉：到横坑温泉度假村泡一泡温泉，让腾腾的热气带走满身的疲惫。

节日和重大活动

节日	地点	时间
花朝	建宁、宁化	农历二月
放河灯	三明客家	农历七月十五前后
沙县小吃文化节	沙县	12月8日

发现者旅行指南

厦门

概览

亮点

鼓浪屿

素有“海上花园”的美称。岛上完好地保留着许多具有中外建筑风格的建筑物，岛上拥有钢琴密度居全国之首，又得美名“钢琴之岛”。

厦门环岛路

被誉为世界最美的马拉松赛道。绕着环岛路骑自行车，欣赏沿路人文风情，聆听海浪，海风轻拂，本身就是一种美的享受。

厦门大学

中国风景最优美的大学。“滨海风光，宛若蓬莱仙境；最妙海塘堤岸，红花绿影，仿佛珍珠翡翠，镶嵌于鹭岛之西”是对厦门大学最美的概括。

鼓浪屿

必逛街道

中山路：厦门传统的百年繁华商业区，有着“中华十大名街”称号，是厦门唯一直通大海的商业街，购物之余还可饱览鼓浪屿的风景。

鼓浪屿龙头路：鼓浪屿的主要商业街，也是上岛游客的必经之路。街道两侧开设了许多工艺品店和字画店，也有来自全国各地的古玩、玉石、字画和瓷器出售。

线路

厦门经典二日游

第一天上午前往鼓浪屿码头，找到自己的落脚地后，就在岛上的万国建筑群、个性小店等地方随意拍照，逛逛。

第二天早上去厦门大学，出来后旁边就是南普陀寺，可以吃素斋，然后去胡里山炮台参观。

鼓浪屿休闲二日游

第一天先前往鼓浪屿，步行周游鼓浪屿，享受明媚惬意的海岛风光，会有很多有趣的发现。晚上住在鼓浪屿的特色民宿内。

第二天上午先到日光岩，那是鼓浪屿的最高点，可以看到厦门全景，出来后沿着路标一路前往龙头路，那里是鼓浪屿的商业街，十分热闹。

为何去

厦门是个适合休闲散步、发呆、晒太阳的城市，这里气候宜人，风景秀丽，既有独特的侨乡风情、闽台习俗，又有美味的海鲜佳肴、特色小吃，各式的异国建筑更为厦门增添了别具一格的气质，整个城市也因此赏心悦目。

大雾里的厦门

何时去

厦门冬无严寒、夏无酷暑，一年四季树木常青、鲜花盛开，各具风采。不过每年的7月至9月，是台风多发季节，此时前往厦门一定要多关注气象信息，去厦门旅游，需要避开台风季节。3月、4月、5月、10月、11月是最值得推荐的旅游时间。

厦大白城海滨

厦门

区域解读

区号：0592

面积：约1700.61km²

人口：约530.80万人

地理 GEOGRAPHY

区划

厦门下辖6个区（思明区、湖里区、集美区、海沧区、同安区、翔安区）。

地形

厦门整体上来看由西北向东南急剧倾斜，形成丘陵和带状平原。厦门岛是厦门的主体，是福建的第四大岛屿。岛上以丘陵为主，万石岩、云顶岩横跨南部，迤逦向西南没入海中，复出于鼓浪屿之龙头山，形成日光岩等天然奇岩胜景。

厦门市海岸线蜿蜒曲折，长达234千米，厦门港群山四周环抱，港阔水深，终年不冻。

气候

厦门属亚热带气候，温和多雨，年平均气温为21℃。每年5—8月雨量最多，由于太平洋温差气流的关系，每年平均受4—5次台风影响，且多集中在7—9月。

厦门一年四季都花木繁盛。一般而言，春、秋两季最适合旅行，冬季也比较温暖。不过，每年的7—9月，厦门会不时受到台风的影响，海边的船只都全部停开，因此刮台风时不能欣赏到优美的海景。

历史 HISTORY

历史大事记

●新石器时代

在距今3000多年前的新石器时代晚期，厦门岛上便开始有人居住了。考古学家还在这里发掘出不少石器和陶器，据此分析得知，大约两三千年前，厦门岛及其周围是我国南方族群祖先——闽越族人活动比较早的地方。

●唐宋时期

唐天宝年间（742—756年），汉族人薛姓和陈姓，从闽东的福安和闽南的漳州移民入岛，薛姓人住在洪济山的西北，陈姓人住在南面金榜山下，时有“南陈北薛”之称。厦门岛上保留的三座唐朝陈氏古墓，就是当时

南普陀寺

鼓浪屿全景

历史的明证。岛南端著名的南普陀寺，便由当年移民的家庙传承而来。薛、陈二族对厦门地区的发展作出了很大的贡献。

宋朝太平兴国年间（976—984年），厦门地区生产出一种水稻良种，它“一茎数穗”。从此，这个无名的小岛被称为“嘉禾屿”（意为五谷丰登的岛屿），这也是厦门的第一个名称。

●元明清

元朝在厦门地区设立了嘉禾千户所，这是厦门历史上第一次出现军事机构。所谓“千户”就是“千夫之长”，可见，这个海岛在海防上的重要地位，已经引起元朝的重视。

明朝时期，厦门属泉州府，此时倭寇不断地侵扰我国沿海各省。明太祖朱元璋为了加强海防，在福建沿海增设了许多卫所。洪武二十年（1387年），开始筑厦门城，寓意“国家大厦之门”。“厦门”之名自此列入史册。

1650年，郑成功驻兵厦门，并以厦门和金门为根据地，誓师反清；1655年，郑成功将厦门改名为思明州。1660年，郑军在福建海门港（今龙海东）歼灭清军水师4万余人，取得厦门战役的胜利。1661年，郑成功率军离开厦门，从金门出发，挥师东渡，收复了被荷兰人占领的台湾。

●近现代

1842年，第一次鸦片战争结束，中英签订《南京条约》，厦门成为5个通商口岸之一。

1841年8月，英军强占鼓浪屿，前后达5年之久。1843年11月，英国在鼓浪屿首先设立“领事事务所”，接着，美国、西班牙相继在鼓浪屿设领事馆，其他国家则以商人、洋行经理等兼任领事身份在鼓浪屿活动。1902年中国政府被迫同日、美、德等签订了《厦门鼓浪屿公共租界章程》，鼓浪屿被正式明确为公共租界。

1980年10月，党中央国务院决定在厦门岛北部湖里划出2.5平方千米设立厦门特区。自此，厦门成为中国最早建立的经济特区之

杏林阁前打太极拳

一，享有省级经济管理权限，其后经济发展迅速。

名单 厦门历史名人

北宋著名天文学家、药物学家苏颂

南宋理学家朱熹

明末收复台湾的民族英雄郑成功

清初著名将领施琅

著名的商人、华侨陈嘉庚

中国妇产科的开拓者之一林巧稚

郑成功抗清根据地——厦门

郑成功本名森，字明俨，号大木，祖籍福建南安市石井镇。后来，南明隆武帝赐姓朱，赐名成功，并封忠孝伯，世称“郑赐姓”“国姓爷”。郑成功拥护明朝，积极抗清，并且收复了台湾，是著名的军事家和民族英雄。

1650年，郑成功采用施琅的计谋，占据厦门，并把厦门作为政治、军事、经济的根据地，定下了“夺取八闽，抗清复明”的方针。他在厦门训练军队，整顿兵船，建局造械，极力扩充武装力量。在今天的厦门和鼓浪屿还可以看到不少当时的练兵遗址。鼓浪屿日光岩附近有一个石砌的寨门，它就是郑成功时代建造的龙头山寨。厦门大学气势恢宏的上弦运动场，也是当年水操台旧址。

皓月园郑成功雕像

1651年，清军进攻广州，南澳危急。于是，郑成功率大军从厦门出发，南下勤王。后来，郑成功想“舍水就陆，以剽掠筹集军饷”，但施琅坚决反对。因为他深知，郑军以海军见长，舍水就陆的话，根本就不是清军的对手。郑成功就削了施琅的兵权，并令他先回厦门。

施琅回厦门时，正好碰上清军马得功偷袭厦门，而厦门的守将郑芝莞竟弃城出逃，施琅便率身边的60多人抵抗，并击杀了马得功的弟弟。马得功也差点儿被活捉，仓皇撤出厦门。此时，身在南澳的郑军得知厦门被攻，军心涣散，无奈之下，郑成功只得班师回厦门。

后来，郑成功把矛头转向荷兰殖民者，挥师东渡，准备驱逐荷兰人。1661年4月21日，郑成功亲率第一批征台官兵2.5万人、大小战船几百艘，离开厦门，从金门挥师东进。经过9个多月的战斗，终于驱逐了荷兰殖民者，收复了我国领土台湾。

厦门作为郑成功的根据地，前后达30年之久。那时，这里是闽南一带人民抗清斗争的中心，也是郑成功驱逐荷兰殖民者、收复台湾的基地。

文化 CULTURE

厦门漆线雕

漆线雕是古代的佛像雕塑艺术的遗脉，是受宋元时期的线雕工艺特别是沥粉和泥线雕等工艺的启发而产生的，形成于明末清初，至清晚期逐渐成熟。漆线雕工艺在厦门流传了300余年，历经蔡氏13代传人。

在原材料上，南方盛产的樟木，是雕像的首选材料。厦门同安特有的白土，是粉底打磨的最佳原料；而此地又广出桐油，盛产

厦门漆线雕

青砖，这些都是漆线雕的上好材料。

传统的漆线雕制作包括四个方面：雕塑、粉底、漆线装饰、妆金填彩。对一般作品的创作设计而言，雕塑是首要的。但就漆线雕的线雕艺术的特殊美感而言，漆线装饰的技艺才是关键，甚至这道工序还成了它的产品名——漆线雕。用陈年的砖粉和大漆熟桐油等原料调和，经过反复舂打成柔软又富有韧性的泥团，俗称漆线土；再由手工搓成线，为漆线，然后在涂有底漆的坯体上用漆线盘、结、绕、堆，塑造浮凸的图形。漆线雕原料一般就地取材，但工序繁杂。

漆线雕的“漆线”工艺，十分关注线本身的美感，使线的形态丰富而多变，在创作中随心所欲而达到“线”的审美的极高境界，体现了中国工艺美术线条美的高级水平。其精细之处毫厘毕现，所有细节都非常严谨，虽以线条盘结，却以浮雕形式展现。漆线雕完整地保留了闽南民间艺术特色，它所表现的五彩杂陈、金银交错的典型美凸显了中华民族特色，深受国内外爱好者的好评。

厦门珠绣

风格独特的工艺品——厦门珠绣

厦门珠绣是一种具有独特艺术风格的装饰性工艺品，它以新颖别致、富丽堂皇见称，有珠拖鞋、珠挂图、珠绣包等上百个品种。这些产品均采用闪亮夺目、五彩缤纷的玻璃珠子和电光胶片，运用传统的工艺绣出浅浮雕式图案。珠绣分全珠和半珠。全珠图案构图严谨、密不容针；半珠则图案优雅秀美、清新悦目。

珠绣起源于唐朝，盛于明清时期。厦门珠绣有着近百年的历史。早在20世纪20年代初期，一些华侨经常从海外带回一些玻璃珠点缀的绣花拖鞋，厦门的民间制鞋艺人见了爱不释手，并从中受到启发，设法从日本、南洋一带捎回一些玻璃珠子，开始尝试在鞋面上绣出各种花鸟图案。于是，厦门珠拖便逐渐流行开了。那时，大同路几乎成了珠拖鞋一条街，当时有远见的商家“活源皮行”从海外进口丝绒、玻璃珠等材料，雇请一些民间艺人制作各式珠拖鞋，其产品除了内销外，还出口到东南亚一带。到了20世纪50年代，厦门将民间艺人集中起来，组建厦门珠绣拖鞋厂，专门生产珠绣和珠拖鞋。

景点推荐 鼓浪屿风景区 AAAAA

厦门市思明区鹿礁路6号

上岛免费，套票110元（包含日光岩、菽庄花园、百鸟园、皓月园、风琴博物馆、国际刻字艺术馆），海天堂构88元，风琴博物馆免费　www.gly.cn

鼓浪屿原名圆沙洲，因海西南有海蚀洞受浪潮冲击，声如擂鼓，人称“鼓浪石”，鼓浪屿因此得名。由于历史原因，中外风格的建筑物在此地被完好保留，也使得这里有了“万国建筑博览”之称。小岛还是音乐的沃土，人才辈出，钢琴拥有密度居全国之冠，又得美名“钢琴之岛”“音乐之乡”。

玩家 行程

上午参观鼓浪屿上由20多个国家建筑物组成的万国建筑群，主要参观名人林巧稚纪念园毓园、林语堂别墅、英国领事馆遗址等，欣赏鼓浪屿最高点日光岩风光和鼓浪洞天。下午游菽庄花园（原是台湾富绅林尔嘉的私家花园），参观钢琴博物馆（馆内展出由鼓浪屿旅澳收藏家胡友义先生毕生收藏的世界名古钢琴30台）、皓月园及风琴博物馆（也称八卦楼），游海底世界、环岛海边浴场。

玩家 攻略

美食。鼓浪屿有四大名吃：叶氏麻糍、原巷口鱼丸、黄胜记猪肉脯和汪记馅饼，除了叶氏麻糍是每天在街口摆摊外，其他都有固定店铺。另外这里海鲜种类繁多，无论是龙虾、鲍鱼、螃蟹，还是虾、螺、贝类等，均鲜美可口。推荐张三疯奶茶，是与旅馆中的猫“张三疯”同名的猫

主题奶茶铺，虽然价格不菲，但奶茶里加了很多料。

除了农历春节、上元节闹元宵、踩街、闹花灯、舞龙舞狮等传统的节庆仪式外，厦门还有正月初九拜天公、清明节扫墓踏青、端午节吃粽子和抓鸭子、中秋博饼等民俗。

鼓浪屿不仅风景优美，同时也是文化聚集地，主要节庆活动有两年一届的“鼓浪屿钢琴节暨全国青少年钢琴比赛”，一年一届的“美国音乐周”，一年一届的“中秋博饼节”等。

鼓浪屿的美味

闲适的小岛上自然少不了美味，鼓浪屿上的小吃大多都集中在龙头路，比较有名气的有张三疯奶茶、Babycat（bbc）私家御饼屋、花时间咖啡馆等。

叶氏麻糍：位于龙头商业街中心，靠近新华书店前，是鼓浪屿的一道风景线，据说是“岛上唯一可以占道经营的小摊”，麻糍全是老板手工制作，味道很不错。

赵小姐的店：位于龙头路298号（菜市场旁）。这家店提供咖啡和工夫茶，还出售各种欧式餐具和小摆设，店里也外卖自家的馅饼和烧仙草，吧台前还有“厦门味道”的纯棉T恤出售。

龙头海蛎煎：位于龙头路189号。里有好多海蛎，外加蛋皮，很好吃，一点儿也不觉得有腥味，有入口即化的感觉。

Babycat（bbc）私家御饼屋：位于龙头路143号。号称鼓浪屿最美味的馅饼就在Babycat（bbc）出售，店内装修是韩式风格，饼包装得很精致。

林记鱼丸汤：位于泉州路54号。百年老店，在岛上有多家分店，这里的鲨鱼丸是他们的招牌菜。

茶语时光咖啡酒吧：位于泉州路30号。店里的两个招牌菜一个是咖喱蟹，配泰国香米饭；另一个是招牌奶茶。

花时间咖啡馆：位于安海路36号番婆楼2楼。很漂亮的小洋房，门口的小黑板上用繁体字写着“air夫妇的咖啡馆/花时间/时间是用来浪费的”，就这几行字已经足够吸引我们进去看一看了。

寿记龟糕店：位于海坛路31号。这是家一不小心就会错过的小店，蒸好的碗仔糕口感清甜绵软，还带着点酒酿的滋味。

皓月园

内有郑成功巨型雕像

皓月园是为了纪念郑成功驱逐荷夷、收复台湾的功绩而建的，始建于1985年，园以《延平二王集》中“思君寝不寐，皓月透素帏”诗句取名“皓月园”。皓月园明代风格的建筑与海景山色交相辉映，构成了一幅天然图画。

皓月园沿鹭江之滨铺开，是一个拥有海滨沙滩、岩石、绿树、亭阁的庭院，占地2万平方米。园内有一尊高15.7米、重1617吨的郑成功巨型花岗岩雕像，是园中的主体建筑，也是中国历史人物雕像中最大的一座。

玩家 攻略

参观皓月园最好选在傍晚时分去，那时人已经很少了，可以登上雕像的最高点欣赏厦门的夜景，旁边的灯塔也很漂亮，很适合拍照。晚上海边海风很大，要注意保暖。

毓园

林巧稚大夫纪念园

毓园，原称“梨仔园”，是为了纪念中国著名妇产科专家林巧稚大夫而建造的。1984年在此立了一座林巧稚雕像并建造纪念园，取名“毓园”，意为“育”，育人也。

毓园的道路两侧是花坛，种植着星菊、米兰、扶桑等花卉，夹道迎客。园内有平台，占地1000平方米，用花岗岩方砖砌成，林巧稚大夫汉白玉雕像就立在平台右侧，雕像对面有林巧稚大夫生平事迹展览馆，园内还有邓颖超同志亲手在园中种植的两株南洋杉，象征着林大夫秀逸高洁的品格。

玩家 解说

雕像旁的两株南洋杉，是邓颖超同志于1984年11月参观毓园时亲手种的。1988年清明节，林巧稚大夫的骨灰由北京送抵毓园。鼓浪屿的优秀女儿为伟大的祖国和人民辛勤奋斗了一辈子，终于回到了故乡。

菽庄花园

地方名绅林尔嘉的私人别墅

菽庄花园建于1913年，面向大海，背倚日光岩，原是地方名绅林尔嘉的私人别墅，园主人以他的字“叔臧”的谐音命名花园。菽庄花园的主要景点是藏海园、补山园和钢琴博物馆。

园主人借山藏海，巧为布局，动中有静，静中有动，既有江南庭院的精巧雅致，又有海鸥飞翔的辽阔壮观。花园各景错落有序，其建筑风格为闽式兼西洋色彩，临海而筑，独特而惊艳。

藏海园

眉寿堂位于藏海园庭院右侧，表示“祝愿长寿”的意思。四十四桥是全园主景，因主人建桥时44岁而得名，月夜时坐在亭里看皓月当空，静影沉璧，令人浮想联翩。

补山园

补山园最为人知的是亦爱吾庐和顽石山房两景。亦爱吾庐是林家居住的院子，昔日用竹篱笆围起来，并种菊花，主人在欣赏“竹禽茅舍自甘心”之余对家居情景颇为自得，故名“亦爱吾庐”。顽石山房则是主人读书之地，他自比“顽石”，希望通过攻读能够聪明颖悟，故称“顽石山房”。

▢ 钢琴博物馆

钢琴博物馆位于菽庄花园的听涛轩，博物馆里陈列了爱国华侨胡友义收藏的30架古钢琴，其中有稀世名贵的镏金钢琴，有世界最早的四角钢琴和最早、最大的立式钢琴，有古老的手摇钢琴，有产自100年前的脚踏自动演奏钢琴和8台脚踏的古钢琴等，是中国唯一的钢琴博物馆。

玩家 解说

在钢琴博物馆中，“年纪”最大的要算19世纪初伦敦克莱门弟公司（Clementik Company）制造的琴，至今已200余岁。其他的琴中也以19世纪欧洲与北美所产的钢琴占多数，“年纪”最小的是20世纪初的美国琴，也已100多岁了。

▢ 鼓浪石

唐宋时鼓浪屿称圆沙洲、圆洲仔，因小岛呈椭圆形、四周遍布沙滩而得名。小岛西南海滩上屹立着一块巨岩，中间有一个大岩洞，潮涨潮落，海浪拍打这个岩石时，发出咚咚声响，宛如击鼓，人们就称它为“鼓浪石”，圆沙洲也从此更名为“鼓浪屿”了。

日光岩

鼓浪屿最高点

日光岩俗称岩仔山，别名晃岩，相传1641年，郑成功来到晃岩，看到这里的景色胜过日本的日光山，便把“晃”字拆开，称为“日光岩”。

日光岩耸立于鼓浪屿中部偏南，是由两块巨石一竖一横相倚而立，为鼓浪屿最高峰，包括日光岩和琴园两部分。山上巨石嵯峨，树木葱郁，亭台掩映。登临绝顶，山海奇观，风光无限，厦门、鼓浪屿、大担、二担诸岛尽收眼底。

▢ 古避暑洞

古避暑洞是一个自然形成的山洞，两旁石壁支起从天而降的花岗岩巨石，给人泰山压顶之感，上面“古避暑洞”四字，为清末文人施士洁题写。石洞明亮干燥、通风清爽，旁边的岩石顶上有一个仙人洗脚的石盆，长年累月盛着水，一旁还有仙人的脚印。

玩家 解说

其实，仙人印、洗脚盆等都是海浪冲蚀而成的海蚀地貌。在遥远的地质年代，这里还处于海浪的冲蚀下，后来由于地壳上升，于是这些海蚀地貌就出现在山顶上了。

鼓浪洞天

走过日光岩寺山门，抬头可仰望到一个巨大的山崖。巨崖上的题刻“鼓浪洞天”“鹭江第一”为清代道光元年林诚所书；“天风海涛”恰到好处地指出日光岩的特点，是民国四年许世英所题写。

日光岩寺

日光岩寺俗称“一片瓦”，是以一巨石为顶，后依山形地势建起的寺庙。日光岩寺是一座精巧玲珑的寺庙，大雄宝殿、弥勒殿对合而设，是全国唯一的岩洞寺。日光岩寺环境优美，历代高僧不断，著名的弘一法师于1936年6月曾在此闭关8个月。

百米高台

百米高台为日光岩顶峰，站在百米高台上看脚下的鼓浪屿，各种风格的建筑错落有致，似从这钢琴之岛上弹奏出来的音符，凝固成一曲浪漫的旋律。

龙头山寨

龙头山寨在鼓浪屿日光岩半山腰，日光岩又称龙头山，与虎头山隔海相望，一龙一虎把守厦门港，叫“龙虎守江”。

这个寨门是郑成功当年屯兵鼓浪屿的“龙头山寨”的寨门，岩石上的圆孔是士兵搭架帐篷所开凿的。前国民党十九路军军长蔡廷锴将军曾提笔写下了七律：“心存只手

日光岩

补天工，八闽屯维今古同；当年古垒依然在，日光岩下忆英雄。”他以此诗表达了对郑成功的赞美。

水操台

水操台是郑成功为收复台湾操练水师的遗址。巨崖上“闽海雄风”四个字，圆润饱满，酣畅刚健；右前侧另一巨石上，刻着郑成功的一首五绝：“礼乐衣冠第，文章孔孟家。南山开寿城，东海酿流霞。”

琴园

音乐之园

琴园与日光岩遥遥相望，通过缆车与日光岩相连，成为今与古的完美结合。琴园以现代游乐项目为主，建有百鸟园、音像馆、艺术画廊和缅怀先烈的英雄颂园。此外，还有旋律广场、琴思广场、流音小筑、听涛崖等地，这里时时流淌着优美的旋律。

百鸟园

百鸟园依英雄山西坡翠密山林的自然条件而建。百鸟园顶部由一张巨型网覆盖，中心高度三四十米。园内现有鸟类2000余只，分为120多种，其中包括国家级保护鸟类几十种。

英雄园

英雄园是为了纪念解放厦门、鼓浪屿的烈士而建的，在英雄园内还可看到当年战斗的沙盘。站在英雄山顶放眼望去，海水浴

场、英雄山林、日光岩景一览无余。“百鸟守护英雄山”成为一道独特的风景线。

链接

浴血奋战，解放厦、鼓两岛

1949年9月底，中国人民解放军第十兵团解放了闽南大陆，形成对金门、厦门国民党军三面包围的态势。

同年10月15日，第十兵团31军、29军开始对厦门发动越海作战。当日18时，31军271团、277团各两个营的船队率先分别由海沧等地分两路向鼓浪屿西南部进发，在支前船工的密切配合下，英勇的解放军指战员冒着守敌猛烈的炮火，奋勇前进，在英雄山下抢滩登陆，一时炮火纷飞，枪声肃杀，气夺海山。

271团团长王兴芳等数百位指战员和张水锦一家等支援前线的船工不幸在战斗中光荣牺牲。经两昼夜的浴血战斗，我军终于解放了厦、鼓全岛，取得最后的胜利。

鼓浪屿音乐厅

音乐演出重要场所

鼓浪屿音乐厅于1987年2月建成并投入使用，音乐厅主体建筑掩映在古老的樟树及榕树下，一年中常常不定期地举办古典音乐演奏会等，许多著名钢琴家如挪威钢琴家拜克伦、美国钢琴家杰费里·甘贝尔、著名钢琴大师傅聪以及鼓浪屿之子——著名钢琴家许斐平等均曾到此演出。

三一堂

闽南最有名的大教堂

三一堂寓意三个教会联合兴建，也蕴含了圣父、圣子、圣灵三位一体的教义。三一堂是一座粉红色的砖墙建筑，呈现十字立体式造型，居中矗立八角钟楼。室内宽敞明亮，会堂有可容纳1000人的座位，中央是一个10米直径的穹隆，像一个大喇叭，室内音质效果极佳。

玩家 解说

19世纪时，鼓浪屿人口较少，岛上一直未建教堂，仅设有供外国人使用的小型礼拜堂，直到20世纪初，鼓浪屿才建起了新礼拜堂及福音堂两所教堂。但随着厦门新街、竹树、厦港三堂的信徒陆续到鼓浪屿定居，如遇上恶劣气候，三堂的信徒便无法乘船到厦门，而两所教堂规模小，容纳不了这么多的信徒，于是三个堂会的信徒决定在鼓浪屿建立教堂，取名“三一堂”。

厦门海底世界

大型特色水族馆

厦门海底世界拥有来自世界各大洲、各大洋的海水淡水鱼类350多种、1万多尾。这座花坛簇拥的海蓝色水晶宫建筑设计独特，进入海底隧道可以看到两侧的凹形大鱼池，川流不息的鱼群近在咫尺。海底世界的另一个独特设施是高7米、直径2.5米的圆柱形鱼池，主要展示我国南海五彩缤纷的珊瑚礁鱼类。

玩家 解说

距离海底世界主体建筑60米处有一个设计独特、别具一格、张牙舞爪的章鱼雕，它以独特的英姿热诚地欢迎游客光临，是厦门海底世界的标志性建筑。

风琴博物馆

世界最大的风琴博物馆

厦门市思明区鼓新路43号

0592-2061377　8:15~17:45

风琴博物馆以原有八卦楼为主体，内有收藏家胡友义先生在美国波士顿购得的巨型管风琴“凯思文特”。该琴是目前国内最大的管风琴，陈列于八卦楼中庭，馆内还有多

风琴博物馆

种款式的风琴。世界各地的音乐爱好者纷纷怀着朝圣的心情来到这座无与伦比的音乐之岛，参观拍照留念。

鼓浪屿历史文化陈列馆
了解鼓浪屿的“前世今生”

陈列馆位于鼓浪屿鹿礁路16号

原英国领事馆所在地，现已成为介绍鼓浪屿作为“历史国际社区”的发展历程、文化价值的综合性展馆，展出了大量的珍藏老照片。展馆共分为三层，其中第一层为鼓浪屿历史沿革，分为鼓浪洞天、鹭江第一、天风海涛三个板块，重点介绍鼓浪屿三个主要历史时期的发展历程。第二层为鼓浪屿之波，主要展示鼓浪屿建筑园林等多方面成就，包含建筑园林、文学艺术、宗教、体育娱乐、教育、医疗、社区生活等。第三层为鼓浪屿申遗之路，主要介绍鼓浪屿的申遗保护过程及经验做法。

东方鱼骨艺术馆
专业鱼骨艺术馆

厦门市思明区鼓浪屿鼓新路27号

是目前我国乃至国际第一家专业鱼骨艺术馆，艺术馆内主要展示各类以鱼骨为材料所构思创作的画作。鱼骨艺术馆本身是20世纪40年代的老别墅，原汁原味地保留了当年的建筑特色。

这些画作都是由以鱼骨材料为原料，经过去味、防霉、烘干、美味等12道工序，一根一根拼制成画。这绝对不是简单的工艺品，而是极具艺术价值的创作。作品十分逼真，而且有趣。馆内有一块巨大的鲨鱼骨，是镇馆之宝。

环岛海滨浴场
自然的海滨浴场

厦门市思明区鼓浪屿沿岸

由于厦门是海岛城市，沿海四周的沙滩资源特别丰富，仅鼓海屿周围就有很多经常使用的自然的海滨浴场。其中最常用的有大德记海滨浴场、皓月园内海滨浴场、美华海滨浴场、观海园海滨浴场、港仔后海滨浴场等。

龙头路
鼓浪屿主要商业街

厦门市思明区鼓浪屿

龙头路是鼓浪屿的主要商业街，街道两侧有许多工艺品店和字画店，既有本地产的工艺品如珠绣、漆线雕、彩扎、彩塑、彩瓷等，也有来自全国各地的古玩、玉石、字画和瓷器等。龙头路还是著名的小吃街。餐馆和摊主一方面根据当地口味特点对原有食物进行不断完善，另一方面不断对外来的东西进行改良，造就了现在的种类繁多、材料丰富、制作精细、配料独特的鼓浪屿特色小吃街。

林语堂故居
鼓浪屿最古老的别墅

厦门市思明区鼓浪屿漳州路44号

林语堂故居位于鼓浪屿漳州路上，是林语堂夫人廖翠凤的娘家。林语堂故居是鼓浪屿最古老的别墅建筑，距今已有160多年的历史。别墅为英式建筑，后部有小花圃，两旁是二层的小楼。

海天堂构
中西合璧的别墅群

厦门市思明区鼓浪屿福建路38号

0592-2570510　8:30~15:30　88元

海天堂构始建于1921年，有5幢别墅，是鼓浪屿上唯一按照中轴线对称布局的别墅建筑群。总体风格是中西合璧，大多为中国传统式的飞檐翘角，檐角均装饰缠枝花卉或吸水蛟龙，也可以看到古希腊柱式、西洋风格的窗饰，所有的一切，都结合得恰到好处。在42号别墅还可欣赏难得一见的“御前清曲”南音艺术表演。

景点推荐

厦门环岛路

厦门市思明区环岛路

环岛路沿海而建，全程31千米，本地人又称五色路：蓝色的大海、金色的沙滩、绿色的草地、红色的跑道、灰色的公路。是来厦门必去的一个地方。

在美丽的环岛路东南段有一条滨海走廊——环岛路木栈道。木栈道全长约7千米，沿线人文景观丰富，自然景色秀美，漫步之上，会不断被海滨音乐广场悠扬的音乐所吸引。

玩家 环岛行程

从轮渡广场起点往左走，经过皓月园、大德记浴场、观海园、菽庄花园等景点后到达海滨浴场。接着往前走，穿过百米山洞隧道，来到海边即可看到鼓浪石；绕过庭院式的旅游度假村鼓浪别墅，穿过华侨亚热带植物引种园、福建工艺美术学校校园之后到达内厝沃。接着绕过燕尾山，即可见到三丘田旅游码头和鼓浪公园，并从这里折回轮渡码头，完成绕岛一周的游览。

玩家 攻略

环岛路清晨或傍晚时候游人较少，气温适宜。走在安静的木栈道上，近处沙滩、远处的海水以及日出日落映衬着的海景让人难以挪步。还可以在环岛路沿途租辆自行车，骑车慢行，让海风拂面，别有一番韵味。

S形路段

美丽的观海长廊

厦门市思明区环岛南路

从演武路至白城段的环岛路是一条呈S形的流线型路段，桥梁造型为鱼腹式，桥墩为椭圆形，形成美丽的观海长廊。这个路段

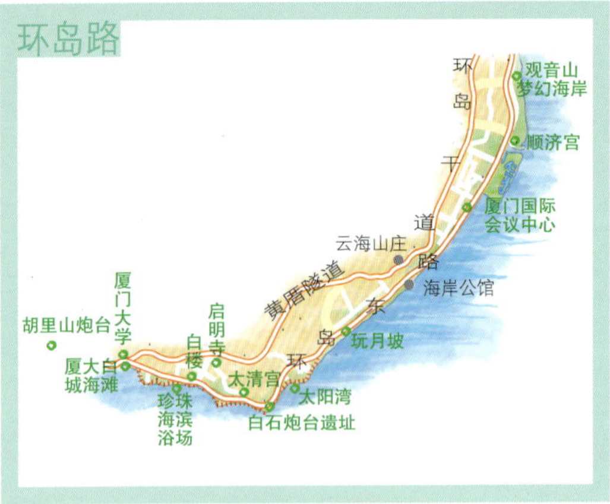

的夜景设计采用白色光源，桥上不设高栏杆灯，线形光源设在护栏上，晚上的长桥因此变成一条舞动的白色光带，让人们真正观赏到“长桥卧波，堤岸典雅”的夜景。

《鼓浪屿之波》音乐雕塑

世界上最长的五线谱音乐雕塑

厦门市思明区环岛南路

在胡里山炮台旁边的环岛路隔离带上有200多米长的音乐五线谱雕塑，它就是著名的歌曲《鼓浪屿之波》的乐谱。该乐谱雕塑长247.59米，2000年11月被列为吉尼斯世界之最，成为“最长的五线谱音乐雕塑”。

书法广场

书法主题广场

厦门市思明区环岛南路

书法广场整个场地呈凹字形沿海岸线展开，结合海的特色，以“书岛鹭胸怀，展大海豪情”为主题，采用了“以天为纸，以海为墨”的设计手法，整个设计方案融合了自然景观，设计十分巧妙。

厦大白城海滩

美丽的沙滩

厦门市思明区环岛南路

厦大白城海滩为演武大桥与胡里山炮台之间的一片美丽的沙滩，沙滩上还点缀着一只只巨大的鼠标造型，半环形天桥犹如巨大的时钟，白城遗址上雕刻着各种抽象的方形图案，融美丽景色与深厚的文化历史底蕴为一体。

环岛路沙滩

胡里山炮台 AAAA

八闽门户、天南锁钥

厦门市思明区曾厝安路2号（近厦门大学）

乘坐旅游观光线车可以直接到达胡里山炮台

8:00～17:30　25元

0592–2088313

胡里山炮台建于清光绪二十年（1894年），整座炮台为半地堡式、半垣式建筑，极具欧洲风格，同时又兼具明清时期建筑风格，历史上被称为“八闽门户”“天南锁钥”。

大炮中最有名的是1893年购自德国克虏伯兵工厂的一门克虏伯大炮，至今保存完好，该炮曾在1937年的抗日保卫战中击沉日军“箬竹”型13号舰，首开中国战区击沉日舰的辉煌战绩。炮台前沿建有望归台、盼归台，可通过望远镜瞭望大担岛和二担岛。炮台院内还新建有大型壁雕《民族魂》。

玩家解说

被称为“炮王”的大炮是从德国克虏伯兵工厂购进的，是“世界上现仍保存在原址上最古老和最大的19世纪海岸炮”，被列入“2000大世界吉尼斯纪录大全”，是我国文物申报大世界吉尼斯纪录并获得成功的第一例。炮台博物馆内还有一门世界上最小的火炮，长仅11厘米，重0.22千克，口径0.8厘米，与世界上最大的大炮“炮王”相映成趣。

椰风寨

隔海可望金门岛

厦门市思明区环岛南路椰风寨

椰风寨的建筑外形像金字塔，耸立在蓝天碧水之间十分惹眼。椰风寨不仅风光独特，还有不少稀有的植物。椰风寨隔海与大小金门对望，矗立着大型标语“一国两制，统一中国”。

观音山梦幻海岸

水陆“两栖”主体乐园

厦门市环岛东路商业街17号

乘旅游观光线车即可到达

10:00～18:00

日场130元，夜场65元

观音山梦幻海岸紧邻美丽的黄金沙滩海岸，怀拥台湾海峡，与大小金门岛咫尺相望，环境优美，风景宜人，汇集了闽台特色商品的闽台商业街区、无敌黄金沙滩海岸以及主题度假酒店等五大业态，是一个大型游乐园。

曾厝垵

宁静的小渔村

厦门市思明区曾厝垵

曾厝垵是环岛路上的一个小村，这里的建筑颇有特色，不论是红砖古厝还是南洋风格的“番仔楼”都书写着华侨遗风，随处可见的铁花和瓷砖也为这里平添了一份别样感觉。村里有很多特色小店，咖啡屋、酒吧、客栈齐全。这里美食云集，尤其是海鲜，路边随处可见海鲜大排档，十分美味且便宜。

景点推荐

陈嘉庚纪念地

集美学村

中西合璧的大学城

厦门市集美区银江路183号　乘坐903路、921路等公交车可达　6:00~22:00

集美学村由著名爱国华侨领袖陈嘉庚先生于1913年始倾资创办，既是钟灵毓秀之地，又是著名的观光风景区，整体的建筑风格为中西合璧，但也体现了典型的闽南侨乡的风格，人们称其为“嘉庚风格”。无论是高大壮观的校舍堂馆，还是小巧典雅的亭台廊榭，无一不是琉璃盖顶、龙脊凤檐、雕梁画栋，但细细看去，却又各具匠心、无一雷同。

链接

嘉庚发家史

陈嘉庚（1874—1961年），又名甲庚，字科次，著名爱国华侨领袖。清同治十三年九月十二（1874年10月21日）出生于福建同安县仁德里集美村。

嘉庚9岁时入读南轩私塾，17岁赴新加坡协助其父经营米店。不久，其父破产，陈嘉庚独立经营后首先偿还父亲的全部债务，获得良好信誉，此后事业顺利。

在新加坡，陈嘉庚最早引进橡胶并进行大面积种植，此后加工橡胶制品并投入大规模工业生产，同时兼营菠萝罐头厂，并把业务拓展到了泰国、马来西亚及中国厦门等地。鼎盛时期开办30多家工厂、100多家商店，垦殖橡胶园和菠萝园面积达到60多平方千米，雇用职工3.2万多人。民国十四年（1925年），他已成为东南亚的“橡胶大王”，著名的大企业家。

龙舟池

陈嘉庚先生于1950年在海滩上筑堤围垦外、中、内三池。外池俗称“龙舟池”，池畔建有式样各异的启明、南辉、长庚及左、右、逢、源7个亭子。端午节龙舟池举办龙舟赛，金鼓齐鸣，人声沸腾，场面十分热烈。

集美大学海洋动物馆

集美大学海洋动物馆建于1983年，目前馆藏海洋生物近2000种，馆内海洋生物主要来自西沙群岛、海南岛海域及闽南渔场，几乎积聚了我国热带、亚热带所有海洋生物品种。

嘉庚公园 AAAA

陈嘉庚建筑群的组成部分

厦门市集美区鳌园路24号

乘坐厦门至同安的公交车于嘉庚体育馆下车

旺季7:30～18:10，淡季8:00～17:30

30元 0592-6687362

嘉庚公园与鳌园相连，是后人为纪念嘉庚先生而兴建的，是陈嘉庚建筑群的重要组成部分。公园以中国式的庭院为主体，亭台楼阁错落有致，以鳌亭和命世亭最具代表性，其建筑风格中西合璧，极具特色。

公园的西侧还有大型人物群雕《桃李芬芳》，可供游客观赏。公园内还有陈嘉庚纪念堂，为纪念陈先生所建。尊师重教的荣誉石碑位于公园的东侧，是一个巨型蜡烛形雕塑，石碑上雕刻着捐资者的姓名和单位名称。

归来堂

归来堂 AAAA

陈嘉庚故居

厦门市集美区嘉庚路149号

乘坐厦门至同安的公交车于嘉庚体育馆下车

8:00～17:30 免费 0592-6064884

归来堂建于1962年，是一座别具风格的单层建筑，白石砌墙，绿瓦盖顶，是具有闽南特色的代表性建筑。堂前耸立着陈嘉庚先生的铜像，铜像后石屏上刻有毛泽东主席的题词“华侨旗帜，民族光辉”。故居按先生晚年居住情况陈列，厅堂正中安放着陈嘉庚石雕坐像，悬挂着郭沫若撰写的对联和全国侨联公祭陈嘉庚的悼词，故居两侧有陈嘉庚先生生平事迹陈列馆。

陈嘉庚纪念馆

玩家解说

陈嘉庚先生生平事迹陈列馆是一座三层小楼，陈列品主要以图片、图表、实物为主，形象地介绍了华侨领袖陈嘉庚先生的一生，有珍贵的文物及仅存的《集美陈氏族谱》等遗物。

景点推荐

厦门岛旅游区

厦门园林植物园 AAAA

福建第一个植物园

- 厦门市思明区虎园路25号
- 乘旅游32路、100路、87路公交车在植物园站下车
- 春夏5:30~18:30，秋冬6:30~17:30
- 30元

厦门园林植物园俗称“万石植物园”，是一座围绕万石岩水库精心设计的植物园林。植物园由万石景区、紫云景区和西山景区组成，其中有被人称为“活化石”的水杉、银杏，有世界四大观赏树——中国金钱松、日本金松、南洋杉和意大利柱柏，以及名贵的仙人掌等奇花异木，是一座秀丽多姿、四季枝繁叶茂的游览园林。

玩家解说

南洋杉草坪内有一株大叶樟，是邓小平同志在1984年亲手种植的，为园林增辉不少。

仙人掌园圃里的“金球刺虎”仙人球已养

称为九重葛，华南一带称为三角花、宝巾花。三角梅品种多样，适应性广，生命力强，且花色多，花期长，深受人们喜爱。

凤凰木：厦门市树。凤凰木（苏木科）又名红花楹、火树，寿命很长，近百年的老树仍旧花繁叶茂，故寓意健康、长寿。

白鹭：厦门市鸟。厦门相传古时有白鹭栖息，故又有“鹭岛”之称。厦门分布有小白鹭、中白鹭、大白鹭、中国鹭和岩鹭，这也是至今我国仅有的5种鹭鸟。由于体羽除岩鹭为暗灰色外，其他均为雪白色，因此，人们通常统称这5种鹭为白鹭。

植20多年，球体直径70厘米，居全国仙人球之冠。“金球刺虎”为仙人掌中最吸引人的代表品种，球体碧绿，刺刚硬呈金黄色，50年才能开花一次。

松杉园后面还有美国前总统尼克松访华时赠送的“世界爷”——红杉以及智利南洋杉等。

在美丽的莲花池中生长着植物界奇宝——王莲，叶面直径2米，更奇特的是叶边缘上卷20厘米，叶面可负重70多千克，儿童可坐在叶面上，煞是好看。

链接

厦门市“三宝”

三角梅：厦门市花。三角梅（紫茉莉科）在台湾

南普陀寺

闽南佛教圣地之一

厦门市思明区思明南路515号

市内乘坐1路、32路、45路等公交车可达

8:00~17:00　免费

0592-2087282

南普陀寺起源于唐代，因与普陀山普济寺同为供奉观音菩萨的庙宇，又地处普陀山之南，故名南普陀寺。南普陀寺汇集了闽南源远流长的历史文化。寺内天王殿、大雄宝殿、大悲殿建筑精美，雄伟宏丽；藏经阁珍藏佛教文物丰富多彩，以明万历年间血书《妙法莲花经》和何朝宗名作白瓷观音等最为名贵；寺宇周围保留众多题刻，寺后崖壁石刻“佛”字，粗犷豪放，雄健有力，为国内罕见。

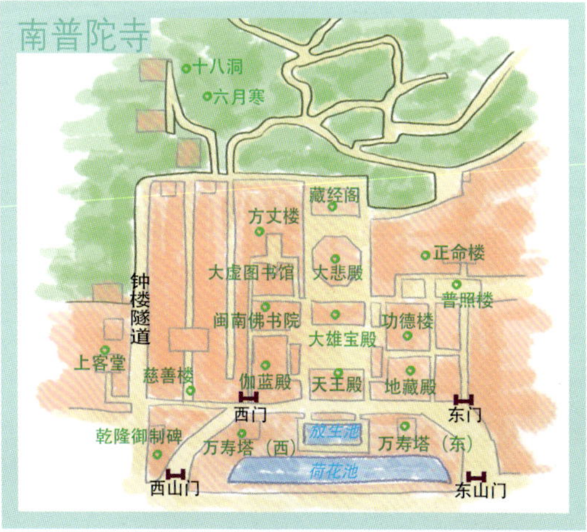

玩家攻略

来到南普陀，当然就不能不品尝寺内的斋菜。南普陀素菜是厦门素菜之首。其中南普陀素饼曾荣获“中国名点”金鼎奖，是厦门著名特产，有甜、咸各种口味馅料。

南普陀寺每年都会举行5次大型法会，即正月十六至十八的拜三千佛法会、四月初八

的浴佛大法会、七月十五的盂兰盆大法会、十月十五至十月二十一的水陆法会和十二月初八至十二的拜万佛大法会，都是农历日期。

厦门大学
中国最美的大学

厦门市思明区思明南路422号

市内乘坐1路、2路、32路、20路、45路、47路等公交车可达。厦大正门是车站集中地，有众多公交车，可前往SM广场等地　周六、周日全天开放

0592-2180000

厦门大学由著名爱国华侨领袖陈嘉庚先生于1921年创办，被誉为“南方之强”，其建筑多为陈嘉庚女婿所建，尤其是建南大礼堂和上弦场，相当宏伟。推开宿舍的窗户就能看到大海。校园内绿树成荫，无论漫步还是在树下看书感觉都很惬意。校内有厦门大学人类博物馆和鲁迅纪念馆。

玩家 解说

2009年热播的湖南卫视自制偶像剧《一起来看流星雨》在厦门大学等高校取景。纪念著名数学家陈景润的电视连续剧《陈景润》在厦门大学芙蓉宿舍、物理馆等地取景，拍摄陈景润学生时代的生活。2010年由张纪中执导的《空姐日记》也在厦门大学芙蓉宿舍等地取景。

厦门大学

链接

厦大“校主”陈嘉庚

陈嘉庚，福建同安县集美社人（现厦门市集美区），是著名的爱国华侨领袖、企业家、教育家、慈善家、社会活动家。厦门大学、集美中学、翔安一中、集美学村、翔安同民医院等均由陈嘉庚创办。

成长于郑成功抗清复明故土的陈嘉庚一生都怀有极其强烈的爱国情怀，他为辛亥革命、民族教育、抗日战争、解放战争、新中国的建设作出了卓越的贡献。生前曾被毛泽东赞誉为“华侨旗帜、民族光辉”。

厦门大学、集美大学（前身为集美学村各校）两校师生都尊称陈嘉庚为“校主”。晚年的陈嘉庚还请人在鳌园刻录“台湾省全图”，念念不忘国家统一。

白鹭洲公园
“城市客厅”

厦门市思明区白鹭洲路

市内乘坐15路、25路公交车即可到达

白鹭洲公园是筼筜湖中一方台地，分中央公园和西公园两部分，园内有白鹭女神雕像，立于公园南面的游艇码头。白鹭女神身姿优美，娴静地跪坐在一块巨岩上梳理长发，肩上还停着一只小白鹭，它是厦门的标志性雕塑之一，西公园有音乐喷泉广场和音乐露天广场。

玩家 解说

白鹭洲公园有400只从荷兰引进的广场鸽，每天喂养两次，游人可在公园里与鸽同乐，也可自带米谷亲手喂养，与鸽子一道嬉戏。公园里的音乐喷泉每逢节日会启动，每周末文化广场也会有活动，由专业乐队演奏，并有歌舞表演。

狐尾山气象主题公园
国内独一无二的气象公园

厦门市湖里区

市内乘坐26路、51路公交车在滨北东渡站下

0592-5611171

狐尾山山体呈东北至西南走向，由大小9个山峰组成，主峰海拔139.45米高。世界上少有、国内独一无二的狐尾山气象公园是以科普、旅游、娱乐为主的气象主题公园，园

五缘湾大桥

区内除了已有的天文气象馆外，还将建设天文气象体验项目馆、星空模拟场景馆和台风馆等展馆，再现台风、龙卷风、沙尘暴、冰雪等自然现象和奇观。

惠和石文化园 AAAA
城市主题的石文化艺术园

厦门市湖里区吕岭路　乘坐34路公交车可达

8:30～17:30　0592-5518977

惠和石文化园是一座具有中国园林风韵，又融入现代日本园林景观元素的城市主题石文化艺术园。园区曲折通幽的长廊、精美的石雕艺术作品与优雅恬静的环境完美结合。珍藏馆内设有名人石雕艺术长廊，展示了各时期石雕文物珍藏品。俗话说："桂林看山头，上海看人头，福建看石头。"福建的福地是厦门，厦门的特色石头在这里一览无遗。

玩家 攻略

石文化园内有五大不可错过的看点：名人石雕艺术长廊、馆藏文物佛光系列、人性石雕艺术博览、雅石一奇石大观以及惠安女风情表演。

五缘湾大桥
厦门最美的海湾大桥

厦门市湖里区五缘湾

五缘湾大桥原名钟宅湾大桥，由5座桥组成，分别为日缘桥、月缘桥、天缘桥、地缘桥、人缘桥，这5座桥的名字分别对应了日、月、天、地、人，"五缘"寄托了两岸人民盼团圆的美好意愿，而"五缘"恰好与五圆谐音，故而取名五缘桥。

玩家 解说

五缘湾是岛内唯一一块融水景、温泉、植被、湿地、海湾等多种自然资源为一体的风水宝地，还有大量的畲族文化展等人文景观。策划大师王志纲考察五缘湾之后，把它比作台湾校园歌曲中的"外婆的澎湖湾"。

上古文化艺术馆
亚洲最大古玉器专题馆

厦门市湖里区五缘湾文化展览苑A1～A3

火车站对面乘105路、7路公交车到钟宅村口站下车

8:30～17:30

上古文化艺术馆内收藏有距今6000年至3000年的精美古玉2000余件，展馆共分为4个展厅，馆内藏品丰富，艺术馆定期展出300～500件藏品，其中有的藏品被专家认为是"无价之宝"，十分值得参观。

玩家 攻略

展馆大厅放有宣传导览册，可免费获取。艺术馆中还有小花园、精品廊、书店等，逛累了可以在花园的石凳上惬意地翻阅一下有关古玉艺术之类的书籍。

湖里公园

城市综合性公园

厦门市湖里区华泰路32号

市内乘坐14路、M35路公交车均可到达

湖里公园原称南山公园，其特点是游乐设施和山水园林相结合。园内建筑风格独特，巨大的拱形大门、宽敞的迎宾广场、欧式的水上舞池引人入胜。园内还配有各种先进的现代化娱乐设施。位于园内的快乐谷水上乐园内设多个游乐项目，既有惊险刺激的各种滑道，又有悠然自得的戏水场地，是老少皆宜的新型开心乐园。

厦门海洋珍稀物种自然保护区

国家级自然保护区

厦门市海沧区　免费

厦门海洋珍稀物种自然保护区是一个以中华白海豚、文昌鱼等珍稀海洋生物及黄嘴白鹭等鸟类为主要保护对象的国家级自然保护区，现种群密度为40左右，其种群结构尚能保证其繁衍后代，具有极为重要的保护价值和研究价值。

玩家 解说

保护区内的大屿岛、鸡屿等岛屿上还分布有黄嘴白鹭、岩鹭、白鹭等10种滨海鸟类，数量近3万只。大屿岛是黄嘴白鹭的模式种产地。

文曾路

生态旅游观光路

厦门市思明区文曾路

文曾路全长5.33千米，呈南北走向，虽身处都市，却充满山林野趣。文曾路处处皆景，却不着痕迹；路与自然浑然一体，将公路的实用性、艺术性、生态性较好地结合起来，形成一个“带状园林”。文曾路被厦门文化界人士喻为“一件大地艺术品”。

华侨博物院

华侨历史博物馆

厦门市思明区思明南路493号

市内乘坐1路、2路、20路公交车在博物馆站下车即到　周二至周日9:00~18:00

0592-2085345

华侨博物院由著名华侨领袖陈嘉庚先生主持创办，建筑面积3000多平方米，有7000多件展品。博物馆院内绿荫葱葱，面对大门的位置，赫然可见一块巨石，上书“勿忘故国”。往前走，可以看到博物馆的本体建筑物，馆舍是一座富有浓郁中国风的重檐式建筑，楼身由洁白的花岗岩砌成，古色古香，雄伟壮观。

五缘湾湿地公园

厦门最大的公园

厦门市湖里区汤屿路

市内乘坐70路、73路等公交车可到达

五缘湾湿地公园是厦门最大的湿地生态园区，被称为厦门的“城市绿肺”。每年3月，大批的白鹭会在此筑巢、繁殖，这里是候鸟南北迁徙的重要驿站。湿地公园长年栖息着9科25种湿地水鸟和17科29种山林和农田鸟类。

五缘湾湿地公园

景点推荐

厦门郊区景点

日月谷温泉度假村 AAAA

天然温泉度假区

厦门市海沧区东孚镇孚莲路1888号

10:00~22:00 周一至周五：188元；周六至周日：228元 0592-6312222

日月谷温泉度假村是一个天然露天温泉休闲度假场所，充满了浓郁的东南亚风情，环境优美，汤池种类齐全，水质清澈。这里有浓郁豪迈的红酒泉，养颜美容的牛奶泉，健体养生的人参泉，充满浪漫的雾泉等，另外还有游泳池。度假村掩映在澳大利亚的刺桐、马达加斯加的凤凰木、印度尼西亚的马蹄甲树下。度假村内的马来西亚的原始木雕极具浓郁的东南亚异国风情。

玩家攻略

度假村门票价格包含所有的泡池（鱼疗30元和矿砂浴15元除外），可免费使用多功能蒸房、水疗设备、游泳池、石板温泉，免费提供浴巾、拖鞋及沐浴用品，免费提供茶点。泳衣、泳帽要自带。

厦门天竺山森林公园 AAAA

厦门后花园

厦门市海沧区东孚镇红塘村天竺山路1号

乘坐805路公交车到“天竺山东门站”下车；或乘坐M46路公交在“西门口站”下车即可

9:00~17:00 0592-6311965

天竺山森林公园是一片绿意盎然的休闲地带，公园内有三处主要湖泊，分别是西面的皓月湖、两二湖，东面的天竺湖，湖边的青山倒映在水中，景色很美。真寂寺、百竹园位于公园东面，可垂钓、用餐、喝茶的天竺驿在西门附近。在随处依水而设、依山而建的木栈道上漫步，感受拂面的微风，感觉如入仙境。

玩家 攻略

出发前最好事先收看天气预报，风雨天最好不要登山。把握好下山时间，由于景区面积较大，最好在5点之前就开始下山，以免天黑看不到山路。

链接

唐宣宗李忱与天竺山

唐宣宗李忱（810—859年）是唐宪宗李纯的第13子，于长庆年间（821—824年）被封为光王，大中元年（847年）登基。

唐朝自安史之乱后国力日趋衰落，宫廷内部权力斗争渐趋激烈，为了避开宫廷斗争，免遭陷害，李忱选择了远离是非之地。后来在太监们的安排下，他来到福建夕阳山中，即今天竺山内的真寂寺。

法号“琼俊”的李忱虽在深山老林当和尚，但却难忘使命。在唐武宗统治的6年间，他不停地通过秘密渠道打探宫内情况，积极从事夺权的活动，以实现“归去宿龙宫”的夙愿。

846年，深谙权谋、忍辱负重的李忱在太监们的拥戴下，从侄儿手中夺过大位，成为唐宣宗，时年37岁。由于他长期在民间阅世读人，深知黎民疾苦，故躬行节俭，虚怀纳谏，颇有作为，其执政时期称为“大中之治”。

天竺湖景区

天竺湖演绎着山与水的千年绝美风情，盈盈湖水，远映龙门寺的倩影，近照牛岗岭的风姿，周边的真寂寺、浴龙桥、拴马石等名胜古迹，如散落的银珠，与天竺湖交相辉映。

链接

皇帝井的由来

天竺山附近的后溪苏营村有口井，俗称皇帝井。传说唐宣宗李忱有一次游山玩水至此，口干舌燥，忽见此井，喜不自禁。当下双手合拢捧水饮之，觉得井水清洌甘甜，爽喉润心，好不痛快。后来，这口井被称为皇帝井。传说此井遇大旱而不涸，井水顺石缝汩汩渗出，滋润着周围旱地。用此井水酿酒，酒味醇正，饮之满腹芳香；煮沸泡茶，茶香浓郁，品之神清气爽。

两二湖景区

相传两二湖下有一深潭，需用一两二重的丝线才能探到底，因此得名。湖四周林木葱郁，层峦叠翠，犹如镶嵌在深山密林中的一颗明珠。游客在湖中泛舟赏景、在步行道漫步探幽，还可在湖边品尝农家美食。

皓月湖

皓月湖湖面水草茵茵，碧波荡漾，湖湾曲折幽深，如桃源仙境。沿湖建有4.3千米长的环湖木栈道。

龙门寺

相传当年唐宣宗来到夕阳山（现为天竺山）时由此进入义安寺（现为真寂寺），因天子走过而得名。龙门寺依山傍水，周围怪石嶙峋。

玩家 解说

在龙门寺附近有一石洞，洞顶有两个孔穴，透过这两个孔穴，依稀有少许光影照射进来，这就是漏米岩。

相传当年唐宣宗李忱来到真寂寺后为无米解饥犯愁。一日，他步入洞中，洞顶的两个孔穴竟然哗啦啦地往下漏米，李忱大喜过望，拍掌笑道：“天助我也。”因此，便决定在此长久隐居，直到他复出的那一天。说来也怪，李忱离开之后，石洞里的两个孔穴再无米漏下。

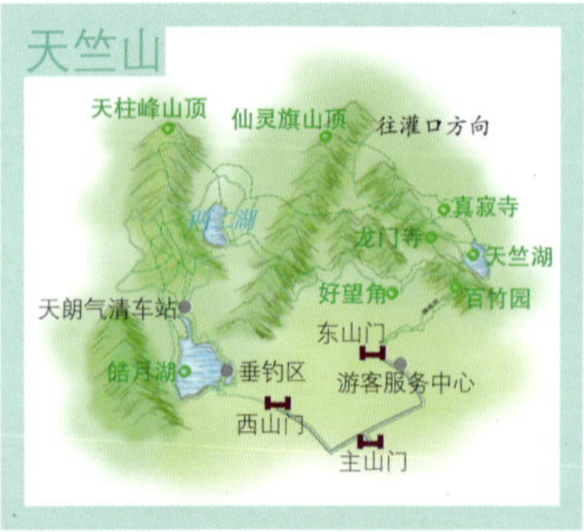

真寂寺

真寂寺原名义安寺，始建于唐玄宗开元年间，唐宣宗李忱曾在此修经念佛。现仅剩遗址，残存石碑上刻有“夕阳名寺，自唐朝建。山田千万，足供往来者食……”字样，足见该寺当年规模之大、香火之盛。

链接

伽蓝神泄露天机

据说当年李忱尚未到真寂寺，寺内众僧却早已知晓。原来，是伽蓝传梦给他们，泄露了“圣驾”到达寺庙时辰。当李忱到达寺庙时，众僧便以皇帝之礼隆重地迎接了他，在当时这事若传扬出去，将是杀头大罪。李忱向寺僧究问此事，方知是伽蓝多嘴，李忱甚为恼怒，遂挥手将庙中伽蓝佛像头部一扭，愤愤地说：“从今以后，让你不能正视行人。”从此寺里的伽蓝佛像头部转西，这在其他寺庙是看不到的。

浴龙桥

相传唐宣宗李忱居住于真寂寺期间，常于此处小潭中沐浴（现此处称为浴龙池），潭上有一座横跨石桥（后称为浴龙桥），桥墩由大块石头砌成，原石桥至今仍完整地保留在新桥下面。

拴马石

相传唐宣宗李忱到浴龙池沐浴时曾把马拴于此石上，因而得名。浴龙池周围环境清幽，空气清新，令人心旷神怡，相传李忱池中沐浴后常坐于此，或静坐而思或释卷而读。

天竺山森林公园

马銮湾环湾带状公园

四季花林，一季一景

厦门市海沧区霞光北路与霞光路交叉路口往北约270米　从市内乘坐810路公交车至马銮湾带状公园站下车即到

马銮湾环湾带状公园，如一条蜿蜒于海岸线上的绿色巨龙，在新阳大桥海沧一侧的桥头崭露头角，一直舞动至马二桥，全长约2千米的距离。公园总面积约为20.6万平方米，如若将这片绿意与28个足球场相比，它毫不逊色。其绿化率近80%，犹如一位绿色的使者，宣扬着环保的理念。

“四季花林”，是这个公园的独特之处，它巧妙地在绿化植物配置的基础上，根据季节的变化，引入了各种极具观赏性的植物，如同大自然的调色板，使得这片花林“花叶出彩、乔木成林、一季一景”。这不仅仅是大自然的馈赠，更是人类智慧与自然的完美结合。

长约500米的“景观性干沙滩”，是公园的另一大亮点。沙滩如同一幅画卷，在上面点缀了休憩亭、观景台、沙生植物展示等元素，形成了一个集滨海休闲、沙滩运动及旅游观光于一体的特色综合景观区。在这里，人们可以感受到海洋的广阔，享受到休闲的乐趣，同时也能体验到自然与人文的和谐共生。

火烧屿

厦门西海域中最大的岛屿

厦门市海沧区海沧大桥　到客运码头坐船或者租船前往　9:00~16:00

火烧屿是侏罗纪时代火山喷发沉积形成的地质景观。火烧屿海岸线曲折，岩石色彩斑斓，海蚀洞穴各异，滩湾形状多样，是一个美丽的南亚热带小海岛。屿上有4个人工湖，每当皓月当空，伫立于观景塔上便能望见一轮明月同时印在四个风景如画的湖上，形成“四湖印月”的美景，令人心旷神怡。晚上在四大人工湖之一的金蛇湖上则会上映国内罕见的水幕电影。

玩家 解说

据传古时常有农民上岛钓鱼，故名“钓鱼岛”。南宋末年，石塘村的村民为躲避元军，迁居岛上渔耕为生。后来元军烧毁民房，强令村民迁回原处，加上岛上布满如烈火烧过的彩色岩石，故称火烧屿。

青礁慈济祖宫

奉祀名医吴真人的庙宇

厦门市海沧区青礁村岐山东鸣岭　乘801路、832路公交车可到达　0592-6881818

青礁慈济宫又称东宫，建筑结构为双曲燕尾歇山式，其建筑木雕精湛，彩绘精美。一进山门，迎面就能看到壮观的800多级阶梯，阶梯尽头有高20米的保生大帝像。沿路是各朝代的名医石像及介绍文字。前殿左廊天花板上的凤头、龟背、龙爪、狮足、虎腿和背驮红袱大印的“鸱龟”雕刻，在闽南宫庙中极为罕见。

玩家 解说

慈济宫有四绝：一是彩画中有一幅凤头、龙尾、乌龟身、四脚兽的神物；二是宫中保存着康熙、嘉庆、咸丰、光绪等朝代的重修碑记；三是东宫左侧有一块“心”字石，此石形似人心，“心”字中间一点却放在底下；四是宫殿椽子上

青礁慈济宫

的黑白画，据说是采用唐伯虎的颜料、配方，不受虫蚀。

海沧大桥 AAAA

在海湾公园内可观全景

厦门市海沧区和湖里区之间

乘坐11路、22路、24路等公交车可以到达

海沧大桥是从厦门岛通往海沧的一座内海湾公路大桥。大桥造型十分优美，在本岛的海湾公园遥看大桥全景角度尤佳，夜景也很漂亮。

厦门桥梁博物馆坐落在海沧大桥锚碇内，是中国第一座桥梁博物馆，也是一座集中展示桥梁高科技、桥梁历史、桥梁文化的大型博物馆。

厦门园林博苑 AAAA

独一无二的水上大观园

厦门市集美区集杏海堤98号

市内乘坐900路、904路公交车均可到达

7:00~18:00　0592-6259258

厦门园林博苑以广阔的杏林湾水域为背景，由5个展园岛、4个生态景观岛和2个半岛组成。园林博苑是中国古典流派园林，大门像两只展翅的白鹭腾空而起，又像两片白色的花瓣，盛开在园林博苑。主展馆东面内湖中的音乐喷泉是华南片区规模最大、科技含量最高、视觉效果最华丽的大型音乐喷泉。2100米长的园博大道从大门向大海深处延伸，把9个岛屿串成了一条独具南国特色的珍珠岛链。

厦门园林博苑

玩家 解说

园林博苑现在的园徽似一个“花”字的变体，又像是一只翩翩飞舞的花蝴蝶，其黄、红、蓝三部分分别为C、Y、B这三个字母，是“CHINA”及“园博”汉语拼音字母的缩写，又分别代表植物的果、花、叶——黄灿灿的果实、红彤彤的花朵、绿油油的叶片。

该园徽自第三届园博会以后一直沿用，第五届和第六届园博会除沿用园徽的图案外，还在右下角加注了“SHENZHEN2004”和“XIAMEN2007”字样，以突出园博会的举办地和时间。

鳌园 AAAA

内有陈嘉庚陵墓

厦门市集美区鳌园路24号

乘坐496路、905路、906等路公交车可达

周二至周日8:00~17:30

鳌园原为集美东南海滨的一座小岛，因形似海龟，故称“鳌园”。园内的雕刻是福建石雕艺术的瑰宝，门廊的设计精巧，两厢墙上镂刻着连环组雕；园中央矗立着集美解放纪念碑，碑正面是毛泽东的题词，背面是陈嘉庚先生亲自撰写的碑文。

纪念碑的南侧是陈嘉庚先生的陵墓，墓体呈寿龟形，顶盖用13块水磨青斗石拼镶而成，墓的左、右、后三面以青石屏壁为障，其上有15幅代表陈嘉庚先生前半生重要经历的浮雕，墓前的祭亭和墓后照壁均以青石砌刻，典雅庄重。

玩家 解说

鳌园的石刻分为浮雕、影雕和题字3种，园里短墙、栏杆、亭柱等处都镌刻着党和国家领导人、各界名流题赠诗词和对联，盛赞陈嘉庚先生的精神品德。鳌园汇集了闽南石刻精华，表现了我国高超的石雕艺术水平，故有“闽南石雕博物馆”之美称。

鳌园

灌口凤山祖庙
祀奉李府清源真君二郎神

厦门市集美区灌口镇灌口街北侧

灌口凤山祖庙建于明末天启、崇祯年间（1621—1644年），寺庙原为两进宫殿式结构建筑物，前殿有8副青石窗雕以及盘龙石柱、青石雄狮、石柱楹联，屋顶是翘角式明代石雕装饰——双龙抢珠。前殿楹联都是前清时期同安县的举人、大学士所题写，工笔完整、书法技艺精湛。后殿是民国十八年（1929年）由仰光同安县安仁里公会捐建的钢筋混凝土建筑。

玩家 攻略

凤山祖庙供奉“李府清源真君二郎神”，每年农历五月初四为二郎神生日，祖庙届时会举行庙庆活动。

玩家 解说

灌口凤山祖庙不但和灌口镇有渊源，还与中国台湾及海外关系密切。明末清初时灌口也是郑成功反清复明基地之一，在收复台湾时其将士将凤山庙香火传至台湾。目前，我国台湾各地的凤山庙庙宇达160多座，东南亚一些国家和地区，如缅甸仰光、马来西亚槟城、印度尼西亚三宝垅、泰国曼谷等地，都有灌口凤山祖庙的分庙。

灵玲国际马戏城 AAAA
全球最大的国际马戏旅游综合体

福建省厦门市集美区杏锦路366号

市内乘坐890路、900路、902路公交车至灵玲马戏城站下车即到　260元　0592-3753999

灵玲国际马戏城，全球规模最大的国际马戏旅游综合体，以其马戏主题为特色，将国际马戏表演、动物展示及互动、动物马戏亲子主题酒店等多种元素融为一体，集成旅游观光、休闲娱乐、文化教育等功能，为游客带来一站式的大型旅游度假体验。

灵玲国际马戏城占地350亩，核心部分包括灵玲国际马戏大剧院、灵玲动物王国、灵玲大酒店、灵动青春·台湾创业园、研学旅行营地中心以及亲子教育产业园，可全方位满足游客的娱乐需求。

其中，灵玲国际马戏大剧院作为马戏城的地标建筑，汇聚了世界各地的马戏表演，为观众呈现精彩纷呈的视觉盛宴。2014年，灵玲国际马戏大剧院荣获“吉尼斯世界马戏大剧院”认证，可容纳1万名观众同时观看马戏演出，堪称全球容量最大。灵玲马戏城致力于引进全球顶尖、优秀的马戏节目，以厦门为起点，向全球展示专业的马戏演出，为游客呈献一场国际马戏文化盛宴。

十里长堤
厦门海堤

厦门市厦门大桥靠近集美段

十里长堤是高集海堤与集美—杏林海堤的统称。高集海堤接连高崎与集美，在高崎一头建有观堤亭，亭上有朱德总司令亲笔题写的“移山填海”四个大字；集美—杏林海堤把面积5.2平方千米的杏林湾变成了一个人工湖。

十里长堤

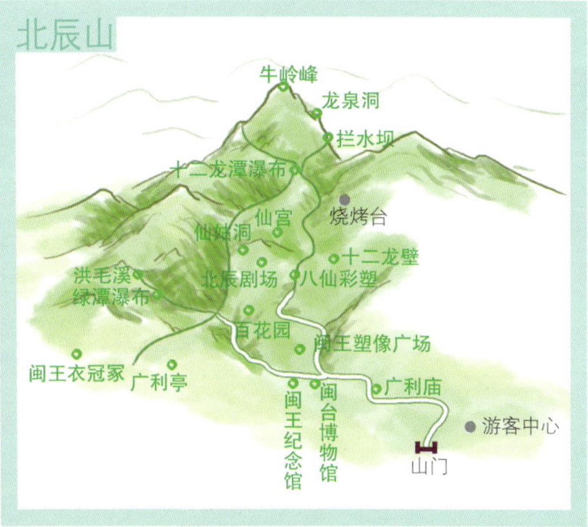

北辰山 AAAA

开闽王入闽典故发生地

厦门市同安区五显镇北岩　乘坐602路等公交车即可到达　9:00~17:00　25元，观光车票5元　0592-7232155

北辰山俗称北山岩，历史悠久。北山岩以厦门20名景之一的十二龙潭瀑布为主，分为5个旅游区片区，景区内流传着八仙、神农氏、七仙女的传说以及同安历代名人逸事，无不折射出北辰山璀璨的历史光芒。

玩家攻略

每年农历二月十二是闽王忌辰，八月初八是仙宫圆梦，届时人如潮涌，非常热闹。

链接

与开闽王王审知的不解之缘

据说，唐末黄巢起义时王审知到北山竹林拜剑，剑竟三拜而三升，起义军欲拥立其为王，王审知坚持尊兄为主。五代十国王审知被封为“闽王”后施政有方，恩泽八闽，被尊为“开闽第一”，后人称为“开闽王”，宋太祖御赐“八闽太祖”匾额。

百姓为纪念王审知，特别为其建造了忠惠尊王庙、广利庙以及闽王衣冠冢。

十二龙潭瀑布

从北辰山顶飞流而下的瀑布从500米高的石崖层层落下，形成了12个清可见底的水潭，故称十二龙潭瀑布，这里的水潭数千年不干涸。北辰山山体由于受水流的长期冲刷而形成一条峡谷。十二龙潭瀑布独具特色，具有较高的观赏价值。

广利庙

广利庙又名“忠惠尊王庙”，是五代时闽王王审知兄弟兵变开闽的最初之地。相传农历二月十二，是“闽王”成仙之日，每年二月十二前后5天，北辰山庙会盛况空前，游人香客如织，鞭炮声与戏曲声不绝于耳，成为独特的民俗景观。北辰山上的“仙宫”尚存有宋、明、清三朝石刻。

同安影视城 AAA

小型紫禁城

厦门市同安区轮山路339号　乘坐615路、631路等公交车可达　9:00~17:30　0592-7302779　25元

位于五显镇的同安影视城是一座仿北京紫禁城建造的宫殿，长廊是仿照北京颐和园的长廊兴建，明清街是仿明清时代老北京城内的平民式建筑群落，青砖和灰瓦，再搭配京城建筑外貌的色彩，让人有一种重游老北京的感受。

同安影视城

同安影视城

玩家 攻略

影视城中每天上演不少精彩的节目，演出时间多在上午10点和下午3点前后，有闽南特色的抛绣球招亲、杂耍等。留意景区内的演出公告，到时可前往观赏，无须另外购票。另外，这里也有一些付费活动，如过山车、碰碰车之类，很受小朋友喜欢。

梵天寺

八闽古老的寺庙之一

厦门市同安区大轮山南麓

梵天寺原名兴教寺，与南普陀寺同为闽南著名的佛寺，是八闽古老的寺庙之一。梵天寺依山势建造，雄伟富丽。寺内有多处朱熹所留摩崖石刻，寺院里还有一座建于宋代元祐年间（1086—1094年）的婆罗门佛塔，此塔为三层方形，石构实心，是研究古代宗教史及石雕艺术的实物资料。

玩家 解说

梵天寺历代高僧辈出，香火不断。唐代黄檗，慧日，五代道丕、观至，明代无为、法相，清代实韬、无疑，现代会泉、会机等名僧都曾住锡该寺，奉佛行善；弘一、宏船、印顺大师也曾挂单梵天寺，现任住持厚学法师为中国台湾佛教印顺大师的徒弟。

同安孔庙

内有朱熹、苏颂等人的祠堂

厦门市同安区三秀路216号

乘坐618路、615路公交车均可到达

9:00~18:00，周一闭馆

同安孔庙始建于五代时期，主体建筑大成殿为重檐歇山式建筑，十五檩前廊后轩式，斗拱飞檐纵横交错，木雕内容丰富。寺庙南侧有为纪念宋代理学家朱熹，宋代丞相、科学家苏颂，理学家名宦林希元而建的祠堂。北侧有兴贤育才坊、泮池、观澜亭和石雕陈列园。

玩家 解说

同安孔庙是历代祭祀孔子的场所，也是颇有名气的学堂，现已辟为同安博物馆，陈列着自西汉以来同安杰出乡贤名宦的私人珍藏及历代文物。

苏颂古居

堪称“中国的达·芬奇”苏颂

厦门市同安区洗墨池路23号

苏颂古居又称芦山堂。祠堂前供奉苏颂神像，后院供奉入闽苏氏始祖苏益神像；大门口两只青石石狮，象征着辟邪纳吉；“苏氏大宗”和“芦山堂”两方匾额为祖籍同是同安的当代著名数学家苏步青书题。芦山堂前原有一个水池，苏颂读书时曾在此洗砚，所以称水池为“洗墨池”，现存一方写有“洗墨池”的石碑。

新建的苏颂科技馆详细介绍了苏颂一生的业绩，馆中还有苏颂首创的世界第一座天文钟——水运仪象台模型。

链接

“杂家”苏颂

苏颂（1020—1101年），字子容，宋朝宰相，一生为政清廉，勤政爱民，为官近60载，颇有建树，是一位杰出的政治家、外交家、药物学家、天文家，素有“杂家”之称，为后人留下很多科学著作。

苏颂主持创造了世界上最早的天文钟——水运仪象台。这是一座集天体观测、天象演示、自动报时等功能于一身的自动化天文台，被国内外专家、学者称为中国古代第五大发明，英国著名科技史专家李约瑟博士称苏颂是“中国古代和中世纪最伟大的博物学家和科学家”。苏颂所著的《新仪象法要》是水运仪象台的构造说明书，全书以图为主，附有说明，是世界上最早、最完整、最系统的气象机械书。

此外，苏颂主持编著的《本草图经》是我国上承

梅山寺

隋唐下至元明的药物学巨著，也是流传至今最早的图本草书。他还是一位诗人，他撰写的《苏魏公文集》中收录了诗歌587首。

梅山寺
依山傍水，小巧玲珑

厦门市同安区五显镇

可乘坐602路、619路、624路等公交车即可到达

梅山寺始于隋朝，寺庙依山傍水，小巧玲珑，与大轮山的梵天寺和新兴建的同安影视城对峙。梅山古名“同山”，风景秀丽，登梅山望远，视野开阔。岩壁上有“佛”字的摩崖石刻、石窟，寺外有宋代镇西安桥的婆罗门佛塔，寺南百米处有石构牌坊山门等建筑。寺院内有放生池和两座石佛塔。整个寺庙建筑错落得体，绿树掩蔽，庄严清静。

玩家解说

庙旁左边百米处一巨石上，有一明代摩崖石刻，是明朝泉州府同知丁一中、明朝浙江道御史的同安人刘存德、明朝刑部左侍郎洪朝选游览西山的墨迹。寺庙后有18株被称为“十八罗汉”的佛手古茶树，迄今已百年之久。

莲花山国家森林公园
森林瑰宝

厦门市同安区莲花镇后埔村境内

莲花山峻峭雄伟，因主峰巨大裂石形似莲花而得名。森林公园包括莲花山、金光湖、小坪、文山、铜钵岩、野山谷等六大景区。园内山高林密，物种丰富，景观错落有致，是厦门特区一处保存完好的国家森林公园。

小坪

莲花山森林公园中的小坪森林景区，山峦重叠、森林茂密、自然资源丰富。景区内峰峦秀丽、林海茫茫宛如一幅山水画。

野山谷

野山谷景区水系丰富，溪、泉、瀑、潭、湖有数百处，湖中波光潋滟，湖水碧绿如翠，山中藏着湖、湖中映着山。野山谷以其独有的原生态自然景观、清新无比的空气、十里峡谷画廊、翡翠般的水景而闻名遐迩，享有“闽南九寨沟”“闽南绿肺”之称。

吕塘香山
有闽南地区仅存的成片古松林

厦门市翔安区新店镇吕塘村

厦门吕塘香山景区以香山岩寺为中心，吕塘村内的古松林群有近600年历史，是闽南地区仅存的成片古松林，与之相连的是古榕树群，形成难得的亚热带自然生态群落景观。该景区有香山岩寺、香山书院和明清风格的古民居村落、吕塘戏校等，形成了香山独特的民俗文化景致。

玩家解说

香山上的香山岩寺始建于南宋年间，主要供奉清水祖师，是翔安最大的庙宇。每年农历正月初六这里会举行庙会，届时热闹非凡，歌仔戏、布袋戏、车鼓弄、拍胸舞等民间曲艺表演独具特色；山脚下的吕塘戏校是福建省唯一的一所民间戏曲艺术学校，现为闽南民间戏曲艺术教育、演出、创作基地和对台民间文化交流中心。

攻略资讯

- 交通
- 住宿
- 美食
- 购物
- 娱乐

交通

飞机

厦门高崎国际机场位于厦门岛的东北端，是国内继北京、上海、广州之后的第四大出入境航空港。厦门航空港现已开通国际及地区航线20余个，遍及欧洲、东南亚、韩国、日本、美国和我国港澳台地区。

火车

厦门站：位于厦门市思明区厦禾路900号，是中国铁路南昌局集团有限公司管辖一等站，鹰厦铁路和杭深线福厦段的终点站。可乘坐950路、953路公交抵达。

厦门北站：位于厦门市集美区，是中国铁路南昌局集团有限公司管辖的一座铁路客运站。是国家高速铁路网规划中沿海通道上的重要客运站之一，也是一座集铁路、城市道路、长途汽车、轨道交通换乘、商业服务功能于一体的大型交通枢纽。可乘坐690路、691路公交抵达。

汽车

厦门公路运输四通八达，现有福厦、厦汕、厦漳、泉厦等多条高速公路。长途客运班车不仅可以直达省内各地，而且可以前往湖南、湖北、深圳、广州等地。

梧村长途汽车站：位于厦门市思明区梧村街道厦禾路。

厦门杏林汽车站：位于厦门市集美区杏前路130号。

市内交通

厦门市全市开通普通公交线路408条，其中常规公交384条、快速公交线路8条、定制公交16条，拥有公交车辆4314台。

厦门现共有1号线、2号线、3号线3条地铁线路。

厦门北站

住宿

来厦门一般都会选择住在环岛路附近，这样既方便游览厦门市区，去鼓浪屿也很方便。厦门住宿的另一个特色就是可以选择主题旅馆，厦门老市区里面有很多这样的旅馆，鼓浪屿上的温馨小旅馆也很多。

●云上观海公寓

酒店位于厦门地标性建筑世茂双子塔，此处可尽览厦门壮丽全景，是名副其实的云端海景房。酒店距离高崎国际机场仅18千米，距离厦门火车站亦仅7千米，交通出行十分便利。周边旅游景点也丰富，包括中山路步行街和曾厝垵等，均等待您的探访。

厦门市思明区演武西路180号 13600961002

●厦门永丽达花园酒店

酒店坐落于中国十大名街之一的厦门中山路步行街畔，毗邻“海上花园”鼓浪屿，为一家同时拥有繁华商业氛围与宁静住宿环境并存的商务度假酒店。

厦门思明区中山路299号 0592-2035666

●厦门天青民宿

天青民宿位于曾厝垵景区旁边，步行到海边5分钟，到公交车站4分钟。到各个景点都有直达公车，出行十分便利。

厦门市思明区黄厝村塔头社161号 13306013203

美食

以厦门为代表的闽南菜，属于中国八大菜系，菜式清鲜香脆，注重调汤，口味清淡，酸甜适宜。厦门是近百年来发展起来的港口，菜式风味在历史上以泉州菜和漳州菜为主体，兼具粤菜和西餐的风味。

美食小吃

●麻糍

糍粑是把糯米蒸熟捣碎后做成的食品。糍粑常滚上砂糖和熟黄豆粉、花生末、芝麻末等，有的还包上豆沙馅或芝麻馅。包芝麻馅并滚上芝麻的糍粑叫麻糍。

●扁食

厦门的扁食很有讲究。面皮必须用精制面粉手工擀制，不仅要薄，还要薄厚均匀并有较强韧性；扁食的馅料必须用鲜猪腿肉手工捣烂；汤头用猪大骨熬制汤底，适量加入大地鱼等辅料来增加汤的鲜度，汤熬至奶白色后就可用来做扁食的底汤。

●海蛎煎

海蛎煎又称蚵仔煎，是闽南地区特有的小吃，其香鲜细腻，美味可口，吃时再淋上厦门特色甜辣酱，味极鲜美。

海蛎煎

●沙茶面

厦门沙茶面本无特别之处，但加了厦门特有的沙茶酱后，味道就无法复制了。厦门沙茶面里一般都夹杂着花生酱的香味，配料可自选，有豆腐、油条、虾、鱿鱼、鸭肫等，浸满了汤汁后味道十分特别。

●土笋冻

土笋冻是厦门独有的美味，厦门人将其列为厦门第一美食小吃。土笋冻的主要材料土笋是一种环节动物，学名叫"星虫"，星虫身上的胶质溶化于水中，冷却后凝固成一块块玲珑剔透的小圆块，即为土笋冻。

土笋冻

●花生汤

厦门花生汤用料虽简单，煮法却非常考究。花生仁用沸水冲烫去膜，加水、加少许纯碱，用旺火煮至花生仁熟后，改用微火煮烂，食用时可配甜咸点心，如油条、炸枣、肉包、甜包、糯米炸等。

美食去处

夏商好清香：位于厦门市思明区湖滨中路85号（湖滨南路路口），至今已有60多年的历史，以经营闽南特色菜肴和地方风味小吃而闻名，在国内和港、澳、台地区及东南亚一带享有盛誉。

佳味再添：创办于1959年，位于厦门市思明区大同路49号，以烧肉粽、芋包、油粿等40多种美食而蜚声中外，是一家荟萃厦门名点风味小吃、深受海内外旅游者喜爱的风味食品店。

SM城市广场：位于厦门市思明区嘉禾路468号，是厦门最大的购物商场之一，美食广场里聚集了世界各地的美食，也可以买到品种齐全的福建小吃。

购物

厦门不仅拥有旖旎迷人的优美景色，而且有丰富的土特产，是我国文昌鱼故乡之一。主要特产有各种亚热带瓜果、鱼皮花生、花生酥、菩提丸、青津果、馅饼、香菇、肉酱、海产干货等。

厦门特产

●肉松、肉脯

肉松的优点很多，金黄色的条条肉丝，送到嘴里，无须多咀嚼，立马散化，满口香甜；而肉脯更是一遇到口水，还来不及嚼一下，早已化成糊状了。

●花生酥

花生酥是厦门著名的中式糕点，又名"贡糖"。主要原料是花生仁和砂糖，制作时先将花生仁炒熟去膜，加糖煮，然后捣碾成酥，成形后切成小块。食用时，应小心剥去包装纸，轻轻放入口内，甜而不腻，除品茶时食用，亦可作为咸光饼等面点的夹心料。

●厦门珠绣

厦门珠绣以新颖别致、光彩夺目见称，有珠拖鞋、珠挂图、珠绣包等100多个品种。这些产品均采用闪亮夺目、五彩缤纷的玻璃珠子和电光胶片，运用凸绣、平绣、串绣、粒绣、乱针绣、竖针绣、叠片绣等传统的工艺手法绣制出浅浮雕式图案。全珠图案构图严谨、密不容针；半珠图案优雅秀美，清新悦目。

购物去处

中山路商业街：百年老街，是厦门唯一直通大海的商业街，购物之余还可饱览鼓浪屿的风景。与中山路相邻的思明南路、思明北路、思明西路、思明东路、局口街等几条街道，也是购物的好去处，可以顺便一游。

鼓浪屿龙头路：龙头路是鼓浪屿的主要商业街，街道两侧开设有许多工艺品店和字画店，既有本地产的工艺品如珠绣、漆线雕、彩扎、彩塑、彩瓷等，也有来自全国各地的古玩、玉石、字画和瓷器等。龙头路还是著名的小吃街。

大嶝小镇：大嶝小镇的经营者来自全国各地20多个省、自治区、直辖市及我国台湾地区，诸多名优商品、土特产汇集于此，粮油食品、土产畜产、纺织服装、工艺品、轻工业品、医药品、烟酒、化妆品及小电器随处可见，深受游客欢迎。

娱乐

歌仔戏、南曲、高甲戏这些独具闽南文化韵味、流传百年、特色鲜明的地方戏曲，如今可在厦门市人民剧场一睹其风采。

厦门还是工夫茶的起源地之一，此地茶文化氛围浓郁，携三两好友品茶观景对一个远方的旅人来说不失为一种难得的体验。

盛夏时节到厦门，不下水嬉戏将是一种遗憾。除鼓浪屿环岛海滨浴场外，厦门本岛上则有黄厝、曾厝垵海滨浴场以及厦大后门处的白城沙滩；如果想领略大海的风情，可以租用帆板、水上滑板或摩托艇、帆船等，亲身去体验击水搏浪的无穷乐趣。

●鹭江夜游

坐在游船上，厦门绚丽夜景将尽收眼底。最值得一提的是鹭江夜游将演武大桥、海沧大桥、杏林公铁大桥三点相连，开拓了一个海上欣赏厦门绚丽夜景的新视角。在让游客尽情感受厦门美丽夜景的同时，游船还会举行丰富多彩的活动及演出，“缤纷之夜海上游”的演出把人带入高雅、时尚、动感的艺术之境。

●《闽南神韵》

《闽南神韵》是全国首台反映闽台民俗风情核心主题的大型旅游文化演出，结合了最具特色的闽南元素，融合了海洋文化和闽南文化的精华。

●筼筜湖畔夜生活

筼筜湖原是一个和海相连的小港湾，岁月变迁，现在的筼筜湖已经成为一个人工湖泊。这里有厦门最美的沿街露天酒吧、咖啡吧和美食餐厅等。

●海湾公园酒吧群

在海湾公园酒吧间内可西眺大海，东望筼筜湖和白鹭洲公园，西北方向是海沧大桥，美丽的鼓浪屿也在视线之内。公园内的建筑均是现代欧式建筑风格，临海的一面有很多咖啡屋，还有露天酒吧和烧烤，是厦门小资夜生活的集中地之一。

中山路

发现者旅行指南

漳州

概览

亮点

漳州土楼

漳州土楼以历史悠久、规模宏大、造型奇异闻名于世，被誉为“神话般的山区建筑”，并被列入世界文化遗产。

东山岛

被誉为“海峡西岸旅游岛”，风光秀丽，气候宜人，岛上风动石更有“天下第一奇石”之美誉。

六鳌抽象画廊

花岗岩石沟壑连绵，一沟一壑都是皱褶的画卷，与六鳌大澳湾沙滩连成一体，组成了一幅闽南天然海蚀风景图。

云洞岩

从山麓到峰巅全由各种玲珑奇特的花岗岩石堆砌而成，被誉为“缩小的山石盆景”。

滨海火山地质公园

赵家堡

南宋皇族后裔隐居之地，城堡内有汴派桥、禹碑，还有米芾的手迹“墨池”，以及聚佛宝塔等众多珍贵文物遗址。

滨海火山地质公园

大自然的鬼斧神工造就了景区内独特的火山地貌奇观，是一座天然的火山地质博物馆，具有极高的观赏性。

线路

南靖土楼二日游

第一天主要游览塔下村、裕昌楼和田螺坑土楼群。第二天游览河坑土楼群、顺裕楼、怀远楼、和贵楼。

漳州市区二日游

第一天主要游览龙文云洞岩和南山寺，穿岩洞，访古刹。第二天游览龙海红树林和滨海火山风景区，观红树林，赏火山风景。

南靖田螺坑土楼

为何去

漳州地处福建东南，自然风光优美，是国家级历史文化名城。漳州也是著名的侨乡，是台胞主要祖居地。这里山川秀美，人文荟萃，有南山寺、东山岛、南靖土楼等丰富的旅游资源。

南靖田螺坑土楼

何时去

漳州一年四季气候温和，四季常青，终年花果飘香，是个天然的“大温室”。每年的春、秋、冬三季都十分适宜到漳州旅行。但需要注意的是，漳州每年6月至9月常有台风袭来，台风常带来暴雨或大暴雨，出行之前最好查询下当地天气。

镇海角

漳州站

区域解读

区号：0596

面积：约12607km²

人口：约527.21万人

地理 GEOGRAPHY

区划

漳州下辖4个区（芗城区、龙文区、龙海区、长泰区）、7个县（云霄县、漳浦县、诏安县、东山县、南靖县、平和县、华安县）

地形

漳州地势从西北向东南倾斜，地形多样，有山地、丘陵、平原。平和县大芹山主峰海拔1544米，为漳州市最高点。九龙江在漳州境内流域面积7500多平方千米。漳州境内还有鹿溪、漳江等河流。九龙江中下游的平原面积720平方千米，是福建最大的平原。

乌山

气候

漳州属于亚热带季风性湿润气候，年均气温21℃，四季气候温和。漳州年降雨量1000~1700毫米，雨季集中在3月至6月。漳州每年6月至9月常有台风袭击，台风常带来暴雨，造成洪涝灾害。但在高温季节，台风也有助于降低气温和解除干旱。

历史 HISTORY

历史大事记

●秦汉时期

公元前214年，统一六国的秦王朝征服百越，并建立了桂林、象郡、南海和闽中郡。今漳州梁山山脉以北的地区属于闽中郡，梁山山脉以南则归南海郡。

●唐宋时期

唐垂拱二年（686年），朝廷批准陈元光在漳州地区正式建州置郡，陈光义为漳州刺史。自此，漳州地区开始迅速发展。

北宋庆历四年（1044年），漳州始建州学。此后，各地还兴办了一批书院。南宋绍熙元年（1190年），朱熹在漳州大力传播儒家学说，发展当地文化教育，对漳州产生了深远的影响。

●明朝

明代时期，漳州的海外交通、贸易迅速发展。16—17世纪前期，漳州月港逐渐成为我国东南地区海外交通贸易中心，在我国海外交通史和国际贸易史上占有重要地位。

嘉靖四十三年（1564年），福建沿海倭寇入侵，戚继光率义乌兵入闽征剿，在守伯渡（现在的八尺门）屡挫倭寇，岛内方得安宁。

●清朝

清乾隆二十六年（1761年），郑开在漳州云霄县高溪庙观音亭创建天地会，以“反清复明”为宗旨，坚决抵抗清政府，成为中国历史上著名的秘密社团。

清咸丰二年（1852年），天地会派闽南小刀会的首领筹划起义，密谋泄露，首领江源等人被杀。后继者黄位、黄德美等领导会众于此年起义，一举攻占海澄县城，并接连占领了漳州、厦门等地，一时声威大震，但不久便被清军击败。

●近现代

1932年4月，毛泽东、聂荣臻等率领中央红军攻克漳州，建立了闽南红三团和闽南红二支队，在漳州成立了闽南工农革命委员会，建立了工农政权和革命根据地。

名单 漳州历史名人

唐代拓疆开漳之祖陈元光

清朝乾隆年间政治家、学者蔡新

近现代著名作家、学者许地山

近现代著名学者、散文家、小说家林语堂

近现代著名作家、诗人杨骚

著名共产党员、革命家郑裕德

开漳圣王陈元光

陈元光（657—711年），字廷炬，号龙湖。祖先原是河东人，后来迁居到河南光州固始县。他的祖父陈犊、父亲陈政均为河东一带的地方首领，并且扶唐反隋有功。元光自幼学经史，习骑射，文武双全。

中元宫

唐总章二年（669年），陈政奉命率军南下入闽戍边。隔年，陈元光随祖母和伯父陈敏、陈敷率兵到福建与陈政会合。

父亲去世后，陈元光承袭父职，开始领兵。他对当地的居民采取恩威兼施的策略，在游仙乡九龙里（今华安县）设唐化里，安置归附的居民。对居住在深山密林的“西北山峒”峒民，元光还命人“开山取道”，“遣士人诱而化之”。从此，泉州、潮州一带趋于稳定。

陈元光主政当地近10年，他逐渐领悟到要图长治久安，必先创州县、兴庠序，施行法治文教。所以，他上表奏请在泉潮之间建置一州。唐垂拱二年（686年），唐朝廷批准陈元光在漳州地区正式建州置郡，陈元光为漳州刺史。陈元光领导军民开荒建屯，聚集流民，营农积谷，兴办陶冶，通商惠工，并于四境设立行台，定时巡逻戒备，方圆数千里“无烽火之惊，号称乐土。”

唐景云二年（711年），“蛮獠”酋领蓝奉高等潜入岳山。仓促间，陈元光率轻骑防御，中伏受伤而亡，时年54岁，葬于绥安溪大峙原（今云霄县火田乡割布山），贞元二年（786年）州治迁于龙溪，改葬州治之北的九龙里松州堡高陂山。

陈元光驻闽42年，任漳州刺史25年，堪称唐代拓疆开漳之祖，因此被尊奉为“开漳圣王”。

文化 CULTURE

忠勇仁义话关帝

关帝文化是漳州的民间信仰，也是闽南传统文化的重要组成部分。漳州地区共有关帝庙180余座，是各民间神祇庙宇中数量最多的。其中，漳州东山关帝庙为闽南、粤东及我国台湾地区关帝宫庙的香火祖庙。自古以来，海峡两岸凡是从东山分灵续焰的香缘宫庙，经常到东山祖庭来祭祖挂香。

由于独特的历史、地理等因素，漳州关帝文化信仰既传承于中原民间信仰传统，又带有闽南漳州地方特征。唐朝陈政、陈元光入闽开发漳州时，便带来了中原文化，关公信仰也一并从中原家乡来到漳州。宋代这里

东山岛关帝庙

漳州木偶表演

开始兴建关帝庙，此时正处于中国历史上神化、圣化关羽至极盛的前期，至今漳州境内仍保存着12座始建于宋代的关帝庙。关羽在宋朝被封王，明朝封帝，清朝则被演化为既是神灵又是圣人的武圣、关帝。这期间，儒、释、道三教对关羽的尊奉、神化及历朝皇帝的敕封，都很有力地促进了漳州地区关帝文化的形成和发展。

漳州关帝文化还与抗击倭寇、明初卫所建置息息相关。明初为防倭患，漳州设一卫三所，即镇海卫（今龙海）和六鳌（今漳浦）、铜山（今东山）、悬钟（今诏安梅岭）三座守御千户所。一卫三所都建有关帝庙。

漳州关帝庙多数建在沿海江边、山坡上，或城镇人口集中的地方。关帝庙属闽南传统建筑，呈现出浓厚的地域特征，较完整地保留了闽南古代抬梁式土木结构，是闽南文化的重要组成部分。

每到年末，东山的百姓就会有拜谢天公的礼俗，其中最诚敬、最隆重的当为东山的渔船与商户。一般的祭礼仪式于家中举行，但凡有大喜或许过大愿的，必到关帝庙拜祭。此外，每年关帝圣诞期间（农历五月十三至六月二十四），东山百姓会在关帝庙前搭筑戏台，上演连棚大戏为关帝庆寿献礼。

人文荟萃的海滨名城

漳州自唐朝置州以来，已有1000多年的历史。陈元光“开漳”后，引进中原先进的耕作技术和文化，积极鼓励农耕、通商、兴办教育，使当地畲族渐渐摆脱了刀耕火种的落后状态，漳州开始向繁荣文明过渡。

随后，漳州地区开始兴办书院，到了两宋时期，兴办书院一时蔚然成风。宋绍熙年间，朱熹出任漳州知府时期，经常下到州学、县学去视察，并亲自为学生讲授经典。此后，随着当地文化的昌盛，漳州便有着“海滨邹鲁”的美誉。

漳州历代的名人著述丰富，在哲学、绘画、历史等领域作出了巨大的贡献。其中，有著名理学家陈淳、明代文化巨子黄道周、志书专家陈梦林、理学家蔡世远、数学家庄亨阳、航海家王大海；清初，漳州还出现了以谢琯樵、沈古松、汪志周为代表的“诏安画派”；近代则有林语堂、许地山、杨骚等。

在漫长的发展和演变中，漳州地区还衍生出了自己的文化，如芗剧、潮剧、布袋木偶戏、锦歌、竹马戏、大车鼓舞等民间文艺，极大地丰富了漳州的文化，使漳州成为名副其实的人文荟萃之地。

景点推荐

漳州城区景点

威镇阁

漳州的标志性建筑

漳州市芗城区新华南路105号

市区内乘坐V1路内环公交车可达

威镇阁八面开窗，取象八卦，又因其雄伟壮观而得名，始建至今已有400多年的历史，是漳州的标志性建筑。

现今的威镇阁为3层建制、八卦形建筑。山门楣额“威镇阁”三字由著名书法家启功题写，山门左右各置一只石狮。主楼前亭左右两边分别有精巧玲珑的三角亭、四角亭。护廊由精美的浮雕组成，生动地展现出漳州各地的名花名景，堪称漳州风物精华的缩影。

阁内的漳州灯谜艺术馆被誉为“中华谜史第一馆”，丰富的灯谜馆藏、形式多样的灯谜活动，为威镇阁增色不少。

漳州石牌坊

数量众多，内容丰富

漳州市芗城区香港路和台湾路一带

可乘坐市区V1路内环公交车前往

牌坊在漳州方言中称为“荷表”，意为

林语堂纪念馆

着闽南古代木结构建筑特点，并融入北方建筑风格，尤其是木结构承袭早期营造法式特征，反映了当时闽南一带较高的石雕刻技术和建筑技术水平。

玩家 解说

据说南宋建炎年间（1127—1130年），孔子裔孙孔任率家人避兵入漳居于此，其子孙世代相传住此庙，直至明正德年间（1506—1521年）。因此，漳州文庙一直享有盛名。

“某人承皇恩受褒表”的纪念建筑。漳州牌坊以数量多、内容丰富而闻名，其中以两座明代石牌坊“尚书探花”和“三世宰贰”，以及两座清代牌坊“闽越雄声”与“勇壮简易”最为著名。这四座牌坊均为木石结构，以青石和白石相间建造，石材颜色对比鲜明，整体和谐自然。双门顶的明代石坊，南北对跨街矗立，与所处的旧城南门老街，组成了极富特色的古街区景观。

玩家 解说

4座牌坊均为3间5楼12柱，各楼顶上皆置鱼形脊饰，檐翼都有自然的起翘，正匾以下均以梁枋隔层，坊上遍布雕刻装饰，分别用阴刻、线刻、浮雕、镂雕、双面雕等不同手法雕刻，不仅具有南方细腻繁缛的特点，而且融进了北方粗犷刚毅的风格。

漳州文庙

漳州最大的古建筑群

漳州市芗城区修文西路2号

市区内乘坐V1路内环公交车到文庙站下车即可

漳州文庙始建于宋庆历四年（1044年），后来历代均有重修。文庙坐北向南，现存仪门、前殿、祭台、大成殿等建筑。大成殿建筑结构特殊，较完整地保留

林语堂纪念馆

纪念文学大师

漳州市芗城区天宝镇五里沙村

可乘坐7路、9路、14路等公交车到达

林语堂纪念馆占地2万多平方米，主体建筑是一座二层半圆形建筑，融合了中西建

漳州文庙

筑风格，馆前安放着一尊高近2米的林语堂坐式雕像。纪念馆附近坐落着林语堂故居、林语堂双亲合葬墓等。

玩家 攻略

参观完纪念馆后，可以再去五里沙村游览，村里有一座木结构的玉尊宫，是唐代始建的古庙。整座宫宇的石、木、瓷三雕建筑具有很高的艺术价值和欣赏价值。

链接

文学巨匠林语堂

林语堂于1895年出生在福建一个基督教家庭，父亲为教会牧师，1912年入上海圣约翰大学读书，毕业后在清华大学任教，1919年秋赴美哈佛大学文学系学习，1923年获博士学位后回国任教。

林语堂在法国写的小说《京华烟云》被拍成电视连续剧，获得好评；《吾国与吾民》（另一个中译本的名称是《中国人》）是他最为国人称道的一本散文类的书籍。

林语堂提倡“以自我为中心，以闲适为格调”，不少人拿他和鲁迅相比，他们曾一起在厦门大学教过书，20世纪30年代打过笔仗，纪念馆里至今还有一张他们在厦门大学的珍贵合影。

伽蓝庙

全国最小的庙宇

漳州市芗城区明清古街香港路

市区内乘坐V1路内环公交车可到达

伽蓝庙建在小巷口的顶上，站在古街上远观，就像是一座“空中庙宇”。这座悬空的庙宇只有3平方米，仅容一两人转身，内奉伽蓝圣王，被认为是全国最小的庙宇。

小庙里供奉的伽蓝圣王，头戴官帽。坊间传说在清代重修小庙旁的“尚书探花”石坊时，石坊总是摇晃，县令十分着急，忙上小庙烧香，随手把官帽戴到了伽蓝头上，随后石坊竟然停止了摇晃，而且更加稳固。于是县令下令重修伽蓝庙，并为它戴上了官帽。这个传说也给小庙增添了一丝神秘的色彩。

玩家 攻略

伽蓝小庙是由附近的居民共同管理的，如果想要去小庙里朝拜，附近的居民便会主动将钥匙交给朝拜者。

林语堂雕像

景点推荐

漳州近郊景点

云洞岩 AAAA

闽东南的“山石盆景”

漳州市龙文区蓝田街道蔡坂社区

市区内乘坐1路公交车直达

云洞岩俗称洞仔岩，山上有一石洞，每当天将降雨，云雾即从洞中飘出；雨过天晴则云雾又飘回洞中，因此得名。隋开皇年间（582—600年）有翁养鹤其中，不时鹤鸣，因此又名“鹤鸣山”。

云洞岩从山麓到峰巅几乎全由各种玲珑奇特、各具神态的花岗岩石层层堆砌而成，有闽东南“山石盆景”之称。景区拥有溪山胜景、奇石秀峰、壑岩幽洞、云洞烟雨四大自然景观和江东古桥、万松关、瑞竹岩等人文景观。此外，景区内还有包括朱熹、弘一法师在内的历代文人墨客摩崖石刻200余处，被誉为“丹霞第一洞天”“闽南第一碑林”。

玩家 解说

每年中秋节夜晚，天上一轮圆月倾入峡谷中清泉，映照在石壁上，形成“三月纷辉”的奇观，此时也是游览云洞岩的最佳时间。

玩家 攻略

上山的时候最好带些水，因为过了千人洞后就没有卖水的了。爬山途中还可以坐下来喝喝茶，品尝一下这里独具风味的盐鸡。

摩崖石刻

云洞岩的摩崖石刻比比皆是，行、草、楷、篆各体兼备，素有“闽南第一碑林”之美誉。其中最早的是五代时期的“许昔寻偃月子至此”题刻，至今已有1000余年历史；天柱峰百丈峭壁上的“搔首”二字石刻是云洞岩最大的石刻；明代翰林学士丰熙的《鹤峰云洞游记》石刻，书法遒丽，全文1100多字，为国内碑林所罕见；宋代理学家朱熹曾在云洞岩讲学，并留下“溪山第一”“石室清隐”两处题刻。

一线天

在千人洞中，仰首可见崖顶裂开一线，如同利斧劈开一般，长数丈，这个奇观岩石是在地壳运动的影响下发生断裂而形成的，并在流水长年累月的冲刷下逐渐扩大，这便是“一线天”。

月峡

月峡是由几块巨石垒成的石洞，其左右相通，洞内一泓寒泉，洞顶豁开数尺，中秋之夜，此地有“三月纷辉”的奇观。穿过月峡，左边巨石上留有一个脚印，为仙人迹。东边是“一川风月”，游客可在此烹茶吟咏，纵览江山风月。

鹤丘

明代嘉靖年间理学家蔡烈隐居于云洞岩，不再应试也不愿当官，只在山中读《易》讲学，著有《读书录》等若干卷，人称他为“鹤峰先生”。蔡烈卒后葬于岩下，立碑“鹤丘”等30余处。

瑞竹岩寺

瑞竹岩寺为五代时期僧人楚熙所建，传说楚熙禅师刳竹引泉，使枯竹生笋、竹心不死、枝茂叶绿，谓为瑞象，故更名为瑞竹岩寺。

瑞竹岩寺依山傍水，景致秀丽。庙址前有唐、宋时种的铁树两株；左有石室，室外悬岩上刻有“海日江景”四个大字；室内有石禅床，传系楚熙入定处。

现寺中保留明吏部郎中陈天定、大学士林钎等名人题刻石柱联6对。悬岩之上，有摩崖石刻10多处。此外还有林钎为照乘上人书的“瑞竹岩”隶书石榜、古舍利塔等珍贵历史文物。

江东桥

江东桥原名虎渡桥，始建于南宋嘉定七年（1214年），是我国古代十大名桥之一。为一座梁式大桥，总长335米。

玩家解说

南宋嘉定七年，郡守庄夏始于此垒石筑桥墩，但因水深流急，难以奏效。一天，工匠看见老虎负子渡江，于是沿虎渡水线选址筑墩，终于成功，因此称为“虎渡桥”。

万松关

万松关雄踞于江东桥之西，自六朝以来就是险要关隘，明崇祯二年（1629年）始建石城，遗址尚存。

万松关上城墙以工整的长方形花岗石砌成，城门关上嵌着一块镌有“天宝维垣”的青石横匾，站在城楼顶上即可观望关外群峰。这一带群山紧傍着由北向南的九龙江北溪支流，山高水深，岩陡流急，构成了一道天然屏障，可谓“一夫当关，万夫莫开”。

云洞岩

龙文塔

龙文塔建在龙文山上，始建于宋代，为石木结构密檐式空心塔。塔身由花岗石砌成，呈八角形，每层有檐露出，塔内外布满了精致的石雕与木雕。

以龙文塔为中心的龙文园艺观赏园占地面积约4万平方米，由两馆一园一水面构成，与“闽南第一碑林”云洞岩、江东古桥、万松关等名胜共同连成了漳州东郊的一处名胜旅游区。

陈元光墓 AAAA

开漳圣王之墓

漳州市芗城区501县道旁

市区内乘坐16路公交车可达

陈元光墓坐西北向东南，墓碑刻“唐开漳陈将军墓”，碑座刻梅花，墓前有墓埕5层，两旁有石虎、石羊、石望柱各一对。近旁大石上刻清康熙五十七年（1718年）侍郎蔡世远撰写的修墓记。

链接

开漳圣王陈元光

陈元光（657—711年），字廷炬，号龙湖，光州（今河南省潢川）人，是唐朝归德将军陈政之子。

陈元光博通经史韬略，著有兵书，后接替父职，任鹰扬将军。唐垂拱二年（686年）获准在泉、潮之间建置漳州郡治，并任刺史长达26年。他重视垦荒，兴修水利，对开发漳州作出了卓越贡献。陈元光于711年死于征战，后被尊奉为“开漳圣王”。

南山禅寺

漳州八大名胜之一

漳州市芗城区双庵路11号

市区乘坐15路公交车在南山寺站下车即到

南山禅寺原名延福禅寺，建于唐开元年间，为漳州八大名胜之一。

南山禅寺规模宏大，寺内遗物以“南山寺五宝”最为著名，分别是重达650多千克的大铜钟、用天然石笋雕刻的佛像、《血书滑缘经》、光绪帝御赐藏经及缅甸玉佛，其中以缅甸玉佛最为珍贵，由纯汉白玉石雕琢而成，目前我国仅存三尊，南山寺的这尊是最大的。

南山寺

玩家解说

石佛阁中有一块巨大的石笋，由石匠名师雕成弥陀佛像。佛像连莲花座高达5.3米，造型优美，俗称“大石佛”。

大雄宝殿的左角悬挂一口直径1.3米，高1.9米，重650多千克的大铜钟。它本是唐朝铸造，元朝延祐六年（1319年）扩建寺院时重新铸造，钟上有元朝住持僧右愚的题名。

龙佳温泉山庄 AAA

全国农业旅游示范点

漳州市龙海区角美区龙佳山庄

漳州市区乘坐到达龙海的班车

龙佳温泉山庄占地面积107万平方米，山庄规划为景观游览区、民俗文化区、素质拓展区、温泉别墅区、野生动物区等，野生动物区有自然放养的各种动物，每天还有精彩的猛兽表演。

龙佳山庄是目前福建省最大的学生校外活动营地，每年举办内容丰富多彩的“成长之旅”夏令营和青少年素质拓展训练，中央电视台及福建省电视台曾多次在此摄制专题片、电视剧等。

龙佳温泉山庄

牛头山古火山口

系海底古火山口

漳州市龙海区隆教畲族乡白塘村东南海滨

60元 0596-6865185

牛头山古火山口是漳州滨海火山地质公园的主要景区，以喷发机理完整、层次清楚、保存完整而闻名，是国内罕见的保存完好的海底古火山口之一。

据考证，牛头山古火山口先后至少经历过三次火山岩浆喷溢活动。火山口呈圆锥形，直径数十米，有罕见的无根喷气口群、气孔柱群；中心位置有凹槽，深约3米，槽口四周呈斜波状；火山口周围灰色、暗紫色、紫灰色的玄武岩交错，形态各异。

白礁慈济祖宫

被誉为闽南“故宫”

漳州市龙海区角美镇白礁村

可乘832路公交车可达

白礁慈济宫是供奉闽台医神保生大帝的祖宫，始建于南宋绍兴二十年（1150年），以其宏伟巍峨的建筑规模、古色古香的艺术格调及旺盛的香火供奉，而被誉为闽南“故宫”。

白礁慈济祖宫依山而筑，为五门三进皇宫式建筑，殿宇分前、中、后三殿，前殿两

保生大帝的历史演绎

据说祖宫内保生大帝的金身不能离开，一旦离开，金身下井中被关的妖魔鬼怪就会跑出来祸害人间。为解决保生大帝出巡与不能离开庙宇这一矛盾，白礁慈济祖宫庙公请人雕刻出和保生大帝一模一样的两个雕像，分别称为二大帝和三大帝，一大帝就是正身，留守庙宇。

1.保生大帝正身镇守白礁慈济宫

保生大帝生前名叫吴夲，在闽南地区医治瘟疫时曾在白礁留有一口炼丹所用的井，村民们认为闽南地区一带的妖魔鬼怪都被他关在这口井里，因此在建“龙湫庵”时就把他的金身置于井盖之上，以示永远镇住这些妖魔鬼怪。

2.保生二大帝随从收复台湾

当年郑成功从闽南沿海渡海收复台湾，由于一大帝必须留在庙里，三大帝已被供于青礁东宫，白礁慈济祖宫庙公决定让二大帝坐着指挥船随军东渡。大军于农历三月十一在中国台湾台南学甲镇头前寮将军溪安全登陆，后部分忠贞军在此定居，并建“学甲慈济祖宫”供奉保生大帝神像。

3.保生三大帝救忠臣颜师鲁

南宋时期吏部尚书颜师鲁为振兴家乡教育事业，创办了院前书塾，供养一批秀才学子在此传播文化，没想到遭到奸人诬陷，说他密谋造反。

在钦差大臣前来调查之前，其中一个秀才想出良策向邻村的白礁慈济祖宫求救，连夜把保生大帝请回来供奉，将院前书塾改建为保生大帝庙宇。白礁慈济祖宫庙公为了帮助清正廉明的颜师鲁，便请三大帝前往院前书塾坐镇。最终钦差大臣看到这里非但不是书塾，还是虔诚的保生大帝信徒们活动场所，钦差大臣便前往白礁慈济祖宫朝拜。宋高宗听到颜师鲁建庙宇追思祖先恩人的事迹，龙心大悦，并将颜师鲁由二品大臣升至一品大臣。

边为文武朝房，共开五门。我国著名书法家启功先生题写的“慈济祖宫”横匾高悬在正中大门上。正殿中主要供奉保生大帝，两边陪祀东、西圣侯，中殿四壁及宫楼上两侧边壁，均绘满了精美的壁画，其中后壁上巨大的“四顾眼菩萨”尤为出名，无论站在这幅画的任一角度与方向，都会感觉到菩萨慈祥的目光，可谓历史上流传下来的瑰宝。

玩家解说

慈济祖宫内的“双狮戏球”石刻浮雕、中殿石阶下的祭坛献台以及台缘的飞天仙女石雕均属建宫时的原物；献台前置的风格独特，其右掌擎着一枚刻有“亚”字印绶的花岗岩雕刻石狮，系明朝朱棣文皇后为感神恩所赐；天井中的“龙泉井”水质甘醇、久旱不涸，无数信徒到此请回圣水，祈求消灾灭病；前殿门廊6根蟠龙石柱，是清嘉庆二十一年（1816年）重修时台湾同胞献置；正殿门廊4根朝天蟠龙石柱系宋代建宫遗留下来的建筑物。

百花村

闽南花木之乡

漳州市龙海区

市区乘坐33路公交车至百花村站下车即可

据说明朝永乐年间宋代理学家朱熹的后裔迁来此地，以种花为生，后来种花的传统就在这里世代相传下来。

百花村在1954年建起花圃苗场，发展花卉苗木种植业。全村800多户农民种植花卉品种近千类，花、树、盆景等达80多万株，产品畅销国内10多个省市及港澳地区。另外，百花村还建有“亭院花圃”，各种花卉在这里盛开，时时给人以春的感受。

荔枝海生态保护公园

亚洲最大的连片荔枝园

漳州市龙海区九湖镇

市内乘坐33路公交车可到达

荔枝海生态保护公园地处龙海区九湖镇的“万亩荔枝海”核心区域，坐落于凤凰山脚下。这座公园拥有全国罕见的数千亩连片荔枝园，荣幸入选全国农业文化遗产名录。园内30多万株荔枝树茂盛葱郁、绿意盎然，包括乌叶、兰竹、桂味、妃子笑、糯米糍、绿荷包等10多个品种，树龄多为50年以上，部分已达百年之久，可谓荔枝中的瑰宝。

漳州月港

古福建四大商港之一

漳州市龙海区九龙江下游三角洲出海口

月港又名“月泉港”，明景泰到天启年间（1450—1627年），这里从一个民间自由贸易港口发展成为东南沿海外贸中心，与朝鲜、日本以及东南亚等国家和地区有直接贸易

漳州月港

往来，并以吕宋（今菲律宾）为中转，与欧美各国相互贸易，在我国外贸史上占有重要地位。港口东端有建于明万历八年（1580年）的六角柱形四层古军事建筑“宴海楼”。

龙池岩
千年古刹

漳州市龙海区

可在漳州市区内乘坐827路公交车到白礁站下车

龙池岩景色优美，有著名的“龙池十八景”。山上有一寺，建于南北朝宋武帝永初年间（420—422年），迄今已有1600余年历史。寺庙建筑现大部分都已坍塌，仅存跃龙桥、彩虹桥等遗迹。此外，寺庙周围的巨石上还保留有宋代朱熹、清代黄文川等人的题刻和碑记20余处，是一处风光秀美的游览之地。

天柱山森林公园
临漳第一胜处

漳州市长泰区武安镇

在长泰县乘前往天柱山的班车

天柱山森林公园依托天柱山主峰紫玉峰而建，风光绮丽，人称“临漳第一胜处”。山上有3000多种珍稀树种和野生动植物，还有历代摩崖石刻、热带雨林等景观。山上的天柱观音庙是闽南一带的著名古刹。森林公园主要景观有香炉峰、大帽峰、仙人亭、忘归崖等，天然石洞颇多，象形岩石遍布，形态各异，似象，似鹰，状若莲花等，数不胜数。

马洋溪漂流
融入自然的体验

漳州市长泰区十里村1号　188元

马洋溪漂流全程约8千米，途经70余道斜坡、60余个弯道。顺水漂流，波急浪涌、惊心动魄，既有高歌击桨的豪放，又有搏浪飞舟的激越。溪流中千姿百态的奇石，两岸的茂林修竹让人平添一种融入大自然的清爽。

百丈崖瀑布
规模宏大的瀑布群

漳州市长泰区355国道旁

可乘853路公交车到白礁或圣地亚哥站下车

百丈崖共有自然形成的瀑布十多处，大小瀑布终年倾泻不息。最大的第一级瀑布高达76米，水宽近20米，规模之恢宏仅次于贵州黄果树瀑布。

第一级瀑流直泻深潭，涛声如雷，震山撼谷。瀑布之间巨石状如黑鲤，劈开瀑流，形成了一个“鲤鱼跃龙门”的神秘景点。第一级瀑布下的二、三级瀑布紧接相连，各有奇态，周边林竹茂密，植被完好，仍然保持着原始状态，有“雅鲁藏布江大峡谷的微缩景观”之美誉。

天柱山欢乐大世界
临漳第一胜处

漳州市长泰区G76国道天柱山

从市内乘长泰9路车至亭下站下车即到

9:30~17:30　180元

天柱山欢乐大世界以天禅佛文化、森林文化、海洋文化为核心，汇聚各类旅游项目。园区内设有海洋公园、动物世界、天柱仙境佛文化中心及奥特莱斯购物小镇，构建出一座富有特色的综合性主题乐园。

马洋溪漂流

景点推荐

漳浦旅游区

滨海火山地质公园 AAAA

天然火山地质博物馆

漳州市漳浦县前亭镇、龙海滨海一带

从漳州南客运站乘坐至镇海的班车可达

60元

漳州的滨海火山地质公园是中国首批国家地质公园，也是中国唯一的滨海火山地质地貌风景旅游区。

滨海火山地质公园由二山（香山、牛头山）、二岛（林进屿、南碇岛）、三湾（崎沙湾、江口湾和后蔡湾）组成，大自然的鬼斧神工造就了区内一大批独特的火山地貌奇观，如穹形皱褶、鱼鳞石瀑、八卦状火山口、抽象画廊等，构成了一座天然的火山地质博物馆，具有极高的观赏性。

玩家攻略

最佳旅游时间：漳浦旅游区最佳的观景时间根据潮汐涨落来推算，一般是潮汐最低时前后两小时为最佳，去之前需查阅清楚。

最佳旅游路线：牛头山古火山口地貌更为壮观，被称为"海上兵马俑"，但从漳州出发路程相当遥远。最佳路线是从厦门出发，经由厦门轮渡的旅游客运码头前往。

玩家解说

滨海火山地质公园内散落着1700万年前海底火山喷发后留下的遗迹和后期风化侵蚀的地形地貌景观，其中牛头山古火山口有"海上兵马俑"之誉；林进屿拥有世界罕见的火山喷气口群；南碇岛和陆域上鱼鳞石坑的玄武岩，雄伟壮观。

八卦莲花盘

八卦莲花盘由地壳运动岩浆喷发而形成，由几个火山喷气口构成，形状很像八卦和莲花，因此称为“八卦莲花盘”。附近的“海誓山盟台”随着潮水的涨落而隐现，据说是印证忠贞爱情的好地方。

火山广场

火山广场前面的水榭亭阁均为仿古建筑，其中有一玄武阁，是为了纪念漫长地质年代的火山喷发而建立的，东面是古亭香姑亭，亭周有两个水池，一个叫天池，另一个叫地池。

绿色长廊

绿色长廊共种植了600多种奇花及各种翠竹。绿色长廊园林以木麻黄树、孝顺竹、相思树为主，园林中负氧离子的含量特别高，十分有益身心。

香山胜景

百树园、相思湖、问月亭等组成了香山胜景。景区的标志性建筑香山古堡由一位著名的建筑师设计。景区内有闽南民俗表演馆，每天有漳州的布袋木偶戏和漳浦的剪纸等表演。

滨海火山地质公园

玄武岩石墙

玄武岩石墙长200米，当地人称为“龙脉”，潮涨潮落时忽隐忽现，形如蛟龙下海，因此被誉为“小龙头”。

天福茶博物院 AAAA

世界最大的茶博物馆

漳州市漳浦县盘陀茶文化镇

从漳州南客站乘坐前往景区的班车可达

30元

天福茶博物院总占地面积5.3万平方米，是世界最大的茶博物馆。院内设有四大主馆（主展馆、中国茶道室、日本茶道馆、书画馆）和八大景观（薪火相传、茗风石刻、武人茶苑、兰亭曲水、唐山瀑布、茂林修竹、明湖垂影、天官赐壶）。主展馆展示茶叶科技、茶叶发展史、世界茶情和各式各样的名贵茶壶等知识，并以图文并茂的方式介绍天福茶的发展史。

博物院内还有汉亭、唐山、木桥、兰亭曲水等造景设施，环境幽雅自然，是一个融学术研究、文化传承、教育娱乐为一体的茶文化大观园。

玩家攻略

住宿：景区距漳州市区60余千米，参观完后可返回市内住宿。

美食：漳州最有特色的菜肴就是海鲜和当地的各种卤味。海鲜主要有对虾、红蟹、鳗鱼等，卤味主要有卤猪头肉、卤鸭、卤鸡，十分入味。

天福茶博物院

娱乐：景区内有陆羽无我茶会、台湾四序茶会、清朝宫廷茶礼、云南少数民族茶礼及日本茶道等数十种茶艺表演。

玩家 解说

中国茶道室设有茶艺表演厅和溢香轩、品茗阁等环境优雅的品茗场所，兼作茶道教学；日本茶道馆内有日本式庭院及分别代表3种不同时代风格的日本茶室；书画馆一楼有典藏书画厅，展示本馆收藏字画，二楼设联谊厅，不定期举办笔会，并附设奇石斋，展售各种奇石、雕刻等工艺品。

天福石雕园

精美的石雕艺术大观园

漳州市漳浦县赤土乡水头村 ¥30元

石雕园分4区，分别以“唐山过台湾，筚路辟新天”“百年传薪火，数代系茶缘”“花甲再创业，芳草报故园”“豪情惊陆圣，茗谱大同篇”为主题，建有圆雕40多座、浮雕1200平方米，雕刻人物500多个。这里以石雕为载体，采用多种手法，表现海峡两岸同根同源、一脉相承的史实，精美的石头讲述着两岸同胞的动人故事。

东南花都花博园 AAAA

福建最大的花卉基地

漳州市漳浦县马口国道324线旁 可在市区乘坐101路公交车或花博园专线车前往 ¥60元

东南花都花博园总面积约320万平方米，依山傍水，绿草如茵。园内设有六园六馆、一市一庄。六园即锦绣漳州园、棕榈园、榕景园、沙生植物园、闽南瓜果园、儿童娱乐园；六馆即萌生植物馆、沙漠植物馆、奇石馆、盆景精品馆、洋兰馆、国兰馆；一市即花卉超市；一庄即花博园紫溪山庄。这里是一处融观光、休闲、娱乐、生产等功能为一体的现代农业园。

镇海角

“福建小垦丁”

漳州市龙海区隆教乡镇海村

从市内乘坐龙海22路、龙海605路公交车至镇海站下车步行前往

镇海角，位于沿海地带，北端衔接历史悠久的镇海卫古城。此岛的独特之处在于其三面环海，宛如自然之力在太平洋上伸出的一只优美玉手，广阔的海域被其紧紧把握。镇海角的山体主要由坚硬的火山岩构成，这种独特的地质形态赋予了岛上自然景观别具一格的韵味，充满神秘与壮观气息。

岛上拥有大片草地，绵延不绝，阳光照耀下，草地熠熠生辉，与波光闪烁的海面交相辉映，美景令人陶醉。此外，镇海角还设有灯塔，该灯塔屹立在岛之巅，犹如一位忠诚的守护者，引导着过往船只安全航行。因之，镇海角被誉为“福建小垦丁”。

清泉岩

因清泉甘洌而得名

漳州市漳浦县下布乡村

从漳浦县乘当地出租车前往景区

清泉岩因其清泉甘洌而得名，清泉迂回穿流，瀑布飞流直下，林静鸟鸣，水碧山峻。岩上镌于南宋或明代前期的摩崖石刻甚多，有“渐隔尘寰”“蓬莱深处”“九鲤飞跃”“蟠桃坞”“茂林修竹”“登临驻节”等。清泉岩东侧不远处有六公子洞，设内外石室、石床等，岩壁上留有“涧响”“鸢飞鱼跃”等多处石刻。

链接

蔡新生平

蔡新（1707—1799年），字次明，号葛山，漳浦下布（今大南坂下楼村林西垅）人，清朝大臣，著有《缉斋诗文集》。

蔡新年轻时学习刻苦，尤喜儒家性理天命学说。蔡新于乾隆元年（1736年）登进士第，选翰林庶吉士。乾隆十年（1745年），蔡新奉命入直上书房，侍诸皇子讲读，并授翰林院侍讲。蔡新博文多广且为人谦虚，深得乾隆皇帝喜爱。

乾隆二十二年（1757年）秋，蔡新以母亲年老为由乞请归养。嘉庆四年（1799年）十二月，蔡新卒于家，享寿92岁，晋赠太傅，赐祭葬，谥文恭。

赵家堡

南宋皇族后裔隐居地

漳州市漳浦县湖西畲族乡硕高山下

赵家堡俗称赵家城，因有一支南宋皇族后裔隐居于此，所以又称“赵家堡”。

赵家堡建筑分内、外城，内城建有一座三层四合式“完璧楼”，楼内挂着宋朝18位皇帝的肖像；外城围墙是三合土墙，高6米，周长1200米，外城主要建筑为五座五进并列的府第。城堡内还有卞派桥、禹碑、宋代书法家米芾的手迹“墨池”石刻及聚佛宝塔等珍贵文物。

玩家 解说

居住在堡内的赵姓居民是南宋闽冲郡王赵若和的后裔。

宋理宗景定年间，赵若和因皇族争位，被退封闽冲郡王。后他随少帝奔广东崖山，1279年少帝败亡，全军覆没，赵若和与其侍臣凭16条战船夺港而逃，从此隐去赵氏宗室身份，改黄姓，在福建沿海这山高水远之处筑堡隐居。

这座方圆1千米的城堡成了赵氏王朝的最后一块领地，直到明代洪武年间，一桩同姓近族通婚的诉讼案才泄露了赵家堡主人的真实身份。案卷呈送朝廷后，明太祖朱元璋大笔一挥，赐赵家堡里的黄氏复姓赵。明万历年间，赵若和第十世孙进士赵范于1600年动工重建赵家堡，聚族而居，并立石纪念。

赵家堡

威惠庙

为纪念陈元光而建

漳州市漳浦县县城西郊西宸岭南麓西庙村

威惠庙始建于唐开元四年（716年），是为纪念“开漳圣王”陈元光而建。庙坐北朝南，前方是一片平川沃野，远处是梁山九十九峰，四周绿树翠拥，山川秀丽，风景旖旎。寺庙历史悠久，遗存文物丰富，庙区内至今还保存着大量的历代建筑构件及石雕、石柱、古井等，具有很高的历史文物研究价值。

海月岩寺

夜晚月光照佛顶

漳州市漳浦县沙西土楼村北侧

从漳浦县乘出租车可到

海月岩寺为宋时所建，这里每当夜晚月华初上，必照如来佛顶，故而得名。海月岩寺依天然石洞而建，顶盖有一巨石，寺内石壁上雕如来佛一尊，旭日初照，谓之“日出窥禅”。中秋之夜，月光经岩下羊角潭水反射至佛胸，谓之“月照禅心”。于此凭栏远眺，海天辽阔，烟波浩渺，甚为壮观。

景点推荐

东山岛及周边景点

被誉为“海峡西岸旅游岛”的东山岛风光秀丽，气候宜人，这里的海水湛蓝，沙滩绵延、沙质细软，阳光明媚，白帆点点，海鸥翱翔，是一个充满南国风光的旅游度假胜地。东山国家森林公园内主要景区有风动石景区、东门屿景区及乌礁湾海滨森林公园等。

风动石景区 AAAA

有天下第一奇石

漳州市东山县铜陵镇

45元　0596-5660927

风动石景区三面临海，主要景观有风动石、关帝庙以及明代抗倭名城铜山古城，另还有惟妙惟肖的石僧拜塔、虎崆滴玉、马銮湾等景点。景区内绿树成荫，曲径通幽，蜿蜒的古城、碧蓝的大海、洁白的渔帆、翱翔的海鸥，在灿烂的阳光下，如诗如画，漫步其中，悠然自得。

玩家攻略

铜陵古镇上有很多酒家，在任何一家都可以品尝到地道的渔家风味菜肴。

这里每年农历五月十三举办的关帝文化旅游节可以看到海峡两岸追源谒祖的宏大场面。

天下第一奇石

风动石又名兔石，坐落在东山古城东门海滨石崖上，以奇、险、悬著称，被古代文人誉为“天下第一奇石”。

风动巨石高约4.37米，上尖底圆，状似仙桃，巍然“搁”在一块卧地凸起且向海倾斜的磐石上。狂风吹来时巨石轻轻摇晃不定，人若仰卧磐石上，抬起双足蹬推，巨石也会摇晃起来，但又不会倒下，是为天下奇观。

玩家 解说

风动石上有明永历戊子年（1648年）秋巡抚路振飞题刻的“铜山三忠臣：黄道周、陈瑸、陈士奇”字样，磐石右侧有明代霞山居士题写的“东壁星晖”四个大字，磐石左边竖起的石碑由明水师提督程朝京题诗。

风动石还有一段美丽的传说。据说明嘉靖年间，海上倭寇侵扰东山岛，企图抢走这奇异的风动石。倭寇用了数艘兵舰，套上绳索，拼命拉它，忽然砰的一声，绳索竟然全断了，倭寇纷纷掉落海里，十分狼狈，风动石却依然屹立在原地。

关帝庙

关帝庙又名武庙，始建于明洪武二十二年（1389年）。其结构之精巧、工艺之精湛，实属国内罕见。关帝庙融建筑、石雕、木刻等艺术为一体，是国家重点文物保护单位。

关帝庙建筑结构属抬梁式构架，单檐歇山顶式。正殿当中供奉关圣帝君，上悬挂清代咸丰皇帝御赐“万世人极”横匾，殿内还存有多方石碑刻和铜钟、香炉等珍贵文物，其中的金木雕、石雕数量众多，栩栩如生，乃古代之珍品。

玩家 解说

据说当年郑成功收复台湾前曾至此问签。数百年来，闽南沿海渔民，尤其是东山百姓，更是把关帝视为他们的保护神，一年四季，前来朝圣的香客络绎不绝。此后从此分灵的关帝庙遍布中国台湾，“关帝文化”逐渐形成规模。

铜山古城

铜山古城始建于明洪武二十年（1387年），是当年明太祖朱元璋为防倭寇骚扰而建。古城组成结构为花岗岩。古城巍然屹立于海岸，是东山人民顽强抵御外敌入侵的证物。戚继光、郑成功都曾在此安营扎寨、训练水师、抗击倭寇。

石僧拜塔

离风动石不远处，有一天然巨石，形状似一个身披袈裟的僧人，虔诚地匍匐在地，面朝前方文峰塔顶礼膜拜，人称“石僧拜塔”。

虎崆滴玉

虎崆滴玉位于东门外，是海滨水涯边的一处天然景观，有大、小虎崆，大崆于右，小崆于左，中间互通。虎崆左右和上端的绝壁绵延，崆前礁石嶙峋。“滴玉”是洞内半壁石罅中的一股清泉，泉水汩汩流出，滴落在沙中石钵内，叮当有声，犹如珠玉滴落。

洞外奇礁异石，陡崖峭壁，碧海辽阔，景色奇特壮观，令人流连忘返。

东门屿

中国四大名屿之一

漳州市东山县铜陵镇东侧

可在东山县乘船前往景区

55元

东门屿又名“塔屿”，因屿上屹立着一座文峰塔而得名。整个岛屿呈“工”字形，与温州的江心屿、厦门的鼓浪屿、台湾的兰屿并称为中国四大名屿。

东门屿风光秀美，如一座天然山水盆景置于碧波绿海之中，被誉为“海上仙山”。东门屿的几座山丘蜿蜒逶迤、千姿百态，南部是景区的主要区段，中部有优良的海滨浴场，北部有东明寺及天然沙滩、洞穴。岛屿四周礁石嶙峋，岛上景观有文峰塔、文昌阁、渔翁石、鹰嘴岩等，组成了壮美的自然景观和丰富的人文景观。

乌礁湾森林公园

一流的旅游沙滩

漳州市东山岛南部

乌礁湾森林公园内的沙滩沙白细软，坡度平缓，海水湛蓝，是一流的旅游沙滩。景区内有近万亩防护林，还有荔枝、龙眼、杧果等果树。公园内的大帽山曾发现大量的贝壳化石和4000多年前新石器时代的文化遗址。位于乌礁湾西南海域的龙屿、虎屿、狮屿、象屿被誉为天然的“海上动物园”。

玩家 攻略

在乌礁湾可以戏浪、拾贝，极目远眺浩渺的太平洋、惟妙惟肖的龙虎狮象四屿，还可以进行海水浴、日光浴、泥沙浴。如果运气够好的话还可以参加东山渔民用古老的“拉山网”方式捕鱼，体验渔家风情。

乌礁湾森林公园

漳江口红树林

红树林天然群落

云霄县漳江出海口

可在漳州南客站乘车至云霄县城后包车前往

漳江口红树林是北回归线北侧面积最大、种类最多、生长最好的红树林天然群落，也是全球候鸟重要的栖息地和繁殖地。

红树林自然保护区由红树科木榄属的木榄树种、秋茄属的秋茄树种、紫金牛科桐花树属的桐花树种以及蝶形花科鱼藤属的三叶鱼藤组成，合计5科6属6种。

在红树林下潮间带滩涂中，养殖着弹涂鱼、蛏子、锯绿青蟹、招潮蟹、泥蚶、泥螺、鳗鱼等，树上栖息着多种鹭科鸟类，红树林下还滋生着多种藻类和浮游海生物，构成了独特优美的自然生态环境。

玩家 攻略

参观红树林有两个位置最佳的地方，一个在浦美镇，另一个在东夏镇，两边都可租船畅游，来回大约3个小时。一路可见国内规模最大的红树林和很多珍贵海鸟。最好在退潮时参观，还可看到红树的根部。

将军山公园

开漳圣迹之一

漳州市云霄县城西郊

将军山古名云霄山，因唐朝归德将军陈政葬于此山而得名。公园按唐代建筑风格设计建造，园内楼阁厅堂、水榭亭台格调高雅，在恢宏大气中又显纯美秀韵。公园大门、归德楼、览胜台三点为一线，与将军山麓的陈政墓园相接。

玩家 解说

陈政是“开漳圣王”陈元光之父，陈政墓园为陈政及夫人司空氏合葬墓，两侧有翁仲、马、

漳州海底森林

羊等唐代大型石雕，附近还有磨剑石、试剑石等自然景观。墓园东北侧有座古刹普贤寺，是由后唐齐国镇国李将军捐建，是当初漳州与东南亚等地通商的历史见证。

威惠庙

“开漳圣王”第一庙

漳州市云霄县云陵镇享堂村

可在漳州南客站乘车至云霄县城后包车前往

威惠庙原称陈将军庙，现城西威惠庙为明成化年间重建，明崇祯和清道光、光绪年间先后维修。寺庙大殿面阔3间，进深3间，单檐歇山顶。庙内今尚存“漳水云山开万世衣冠文物，馨香俎豆报千秋伟绩丰功”等石刻楹联15对、明清重修碑多方。

玩家解说

在福建许多地方有威惠庙，但因地域不同，形式结构也各有不同，其中最为重要的几座是漳浦县威惠庙、云霄县威惠庙、漳州松州威惠庙、华安县威惠庙。

诏安梅峰公园

园林景观

漳州市诏安县中山北路

从市内乘坐诏安3路公交车至江滨新区站下车即到

公园以内湖为中心，湖面辽阔，微风轻拂，碧波荡漾，湖中倒影分明。湖中小岛绿意盎然，山水相间，保留天然风貌。岸边绿草如茵，斜坡覆盖如绿毯，高树低树错落有致，花卉交替分布，棕榈树挺拔如仪仗兵，空气中弥漫着栀子花的香气。楼台亭榭环湖而建，漫步其间，备感惬意。

高溪庙

清代“天地会”创立遗址

漳州市云霄县东厦乡高溪村

清乾隆二十六年（1761年），僧人提喜以佛门身份为掩护，会集各地信徒，在高溪庙创立民间秘密组织“天地会”。

高溪庙在亭后山麓，为木结构，歇山顶，由前殿和后殿组成，供奉陈元光塑像，俗称顶庙，系明代建筑。庙内壁画、门神、斗拱、梁架彩绘精美，保存完好。

观音亭位于高溪庙附近，濒临漳江，建筑面积约250平方米，俗称下庙。该庙坐北朝南，木石结构，悬山顶，庙中供奉观音、罗汉及提喜祖师塑像，保存基本完好。

在田楼

规模颇大的土楼

漳州市诏安县城南诏镇以北55千米

可在当地包车前往景点

在田楼建于清乾隆年间，近看为圆形楼寨，登高远看为八卦形结构。寨屋有内外三围，内围为祠屋三间，外围两层，中围三层，外、中两围共房屋320间，有两个寨门。楼寨后有三角形池塘，名“三元池”，池水清可见底。

玩家解说

诏安土楼主要分布在秀篆、官陂、霞葛、太平、红星等乡镇。现存的土楼有350多座，保存基本完好的有160多座。这些土楼大小不一、形状各异。其中较出名的为官陂大边村的在田楼，以在田楼为中心，附近还有12座土楼。

九侯山

闽南第一峰

漳州市诏安县城东北部

可从漳州南客站乘车至县城后包车前往

相传大禹的9个子孙死后在此化为神仙，因而得名“九侯山”。九大山峰中最高的为天柱峰，山上有天开门、五儒书室、棋盘石、天然桥等景，位于天柱峰半山腰的九侯禅寺为景区的主要景点。

九侯禅寺始建于唐代，为诏安主要寺院之一，俗称九侯岩。寺内存有宋代名学者朱熹题字“西斋”横匾，明代黄道周题字“洗心之藏”牌匾，宋代绍兴十年（1140年）的石制“放生池”一口，明代、清代铸钟各一口，康熙六十一年（1722年）的碑刻《九侯岩指南传》。山间峭壁上还有诸多名家的题刻。

石头贯半月楼

土楼中的形制奇观

漳州市南靖县村雅村

可在当地包车前往景点

石头贯半月楼最早建于明朝嘉靖初年，距今已有近500年的历史，楼体呈马蹄形，共五环，均环绕祖祠云瑞堂。其造型独特，不像圆楼那样完全闭合，而是朝同一方向敞开大口，开口处前方为一个半月形池塘，再往前是连片水田，远处是层层叠叠的群山。像这种以祖祠为圆心，一圈又一圈地围绕一个中心的半月形布局的土楼形式，既不同于闽南地区单元式的圆楼，也不同于粤北地区客家的围龙屋，可谓土楼的一个奇观。

石头贯半月楼

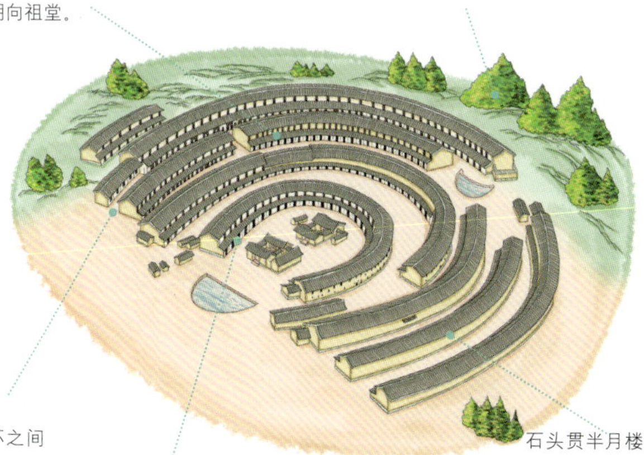

景点推荐 漳州西部景点

南靖土楼 AAAAA
中国传统民居建筑

主要分布在南靖县书洋镇、梅林镇、奎洋镇这三个与闽西相邻的客家人聚居较多的山区乡镇

南靖土楼，作为中国民居建筑的杰出代表，同时也是全球独具特色的山村民居建筑之一。其形状大小不一，除了常见的圆形和方形，还包括椭圆形、五凤形、半月形、交椅形、曲尺形、八卦形、围裙形、凸字形等。在传承和创新传统生土建筑工艺的过程中，南靖土楼亦传承了中华传统文化的精髓，成为聚族而居文化传统的见证。

作为典型的客家建筑，南靖土楼的主要代表有田螺坑土楼群、河坑土楼群、怀远楼、和贵楼、裕昌楼等。这些土楼主要分布在漳州市南靖县的客家人聚居地区，包括书洋镇、梅林镇和奎洋镇。其中，书洋镇拥有的土楼最多，共计92座，占南靖县古土楼的41%。这些土楼不仅仅是中国民居建筑的重要代表，更是全球独具特色的山村民居建筑之一。

石桥土楼群 AAAAA
规模宏大的土楼群建筑

漳州市南靖县书洋镇石桥村　1008885111

石桥土楼群是依地理环境构筑的，近20座方形、圆形土楼沿溪建筑在山谷中的坡地上，高低错落。书洋镇石桥村有南靖县最古老的方土楼永安楼，有吸引中外许多专家学者来考察的斜面土楼长源楼，有全县最大的圆土楼顺裕楼。其中顺裕楼外围直径达74米，总面积4000多平方米，有372个房间。

南靖土楼分布图

河坑土楼群 AAAAA

仙山楼阁、北斗七星

漳州市南靖县书洋镇曲江村河坑自然村

南靖县乘坐前往曲江村的客车，到了曲江村再包摩托车或小车前往　40元

河坑土楼群以“法天象地”的理念规划布局，14座方圆形土楼布成北斗七星之状，在流水与田野的映衬下，充满诗情画意，故有“仙山楼阁”之说。

土楼群坐落山地溪畔间的面积不足1平方千米，是福建土楼中最密集的土楼群。在这些土楼里，比较古老的都是方形楼，朝水楼、阳照楼建于500多年前，永盛楼建于400多年前，永荣楼建于300多年前，而圆楼则大多是1964年到1969年相继建成的，专家学者论述土楼从方形到圆形的演变，河坑土楼群即一个典型代表。

玩家攻略

这里有很多农家自制茶叶，烘焙茶叶的清香味令人放松，坐下来品茶的同时还可以听听当地人家讲的土楼的故事。最佳瞭望点在狮子山观景台。

玩家解说

河坑土楼群是由朝水楼、绳庆楼、永盛楼、永荣楼、永贵楼等14座土楼组成，其中动工兴建最早的是朝水楼，最富有文化内涵的是位于土楼群最南端的绳庆楼，最具特色的是呈五角形状的南薰楼。

和贵楼 AAAAA

天下第一奇楼

漳州市南靖县梅林镇璞山村

在南靖县乘坐前往梅林镇的客车，在和贵楼下车　90元

和贵楼又称山脚楼，建于清雍正十年（1732年），被誉为“天下第一奇楼”。它建在沼泽地上，整座土楼宛若陆上“诺亚方舟”，虽历经数百年仍坚固沉稳，巍然屹立。

土楼坐西朝东，背靠青山，面向笔架山，高5层，每层28间共140间。楼正中开一个大门，十分气派。内院两边有两口水井，被称作“阴阳井”。院中有“三间一堂”式私塾学堂，堂内悬挂着当时的国民政府主席林森颁发的“兴学敬教”横匾。

玩家攻略

住宿：可以在和贵楼住宿，也可去塔下村住宿，那里客栈多，条件较好，还方便游览其他土楼。

游览：可以顺便去参观怀远楼附近的长教古村落，那里是电影《云水谣》和《沧海百年》的外景拍摄地。

怀远楼 AAAAA

文化内涵丰富的土楼

漳州市南靖县梅林镇坎下村东部　10元

怀远楼是双环圆形土楼，为旅居缅甸的简新喜兄弟于清宣统元年（1909年）所建，是福建土楼中建筑最精美、保存最完好、文化内涵最丰富的双环圆形土楼。

怀远楼设计相当工整，大楼为土木结构，坐北朝南，高4层，共136间，只设一个大门。大门顶上绘有八卦图案，4部楼梯均匀分布，可通向各层楼。天井中心正对大门处建有精美的楼中楼。楼前平地有用鹅卵石排成的太极图案，土楼和村子被水稻田和茶山包围着，好似一幅安宁的田园图画。

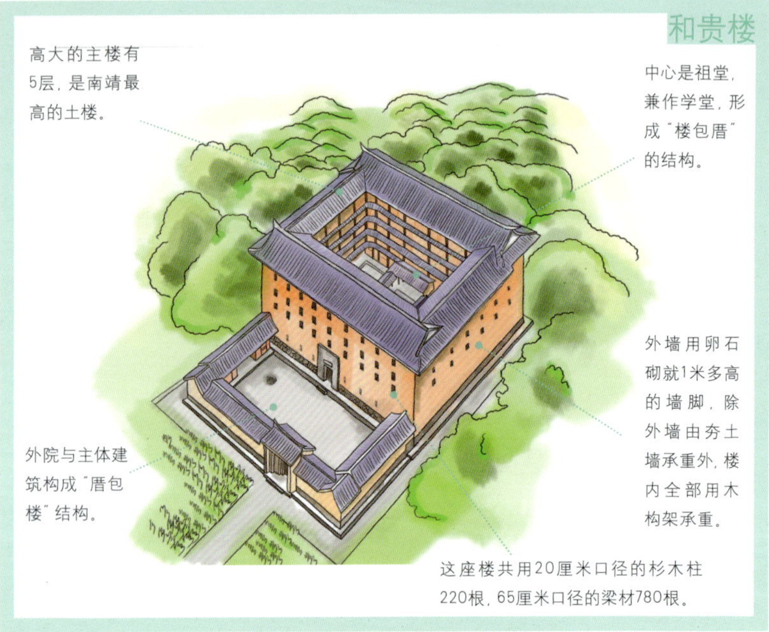

玩家 攻略

长教古村的老街、老楼好像陈年老酒，随着岁月流逝而越发醇厚，在这里可以看到700年前山村的繁华景象。村中有以"云水谣"命名的古栈道，在这儿可以好好体验一下村子的古朴韵味。

玩家 解说

怀远楼的名字有三重含义：一是楼主来自河北怀远简氏家族；二是怀念远方的亲人；三是告诫简氏子孙要胸怀远大志向。

塔下村

有"闽南周庄"之誉

漳州市南靖县书洋镇下辖村

在南靖县乘发往书洋镇的客车，下车后再包车前往

通票105元

塔下村是一个流水环绕、土楼座座的美丽村落，也是游览漳州土楼的中心点。村子四面环山，茶林遍布，一条溪流穿过村子，沿溪两岸有47座依山而建的土楼，造型各异，形成了一处蔚为壮观的土楼群落。其中在"S"形溪流两转弯处有两座圆形土楼，使村子的布局恰似一幅太极图，因此塔下村又称"太极水乡"，被外界誉为"闽南周庄"。

玩家 攻略

购物：塔下村的安溪铁观音、毛蟹、梅尖、乌龙茶和铁观音等名茶很不错，还出口到新加坡。塔下村出产的铁观音罐茶享有"七泡有余香"的美誉，可以品尝一下。

玩家 解说

塔下村是一个客家人的村落，全村都姓张，早年这里有不少人"下南洋"，所以塔下村又是著名的侨村，同时塔下村还是南靖县第一长寿村。

张氏祠堂

塔下村最具特色的是张氏祠堂——德远堂。祠堂坐北朝南，前有庭院和围墙，堂内雕龙画凤，富丽堂皇，别有一番风韵。祠堂前正中有一口半月形的池塘，池塘边耸立着雕龙石刻旗杆（俗称石龙旗杆），共有23根，高达10米，是目前全国保存最多、最完好的一处石旗杆。

裕德楼

裕德楼是塔下村“太极”两圆楼中的一座，有200多年历史。土楼高四层，门窗、长廊均为木制，只有后墙是用土夯制而成。从远处的半山俯视，裕德楼就像女孩子飘逸的围裙，当地人称之为“围裙楼”。

顺昌楼

顺昌楼是塔下村“太极”两圆楼中的另外一座，是塔下张氏子孙在1927年改建的，楼高4层，每层46间房，是塔下村最大的土楼。

雪英桥

雪英桥是位于村子中心地带的一座高大的石拱桥，又称慈母桥，是塔下村一道亮丽的风景。

裕昌楼 AAAAA

南靖现存最古老的土楼

漳州市南靖县书洋镇下坂村　10元

裕昌楼建于元末，是南靖县现存最古老的土楼，为刘、罗、张、唐、范五姓族人共同建造，因此整座楼分为五大卦，每个家族各居一卦。

裕昌楼为5层结构，每层有54间大小相同的斧状房间，底层为厨房，家家厨房中有一口水井。楼内天井中心建有单层圆形祖堂，祖堂前天井用卵石铺成大圆圈，等分为五格，代表“金、木、水、火、土”五行。

裕昌楼

土楼建成后不久，楼内回廊木柱便开始从左向右倾斜，看起来摇摇欲坠，但经受了几百年风雨侵蚀和无数次地震的考验，土楼至今依然屹立，其设计理念令现代建筑设计师百思不得其解，至今仍未彻底揭开其谜底。

玩家 解说

据说建楼时主人得罪了建筑师傅，于是建筑师傅故意将楼柱设计倾斜，因而楼显得“东倒西歪”。

田螺坑土楼群 AAAAA

神话般的山区古建筑

漳州市南靖县书洋镇田螺坑村

在南靖县包车前往　100元

田螺坑土楼群为黄氏家族聚居地，由方形的步云楼和圆形的振昌楼、瑞云楼、和昌楼及椭圆形的文昌楼组成，方楼居中，其余4楼环绕周围，依山势错落布局。田螺坑土楼群的精美建筑组合，给人以强烈的视觉冲击，令人叹为观止。

玩家 攻略

美食：田螺坑的鸡鸭全是野外放养，味道极佳，另外笋干、茶树菇以及各种野生蘑菇也是不可多得的上等食材。

住宿：土楼内外都有客栈可住宿，也可考虑去书洋镇塔下村住宿，那里客栈多，条件较好，还方便游览其他土楼。

游览：公路旁的观景台位置很好，可以看到土楼群全景。

娱乐：田螺坑土楼群当地人民每年农历五月初五端午节都要举行龙舟竞赛，当地俗称“五月节”，规模盛大。

玩家 解说

田螺坑土楼群的5座土楼分别代表着中国古代的五行：金、木、水、火、土，中间是方形楼，围绕四周的是3座圆形楼和1座椭圆形楼，从顶上远看就像一桌菜，因此人们形象地称其为“四菜一汤”。

云水谣古镇 AAAAA

闽台影视基地

漳州市南靖县长教村　90元

古镇原名长教，始建于唐代，历经宋、元、明、清等多个朝代的变迁，至今已有1400多年的历史。这个古老的村落，如同一位历经沧桑的智者，既有古朴的民风，又有优美的自然风光，是游客体验古韵、品味乡愁的好去处。

云水谣古镇的魅力，首先体现在其独特的建筑风格。这里的建筑多为明清时期的风格，土木结构，屋顶盖着青瓦，古色古香。漫步在古镇的街头巷尾，仿佛穿越回了千年以前。此外，古镇中的古道、古桥、古井等景观，也让人感受到了岁月的沧桑和历史的厚重。

古镇的自然风光同样令人陶醉。镇子四周环山，山上绿树葱茏，鸟语花香。古镇内的溪流潺潺，清澈见底，与古朴的建筑相映成趣。在这里，游客可以尽情欣赏大自然的鬼斧神工，享受清新空气带来的愉悦。

古镇的民俗文化也丰富多彩。这里每年都会举办各种民俗活动，如端午节、元宵节等活动，吸引了大量游客前来观看。此外，古镇的居民热情好客，游客可以在这里品尝到地道的闽南美食，如土笋冻、薄饼等。

值得一提的是，云水谣古镇还是电影《云水谣》的取景地。这部电影讲述了一段凄美的爱情故事，使得古镇美名远扬。许多游客都是因为这部电影而来，想一探电影中的美景。古镇也因此成了爱情的象征，吸引了众多情侣前来寻找浪漫。

云水谣古镇

虎伯寮自然保护区

资源丰富的原始森林

漳州市南靖县境内南部

虎伯寮自然保护区总面积约3000万平方米，森林覆盖率达到87.6%，植物学家誉之为“闽南的西双版纳”。

虎伯寮自然保护区主要由紫荆山管护片、鹅仙洞管护片和乐雨林保护小区组成，是中国南亚热带东部低纬度、低海拔保存完整的南亚热带雨林森林生态系统，具有很高的科研价值。保护区内有珍稀植物130多种，珍稀动物260多种。此外，保护区内还有药用植物680多种，大型真菌如灵芝、淡黄长裙竹荪等180多种，资源丰富。

鹅仙洞

奇险峻秀的风景区

漳州市南靖县金山镇东建村鹅髻山

从南靖县包车前往

鹅仙洞又名仙亭尖，主峰海拔877米，形如金字，山尖有巨石为鹅冠，故名鹅髻仙峰。风景区有雨林、峭壁、云海、蝶群四绝，以奇险峻秀、空灵清幽闻名于世。

鹅仙洞山间古树参天，泉流淙淙，有飞来亭、云梯直上、朱子讲学处等景点。峰腰处有建于宋仁宗年间的九鲤飞真寺，供奉九鲤湖仙师、开基筑寺的“范公圣侯”郑光和。岩崖奇石上还留有历代名人墨客的题刻，山顶上还有数百万平方米的原始亚热带雨林。

紫荆山

南靖县八景之一

漳州市南靖县山城镇南部

紫荆山又名紫云山、水尖山，与乐土雨林相邻，是南靖古八景之一。紫荆山5座山峰相互依连，诸峰挺秀，林木葱茏，有天门、仙台、一线天等自然景观，西面山顶有明代的兵防古寨遗址，山腰处有清初建的紫云寺和明代万历年间知县陈宗愈祈雨题刻的“雨仙洞”坊表及宋、明、清历代摩崖石刻，山脚下有登云寺。

绳武楼
木雕博物馆

漳州市平和县芦溪镇蕉路村

可乘坐漳州至平和县的班车前往

绳武楼是福建土楼中最精致的一座，始建于嘉庆年间，历经五朝、历时100多年建成。

绳武楼分内、外双环，共有72个开间，其中一、二层被等分为12个各有上下开间和1个天井的独立式住房单元，三楼则为环楼通廊，属于单元式住房与通廊式开间相结合的模式。楼内处处可见石雕、木雕、泥塑、壁画等，雕刻手法精细，精美绝伦，被专家称为“木雕博物馆”。楼门门楣上石刻的三个大字“绳武楼”为楼主叶处侯亲自题写，题字遒劲有力、深厚沉雄。

玩家 解说

据传，楼主叶处侯请来各地石、木、泥雕大师10多人，精雕细刻，历经数十年才建成。绳武楼的雕刻式样各异，品位不凡，显示出一种恢宏的气势。圆楼大门上的石雕可称一绝，精美的构图章法、流畅的雕刻线条、生动的花草树木浮雕，无不匠心独具、精美生动。

三平风景区 AAAA
闽南宗教朝圣区

漳州市平和县文峰镇三坪村 可从漳州西客站乘车前往县城后包车前往景区 20元

三平风景区内群山环抱，以“山、泉、林、洞”为特色，是闽南、粤东极具魅力的宗教朝圣区。

风景区以“闽南佛国明珠”三平寺为主体，包括毛氏洞、红军会师纪念馆、龙瑞瀑布

三平风景区

等景点，其中“三殿半”的寺庙结构全国罕见。

三平寺院采用传统中轴对称式布局，主要供奉广济大师，民间尊称“三平祖师公”。寺内还存有唐宋文物毛氏洞石幢，唐玄宗皇帝敕封的“广漳大师”圣旨牌以及石公神像和众多的碑铭石刻。

玩家 解说

塔殿后面围墙上有一尊“石公”佛像，传闻是三平祖师真容。石刻佛像淳朴古拙，有龙门石窟之风格，也是三平寺仅存的唐代文物。

灵通山
世界上最大的天然佛像

漳州市平和县大溪镇境内大峰山

可从漳州西客站乘车至大溪镇后再转车前往

灵通山由7个主要山峰连成，最高峰狮子峰海拔1282米，犹如雄狮盘踞在峭壁之间，颇为险峻。

灵通山上峰岩奇秀，灵通寺建于天然石洞之中，上有磐石覆盖，下是悬崖绝壁，唯有一条“天梯”小径可以攀登，地势十分险要。寺的附近有“珠帘化雨”胜景，涓涓细泉从几十米高的岩石飞流而下，化为珍珠般的水滴飘落。每到雨后，水流飞溅，犹如珠帘高挂，景色优美。

大地土楼群 AAAA
古代土楼建筑奇迹

漳州市华安县仙都镇大地村

70元 0596-7262988

大地土楼群由二宜楼、南阳楼、东阳楼

和周边的玄天阁、嘉应庙等景观组成，3座土楼均为蒋姓祖孙在清朝康乾盛世时所建的大型住宅，是古代中国夯土建筑一大奇迹。

大地土楼群四面环山，楼群的建筑平面布局独具特色，建筑装饰精巧华丽，山水环境宜人，人文景观丰富，总体布局贯穿以人为本、天人合一的思想。以二宜楼为主体的大地土楼群保留着3000年前商代夯土造屋的建筑技术，是传统文化可见、可触、可感的古建筑群。

二宜楼

二宜楼建于清乾隆五年（1740年），为“乡饮大宾”蒋氏十四世蒋士熊所建，占地面积约9300平方米。整座楼为双环圆形土楼，共有房间213间。“二宜”有宜山宜水、宜家宜室、宜内宜外之意，故取名“二宜楼”。

二宜楼文化内涵丰富，楼内共存有壁画、彩绘、木雕、楹联等众多文物，堪称民间艺术珍品。其建筑平面与空间布局独具特色，防卫系统构思独创，构造处理与众不同，堪称“圆土楼之王”，为福建单元式土楼的代表。

南阳楼

南阳楼现为福建土楼博物馆，建于清嘉庆二十二年（1817年），以二宜楼为蓝本，是二宜楼的缩影，其木雕、石刻用材方面较之二宜楼更胜一筹。

南阳楼占地面积约3100平方米，共有房间96间。整座博物馆分为土楼民居、土楼建筑、土楼文化、关爱土楼四大部分，全面展示了福建土楼这一珍贵文化遗产的历史文化、艺术审美、建筑科学、社会传承和民俗风情。

东阳楼

东阳楼位于南阳楼西侧，建于清嘉庆二

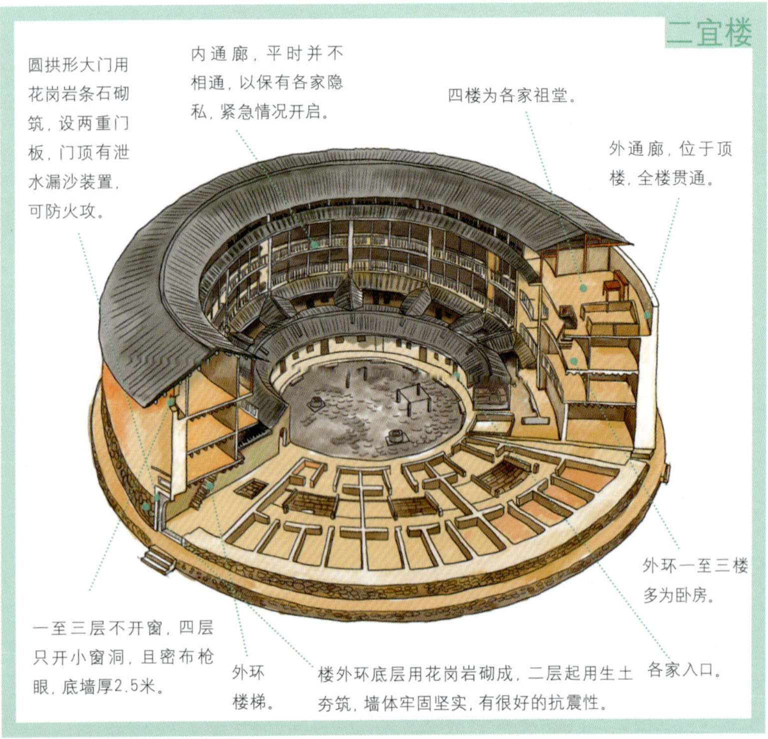

十二年（1817年），系二宜楼建造者蒋士熊之孙、太学士蒋宗杞创建，现辟为土楼民俗表演场所。

东阳楼是一座巨型的生土方楼，背靠狮子山，意含“狮子踏印”，与南阳楼阴阳相济，共成“天圆地方”。其最大特点是采用府第式设计，并讲究居住舒适性，是福建土楼从防御性转向舒适性的一大突破，被称为“最宜居的土楼”。

齐云楼

圆土楼之母

漳州市华安县沙建镇上坪村

齐云楼建于明洪武四年（1371年），据说是目前所发现的最古老、有确切纪年的圆土楼，因而被称为“圆土楼之母”。土楼位于一座小山上，平面呈椭圆形，系由唐代名将郭子仪的后裔迁闽时所建。土楼虽历经数百年的风雨侵蚀，除内部的房屋倒塌了一些外，其外墙大体完好，仍巍然屹立。齐云楼除大门外，东西两侧各有一小门，这在土楼里极为少见。

华安竹类植物园

品种齐全的竹子基地

漳州市华安县华丰镇

可从漳州北客站乘班车至华安县城

华安竹类植物园占地约67万平方米，现已从全国引入300多种竹种，并初具规模。由于华安的地理条件特殊，全国大部分地区的竹子在此都能茁壮成长，因而该植物园成为国内种植面积最大、竹类品种最多的种竹基地。

贡鸭山

罕见的动植物基因库

漳州市华安县马坑乡东南部

可从漳州北客站乘班车至华安县城

贡鸭山森林公园面积600多万平方米，由贡神峰、麒麟峰和两峰之间凹字形的贡神架组成，是国内罕见的动植物基因库。

贡鸭山重峦叠嶂，自然风光独特，以巧夺天工的巨石“百兽聚会图”称奇。保护区里的代表性景点有天狗石、石赛龟群、恩爱夫妻树、攀天藤等，达100多处，十分壮观。

南山宫

古老的道观建筑

漳州市华安县良村乡的南山腰

南山宫始建于南宋德祐元年（1275年），明正统六年（1441年）重建，历代皆有修缮。

南山宫整座建筑仿皇宫太和殿式，为砖木结构。宫内雕刻、彩绘、壁画题材丰富，保护完整，整体建筑构造精湛，传统文化内涵丰富，具有很高的艺术、科研价值。其中，宫存的辇轿与蜈蚣旗，堪称民间艺术瑰宝。

玩家解说

宫中靠近神龛处有一个圆洞，可以听到“突突”的泉水声，很神奇。因水清泉甜，永不枯竭，故南山宫有“一清南山宫”之称。道宫济善，宫中壁上多处记载，古今都有人在宫中住宿，来做“圆仙梦”。

汰口兵寨

土楼最早的原型

漳州市华安县沙建镇九龙江北溪汰溪下游的小山头上　可从漳州市北客站乘班车至华安县城后包车前往

汰口兵寨古称“桃源口古寨”，坐落于一座龟形山上，建筑面积约3800平方米。

古寨正门进去是鹅卵石铺就的通廊式庭院，俗称“天街”。两侧是各两排的房子，形成错落有致的建筑布局。寨内为“三条巷道四排房子”，被称为“地巷”。整座古寨被周围茂密林立的樟树、松树等数千株参天古树包围，形成一道道独特的防风林。现今古寨共有216间房屋，居住着约80户人家，大部分是庄氏后裔。

攻略资讯

- 交通
- 住宿
- 美食
- 购物
- 娱乐

交通

火车

漳州站：位于漳州市龙海区颜厝镇，是厦深铁路和龙厦铁路的枢纽站。可乘坐公交11、29路抵达。

漳州北站：位于漳州市芗城区南坑路2号，是鹰厦铁路漳州支线铁路终点车站。市内可乘坐公交16路抵达。

汽车

漳州汽车客运中心站：位于漳州市龙文区水仙大街71—73号。0596-2169351

漳州火车站

市内交通

漳州共有公交营运线路150条，其中连通主城区的公交线路有62条，公共汽车有1344辆。

住宿

漳州市内住宿条件便利，游览土楼多住在书洋镇、塔下村或田螺坑。塔下村是众多背包客的住宿之地，这里有10多家土楼客栈。如果住在田螺坑，看田螺土楼比较方便，去往其他地方也比较便捷。书洋镇住宿环境较好，有三星级宾馆，对住宿条件要求较高的游客可去书洋镇住宿，但从那里去每个土楼不是很方便。

●漳州宾馆

坐落在市区中心，地理位置优越。园林式建筑幽雅别致，是人、建筑、自然和谐一体的花园式宾馆。

漳州市胜利路4号 0596-2608788

●芗江酒店

坐落于漳州市中心繁华路段，融住宿、餐饮、娱乐、休闲为一体。这里有204间不同档次和布局的客房，设计精美，体现了南国独特的文化氛围。

漳州市芗城区胜利西路8号 0596-2029699

漳州古村

●云水谣锦绣云夕民宿

民宿位于云水谣景区内，处于整个景区的中心位置，前台门口50米处是溪边，临大水车、百年榕树及古镇小街，距离两个土楼各800米左右，游玩十分便利。

漳州市南靖县梅林镇官洋村溪仔口7号

18050738519

美食

漳州民间有句俗话："穿在苏杭二州，吃在漳泉二州。"漳州历来有不少小吃与名点，蚵仔煎、咸肉粽、豆干面是每逢佳节漳州人用以请客的食品，值得一试。

漳州古城美食街位于漳州市芗城区，是漳州最著名的小吃街之一。这里汇聚了各种漳州特色小吃，如漳州卤面、手抓面、四果汤等。无论是当地居民还是游客，都会来这里品尝正宗的漳州美食。

●蚵仔煎

蚵仔煎是漳州人非常喜欢的海味，用未在水中浸泡的"珠蚝"作为原料，加入鸡蛋、肉丝、淀粉等，两面煎透，放入酱料和香菜一起食用，鲜香无比。

●咸肉粽

用上等糯米配上虾仁、香菇、鸡蛋和猪五花肉，调入五香粉等佐料。咸肉粽与一般

漳州城市风光

的肉粽不同，吃时解开粽叶，调以沙茶酱或辣酱，香气扑鼻。

咸肉粽

● **豆干面**

豆干面也称“手抓面”。吃时在面上放上“炸豆干”，加酸辣酱等调料，然后卷起来用手抓着吃。干面条软中有韧，别有风味。

豆干面

● **卤面**

漳州的卤面久负盛名。用肉丝、笋丝、香菇、鱿鱼等制成卤料，进餐时，在面条上放些豆芽，浇上卤料，再配上胡椒粉、油炸鳊鱼丝、香菜等，十分诱人。

卤面

购物

漳州物产丰富，素有“花果之城”“鱼米之乡”的美称。这里盛产六大名果（芦柑、荔枝、香蕉、龙眼、柚子、菠萝）、三大名花（水仙花、茶花、兰花）以及对虾、鲍鱼、龙虾等海鲜。天香丽质的水仙花、“国宝神药”片仔癀和“国货之光”八宝印泥，被誉为“漳州三宝”，名扬海内外。木偶雕刻、珍贝漆画等旅游工艺品深受中外旅客的喜爱。

延安路商业中心位于漳州最繁华的商业街区，这里既有大型的商业购物中心，也有各式各样的零售百货店、珠宝首饰店、服装精品店等，是游客的购物天堂。

● **八宝印泥**

漳州八宝印泥是中外书画家酷爱的珍品，是用珍珠、玛瑙、珊瑚等8种珍贵材料精制而成，在清朝就是贡品。八宝印泥色泽鲜艳、纯正，印迹清晰，不糊印章，久放不干，永葆原色。

八宝印泥

● **片仔癀**

片仔癀原是明朝太医的秘方，后传到漳州芗城。片仔癀用麝香、牛黄、蛇胆、田七等名贵中药精制而成，对急性、慢性肝炎和骨折、烧烫等多种疾病和创伤有显著疗效。

片仔癀

三平寺

●剪纸

漳浦剪纸以构图丰满匀称、对称平衡、线条连贯简练、细腻雅致著称。剪纸的整个画面主次分明，错落有致，富有层次感。色彩上以单色为主，在对比色中求协调，具有强烈的工艺装饰效果。

节日和重大活动

节日	地点	时间
关帝文化旅游节	漳州市东山县	农历五月十三
三平祖师文化旅游节	漳州市平和县	农历七月十七
蜜柚节	漳州市平和县	10月

漳浦剪纸

景点索引

A

B

C

D

E

F

G

我们的理念

做发现者，才能走得更远。发现秀美景色、探寻历史痕迹、体验文化脉络、寻找地理起源等深层次的旅行知识，是我们不停脚步的动力。我们不仅是在做一本旅行指南，能为旅途中的行者编写一部内容丰富、态度严谨、值得边走边读的行囊书，是我们永恒不变的追求。

《发现者旅行指南》编辑部

总 策 划 丁海秀
执行策划 李荣强

项目统筹 周国宝 龚道军
内容编辑 刘 挺 王叶青 方明杨
刘秀红 丁天丰 张文齐
商子微 张亚飞 苏雪莹
沈 皓 魏建飞 张灵燕
许晨晨 杨康健 张 鑫
刘晓璐 刘慧慧 王春雪
刘智勇 李荣强 刘雁琪
陈昱霖 贾 宁
美术总监 左小文
美术编辑 侯心如 王春晓
图片编辑 朱盼盼 马志鹏
插图绘制 尚祖山 李秋红
排　　版 闫 旭 田雪子
北京旅教文化传播有限公司
图片提供 微图网 汇图网 图虫创意
中国图库网 全景网
锐景创意 集成图像
站酷海洛 shutterstock
fotoe dreamstime
孙西国 马林宏 徐 行
高应胜 薛 冬
西部老马 钱多多

出炉过程

在编辑部成员的共同努力下，这套旅行指南终得以付梓。其间，我们亲历景点，翻遍资料，只为确保撰写的内容准确有效；我们实地考察，联系景区，只求绘得一幅精美的景区图；我们花尽心思，几易版式，只为呈现出前所未有的阅读体验。如今，这套精心打造的旅行指南，能放到您的行囊或书架，我们深感荣幸。我们期待与您一起走向远方，重新发现旅行的价值。

联系我们

我们的成长需要您的支持。您对本书的每一条意见我们都会珍视。同时也欢迎您与我们一起分享旅游体验，稿件一旦被采用，您将会获取相应稿酬。您可以将意见和稿件投递到我们的邮箱（975179855@qq.com）。

总 策 划 丁海秀
责任编辑 陈凤玲

图书在版编目（CIP）数据

福建 / 《发现者旅行指南》编辑部编. -- 3版. -- 北京 : 旅游教育出版社, 2025.1
（发现者旅行指南）
ISBN 978-7-5637-4684-2

Ⅰ. ①福… Ⅱ. ①发… Ⅲ. ①旅游指南—福建 Ⅳ. ①K928.957

中国国家版本馆CIP数据核字(2024)第029286号

福 建（第3版）

《发现者旅行指南》编辑部 / 编

出版单位 旅游教育出版社
地 址 北京市朝阳区定福庄南里1号
邮 编 100024
发行电话 （010）65778403 65728372 65767462（传真）
本社网址 www.tepcb.com
E-mail tepfx@163.com
印刷单位 文畅阁印刷有限公司
经销单位 新华书店
开 本 889毫米 × 1070毫米 1/32
印 张 11.625
字 数 382千字
版 次 2025年1月第3版
印 次 2025年1月第1次印刷
定 价 79.80元

图书如有装订差错，请与发行部联系

特别提醒

本书信息在出版前已经认真核实过。但由于现实发展太快，旅游信息随时可能发生变化，我们无法承诺保证本书信息的准确性和完整性，并只能在法律规定范围内承担责任。如因此给读者带来不便，我们深表遗憾。